박종만과 택시노동운동
내 한 목숨 희생되더라도

박종만추모사업회

백산서당

내 한 목숨 희생되더라도 – 박종만과 택시노동운동

초판 1쇄 발행: 2025. 2. 20.

펴낸곳: 백산서당
펴낸이: 김 철 미
엮은이: 박종만추모사업회
판화: 성효숙(택시노동자 박종만 열사 고무판화, 1985년 작)
표지디자인: 권은경
등록: 제 10-42 (1979. 12. 29)
주소: 서울 은평구 통일로 885 준빌딩 3층
전화: 02-2268-0012
팩스: 02-2268-0048
이메일: bshj00@naver.com

ⓒ 박종만추모사업회, 2025

ISBN 978-89-7327-860-2 03300

값 40,000원

박종만과 택시노동운동
내 한 목숨 희생되더라도

책을 펴내며

　지난 2024년 11월말 이천민주화운동공원 묘원에서 40주기 박종만 동지 추도식 행사를 치렀으니 박종만 동지가 돌아가신 지 40년이 지났습니다. 1984년 11월말 그때는 전두환 군사정권 아래 학생운동 이외에는 모두가 숨죽이고 있던 때였습니다. 박종만 동지가 돌아가시기 6개월 전인 1984년 5월 25일 대구에서 새벽에 회사택시기사들이 사납금인하 등 근로조건 개선을 요구하며 시내 전역에서 7시간 동안 집단 차량시위를 벌였습니다. 대구택시의 시위는 경산, 구미, 강릉, 서울, 부산, 마산 등으로 불길처럼 퍼져나갔습니다. 우발적이고 비조직적인 시위였지만 대구에서 8명, 부산에서 9명 등이 구속되었고, 운전자들도 해고 등 상당한 피해를 입었습니다. 이러한 전국적인 택시차량 시위는 1982년부터 정부가 86아시안게임, 88올림픽을 겨냥하여 택시 승차 난을 해소한다고 급속히 증차하였지만 승객수요가 이를 따라가지 못한 것이 배경입니다. 택시사업주는 증차로 많은 이윤을 얻을 수 있었지만 운전자는 운송수입 감소로 생계유지가 어려워졌기 때문입니다.
　택시시위가 일어나자 전두환정권은 택시기사들의 요구를 받아들여 택시사업조합과 사업장에 사납금을 인하하도록 하였고, 다른 한편으로는 교통부를 중심으로 월급제실시를 위한 노사정 회의를 운영하여 2년에 걸쳐 6대도시에서 월급제실시를 하도록 제도화하였습니다. 이러한 투쟁의 영향으로 당시 노동조합을 만들기 어려웠던 시기였지만 택시회사에 수많은 노동조합이 설립되어 지역적 연대를 가지며 활동하게 되었습니다.

이와 같이 택시정책과 노사관계가 변화하는 도중에도 더 많은 이윤 획득을 위하여 기존의 전근대적인 노사관계를 유지하려는 택시사업주들이 많았고, 박종만 동지가 근무하는 민경교통도 이러한 사업장이었습니다. 박종만 동지는 민경교통에 입사하여 노조간부로 활동하는 중 노조간부인 동료 2명이 해고되자 이에 항의하는 농성을 하던 중 1984년 11월 30일 "내 한 목숨 희생되더라도 더 이상 기사들이 피해를 보지 않도록 해야겠다"는 유서를 남기고 분신하여 돌아가셨습니다. 폭압적인 시기임에도 박종만 동지의 분신항거에 분노를 느끼며 연세대병원 장례식장에는 문익환 목사님, 이소선 어머니와 청계피복노조원 등 많은 민주화 인사들이 모였습니다. 경찰은 유가족에게 압력을 행사하여 장례식을 빨리 치러 박종만 동지의 분신항거가 사회문제화하는 것을 막으려 했습니다. 장례식장에 있던 민주인사들을 끌어내고 사과탄을 터뜨려 닭장차에 태운 다음 일부 유가족과 동료기사들만 참석한 장례식을 강행하였습니다.

1970년 청계피복 전태일 열사의 분신을 기억하고 있던 민주화운동 세력은 박종만 동지의 분신과 장례식을 계기로 택시운전자의 열악한 현실을 직시하게 되었습니다. 전태일 열사가 분신하면서 외쳤던 그 뜻과 정신이 이소선 어머니와 청계피복노조로, 나아가 모든 노동자에게 계승되었듯이 박종만 동지의 정신도 길이 계승되어야 합니다.

이 책은 『박종만과 택시노동운동』이라는 제목에서 보듯이 박종만 동지가 분신하여 숨진 뒤에 그 뜻을 살리기 위해 노력한 유가족 조인식 여사와 택시노동운동을 했던 사람들의 생생한 기록입니다.

제1부의 첫 번째 장은 박종만 동지와 관련된 내용입니다. 먼저 박종만 동지의 연대기로 박종만 동지가 살아온 행적과 1984년 11월 30일 분신을 하기까지 민경교통노조에서의 활동, 분신에 이르기까지의 과정, 분신 이후 숨지기까지, 그리고 장례식장이었던 세브란스병원에서 전두환 정권이 저지른 침탈과 민주인사들의 투쟁을 기록하였습니다. 원래 1985년 12월 1일 박종만 동지 1주기 추도식을 맞아 배규식, 이승배 등이 당시 조인식 여사, 박종만 동지의 누나와 민경교통 동료였던 분들을 인터뷰하고 당시 연대세브란스병원 장례식장에서의 투쟁기록 등을 정리하여 펴냈던 박종만 전기(『내 한 목숨 희생되더라도 — 박종만 동지 1주기에 부쳐』, 고 박종만 동지 1주기 추모사업회 편, 55쪽)를 요약하고 일부 잘못된 내용을 바로잡아서 실었습니다.

다음으로 박종만 동지 분신 이후 계훈제 선생님, 백기완 선생님, 이부영 선생님, 천주교 청년단체연합회의 추모 글과 박종만 동지 제3주기 추도식 때 문익환 목사님이 쓰신 추모시를 담았습니다. 아울러 1주기 추도식을 맞아 조인식 여사가 남편을 생각하며 쓴 추모글이 실려있고, 이어 박종만 동지의 장례식에서 적극적인 연대투쟁을 한 청계피복노동조합 민종덕 위원장의 회고글이 있습니다. 더 많은 추모사가 있었으나 현재 남아 있는 것만을 소개하였습니다. 당시의 상황이 어떠했는지 그리고 그 속에서 박종만 동지의 죽음을 어떻게 생각했는지를 보여주고 있습니다.

이어서 조인식 여사가 박종만 동지의 죽음 이후에 어린 두 아들을 데리고 어려운 삶을 살면서도 민주화운동과 노동운동에 참여하며 배우고 느끼며 노력해 온 삶의 궤적을 담담하게 적고 있습니다. 남편의 뜻을 살리기 위해 택시노동운동, 유가족운동, 민주화운동에 어떻게 참여하고 느끼며 변화해 왔는지 알 수 있습니다.

제1부 두 번째 장에서는 택시노동운동을 하다가 분신하거나 다른 식으로 돌아가신 분들의 안타까운 이야기를 간략하게 소개했습니다. 박종만 동지가 숨진 뒤에 택시노동운동을 하다가 돌아가신 분들은 매우 많습니다. 그러나 모두 다 소개하기에는 경위가 잘 알려져 있지 않거나 자료 등의 한계가 있어 민주화운동기념사업회에 노동열사로 기록되어 있는 열네 분과 2023년 9월 택시월급제 실시를 주장하며 분신하신 방영환 동지를 포함하여 총 열다섯 분을 소개하였습니다. '얼마나 억울하고 갑갑했으며 해결방안이 보이지 않았으면, 스스로 몸을 던지는 길을 택하였겠는가' 싶지만 그들의 절규와 울부짖음이 지금은 들리지 않으니 메마르고 간략하게 소개하는 것이 매우 안타깝습니다. 노동운동을 하다 돌아가신 분들이 다른 산업보다 택시가 훨씬 많으며, 특히 이분들 대부분이 분신이라는 극한적인 방법을 선택했는지, 그리고 서울, 인천에 집중되었는지 모두 다 알 수는 없습니다.

제2부에서는 주로 1987년 이후 택시노동운동에 참여하여 활발하게 활동한 열다섯 분의 다양한 체험기를 실었습니다. 대부분이 박종만추모사업회에서 발간했던 〈운수노보〉와 관련이 있거나 전국택시노련 서울택시지부를 중심으로 노동조합운동이 활발했던 1987~1993년경에 택시노동운동에 참여한 분들입니다. 훨씬 더 많은 분들이 택시노동운동에 참여했으나 여기에서는 2024년 현재 연락이 닿는 분들이 중심이 되었습니다. 특히 인천, 대구, 경주를 제외한 지역에서 택시노동운동을 했던 분들의 이야기를 아예 싣지 못하여 이후의 과제로 넘길 수밖에 없습니다.
여기에 수록된 택시현장(단위노조와 서울지역 택시)의 생생한 노동운동 이야기들은 1987년 이후 우리나라 노동운동이 택시업종에서는 어떤 식으로 전개되었는지를 보여주고 있습니다. 우리나라 노동운동 중 운수노동운동이라는 비어있던 영역을 메워주는 것이기도 합니다. 택시노동운동 체험기에서는 여러 가지 측면을 살펴볼 수 있습니다.

택시노동운동에 참여했던 사람들이 어떻게 택시에 진입했고, 어떻게 택시노동운동을 하게 되었는가를 살펴볼 수 있습니다. 학생운동 출신은 사회운동의 일환으로 택시노동운동을 시작하였습니다. 노동자출신은 먹고 살기 위해 직업으로 택시를 선택했고, 열악한 근로조건과 관리자의 불합리한 횡포에 맞서면서 노동운동에 들어서게 됩니다. 특히 생계의 수단으로 시작한 택시에서 노동운동을 하기까지의 과정과 고민은 1980년대 택시노동운동의 한 측면을 보여주고 있다고 하겠습니다.

둘째, 이들은 택시노동운동을 매우 헌신적으로 하였습니다. 각자가 맞닥뜨린 상황 속에서 어떤 태도와 전망을 갖고 택시노동운동을 했는지 간접적이나마 느껴볼 수 있습니다. 모든 열정을 쏟아 부으며, 생계위협도, 구속도 두려워하지 않고 열심히 택시노동운동에 전념하였습니다.

셋째, 택시노동운동을 하다 택시를 떠나는 과정입니다. 택시를 떠나는 것은 대부분 택시 노동운동의 한계나 생활의 어려움을 더 이상 버티기 힘들었기 때문입니다. 일부는 개인택시를 받고 떠나기도 하고, 해고를 당해 떠나기도 합니다. 택시를 떠난 뒤 이들은 나이 들어 새로운 환경에서 뒤늦게 자신의 삶을 개척하면서, 남들보다 더 많은 노력과 힘겨운 생활을 할 수밖에 없었지만 주저없이 헤쳐나가 극복하고 나름대로 사회의 다양한 분야에서 자리를 잡고 제 역할을 하고 있습니다. 택시에 바쳤던 열정이 이후의 삶에도 투영되었던 것입니다.

넷째, 택시를 떠났지만 지금도 택시노동운동 했던 시절을 자랑스러워하면서 그 뒤 택시업종의 어려움과 택시노동운동의 쇠퇴를 안타까워하고 있습니다. 30여 년이 지났지만 그 시절 오히려 희망을 갖고, 추구했던 이상과 목표가 뚜렷했으며, 인간답게 살기 위해 노력했다고 생각하고 있습니다. 그때의 택시노동운동이 자신의 삶에 활력소가 되고 이정표가 되고 있음을 알 수 있습니다.

다른 한편으로 체험기를 통하여 1980~90년대 택시노동운동을 알 수 있습니다. 한국에서는 드물게 단위노조를 뛰어넘어 전국택시노련 서울택시지부를 중심으로 업종·지역별 임금교섭을 둘러싸고 노동조합운동이 어떻게 진행되었는지를 보여주고 있습니다. 택시업종의 지역별 임금교섭에서 교섭력 극대화를 위해 다양한 방식으로 투쟁력을 높였다가 교섭타결 이후 개별사업장에서 개별노조들의 교섭에서 어떻게 후퇴하는지를 알 수 있습니다. 이와 함께 업종·지역별 단체교섭이라는 제도가 1987~1997년 무렵까지 어떤 조건에서 유지되고 어떻게 무너져 내리는지에 대해서도 그 과정을 볼 수 있습니다. 또한 택시노조들의 목표인 완전월급제를 위하여 얼마나 투쟁하고, 어떻게 투쟁하였으며, 이러한 목표가 실현되지 못하면서 택시노조의 지역연대가 어떻게 무너졌는가도 볼 수 있습니다.

아울러 일부이지만 1970년대의 지입제와 도급제로 회귀하려는 사업주와 맞서 싸우는 지도급제 철폐투쟁도 볼 수 있으며, 옆에서 지켜본 택시열사의 죽음, 장례과정 등을 볼 수 있습니다. 따라서 경험기는 1980·90년대 택시노동 전반을 볼 수 있는 소중한 증언이자 자료가 될 수 있을 것입니다.

제3부는 택시노동운동을 연대기 식으로 정리한 자료입니다. 먼저 1장에서는 택시노동운동의 연표를 1980년부터 1997년까지 당시의 택시노동운동의 각종 투쟁과 사건 등을 중심으로 구성하였습니다. 제2부의 열다섯 분의 택시노동운동 체험기에서 다루지 못한 내용들을 담았습니다. 다음으로 제2장에서는 정부가 택시정책을 통해서 택시업종에 미친 영향을 살펴보면서 이와 관련된 택시 단체교섭의 발전과 변화를 알아보았습니다. 단체교섭의 내용은 원래 2008년 말 한국노동연구원에서 발간한 보고서(「2008년도 노사관계 실태분석 및 평가: 택시 부문」)의 내

용 중 일부를 정리 보충한 것인데 택시업종에 특수한 내용들이 적지 않아서 이해하는 데 약간의 어려움이 있을 수 있으나 단체교섭이 어떻게 변화했는지 시계열적으로 알 수 있게 하고 있습니다. 마지막으로는 택시에 대하여 운동단체가 발표한 성명서 및 홍보지, 각지역 택시노조 등에서 빌간한 홍보물, 박종만추모사업회에서 발간한 〈운수노보〉를 포함한 각종 노보 등 택시노동운동 관련 각종 자료를 소개하여 당시의 상황을 일부나마 들여다볼 수 있도록 하였습니다.

따라서 이 책은 1980년대 중반~1997년까지 우리 사회의 민주화, 특히 노동현장에서 노사관계의 민주화를 이루어낸 1987년 노동자대투쟁과 이후 노동운동의 일부인 택시노동운동이 어떻게 일어나 택시업종의 노사관계를 변화시켰는지 보여주고 있습니다. 그 과정에서 택시노동자들과 활동가들이 어떻게 투쟁하고 노력해 왔는지, 때로는 좌절과 실패의 어려움, 여러 택시노조 활동가들의 죽음을 겪으면서 집단적으로 시련을 뚫고 극복해 왔는지도 말해주고 있습니다. 또한 시내버스, 지하철 등 대중교통의 확충, 자가용의 보급으로 도시교통 내 택시업종의 위상과 역할이 변화하여 택시업종의 수익률이 떨어지면서 1990년대 중반 이래 택시노동운동의 약화, 지역별 교섭의 붕괴, 정액사납금제로 임금체계의 후퇴, 택시기사의 부족과 고령화 등을 겪게 되는 후퇴와 좌절도 함께 보여주고 있습니다. 관심 있는 분들의 일독을 권합니다.

이 책을 내면서 매우 안타까운 점이 있습니다. 그것은 앞서 소개한 박종만 동지를 포함한 여러 기사 분들의 희생, 많은 분들의 노력에도 불구하고 택시노동운동이 1990년대 중반 이래 급격하게 후퇴하여 법인택시기사들의 처우가 오히려 악화되었다는 점입니다. 이로 인해 그동안 법인택시기사들이 급격히 줄어들고 고령화가 심화되고 있습니다. 이것은 법인택시업종이 자가용 보급, 대중교통(지하철과 시내버스 전용차로)과 대리운전 등 유사택시의 역할이 증가하여 여객수송에서 차지하는 택시비중이 급속히 축소되고 있는 것을 반영한 결과입니다. 그러나 택시노동운동의 약화도 택시기사들의 운행 및 근로조건의 악화에 큰 영향을 미쳤다고 볼 수 있습니다. 끝으로 택시노동운동으로 산화한 분들과 시민의 발로써 택시운전을 하다 교통사고 및 직업병으로 유명을 달리하신 분들의 명복을 빕니다.

2025. 2.

박종만추모사업회

책을 펴내며	**박종만추모사업회** · 4	
추천의 글	**우원식**(국회의장) · 14	
	이부영(자유언론실천재단 명예이사장) · 16	
	장영달(전국비상시국회의 상임공동대표) · 18	
	강신표(전국택시노동조합연맹위원장) · 20	
	이중기(전국민주택시노동조합위원장) · 22	

제1부 택시노동운동을 하다가 산화한 분들

1. 박종만 열사 · 26
    가. 박종만 동지 전기 · 27
    나. 박종만 동지를 기리는 추모사 · 74
        1) 당신의 천국은 미친 불길이었습니다 / **문익환** · 75
        2) 자유롭고 고루 사는 새로운 사회를 위하여 / **계훈제** · 77
        3) 열사께서 보여주신 그 길을 따라서 / **이부영** · 79
        4) 나는 왜 내 몸에 불을 질렀는가 / **백기완** · 81
        5) 고 박종만 형제의 영전에 / **천주교회 청년단체연합** · 84
        6) 1주기 추도식을 맞이하며 / **조인식** · 88
        7) 택시노동자 박종만 분신사건 연대투쟁기 / **민종덕** · 91
    다. 아픈 기억 보듬는 사회가 필요합니다 / **조인식** · 96

2. 택시노동운동을 하다 산화해 가신 분들 · 112
    －민주화운동기념사업회에서 정리한 택시노동열사

제2부 택시노동운동에 참여한 분들의 이야기

1. 치열했던 서울택시 노동운동 회고 / **강충호** · 154
2. 택시 40년, 박종만 열사를 기억합니다 / **구수영** · 166
3. 사람만이 희망이다 / **김웅관** · 174
4. 나의 택시 이야기 / **박강완** · 193
5. 나의 택시노조와 해고, 노조운동 속에 숨진 택시동료들 / **박채영** · 207
6. 나의 택시노조운동, 되짚어 보기 / **배규식** · 222
7. 되돌아본 1987~1990년 택시민주노조의 길 / **신광운** · 256
8. 택시는 내 인생의 선생님 / **오영진** · 269
9. 나의 청춘, 택시 / **이동섭** · 285
10. 택시와 함께한 40년 / **이문범** · 295
11. 내 청춘의 열정을 쏟았던 택시와 노조운동 / **장태순** · 309
12. 동지의 노래, 내 영혼의 노래 / **조재형** · 318
13. 경주지역 택시노동운동 활동가의 삶 / **정준호** · 333
14. 대구지역 택시노동운동 활동가의 삶 / **최태일** · 343
15. 그 시절이 내 삶에서 가장 행복했습니다 / **황진우** · 355

제3부 택시노동운동 정리

1. 택시노동운동 연표(1980~1997) · 386
2. 택시정책, 택시업종의 변화와 택시의 단체교섭 변화 · 399
3. 택시노동운동 자료 · 440

내 한 목숨 희생되더라도…

　작년 2024년 11월 30일은 고 박종만 열사가 헌법에 보장된 노동자의 권리를 주장하며 이 땅의 민주주의를 위해 돌아가신 지 40주기를 맞는 날이었습니다. 그 날로부터 사흘 후인 12월 3일 대한민국 국회는 중무장한 계엄군에 의해 침탈되었고, 이 땅의 민주주의는 다시 한 번 큰 위기를 마주했습니다.
　박종만 열사와 같은 분들께서 독재정권의 탄압에 맞서 민주주의를 지키고, 노동자의 권익증진과 더 나은 삶을 위해 피와 눈물로 만들어온 대한민국이지만, 우리는 이번 비상계엄을 겪으면서 언제든지 무도한 권력이 민주공화국을 위협할 수 있음을 목도하였습니다.
　그러나 그 부당한 비상계엄마저 위대한 국민이 스스로 광장에 나와 가장 활기차고 서로를 배려하는 연대의 정신으로 이겨냈습니다. 이는 과거 자신의 삶을 바쳐 노동과 인권, 민주와 자유를 지켜오신 수많은 분들의 희생이 바탕이 되어 튼튼한 민주주의와 건강한 시민의식이 만들어졌기 때문이라고 생각합니다. 다시금 국회의장이자 대한민국 국민의 한 사람으로 깊은 감사의 말씀을 드립니다.
　"근로기준법을 준수하라"며 항거하신 1970년 11월의 전태일 열사를 시작으로 수많은 노동자들이 세상을 향해 부조리를 알려왔습니다. 그 중에서도 1984년 11월 30일 박종만 열사의 항거는 열악한 택시노동자의 현실을 본격적으로 알리는 신호탄이 되었습니다.
　특히 박종만 열사의 삶과 택시노동운동의 역사를 담은 『내 한 목숨 희생되더라도』에는 택시 노동자 권리 향상을 위한 수많은 도전과 노동 인권 선언의 증거가 고스란히 담겨 있습니다. 1984년 박종만 열사를 시작으로 86년 부당 해고에 항거한 변형진 열사, 87년 노조 탄압에 맞서 싸운 이석구 열사, 89년 단협 위반에 항의하며 투쟁한 이대건 열사 등 지난 40여 년간의 수많은 사람들의 투쟁과 항거의 역사가 있습니다.

그리고 열사들의 삶뿐만 아니라 그 뜻을 기리고 그 정신을 이어받기 위해 노력하신 많은 분들의 기록도 있어 더 의미가 큽니다. 이처럼 택시 노동자들의 역사와 택시노동운동의 기록이 담긴 『내 한 목숨 희생되더라도』에 많은 관심을 부탁드립니다. 대한민국과 헌법이 보장하는 당연한 권리마저 박탈당한 평범한 국민이 어떻게 자신의 것을 다시 쟁취하기 위해 싸워왔는지, 그리고 그들의 투쟁을 통해 이 땅의 노동과 인권, 민주주의가 어떻게 성숙해왔는지를 잘 설명해주는 중요한 사료가 될 것입니다.

끝으로 지금까지 택시노동운동에 헌신하신 분들과 40년 기념문집으로 박종만 열사의 삶을 조명하기 위해 함께 해주신 모든 분들의 노력에 큰 박수를 보내드립니다.

널리 읽혀 보다 많은 분들께서 이 책을 펴낸 이들의 뜻에 함께 해주시길 응원하겠습니다. 고맙습니다.

2025. 2.

대한민국 국회의장 우원식

박종만 열사 투쟁 40주기, 그리고 택시노동운동의 기억

　한국 사회의 모든 분야가 그랬듯, 택시노동 분야 역시 민주화운동과 함께 걸어왔습니다. 특히 1980년 광주항쟁을 계기로, 전두환 군부 독재 정권은 박정희 유신정권 말기 느슨해진 사회기강을 바로잡는다는 명분 아래 노동운동에 대한 폭력적 탄압을 자행했습니다. 전두환 정권은 박정희 정권의 과업을 이어받아, 광주항쟁에 적극 참여한 택시노동자들의 동향에 민감하게 반응했을 것입니다. 그 당시 택시노동자들은 개별 사업 노동자로서 독재정권에 대한 비판 여론을 전달하는 중요한 역할을 했습니다.
　당시 현장활동중심론에 따라 경기, 인천 지역 노동현장에 많은 대학생 출신들이 투신하고 있었고, 택시업계에서 잇따라 분신투쟁이 벌어지면서 이러한 사건은 민주화운동의 중요한 일환으로 자리잡게 되면서 민청련 등 민주운동단체는 택시노동운동에 깊은 관심을 가지게 되었습니다.
　저는 그 당시 민중민주운동협의회(민민협), 민통련에서 활동하며 박종만 열사의 빈소에 가고, 추모식에 참석하는 등 그분들과 함께 연대의 마음을 나누었습니다. 김승훈 신부님과 박종만 열사의 유가족인 조인식 여사를 만나 그들의 아픔을 함께 나누었고, 이후 택시 노동조합과 개인택시 기사들과 자주 만나 그들의 고충을 들었습니다. 그분들의 소박한 소망은 자녀들을 출가시킨 후, 개인택시를 마련해 부부가 함께 한가로운 노년을 보내는 것이었습니다.

오늘날, 저는 택시를 자주 이용합니다. 예전과 달리 택시업계뿐만 아니라 세상 돌아가는 일에 대해서도 많은 이야기를 나누곤 합니다. 현재 택시업계는 대체 교통수단의 발전으로 역할이 축소되었고, 택시노동조합의 독자적인 존립 기반에 대한 고민이 이어지고 있습니다. 8, 90년대에 열정적으로 투쟁했던 택시운전자들이 이제는 택시 자체의 존립을 걱정하는 모습은 격세지감을 느끼게 합니다.

박종만 열사의 분신투쟁 40주기를 맞아, 그의 일대기와 택시노동운동의 역사, 그리고 그 당시 치열하게 싸웠던 택시노동자들의 생생한 기록을 담은 책이 발간되었습니다. 이 책은 전두환 군사독재 정권, 노태우 정권, 김영삼 정권에 이르는 동안 생존권을 위해 싸웠던 택시노동자들의 모습과 분신, 파업, 농성, 집회, 차량 시위 등 상상하기 힘든 투쟁을 생동감 있게 그려내고 있습니다.

이번 책은 박종만 열사의 투쟁을 되새기며, 1980년대와 1990년대의 택시노동운동을 이해하는 데 중요한 자료가 될 것입니다. 이 책을 출간하기 위해 지난 1년간 자료를 모으고 정리한 박종만추모사업회의 출간위원들에게 깊은 감사의 마음을 전합니다. 또한, 한국 택시노동역사의 생생한 목소리를 듣고자 하는 분들에게 이 책을 강력히 추천합니다.

박종만 열사와 그와 함께한 택시노동자들의 희생과 투쟁이 결코 헛되지 않았음을 기억하며, 그들의 정신이 오늘날의 택시노동운동과 한국 사회에 큰 의미로 이어지길 바랍니다.

2025. 2.

전 민주당 상임고문, 현 자유언론실천재단 명예이사장 이부영

그리운 사람 운수노동자 박종만 열사!

온 몸이 불덩이가 되어 "운전수도 사람으로 좀 살자!"고 부르짖었던 박종만 열사가 은하수의 별이 되신 지 40년이 되었다.

당시에 나는 민주화운동가 김근태, 박우섭, 박계동, 이동섭 등과 5.18 광주학살의 원흉 전두환 일당들을 몰아내기 위하여 전두환시대 최초의 공개투쟁 조직인 민주화운동청년연합을 조직하여 치열하게 싸우던 때였다.

그러던 어느날 투쟁하던 우리 모두가 차가운 거리에 우뚝 세워진 장승처럼 굳어져 버렸던 날벼락의 소식이 전해졌다.

'운수노동자 박종만 분신 사망'

나는 지금도 당시의 처절했던 심정을 그대로 간직한 채 평생을 살아간다.

당시로부터 지금까지 박종만 열사로 평생을 살아가는 부인 조인식 여사의 길거리 투사의 모습이 바로 박종만 열사였기 때문이기도 하다.

박종만 열사가 불길이 되어 운수노동자의 영원한 해방깃발로 떠나시던 당시는 '더 이상 이대로는 못살겠다'며 대구시 택시기사들이 집단으로 들고 일어난 사건이 있었고 잔인한 탄압으로 수많은 운전기사들이 구속되던 잔인한 계절이었다.

나는 민청련의 결정으로 대구시 택시운수노동자투쟁 실태조사반 책임자로 현지를 방문하였고 동지들과 함께 『새벽부터 새벽까지(운수노동자 실태분석)』라는 책자를 나병식 동지의 풀빛출판사에서 발간하였다.

더이상 운수노동자를 외면하며 살 수는 없다는 청년활동가들의 자각에서 만들어진 보고서였고 저자는 장영달로 된 책이다.

나는 지금도 택시를 타는 경우에 박종만 열사의 외침과 조인식 여사의 줄기찬 투쟁의 일생이 겹쳐 보이며 분노의 마음이 된다.

이제 '젊은 가장으로서는 도저히 생계를 꾸릴 수가 없으니 고령의 운전기사들이나 용돈벌이로 운전을 하게 된다' 는 증언이 너무 슬프게 다가온다.

다시 한번 사랑하고 존경하는 박종만 열사의 산화 40년을 추모하며 '운수노동자여 !!! 우리 모두 민중의 횃불로 살자'고 외치는 나날이 되기를 크게 합창하자.

살아계시는 박종만 열사로 굽힘없이 일생을 살아오신 조인식 여사님께 부끄러운 마음으로 존경의 인사를 드린다. 굳굳하게 버텨온 자랑스러운 두 아들에게도 고마움의 안부를 전하고 싶다.

지금도 우리 마음에 영원한 운수노동자의 '불의 횃불'로 살아계시는 박종만 열사의 40년을 회고하며, 수많은 동지들의 마음으로 사랑의 노래를 보내드리고 싶다. 아울러 배규식 선생 등 지금까지 줄기차게 운수노등운동에 헌신하신 운동가들의 헌신과 40년 기념문집으로 박종만 열사의 삶을 조명하여 다시 살려오는 모든 분들의 노고에 감사를 드린다.

2025. 01. 28.

전 민주화운동청년연합 부의장.
현 전국비상시국회의 상임공동대표   장 영 달 드림

80, 90년대 택시노동운동에 경의를 표합니다

　우리나라 고도성장의 주축이었고 한국경제를 떠받치는 기둥이었던 택시산업은 산업화와 민주화의 격랑을 헤쳐오며 40년이 넘는 세월 동안 치열한 노동환경 속에서 성장해왔습니다.
　이 책 내용 중에 「'기름밥' '달구지' '운짱' 은 자조하는 말인가? 스스로를 경멸하는 별명인가? 여하튼 운전기사들을 일컫는 말이다. 배우지 못하고 돈 없고 빽 없지만 먹고는 살아야 할 인생들이 이것 저것하다 막다른 골목에 이르러 선택하는 직업이라는 운전기사직」이란 자조적인 표현이 나옵니다. 여기에는 택시노동자들을 무시하는 당시 시대상이 그대로 담겨 있습니다.
　이 책에는 당시의 치열했던 1980~1990년대의 한국 택시노동역사의 생생한 증언이 담겨있습니다. '내 한 목숨 희생되더라도 기사들이 더 이상 피해를 보지 않도록 해야겠다' 는 유서를 남기고 장렬히 산화한 박종만 열사부터 '노동자들이 떳떳하게 잘 사는 세상이 와야 할 텐데' 라는 말을남기고 산화한 변형진 열사, '노조탄압 중지하라' 는 말을 세상에 외치고 산화한 이석구 열사 등 택시노동자들의 한 많은 삶과 핏빛 절규가 생생히 느껴졌습니다.
　또한 택시노동운동 연표는 한눈에 택시노동역사를 알아볼 수 있도록 상세히 기록되어 있고 택시 정책과 단체교섭 변화는 군사독재시절부터 태동한 택시노동운동의 발전을 잘 나타내고 있습니다. 1987년까지의 정부주도의 단체교섭부터 택시의 구조조정시기의 단체교섭으로 나누어 설명된 부분은 현재의 단체교섭 전반에 대한 흐름과 이어져있어 이 책을 꼭 읽어야만 하는 몇 가지 이유 중 하나일 것입니다.

'동트기 전 새벽이 제일 어둡다'는 말이 있습니다. 우리 택시노동자들은 누구보다 먼저 캄캄한 새벽을 밝히고 찬란한 아침을 맞이하는 직업입니다. 지난 40년이 넘는 세월 동안 우리 택시노동운동의 역사는 고난과 고통의 역사였지만 택시노동자는 포기하지 않았습니다. 이제 택시노동자들을 위해 장렬히 산화한 1984년 박종만 열사가 우리에게 던진 화두는 이제 우리가 매듭을 지어야 합니다.

1980년대 후반기부터 1990년대 전반기까지의 택시노동운동을 기록한 『내 한 목숨 희생되더라도』의 출판을 진심으로 축하드리며 이 기록들이 앞으로의 찬란한 택시노동 역사의 이정표가 될 것을 확신합니다.

60년이 지나 100년이 되는 순간에도 후배 택시노동자들에게 선배 열사들의 고귀한 희생의 의미가 전달될 수 있기를 기원하며 한국택시노동 역사의 생생한 목소리를 듣고 싶은 분들에게 이 책을 추천드립니다.

2025. 2.

전국택시노동조합연맹위원장　강　신　표

오늘 이 자리에 함께 하신 여러분께 ....

    역사적으로 민주주의를 갈망하는 민중들의 투쟁 앞에 택시는 늘 선두에 서 있었습니다. 택시는 힘들고 외로운 투쟁에도 불쏘시개 역할을 마다하지 않았습니다. 1980년 광주항쟁, 1984년 대구, 부산 등 전국적인 택시 차량시위, 1987년 4월 서울 역삼동 빵빵시위, 1987년 6월 민주항쟁과 7월 노동자대투쟁 당시에도, 군부독재 무법천지의 거리에서도 택시는 투쟁의 선봉에 서 있었습니다.
    지난 80년대 택시 동지들은 이 나라 민주주의를 위해 투쟁에 앞장섰고, 죽음으로 민주주의를 갈망했으며, 따라서 택시 동지들의 투쟁은 민주주의의 역사였습니다. 이러한 택시 역사 한가운데에 박종만 열사가 있습니다.
    택시노동자 박종만은 1984년 11월 30일 "내 한 목숨 희생되더라도 더 이상 기사들이 피해를 보지 않도록 해야겠다"는 유서를 남기고 분신하였습니다. 박종만 열사의 죽음은 택시기사들을 각성시켰고, 택시노동운동을 활성화시켰습니다. 나아가 전국 노동자들을 투쟁으로 이끌었습니다. 그런 그가 우리 곁을 떠난 지 40년이 지나가고 있습니다.
    오늘 우리는 박종만 열사의 삶과 정신을 담은 특별한 책을 함께하게 되어 매우 기쁘고 뜻 깊게 생각합니다. 박종만 열사는 우리나라 택시노동운동사에 잊혀서는 안 될 인물로, 그의 헌신과 희생은 오늘날에도 많은 이들에게 큰 영감을 주고 있습니다.
    이 책은 단순히 박종만 열사의 생애를 기리는 데 그치지 않고, 그가 남긴 정신과 가치를 되새기고자 하는 의도로 집필되었습니다. 그리고 그의 정신을 기리고자 8,90년대 택시노동운동을 했던 동지들을 기록하고 있습니다.

우리는 박종만 열사의 생애와 업적을 통해 인간의 존엄성과 정의를 위한 끈질긴 노력이 얼마나 중요한지를 다시 한번 생각해 보아야 합니다. 그의 고난과 함께 한 여정, 그리고 박종만 열사의 유산을 통해 우리는 더 나은 미래를 향한 열망을 더욱 굳건히 할 수 있습니다.

이 책이 수많은 사람들에게 박종만 열사의 지독한 인내와 불굴의 정신을 느끼게 해주고, 또한 우리 사회가 나아가야 할 방향에 대한 깊은 통찰을 제공해 주기를 바라며, 그의 이야기가 널리 퍼져 많은 이들에게 감동과 동기를 부여하길 기대합니다.

마지막으로, 이 책이 탄생하기까지 많은 분들의 지지와 참여가 있었습니다. 이 분들에게 깊이 감사드립니다. 그리고 여러분의 많은 관심과 애독을 부탁드립니다.

끝으로 택시노동운동을 하다 산화해 가신 노동열사의 명복을 머리숙여 빕니다. 감사합니다.

2025. 1. 28.

전국민주택시노동조합위원장 이중기

1

택시노동운동을 하다
산화한 분들

1. 박종만 열사

박종만 동지 전기

내 한 목숨 희생되더라도 – 박종만 동지 1주기에 부쳐

내 한 목숨 희생되더라도…
내 한 목숨 희생되더라도…

그는 자신의 몸에 석유를 뿌리고 자신의 몸을 불사르며 자기가 처한, 택시운전사가 처한, 아니 전 노동자가 처한 상황에 항거하며 한 줌의 재가 되었다. 그의 일 년 전 핏빛 절규는 지금 어디에 있는가? 가족, 친구, 우리의 심장에 꽂혀 있는가? 항간에 떠도는 아득한 메아리가 되었는가?

박종만은 누구인가?

종만은 1948년 2월 부산에서 직물회사 과장이던 아버지 박성규씨와 꽤 큰 여관을 운영하던 어머니 권연판씨 사이에서 3남 2녀 가운데 위로 누나 둘과 형 다음으로 넷째로 태어났다. 집안은 비교적 여유 있게 살아갈 수 있을 정도로 유복한 환경이었다. 키도 크고 남달리 힘이 셌기 때문에 놀 때는 항상 동네 꼬마대장이었다.

친구들에 대한 정이 두터웠다. 동래국민학교 시절 연필이나 필통,

때로는 신발까지도 가난한 급우에게 나누어 주었다. 어느 해 봄 소풍날이었는데 어머니도 같이 갔다. 그런데 소풍 길에 불쌍한 할머니를 만났다. 어린 종만은 그 할머니에게 음식을 몽땅 줬다. 어머니도 아들의 그런 행동을 차마 말릴 수 없었다.

이렇듯 '착하고 씩씩하게' 부모의 사랑과 누나, 형의 귀여움을 받으며 걱정 없이 자라던 종만에게 가혹한 시련이 닥쳤다. 1957년 말 부모님이 운영하던 여관이 큰 화재로 소실되어 삶의 터전을 잃었다. 1958년 3월 종만이 초등학교 4학년 때 서울 장위동 산비탈의 판잣집으로 이사하였다. 아버지는 실업자였으며 어머니는 동대문시장에서 새벽부터 밤 11시 30분까지 음식배달을 하며 집에는 한 달에 한두 번 들어올 수 있었다. 아버지는 일자리를 찾으러 매일 나갔지만 저녁이면 축 처진 어깨로 돌아왔다. 빚을 갚느라 식구들이 자주 밥을 굶어 종만은 "쌀밥을 실컷 먹어 보았으면 원이 없겠다"고 생각하였다. 부모님의 보살핌을 받지 못한 채 신문을 파는 등 스스로 생활비를 벌어야 하였다.

1965년 종만은 가까스로 서라벌고등학교에 입학한 뒤에도 신문팔이 등을 하여 스스로 돈을 벌어서 생활하고 수업료를 내야 했다. 1967년 수업료 내기도 벅차고 고생하시는 어머니를 편하게 해 드리기 위해 고등학교 3학년을 중퇴하고 돈벌이에 나섰다. 아버지가 하시던 만홧가게를 이어받기도 했고 공장에 다니기도 했다.

1970년 군에 입대하여 힘들다는 수송병으로 군 생활을 한 뒤 1973년 9월초에 제대를 하였다. 제대를 앞둔 한 달 전쯤에 남이섬에 놀러갔다가 가평역에서 조인식을 만나게 되었다. 종만은 1974년 10월 서울 금호동에서 분식집을 시작하면서 조인식과 결혼생활에 들어갔다. 아내 조인식과 식료품 가게를 시작으로 옷행상, 만홧가게, 야채행상 등 여러 가지 판매업을 거치면서 다양한 일을 해 보았다. 그 사이 1975년 장남 병권, 77년 차남 순권을 낳으며 행복한 일가를 이루려 하였다.

1978년 10월 서울 망원동에 있는 경신운수에 택시기사로 취직했으나 회사 숙소에서 연탄가스 중독이 된 이후 택시운전을 하기가 싫었다. 1980년 5월 차떼기 야채행상을 시작했지만 비 오는 날 쉬고, 교통경찰에게 뜯기고 보니 남는 게 별로 없었다. 1981년 4월 경신운수에 다시 취직하였다. 1982년 9월 기사들을 깔보는 사장 아들과 싸움을 했다는 이유로 강제사표를 써야 하였다.

1982년 10월 민경교통(현 동명택시)에 입사하였다. 1983년 3월 사납금 강요와 비인간적인 대우에 항의하여 3일간 모든 기사들이 파업을 하였다. 이때 재건된 노조의 복지부장을 맡았다. 1983년 5월 무렵에는 어용화된 위원장을 제치고 노조의 실질적인 일꾼으로 동료들의 인정을 받았다. 이 때문에 승무를 거의 하지 못해 월급이 10만 원 남짓이었다.

1983년 6월 종만을 포함한 노조 간부 4명이 회사 측에 노사합의사항 이행과 부당한 대우 시정을 요구하며 3일간 단식농성을 벌였다. 회사가 요구조건을 수락하겠다고 해서 농성을 끝냈지만 곧바로 회사 측이 약속을 어겼다. 허탈과 좌절감에 빠져 1983년 7월 잠시 노조를 탈퇴하기도 하였다. 1983년 10월 배철호, 안을환 등 동료기사들의 권유로 다시 대의원직을 맡아 노조활동에 이전보다 적극적으로 참여하였다. 1984년 11월 28일 회사 측은 이태길 사무장을 부당해고하였다. 그리고 11월 30일 종만은 자신의 몸을 노동제단에 바쳤다. 여기까지가 서른여섯 해 종만의 간추린 삶이다.

화마가 쓸어간 가족의 행복

다시 종만의 어린 시절로 돌아가자. 1958년 서울 장위동 판잣집 시절 종만의 가족은 뿔뿔이 흩어졌다. 큰 누나는 이미 시집을 가서 부산에 살고 있었고, 형 종인은 여관에 화재가 난 다음해 단신으로 서울에 올라와서 용산고등학교에 다니고 있었다. 잘 사는 급우들의 집이나 자취방을 전전하며 어렵게 공부를 이어갔다.

종만의 작은 누나, 종만, 그리고 어린 동생. 종민 3남매가 장위동 월세 집을 지키고 있었다. 너무나 변해 버린 집안 환경은 어린 종만의 여린 마음에 그늘을 드리웠다. 우리 집은 왜 어머니와 같이 살지 못하고 어린 우리만 방을 지켜야 하는지 알 수 없었다.

1961년 미아리로 이사하면서 약간의 변화가 생겼다. 그 해 여름에는 종만의 아버지도 청량리에서 소규모 양말 공장을 경영하던 친구와 같이 동업을 하였다. 그것도 잠깐이었고 친구에게 사기를 당하였다. 결국 아버지는 6개월 후 다시 실업자가 되었다.

그 이듬해인 1962년 종만은 서라벌중학교에 입학한다. 집안형편으로 볼 때 거의 불가능한 일이었지만 그 동안 끼니를 걸러가면서 스스로 일해 모은 돈으로 입학금을 마련할 수 있었다. 중학교 입학은 종만에게 큰 성취였다. 어린 마음에도 공부를 해야 돈을 벌 수 있고 온 가족이 한 집에서 살 수 있다는 생각뿐이었다. 작은 꿈을 달성했지만 현실은 어려웠다. 아버지는 여전히 실업상태였고 어머니가 식당에서 벌어오는 수입으로 겨우겨우 생계를 유지할 수 있었다.

등록금 납부일이 다가오면 종만은 거의 주눅이 들다시피 하였다. 제 날짜에 등록금을 낸다는 것은 종만의 처지에서 매우 어려웠다. 등록금이 몇 달씩 밀리는 것은 으레 있는 일이었다. 그때마다 학교로부터 심한 독촉을 받았고 어떤 선생으로부터는 노골적인 면박도 당하였다.

종만은 고등학교에 진학할 형편이 못되었다. 먹고 사는 일과 과중한 학비부담이 도저히 엄두가 나지 않았다. 그런데 종만이 고등학교에 진학할 수 있는 기회가 생겼다. 양말 공장을 그만 둔 이후 이 일, 저 일을 찾던 아버지가 1965년 초 드디어 일을 하게 된 것이다. 이미 초로의 나이에 접어든 아버지는 이 일을 악착같이 하였다. 그에게는 4년 만에 갖는 일이었다. 그해 겨울 종만과 동생 종민까지 틈틈이 아버지를 도와 고등학교 입학금을 마련할 수 있었다.

1965년 초 아버지는 연탄가게를 시작하였고 종만은 서라벌고등학교에 진학한다. 고교시절에도 그의 어려움은 계속되었다. 이듬해에 형이 군에서 제대하였다. 형이 학업을 마치고 대일화학에 입사하자 집안 형편이 조금 풀리는 듯하였다. 그러나 그 무렵부터 아버지의 건강이 나빠지기 시작하였다. 불안정한 생활과 그 압박감 그리고 고된 노동이 아버지를 지치게 만들었다. 아버지는 1966년 말 그동안 조금씩 모은 돈과 여기저기서 빌린 돈으로 미아리에 월세로 점포를 얻어서 만홧가게를 열었다. 아버지의 건강은 더 나빠졌고 결국 가게일조차 종만의 일이 되고 말았다.

종만이 고등학교를 중퇴한 것은 1967년 3학년 초였다. 공부를 해서 직장도 잡고 돈을 벌어 아직도 시장에서 고생하시는 어머니를 모시고 행복하게 살아보겠다는 생각은 이미 헛된 꿈이었다. 아버지가 병석에 눕자 종만은 주저 없이 학교를 그만두었다. 학창시절은 그렇게 끝이 나고 이제 냉혹한 현실세계와 전면적으로 부딪쳐야 했다. 그래도 종만은 지난 세월의 쓰라린 경험을 통해서 얻은 강인한 의지와 용기가 있었다. 무슨 일이든 할 수 있다는 자신감이 있었다.

1967년 여름, 아버지의 건강이 좀 나아졌을 때 종만은 수박장사를 시작하였다. 주로 미아리 길음시장 일대에서 장사를 하였다. 여름 내내 "수박이요, 수박!"을 외치며 돌아다녔다. 그의 목소리는 덩치에 걸맞게 크기도 했지만 무언가 치밀어 오르는 울분을 토하는 것 같기도 하였다. 수박장사를 처음 했지만 꽤 잘하였다. 수박 철이 지나자 딸기, 사과 같은 과일을 싣고 다녔고 나중에는 야채도 팔았다. 1968년에 아버지가 돌아가시기 전까지 거의 2년간은 만홧가게와 장사일 그리고 아버지의 시중을 드는 일로 그는 바쁜 나날을 보냈다.

아버지가 돌아가시자 종만은 만홧가게를 정리하였다. 과일과 야채행상은 계절에 따라 잘 되기도 하지만 아예 일이 없는 등 불안정하였다. 행상을 그만두고 경기도 고양군 일산에 있는 시멘트 벽돌공장에 취직을 하였다. 이때 형 종인씨가 대학을 졸업하고 대일화학에서 일하고 있다가 종만에게 안정된 직장생활을 할 것을 권유하였다. 대일화학 자재과 검사원으로 취직했을 때 산전수전 다 겪은 종만의 나이는 21살이었다.

그다지 나을 것 없는 대공장 노동자의 삶

종만이 처음 접해본 대공장 노동자의 삶은 기대했던 것과는 너무 달랐다. 기업주가 원하는 것은 더 많은 생산을 해서 더 많은 돈을 버는 것이었을 뿐 노동자의 인간다운 삶이나 대우에는 관심이 없었다. 작업환경과 노동조건은 노동자들이 일하기에는 너무 열악하였다. 장시간 노동을 강요하면서도 임금을 너무 적게 주어 물가 비싼 서울에서 노동자들은 살기가 어려웠다.

종만이 대일화학에 다닌 기간은 군에 입대하기 전까지 10개월에 지나지 않았고 노동자로서의 의식은 약한 편이었다. 이 시기는 신문팔이, 만홧가게, 야채행상으로 이어지는 그의 삶에서 적지만 안정적인 월급을 받았던 시절이었다.

1970년에 입대한 종만이 군복무 당시 처음 맡았던 보직은 군기가 세기로 유명한 수송병이었다. 일상적인 구타와 무지막지한 기합이 이어졌다. 그나마 대대장 차를 몰면서 고통이 다소 줄었다. 어찌나 고생을 했는지 어머니가 면회를 다녀와서는 당시 대일화학 경리부에서 일하며 수입이 괜찮았던 형 종인을 졸라 보직이동 청탁을 했다. 그 덕분에 제대 말년에는 장교식당 보급병으로 보직을 옮겨 서울로 자주 외출을 나올 수 있었다.

종만이 훗날 아내가 된 조인식을 만난 것은 1973년 8월 4일이다. 제대를 한 달 앞둔 날이었다. 인식은 친구들과 함께 남이섬에 놀러갔다가 돌아오는 길에 가평역에서 기차시간을 기다리며 자전거를 빌려 즐겁게 놀고 있었다. 발랄하고 생기 있는 모습으로 자전거를 타며 친구들과 놀고 있던 인식이 제대 말년 박종만 병장의 눈에 띄었다.

박 병장은 당시 스물한 살 인식의 어여쁘고 활기에 넘친 모습과 말씨가 단번에 마음에 들었다. 인식은 서울로 돌아오는 기차 안에서 말을 걸어오는 박 병장과 자연스럽게 대화를 나누었다. 180cm의 훤칠한 체구와 미남형인 박 병장의 용모가 인식의 마음에도 들었다. 둘이 처음 만난 날 종만은 인식을 다짜고짜 당시 갈현동에 있던 어머니집으로 데려가서 어머니에게 소개를 시켰다.

이들의 만남은 우연히 이루어졌지만 학력, 재산, 직장 등을 요리조리 따져 사랑에 있어서조차도 철저히 계산이 앞서는 것보다는 훨씬 순수하고 인간적인 면이 있었다. 더구나 감정이 풍부하고 순수했던 종만의 멋은 제대 후에 만남을 거듭할수록 인식의 마음을 움직였다. 두 사람은 장래를 함께 하기로 약속했지만 현실적인 문제들에 부딪혀야 했다.

종만은 특별한 기술도 없었고 고등학교 중퇴 학력밖에 없었기 때문에 마땅한 일자리를 찾지 못하고 있었다. 형에게서 용돈을 받아쓰고 있었지만 마음이 편하지 못했다. 이때 형 종인씨는 대일화학에서 경리과장으로 있으면서 번 돈으로 어머니와 함께 내자동에서 여관을 운영하고 있었다.

종만은 형에게서 200만 원 정도를 얻어서 집을 나왔다. 이때가 1974년 10월 무렵이었다. 성동구 금호동 인식의 집에서 멀지 않은 곳에 '해태의 집'이라는 스낵코너를 하나 차렸다. 당시 한국사회는 박정희 정부의 경제개발계획에 따라 정부의 집중적인 지원과 보호 아래 권력과 유착된 소위 '재벌기업'들이 속속 생겨나고 있었다. '해태의 집'은 당시 크게 인기를 끌었던 해태제과에서 나오는 아이스크림 같은 빙과류와 음료수를 파는 프랜차이즈매장이었다.

　종만은 하루빨리 자립의 기틀을 잡아서 결혼도 하고 형 종인만큼 남부럽지 않게 사는 것이 목표였고, 이를 위해 어떠한 어려움도 이겨낼 수 있으리라는 젊은 패기도 있었다. 그때까지도 왜 나는 가난하게 살아야만 하는가에 대한 문제의식은 없었다. 다만 가난이 원수처럼 느껴졌고 가난을 벗어나지 못한 부모님의 무능함을 때때로 원망하는 아주 평범한 청년일 뿐이었다.

　금호동 조인식의 집에서 가까운 곳에 가게를 차리자 결혼까지 약속한 조인식으로서는 자주 가게에 와서 일을 도왔다. 인식은 서울 한양여고를 졸업한 뒤 종업원이 10여 명 정도 되는 대륙산업이라는 회사에 경리로 처음 취직을 하였다. 아버지가 소규모 인쇄업을 하고 있어서 어린 시절 그렇게 궁한 줄 모르고 자랐다.

　가세가 기울자 조인식은 성동구 광장동에 있는 모토로라라는 집적회로를 만드는 다국적회사에 생산직 여공으로 입사를 하였다. 모토로라의 급여나 복지 수준이 괜찮았고 이 회사에서 일을 하는 동안 인식은 생산직에서 일하는 것이 얼마나 떳떳하고 건강한 생활인가를 새삼 깨달았다. 우리 사회의 삐뚤어진 편견을 다시 생각할 수 있었다. 종만이 '해태의 집'을 하고, 조인식이 모토로라에 다니던 시절인 1974년 10월 두 사람은 결혼식도 올리지 않은 채 동거생활에 들어갔다. 결혼식을 못할 정도로 궁핍하지는 않았지만 인식의 부모님의 반대가 심했기 때문에 어쩔 수 없는 선택이었다.

영세상인으로서의 힘겨운 삶

영세상인의 삶을 시작한 종만은 그전까지 보였던 방만하고 안이한 생활자세를 가다듬고 새로 꾸민 가정을 위해 열심히 살아갈 것을 다짐하였다. 결혼 전에 피우던 비싼 담배를 값싼 담배로 바꾸고, 시간만 나면 들르던 당구장 출입도 삼갔다. 머리가 덥수룩해지도록 이발소도 가지 않았으며 꼭 필요한 곳이 아니면 돈을 쓰지 않았다. 신혼생활과 가게 운영에 재미를 붙였다. 어릴 적 겪었던 고통스럽고 몸서리쳐지는 가난의 굴레를 벗어나 보려고 치열하게 살았다.

1975년 8월 첫아들 병권이를 낳았다. 종만은 '내 자식은 나처럼 심한 고생을 시키지 않고 훌륭한 사람으로 키워야겠다'고 굳게굳게 다짐하였다. 그러나 조그만 가게를 아무리 열심히 운영해도 목돈을 벌수는 없었다. 당시 금호동은 '한 번 들어가면 나오기 어렵다'는 말이 있을 정도로 서울 시내에서도 주로 가난한 사람들이 몰려 사는 빈민촌이었다. 당시 서울은 박정희 정권이 야심적으로 추진한 경제개발 5개년계획 바람을 타고 급속한 공업화가 이루어지면서 농촌에서 몰려드는 사람들로 채워지고 있었다.

종만이 운영하는 '해태의 집'에도 동네 건달 비슷한 청년들이 많이 출입하였다. 잘 살아 보려는 종만에게 이들이 처음에는 불량배로 보였지만 점차 왜 건달로 지낼 수밖에 없는가를 이해할 수 있었다. 이들이 때로는 장사를 방해하거나 시비를 걸어 왔지만 건장한 체구에 싸움을 했다 하면 지는 일이 없던 종만과 몇 번 주먹다짐을 하고는 이내 형님 아우하며 친하게 지냈다.

1976년 1월 '해태의 집'을 정리하고 마포구 서교동 신교시장에서 작은 식료품 가게를 냈다. 있는 돈을 다 털어서 가게를 사기는 했지만 매월 납부하는 관리비와 유지비가 적지 않았기 때문에 사실상 전세를 든 거나 다름이 없었다. 커다란 시장건물 안에 가게가 있었는데 기거할 방이 없었다. 할 수 없이 문화촌에 있던 형님 댁에 얹혀살아야만 하였다.

종만은 가게에서 불편한 잠을 자며 지냈고, 인식은 문화촌에서 신교시장까지 아이를 업고 다녔다. 무척 피곤하고 고달픈 생활의 연속이었다. 급기야 이불에 불이 붙는 사고가 나자 이러다 사람 잡겠다 싶어서 3개월 만에 식품가게를 정리하였다.

세상일이 뜻대로 안 돌아가고 실업자 생활이 길어지자 종만의 생활도 불규칙해졌다. 무얼 해도 굶지야 않겠지만 미래가 안 보였다. 무료함을 달래기 위해 당구장 출입이 잦아지자 부부싸움도 빈번해졌다. 처음 신혼생활을 시작할 때 다짐했던 각오는 슬그머니 사라졌다. 1976년 8월 어느 날 집옆 복덕방에서 동네 사람들과 고스톱을 치며 떠들다가 옆집 사람이 시끄럽다고 파출소에 신고를 하는 바람에 연행되는 봉변도 당하였다.

이제는 무슨 일을 하든지 돈을 벌어 세 식구 생계를 유지해야 하였다. 이때 마침 인식의 작은 아버지를 만났다. 숙부는 옷행상을 하고 있었다. 1976년 9월 인식의 친정이 있는 금호동으로 이사를 해서 숙부와 함께 레저잠바를 도매로 떼어서 인천 등으로 가지고 다니며 파는 행상을 시작하였다. 인식도 두 살밖에 안 된 병권이를 들쳐 업은 채 함께 행상을 다녔다. 병권이를 먹이기 위해 죽을 쑤어 병에 담아가지고 다니며 꼭두새벽부터 늦도록 억척스럽게 장사를 하였다. 종만은 어디서 그런 용기가 나왔는지 몰라보게 안면몰수하고 큰소리로 "옷 사세요. 레저잠바가 쌉니다. 한번 사서 입어 보세요"라고 외치며 행상을 하였다.

물건을 잘못 사는 바람에 근근이 모았던 돈을 다 날려 버리는 일도 겪었지만 그래도 실업자 생활에서 오는 무기력과 낭패감을 극복하고 자신감을 얻은 시간이었다. 1976년 11월 종만은 장인 장모의 권유를 받아들여 처가살이를 하며 병권이를 맡길 수 있었다.

　레저잠바 장사도 철이 있었다. 겨울이 지나가자 더 이상 레저잠바 장사를 할 수 없었다. 그렇다고 다른 품목으로 바꾸기도 쉽지 않았다. 1977년 4월 예전 경험을 살려 금호동에 만홧가게를 차렸다. 종만은 평소 어린 아이들을 아주 귀여워하고 좋아하였다. 어린 아이들의 순진하고 단순하고 솔직한 면이 어쩌면 그 자신의 투영이기도 했기 때문에 그랬던 것 같다.

　1977년 7월 둘째 아들 순권이가 태어났다. 이제 네 식구의 가장이 된 종만은 두 아들이 있음으로 하여 무언가 뒤가 든든함이 있기는 했으나 어깨가 더 무거워졌다. 사실 만홧가게에서 벌어들이는 수입으로는 네 식구 생활비를 충당하기에 터무니없이 모자랐다. 젊은 남자가 허구헌날 꼬마들을 상대하여 코묻은 돈을 번다는 것도 여간 낯간지러운 일이 아니었다. 인식이 화장품 외판원으로 나섰다. 큰 아이는 시어머니, 작은 아이는 친정어머니 신세를 져야 하였다.

　어린 시절 겪었던 가난과 배고픔은 자신으로 충분했다고 생각한 종만은 자식은 가난의 고통 없이 자라게 하고 싶었다. 이즈음 사뭇 불길한 예감이 들고 힘이 빠지는 것 같았다. 가족들과 함께 성실히 살아가려는 종만의 결의와는 달리 무언지 모를 거대한 힘이 종만을 무력하게 하였다.

시민의 발인 택시운전기사가 되어

　'기름밥' '달구지' '운짱' 은 자조하는 말인가? 스스로를 경멸하는 별명인가? 여하튼 운전기사들을 일컫는 말이다. 배우지 못하고 돈 없고 빽 없지만 먹고는 살아야 할 인생들이 이것저것 하다 막다른 골목에 이르러 선택하는 직업이라는 운전기사직.

　1978년 10월 자동차 운전면허를 딴 지 1개월 만에 지인의 소개로 마포구 망원동에 있는 경신운수에 취업을 하였다. 군 제대 후 최초의 직장생활이었다. 택시기사 생활은 처음에 생각했던 것보다 훨씬 힘들고 어려웠다. 택시기사는 보이지 않는 감시체계에 얽매어 있기 때문에 자신의 몸을 해쳐가면서 열심히 일을 하지 않으면 안 된다. 과중하게 책정된 사납금을 벌기 위해 하루 18~22시간 노동을 격일제로 해야 했으며, 교통사고 위험을 감수하고 교통법규를 슬쩍 슬쩍 위반해야 하였다. 가령 격일제 근무시 6만 8,000원을 사납금으로 정해 놓으면 이 금액을 회사에 납입해야 하였다. 기준액을 채우지 못하면 월급에서 그 차액만큼을 공제하였다. 만약 기준액 이상을 벌면 나머지는 기사 몫이 된다. 변형된 도급제다. 이 같은 임금체계는 택시기사들이 분명 노동자이면서도 소경영자적인 사고방식을 갖게 하였다.

　택시기사 생활은 새로운 어려움과 고통의 시작이었다. 금호동 집에서 망원동에 있는 회사까지 거리가 멀었고 통행금지 때문에 일을 마치면 집으로 돌아올 수 없었다. 종만은 격일제로 꼭두새벽부터 하루 20시간을 일하였다. 통행금지 직전에 차를 입고시킨 뒤 회사 기숙사에서 잠을 잤다. 다음날 아침 일찍이 금호동 집에 와서 아침을 먹고 잠을 더 잔 뒤 저녁을 먹고 회사에 출근하는 일을 반복하였다. 하루걸러 집에 들어와서 하는 일이라고는 먹고 자는 것뿐이었다. 이때 인식은 아이들을 양가에 맡겨놓고 화장품 외판을 하고 있었다.

　1979년 3월 어느 날 회사 기숙사에서 잠을 자다가 연탄가스에 중독되었다. 집에서 요양을 하는데 택시운전을 하기가 싫어져 3개월여를 집에서 놀았다. 1970년대 말만 해도 택시회사의 근무환경은 정말 열악하였다. 경신운수는 별도의 세면장도 없고, 변소는 불결하기 짝이 없었다. 숙소는 더럽고 악취가 진동하였다. 커다란 방 다섯 개가 쭉 달린 숙소에는 때에 전 나일론 이불과 꼬질꼬질한 베개가 있었다. 방바닥에는 담뱃재, 소주병, 화투짝, 안주 쪼가리 따위가 널려 있었다. 난방은 연탄아궁이 하나가 있을 뿐이었다.

회사 측은 근무환경 개선에 전혀 관심이 없었다. 오직 돈벌이 수단인 택시기사들이 돼지우리에 살든 어디에 살든 매일매일 사납금만 입금시키면 되었다. 물론 관계 당국인 노동청, 교통부, 서울시도 택시기사들이 시끄럽게 떠들지 않기만 바랄 뿐이었다. 심지어 기사가 연탄가스 중독이 됐는데도 회사는 시설개선은커녕 치료비 들어가는 것을 아까워하였다. 당시는 기사가 부족한 실정이라서 함부로 해고를 하지는 않았다. 택시가 한 대라도 서면 당장 손해라고 보았기 때문이다.

종만이 집에서 쉬는 동안 다른 일을 찾아보았지만 뜻대로 되지 않았다. 1979년 7월 별 수 없이 다시 경신운수에 출근하였다. 한 달 뒤에는 금호동에서 회사가 가까운 망원동으로 이사를 하였다. 경신운수에 다니면서 종만은 그 특유의 과묵하면서도 다른 사람들을 끌어들이는 분위기와 태도 때문에 많은 기사들과 친하게 지냈다. 회사 관리자들과도 잘 어울렸다.

당시 경신운수에는 노동조합이 있었다. 노동조합 분회장은 회사 측에 붙어 사익를 취하던 자였다. 노동조합을 잘 모르는 기사들에게 조합비를 걷어 이를 자신의 개인사업에 유용을 하고 있었고 회사 측은 그를 지원해 주었다. 회사 동료가 종만을 노동조합 활동에 끌어들이려 했으나 종만은 그런 제안을 무시하였다. 아직까지 소상인으로서의 의식이 남아 있었기 때문이다. 종만이 마음을 잡고 일을 해보려고 했지만 1979년 12월 경신운수가 신월동으로 이전을 하였다. 망원동집에서 신월동으로 출근을 하려니 쉽지 않았다. 다시 회사를 그만 두었다. 종만은 삼성콜택시에 입사해서 3개월 정도 다녔지만 또 그만 두었다.

야채장사를 하다가 다시 택시기사로

　1980년 5월부터 1.4톤 타이탄 트럭을 한 대 사서 용산과 마포 등지를 다니며 야채행상을 시작하였다. 장사는 그런대로 되었다. 새벽 4시 부부가 용산 청과시장에 나가서 야채나 과일을 사서 차에 싣고 다니며 팔았다. 동네 과일가게나 야채가게 주인들은 차떼기 장사를 싫어하였다. 가끔 파출소나 경찰서에 신고를 하여 장사를 방해하기도 하였다. 교통경찰들은 하루에 한두 번씩 나타나서 종만에게 불법이다, 구류를 살리겠다 협박을 하며 푼돈을 뜯어갔다. 너무 억울했지만 어디 하소연할 데도 없었다. 이렇게 뜯기고 일숫돈 이자까지 내고 나면 별로 남는 것도 없었다. 더운 여름이 오자 장사를 하기가 아주 어려워졌다.
　날이 너무 덥거나 비가 오면 장사를 하기 곤란해서 트럭을 팔아치웠다. 이사를 다니고 트럭을 사고파는 사이에 그나마 가지고 있던 돈도 다 축이 났다. 종만은 또 다시 당구장에 출입하거나 바둑, 장기, 고스톱 같은 잡기로 소일하였다. 생활은 점점 어려워졌다. 종만의 어머니가 가끔 쌀도 사주고 약간의 도움을 주었지만 이런 것으로 형편이 나아질리 없었다.
　부부싸움이 잦던 어느 날 인식이 두 아들을 시어머니에게 맡기고 친정으로 가버렸다. 생활력이 강한 인식이 사라지자 종만의 삶은 엉망이 되었다. 아내의 존재를 새삼스레 깨달았다. 종만은 흐트러진 생활 자세를 바로잡고 스스로를 채찍질하기 위해 처자식과 1년 동안 떨어져 지내기로 인식과 합의를 보았다. 종만은 가족들을 위해 부지런히 돈을 벌어야겠다고 결심하였다. 하지만 의지할 곳 없는 종만이 찾아갈 곳은 택시회사밖에 없었다.
　1981년 4월 경신운수에 세 번째로 입사하였다. 신월동에 있던 경신운수는 어느새 홍은동으로 이전해 있었고, 사장도 바뀌고 노동조합도 사라졌다. 종만은 기숙사에서 기거하며 열심히 일을 하였다. 가족과 1년 동안 별거하기로 작정한 이상 되도록 연락도 하지 않고 꾹 참고 돈을 벌기로 하였다. 이때 인식은 아이들을 친정어머니에게 맡기고 대한생명보험 영업사원으로 일을 나가고 있었다. 헤어진 지 거의 한 달 만에 종만은 더 이상 견딜 수가 없어 처자식을 보러 갔다. 종만의 가슴에 뜨거운 덩어리가 솟아올랐다. 그래도 두 사람이 따로 돈을 버니 경제적으로는 어느 때보다 안정됐고 미래를 그려볼 수 있는 시기였다.

그러나 종만의 회사생활은 순탄하지 않았다. 그라고 해서 다른 택시 기사들이 당하는 비인간적인 대우와 착취에서 예외일 수는 없었다. 1982년 9월 말 종만이 기숙사에서 동료기사와 바둑을 두고 있는데 대낮인데도 날씨가 흐려 불을 켜놓았다. 사장 아들이 지나가다 전기세가 많이 나온다며 불을 끄라고 하였다. 종만이 전기세가 얼마나 더 나오겠느냐면서 바둑을 계속 두었다. 사장 아들이 불을 꺼버렸다. 이내 싸움이 벌어졌고 사장은 아들 편을 들며 은근히 퇴사를 종용하였다. 종만이 회사 측의 횡포에 항의하는 뜻으로 사표를 냈지만 이런 방식은 아주 낮은 수준의 저항일 뿐이다. 회사측으로는 말 많은 사람을 내보내니 좋은 일이었다. 가족과 다시 합류를 했지만 아이들이 점점 크고 있는데 놀 수는 없었다. 은평구 신사동 집 근처에 있는 민경교통에 입사하였다. 그가 불덩어리가 되어 쓰러지도록 만든 운명의 회사였다.

민경교통에서 노동조합에 발을 들여놓다

경신운수를 그만두고 한 달 정도 쉰 그는 1982년 10월 말 그가 최후를 마칠 때까지 재직한 민경교통에 입사하였다. 종만의 나이 만 34세였다. 벌어놓은 돈도 없고 집도 없어 조그만 방을 전세로 얻어 네 식구가 복작대며 살았다. 없는 사람에게 생존을 위한 일터는 무척이나 냉혹하였다. 뛰는 전세금을 충당하기 위해 100만 원짜리 계라도 부으려면 일 년 내내 사고 없이 운전을 해야만 한다. 만약 사고가 나면 보상비에 경찰 입도 틀어막아야 하고, 성과급이나 상여금도 깎였다. 1년 벌은 돈이 한순간에 날아가니 손해가 이만저만이 아니었다. 자칫하면 해고를 당하고, 심지어는 구속도 감수해야 하였다.

그런데도 종만은 가족들의 생계를 위해 핸들을 잡아야 하였다. 그리고 종만은 민경교통에서 마침내 노동자임을 자각하였다. 당시 민경교통은 차량 40여 대 기사 90여 명의 회사로 같은 사장이 홍일운수라는 또 다른 택시 회사를 소유하고 있었다. 이 회사는 회장, 부회장, 사장이 일가족이었다. 더구나 집안이 박정희 정권에서 국방부장관을 지냈고, 전두환 정권에서 국회의장을 지낸 정래혁 집안과 아주 가깝게 지냈다. 그러니 경찰이나 노동부, 세무서 따위는 안중에도 없었다.

기사들 사이에서도 상당한 빽이 있는 회사이기 때문에 억울한 일이 생겨서 관에 진정을 해도 아무런 소용이 없다는 소문이 퍼져 있었다. 더구나 민경교통의 사납금은 당시 서울시 평균보다 높았다. 대물사고가 나면 상당한 부담을 기사들에게 전가하였다. 후생복지시설은 교통부 검사용이었고, 부당해고, 불공평배차를 마음대로 하였다. 특히 김 아무개 관리부장은 고압적 태도와 횡포로 기사들 사이에서 원성이 자자하였다. 기사들은 혹시 그의 미움을 받을까 전전긍긍하였다. 담배라도 사다 바쳐야 새 차를 배정받았고 작은 실수를 눈감아 주었다. 자칫 밉게 보이면 딱지 하나만 끊어도 다른 구실을 덧붙여 해고를 시키거나 사표를 받아내고 마는 악질 관리자였다.

민경교통에는 종만이 입사하기 전인 1982년 1월 말 노동조합이 결성되어 2월 2일 노동조합 설립신고필증을 교부받았다. 당하다 더 이상 참을 수 없었던 기사들이 이광을 중심으로 노조를 만들기로 뜻을 모았다. 1982년 1월 하순 노동조합 설립총회를 열어 위원장에 이광을 선출하였다. 노동조합이 결성되자 회사 측은 노동조합을 파괴, 분열시키기 위해 갖은 수단을 다 썼다. 노동조합이 결성될 즈음에는 민경교통과 같은 계열의 홍일운수가 같은 건물을 쓰고 있었고, 기사들도 자신이 어느 회사 소속인지 모를 정도였다.

노조가 만들어지자 회사는 조합원을 모두 민경교통 소속으로 만들고 중산동으로 분리 이전하였다. 민경교통의 노조결성이 홍일운수로 확산되는 것을 방지하려는 술책이었다. 관리부장은 고참기사들이 상조회를 만들도록 사주하였다. 그해 여름 위원장 이광이 대형교통사고를 내고 구속되었다. 회사 측은 이를 호기로 잡아 이광을 해고하고 이어서 노조간부 8명을 부당해고시킴으로써 노동조합을 와해시켰다.

종만이 입사할 무렵에는 이미 노동조합의 존재조차 기사들에게 잊힌 상태였다. 다만 회사의 지원을 받는 상조회만이 존재하고 있을 뿐이었다. 노동조합이 와해되어 버리자 회사 측은 기사들에 대한 부당한 대우와 임금착취를 재개하였다. 개인택시 때문에 덜미를 잡힌 고참기사들은 회사 측의 눈치를 살피느라 어떠한 불만도 드러내지 않았다. 그나마 아직은 개인택시에 관심이 없는 젊은 신참기사들이 불만을 품고 있었다.

1983년 들어 신참기사들을 중심으로 노동조합을 다시 만들어 보자는 시도가 아주 은밀하게 진행되었다. 이들은 이전에 만든 노동조합이 해산된 줄 알고 신규 설립을 시도하였다. 중심인물은 이남열, 이태길, 배철호, 박인수, 김명인, 최상준, 김현치 등 15명이었다. 종만은 아직 여기에 가담하지 않았다. 한편 상조회의 고참기사들이 주로 노사협의회 근로자 측 대표를 맡아서 노사협의회에 출석했는데, 기사들의 실질적인 권익을 지키거나 개선하는 일은 없었다. 오히려 회사가 노동자들을 분열, 지배, 회유하는 수단으로 상조회를 이용하였다. 회사는 상조회에 사무실을 배정하고 상조회원들에게는 일본 견학, 신차 배차, 처벌 완화 같은 혜택을 주었다.

이 무렵 노조재건을 주도적으로 추진하던 이남열은 종만의 집으로 찾아와 노동조합 재건에 적극 가담해 줄 것을 요청하였다. 인식은 종만이 노동조합에 참가하는 것을 적극 반대하였다. 평소 종만의 성격으로 미루어 볼 때 노동조합 일에 몰두하느라 집안 생활을 돌보지 않을 것이 뻔했기 때문이다.

1983년 3월 전체 기사들을 분노하게 만든 일이 일어났다. 1982년 이후 택시 연료가 휘발유에서 LPG로 대체되면서 이와 함께 LPG 가격이 대폭 인하되었다. 1983년 1월과 2월에도 두 차례에 걸쳐 각각 32.85%, 11.1% 인하되었다. 이에 따라 택시회사 영업이익이 대폭 늘었는데도 기사들에게는 어떤 혜택도 없었다.

기사들의 불만이 높은 것을 알아차린 서울택시노조협의회는 서울택시사업조합을 상대로 임금협정을 체결하였다. 1983년 2월 12일부터 소급하여 사납금을 6만 8,000원에서 6만 2,000원으로 인하한다는 것이었다. 각 단위 노동조합에서는 이를 근거로 하여 임금협정을 맺었고, 노조가 없는 회사에서도 지역적 구속력을 갖는 임금협정을 적용받았다.

대부분 택시회사가 사납금을 인하했지만 민경교통은 6만 8,000원을 고수하였다. 아무리 힘이 없고 무지하더라도 이러한 횡포와 뻔뻔스러움을 보고 분노하지 않는 사람이 없었다. 심지어 상조회의 고참기사들까지 회사가 너무한다며 불만을 털어놓았다. 시간이 지나도 회사 측이 사납금을 내릴 기미를 보이지 않았다. 기사들의 불만이 점점 높아갔다.

1983년 3월 1일을 기해 신참기사들이 중심이 되어 파업을 단행하였다. 택시 37대가 일을 나가지 않고 차고에 그대로 남았다. 기사 80여 명이 귀빈다방에 모여 파업대책을 협의하였다. 거의 자연발생적으로 일어난 파업이었기 때문에 대표가 있을 리 없었다. 회사가 생긴 이래 집단행동을 처음 당한 회사 측은 관리부장을 시켜 귀빈다방에서 한 사람씩 불러내려고 하였다. 기사들의 저항은 그 정도 압력에 쉽게 흔들리지 않았다. 농성 장소를 회사 숙소로 옮기고 대표를 선출하는 한편 요구사항을 분명하게 정리하였다. 기사들이 내건 요구 사항은 다음과 같다.

1) 사납금을 6만 2,000원으로 인하하라.
2) LPG 지급량을 더 늘려 달라 (다른 회사는 1일 50리터인데 비해 민경교통은 40리터만 지급해 왔다).
3) 상조회를 해산하라.
4) 성과급과 상여금 지급제한 조항을 완화하라.
5) 관리부장 김태암을 해고하든지 다른 부서로 보내라.

사납금 인하문제를 계기로 평소 기사들이 공통적으로 느끼던 불만을 한꺼번에 표출한 것이다. 첫날은 회사 측과 협상이 제대로 이루어지지 않은 상태에서 지나갔다. 둘쨋날과 셋째날, 회사측의 개별적인 승무 종용과 상조회와 가까운 기사들의 대열 이탈, 파업이 실패할지 모른다는 불안감 등으로 37명만이 남았다. 사흘째인 1983년 3월 3일 기사 대표 4명이 회사 측과 교섭에 들어가 오랫동안 줄다리기를 하였다.

기사들은 중앙노사협의회(서울택시노조협의회와 서울택시사업조합)에서 체결된 대로 사납금을 6만 2,000원으로 인하해 줄 것을 요구한 반면 회사 측은 경영난과 부채악화를 이유로 6만 5,500원 이하는 안된다고 잘라 말하였다. 결국 사납금은 6만 5,500원으로 타결됐고 나머지 요구조건은 대부분 관철되었다. 이렇게 3일 동안 파업으로 기사들은 작은 승리를 경험했으며, 3월 4일부터 정상근무에 들어갔다.

노동조합 재건에 참여하다

민경교통 파업과정에서 마지막까지 남은 37명의 기사들을 중심으로 노동조합 재건을 위한 구체적 작업에 들어갔다. 위원장 이남열, 부위원장 최창근, 사무장 이태길, 회계감사 배철호를 선출하고 9개 부서의 부장, 차장 인선까지 마쳤다. 노동조합 재건 작업에서 종만은 적극적인 지지자 수준에 머물렀다. 민경교통에 입사한 지 4개월밖에 안 되어 다른 기사들과 인간관계도 긴밀하지 못했고 노동조합운동에 대한 확신이 약하였다. 그래도 후생복지부장을 맡았다. 일단 노동조합 활동에 발을 들여놓자 종만은 적극적으로 활동을 하게 된다. 노조 임시총회를 마친 뒤 1983년 3월 20일 은평구청과 전국자동차노동조합연맹에 임원변경 신고를 마쳤다.

택시기사들의 기세에 눌린 회사 측은 일단 합의사항을 지키는 척하는 한편 노조 재건에 앞장선 기사들에게 보복을 준비하였다. 일차 공격 대상은 약점을 잡힌 기사들이었다. 교통사고를 냈거나 술을 먹고 싸움을 했거나 회사의 기물을 약간 부순 조합원 3명이 잇따라 해고되었다. 이들은 스스로 복직을 위한 싸움을 포기하였다.

3월 19일에는 노동조합의 핵심 간부 8명(위원장 이남열, 부위원장 최창근, 사무장 이태길, 조직부장 박인수, 조합원 4명)에게 승무거부와 사내질서 문란 등의 이유를 달아 해고예고통고를 하였다. 노조는 청와대 민원실, 사회정화위원회, 내무부장관, 노동부장관 앞으로 진정서를 보내고 서울지방노동위원회에 해고예고에 대한 이의제기서를 제출하는 등 다방면으로 노력을 하였다. 그렇지만 회사의 강공에 기사들이 위축되기 시작하였다. 이런 상황이 벌어진 것은 기사들만의 잘못이 아니었다.

전두환 군사정권의 노동정책이나 노동법은 노동자에게 일방적으로 불리하였다. 관련 관청이나 언론은 노동자들의 단체행동을 불온시 했고, 앞장서는 노동자들은 늘 감시를 받았다. 용공분자니 도시산업선교회니 하는 흑색선전이 난무하였다.

개별회사의 기업주만이 아니라 거대한 세력과 싸우려면 고작 한 회사 노동조합의 힘으로는 불가능하였다. 그래도 끈질긴 노력으로 1983년 4월 22일 8명 모두 복직에 성공하였다. 내용을 보면 기사들이 완전 굴복을 하는 것이었다. 회사 측의 부당노동행위로 해고를 당할 뻔했는데도 정작 8명은 회사에 굴욕적인 각서를 제출하고 굽히고 들어갔다. 회사가 선심과 자비를 베푸는 식이 되어 버렸다. 특히 이남열 위원장은 이때부터 회사에 적극 협조하기 시작하였다. 훗날 종만에게 닥친 불행의 씨앗이 싹튼 셈이다.

그래도 간부들이 돌아오자 노동조합도 어느 정도 활동을 하게 되었다. 1983년 5월 민경교통 노사는 단체협약과 임금협정을 맺었다. 단체협약이나 임금협정의 체결은 조합원총회나 대의원대회의 승인 사항임에도 불구하고 이남열 위원장은 독단적으로 결정하였다. 더구나 양보해서는 절대 안 되는 내용을 수용하였다. 위원장은 노동조합 재건에 앞장섰던 젊은 조합원들로부터 불신을 받기 시작하였다.

위원장의 어용화는 그 개인의 문제만은 아니었다. 위원장이 제대로 역할을 하려면 전임을 해야 하였다. 그러나 위원장은 반전임을 인정받고 있었는데 승무를 하지 않으며 노조 일을 보았다. 자연히 수입이 많이 떨어졌고, 그렇다고 일을 해가며 노조일을 할 정도로 열정적이지도 못하였다. 급한 대로 빚을 내거나 조합비를 유용하였다. 게다가 위원장이 올바른 노동운동을 하도록 도와주는 사람도 없었다. 상급단체인 자동차노조연맹도 그런 역할을 방기하고 있었다. 이러니 회사의 매수공작에 쉽게 넘어가고 만 것이다.

새로 체결된 단체협약에 대물사고 피해를 기사가 부담하도록 한 것과 고정승무기사를 정할 때 노조와 협의해야 한다는 조항을 뺀 것이 기사들의 불만을 크게 샀다. 1983년 6월 어느 날 부위원장 김명인이 혼자 회사 정문에 가마니를 깔고 단식농성에 들어갔다. 3월 초 3일간의 파업 당시 노사가 합의한 내용을 회사가 일방적으로 위반하고 있는데다 위원장도 아무런 대책을 세우지 않은 데 따른 항의였다.

뒤이어 복지부장 배철호, 교선부장 이종석, 대의원 박종만이 합세하여 사흘 동안 단식농성을 하였다. 다른 조합원들은 회사 눈치를 보느라고 합세하기를 꺼렸다. 상조회 소속 기사들은 단식농성중인 네 사람의 옆을 축구공을 차며 다니며 "너희들이 그런다고 무엇이 될 성싶냐?"며 이죽거리고 있었다.

단식농성자들이 회사 측에 요구한 사항은 다음과 같다.

1) 3월 3일 노사합의 내용을 지켜라.
2) 상조회를 해체하라.
3) 노동조합에 복지기금을 지급하라.

그리고 대물종합보험 가입과 조합원의 고정승무보장 및 성과급 지급, 상여금 지급제한 완화 등이 들어갔다. 마침 택시우수업체 지정을 위한 심사기간이었으므로 회사 측은 우선 급한대로 요구조건을 들어주겠다고 하였다. 전무 김윤옥이 이남열 위원장에게 회사측이 노조원들의 요구사항을 수락하겠다는 뜻을 밝혔다. 농성을 풀자 회사 측은 약속을 지키지 않았다. 어디 하소연할 곳도 없었다. 단식농성에 참여했던 사람들은 허탈감에 빠졌다. 회사측의 기만적인 태도, 위원장의 배신, 자신들의 무력감등이 복합적으로 교차하였다.

의리의 사나이 '대장' 으로 통하던 사람

단식농성을 했던 4명이 올바른 방식으로 싸움을 한 것은 아니었다. 계획적인 준비나 조직적인 노력도 없이 억압과 착취당하는 노동자로서의 울분을 행동으로 보인 수준이었다. 격려하는 조합원이나 농성에 합류 하겠다는 사람들에게 "집에서 걱정할 테니 우리에게 맡겨라"고 할 정도였다.

아직 노동운동에 적극적인 뜻이 없던 종만은 올바른 일을 하려는 사람에 대한 최소한의 신의로 그들과 함께 했을 뿐이었다. 종만은 늘 회사에도 할 말은 하였다. 회사에 약점이 잡혀 상조회에 가입한 사람조차도 그들이 어려움에 처하면 열심히 대변해 주었다. 이런 점이 다른 기사로부터 신뢰를 얻었다. 회사 측으로서는 이런 종만이 진짜 다루기 힘든 존재였다.

전체 기사들의 대장 역할을 자연스럽게 하게 됐지만 개인적으로는 많은 희생이 뒤따랐다. 한 달 14일을 격일제로 일해야 만근인데 근무일이 7일 많아야 10일 정도였다. 이러니 월급이라고 집에 가지고 오는 액수는 10만 원에서 15만 원 정도였다. 노동조합에 관여하기 시작하면서 가장 많이 월급을 타온 것이 22만 원이었다. 단식농성으로 작은 성과를 거두는 듯했으나 회사의 배신이 이어지자 종만은 깊은 좌절감을 느꼈다. 노조활동에 회의감, 동료에 대한 실망감이 교차하였다. 이로 인해 잠시 노조를 탈퇴하기도 했으나 1983년 10월경 배철호, 안을환의 간절한 권유로 다시 노조활동에 합류하였다.

1983년 11월 회사는 기사들의 신뢰를 받고 있는 종만을 회유하기 위해 새 차를 배정하였다. 아무래도 새 차를 운행하면 몸도 편하고 수입이 더 늘어난다. 관례로 볼 때 새 차는 고참 순으로 배정됐는데 종만이 새 차를 배정받을 경력은 아니었다. 종만이 이를 받아들이면 다른 기사들 눈에 "이제 박종만이도 회사편이 되었구나"라고 비칠 것이 뻔하였다. 회사측이 바라는 것은 이런 것이었지만 종만은 새 차 배정을 거절하였다. 종만의 이런 품성을 접한 동료들은 그를 의리의 사나이, '대장'으로 불렀다.

이러한 가운데 노동조합은 더욱 어용화되어 갔다. 위원장은 사장과 어울려 사우나에 다니고 술자리도 자주 가졌다. 조합원이 교통사고를 내면 뒤처리를 해주겠다며 돈을 받아 떼어먹는 일도 생겼다. 실추된 위원장의 입지를 살리겠다며 조합원들에게 자주 술을 사주는 짓도 하였다. 이래저래 씀씀이가 크다보니 돈의 출처를 의심하는 사람도 있었다.

1984년에 들어서며 종만은 극단적인 자기희생을 생각한 것 같다. 1984년 늦은 봄 교통사고의 부담을 과중하게 기사에게 전가하는 데 항의하여 회사 측에 격렬하게 항의를 했으나 회사측은 끄떡도 하지 않았다. 이때 처음으로 분신이라는 가장 강경한 항의방법을 생각해 냈고 이를 실행에 옮기려다 미수로 그쳤던 것 같다. 아내 인식의 기억에 따르면 어느 날인가 집에 와서 옷을 벗는데 온 몸에서 석유냄새가 진동을 했다고 한다. 실수로 석유를 엎질렀나 보다며 별로 대수롭지 않게 생각하였다.

1984년 중반에 들어서자 회사는 노조를 완전히 장악하기 위해서 협진회(상조회의 후신) 회원들을 조합원으로 가입시켰다. 종만과 배철호, 안을환은 그들의 노조 가입을 강력히 반대했지만, 회사 입장을 대변하는 위원장과 매사에 절충적인 이태길 사무장이 찬성을 하였다. 그해 6월 1일 협진회 회원들이 노조에 가입하였다. 노조원 숫자는 늘었지만 내부에는 파벌이 조성되었다.

사업장을 넘어서 전국에서 터져 나온 택시기사들의 분노

그 무렵 사납금 인하와 노동조건 개선을 위한 택시운전기사들의 자연발생적인 시위와 농성이 대구와 부산을 시작으로 전국 주요도시에서 광범위하게 일어났다. 그동안 짓눌렸던 택시기사들의 분노가 분출하자 우리 사회에 던진 충격도 그만큼 컸다. 택시회사는 물론 정부도 사태의 심각성을 느끼게 되었다. 당시 기사들이 내세운 주요 요구사항을 보면 사납금 인하, 부제 완화, LPG충전 자율화, 노조결성 방해중지, 대물사고 피해부담 문제였다. 그 중에서도 가장 큰 문제가 사납금이었다. 대부분 지역에서 투쟁의 구체적 성과로서 혹은 예방조치로서 적은 곳은 2,500원에서 많은 곳은 1만 원까지 사납금이 인하되었다. 이런 분위기를 타고 전국 각지에서 수많은 택시노동조합이 만들어졌다.

이런 성과는 얼마 지나지 않아 과거로 돌아갔다. 열악한 노동환경이 자연발생적 분노를 폭발시켰지만 거기에는 뚜렷한 지향점이 부족하였다. 단위노조를 넘어서서 이런 힘을 지역과 전국으로 묶을 조직력도 빈약하였다. 심지어 자동차노동조합연맹이나 서울택시노조협의회는 택시사업조합과 협상을 해서 사납금 2,500원 인하를 8월말까지만 잠정적으로 시행하기로 합의를 하였다.

대구, 부산의 택시시위 직후 열린 민경교통 노사협의회를 보면 주요 안건이 사납금 문제였다. 아울러 대물종합보험 가입을 골자로 하는 사고처리부담, 상여금, 성과급지급제한 완화, 노조활동 방해중지가 의제로 올랐다. 이런 요구사항은 종만이 분신을 감행하는 1984년 11월 30일까지 어떠한 합의점도 찾지 못하고 있었다.

이제 민경교통에서 노조활동은 회사의 입장을 대변하는 위원장과 박종만, 안을환, 배철호 3인의 싸움으로 전개되었다. 심정적으로는 세 사람을 지원하나 행동으로 옮기지 못하는 다수의 운전기사들이 있었다.

이남열 위원장의 주택조합비 횡령도 이런 상황에서 일어났다. 1984년 여름 노조에서는 지역주택조합 가입을 추진하였다. 계약금 10만 원을 납부하고 정해진 기간마다 50만 원을 납부하는 방식이었다. 민경교통 기사 30여 명도 지역주택조합에 가입하였다.

종만 가족도 몇 년 후에는 내 집을 가질 수 있다는 희망을 가졌다. 당시 살던 곳의 물 사정이 좋지 않아 멀리 떨어진 수도에서 지게로 물을 길어다 먹어야 하는 형편이었기 때문에 사글세방이라도 수도가 있는 집으로 이사를 가자고 하여 증산동으로 이사를 한 참이었다.

지역주택조합에 가입한 날 종만 가족은 기대에 부풀어 잠을 제대로 자지 못할 정도였다. 그런데 10월쯤부터 위원장이 주택조합비를 유용하고 있다는 소문이 돌기 시작하였다. 그때까지 민경교통 기사들이 불입한 금액은 계약금을 빼고도 1,500만 원 정도였는데 위원장이 그 돈을 지역주택조합에 납부하지 않고 상당액을 유용한 것이다. 항의하는 기사들에게 위원장은 자신이 문제없이 해결하겠다고 장담하였다. 그러나 위원장은 이미 노동조합비와 복지기금에도 손을 댄 상태였다.

사태가 이 지경에 이르자 사무장 이태길과 박종만, 배철호, 안을환 등 조합간부들이 1984년 11월 8일 위원장 불신임안을 노조총회에 상정하기 위해 연판장을 돌렸다. 그 날로 조합원의 절반 이상이 서명날인을 하였다. 사무장 이태길은 또 절충안을 냈다. 협진회원들의 반발도 있으니 위원장이 명예퇴진을 하도록 하자는 것이다. 11월 13일 위원장 이남열과 12명의 간부가 참석한 노조간부회의(상집간부와 대의원 합동회의)는 먼저 위원장의 해명과 다짐(금전문제의 조속한 해결)을 듣고 위원장 2년 임기가 만료되는 1985년 3월까지 위원장을 유임시키기로 결정하였다.

한편 회사는 회사대로 노조탄압을 위해 여러 가지 공작을 벌이고 있었다. '적'은 약점을 보이면 그 틈을 비집고 들어온다. 강경파인 종만을 치는 것보다는 온건한 입장인 이태길을 치는 것이 쉬웠다. 그래도 기사들에게 경고 효과는 충분히 볼 수 있었다. 회사는 일부 노조원들에게 조합비 감사를 청구하도록 사주하였다. 이들은 사무장이 조합비 2만 6,000원을 임의로 사용했다며 (실제로는 위원장의 사전 동의가 있었다) 회사에 사무장의 해고를 요구하는 탄원서를 제출하였다.

11월 27일 아침부터 조합간부와 대의원들이 모임을 갖고 대책을 숙의하였다. 회사 측에 부당함을 항의하고 해고철회를 요구하기로 결의하였다. 종만, 배철호, 안을환이 회사 부회장 조기문을 찾아가 치밀어 오르는 분노를 참아가며 이태길을 해고하지 말아 달라고 무릎을 꿇고 간청하였다. '블랙리스트'에 이름이 올라가면 이태길은 전국 어느 택시회사에서도 취업을 할 수 없는 처지가 된다.

그 날 집에 돌아오니 아내와 자식들 보기가 미안하였다. 식사를 하는데 병권(10살 3학년)이가 이런 말을 하였다. "아빠, 조합일 하지 말고 그냥 일만 하면 안 돼? 아빠 계속 조합일만 하다가 우리 거지 되어 굶어 죽는 거 아냐?" 병권이는 아빠와 엄마가 조합에 대해 많은 말을 하는 것을 들어서 노동조합이 무엇인지는 모르지만 대충 분위기로 노동조합일 때문에 아버지가 돈을 제대로 못 버는 것을 눈치채고 있었다. 종만은 심한 자책감이 들었다. '내가 참 못난 아버지이고 남편이구나' 하고 속으로 생각하였다. 아내와 아이들에게 잘 해주고 싶었는데 현실이 그러지 못하였다. 아내는 이 참에 회사를 그만두라고 권하였다. 종만은 그런 아내에게 "아냐, 그만둘 때는 그만두더라도 지금은 아니야"라고 하였다. 그리고는 한참 있다가 불쑥 이런 말을 하였다.

"당신 나 죽으면 시집갈래?"

종만의 뇌리에는 사랑하는 가족, 야만적인 작태를 서슴지 않는 기업주, 끓어오르는 분노를 감추고 있는 동료들이 차례로 지나갔다. 도저히 잠을 이룰 수 없는 밤이었다. 그리고 가족들과의 마지막 밤이었다.

기나긴 밤을 보내고 11월 28일 아침 일찍 출근을 하였다.

회사는 징계위원회를 열었고 노동조합회의 때문에 승차를 하지 못한 것을 무단결근으로 처리하고, 경미한 교통사고를 금전적 손실 초래라고 억지 이유를 들어 이태길의 해고를 결정하였다. 노조 조합원 60여 명이 재심을 요청했지만 회사는 들은 척도 하지 않았다. 1983년 6월부터 이때까지 회사는 13명을 부당해고하였다.

이 무렵 종만은 거의 승무를 하지 않았다. 그날도 혹시나 하는 심정으로 대기를 하면서 징계위원회 결과를 기다렸다. 너무나 거대한 장벽 앞에 선 심정이었다. 사실 막막하였다. 결국 종만은 결단을 내렸다. 부당해고와 부당노동행위를 막을 수 있다면 죽음을 각오한 단식농성이라도 해야겠다고 결심하였다. 그동안 단식농성을 안 한 것은 아니었다. 가족들의 얼굴을 떠올리면 미안하기도 하였다. 저녁 때 배철호, 안을환, 이태길과 대책을 논의했지만 뚜렷한 결론을 내릴 수 없었다. 파업을 하기는 현실적으로 기사들의 호응이 적을 테고, 회사 측에 사정을 하는 것도 구차스러웠다.

11월 29일 아침이 밝았다. 회사 게시판에는 사무장 이태길의 해고사실이 공고되었다.

대부분 기사들이 운행을 나가고 소수만이 회사에 남아서 대책마련에 골몰하였다. 이날 오후 회사 부근 다방에서 종만은 배철호, 안을환, 이태길과 만나 단식농성을 제안하였다. 배철호와 안을환이 단식농성은 우리의 마지막 카드이니 다른 방법을 찾아보자고 하였다. 이태길은 "관계 요로에 부당해고에 대해 진정과 고발을 해놓았으니 그 결과를 기다려 보자"며 단식을 말렸다. 그러나 종만의 뜻은 이미 확고히 굳어 있었다. 결국 달리 방법이 없는 배철호나 안을환도 단식농성에 참여하기로 암묵적 합의를 하였다.

종만은 인식이 일하는 가게로 전화를 걸어 잠바와 내의를 가져오라고 하였다. 인식이 무슨 일이냐고 묻자 "그냥 아무 소리 말고 가져오기나 해라"고 하고는 전화를 끊었다. 종만이 있던 다방으로 옷을 가져온 인식이 "무엇 때문에 이러느냐, 이야기 좀 해 달라"고 졸랐다. 인식은 예감이 이상하였다. 불안하기도 하였다. 종만은 "아무 일 없을 테니 돌아가서 걱정 말고 아이들이나 잘 돌봐라. 미안하다. 병권 엄마, 정말 미안하다" 이러면서 웃고 있었다.

"그래, 지금 회사에 들어가서 무얼 하려고 그래요?"

"단식농성을 5일 동안 할 작정이야. 그러니까 염려 말고 집에 가 있어."

"5일은커녕 이틀도 못하고 죽겠다. 하루만 해요. 꼭 내가 말하는 대로 해요. 내 일도 아닌 남의 일에 왜 그리 목을 매고 그래요?"

"이건 남의 일이 아니야. 회사가 이런 식으로 마구 해고하면 언제 쫓겨날지 모르는데 그런 회사에 몸담고 일할 수 있겠어? 내 일이 아니라고 피하면 나에게도 똑같은 결과가 돌아오게 돼 있어."

종만은 몇 번이나 "병권 엄마, 미안하다. 정말 미안하다. 고생만 시키고 너무 미안하다"고 하였다. 그리고 회사로 향하였다. 가다가 돌아보고 웃으면서 빨리 가라고 손짓을 하였다.

이때가 저녁 6시 30분경이었다. 곧 이어 배철호, 안을환도 농성에 합류하였다. 이날 밤 자정을 넘은 시각에 회사에서 인식에게 전화를 하였다. "밖에서 저러고 있는데 빨리 와서 데려가라"고 관리과장 배용식이 말하였다. 인식은 화가 나서 전화통에다 대고 소리를 질렀다. "한두 살 먹은 어린애도 아닌데 내가 오라면 오겠느냐? 무슨 뜻이 있고 이유가 있을 테니 그것을 들어주면 자연히 그만두지 않겠느냐?"

다음은 3명이 단식농성에 들어가며 내세운 요구사항이다.

1) 부당하게 해고된 노조사무장 이태길을 복직시켜라.
2) 노동조합에 대한 부당노동행위를 중지하라.
3) 모든 차량은 대물종합보험에 가입하여 대물피해를 더 이상 기사에서 전가하지 마라.
4) 성과급, 상여금 지급제한을 완화하고 시간 공제를 현실화하라.

이런 요구사항은 택시 노사 간에 분쟁이 벌어질 때마다 항상 나오는 것이었다. 그때마다 회사 측은 기사들을 감언이설로 무마한 뒤 노조 내부에 대립을 조장하고 보복을 일삼았다. 11월 말 초겨울의 밤은 무척 추웠다. 종만과 배철호, 안을환은 추위에 떨면서도 꿋꿋한 자세로 찬 바닥에 앉아서 이따금 자신들의 요구사항을 큰 소리로 외쳤다. 동료 중에 몇몇이 그들 곁에 와서 "추우니 들어가자. 그 정도 했으면 우리의 뜻은 충분히 전달됐다"고 권하였다. 추위에 떠는 이들이 안타까워서 숙소에서 담요를 가져다주는 동료도 있었다.

아, 내 몸을 불사르는 분신!

추위와 배고픔, 졸림도 잊은 채 웅크린 자세로 밤을 꼬박 지냈다. 온몸이 딱딱하게 굳은 듯 이제 추위를 느끼는 감각도 무뎌졌다. 11월 30일 새벽 교대자들이 일찍 출근했다가 시멘트 바닥 위에서 밤을 새운 3명을 보고 깜짝 놀랐다. 이곳저곳에서 몇 명씩 무리를 지어 농성하는 동료들을 걱정하고 회사 측의 무성의를 비난하였다. 회사의 분위기가 뒤숭숭하였다.

날이 밝고 아침이 되었다. 세 사람은 여전히 정문 안쪽 마당에 쭈그리고 앉아 있다. 언제 끝날지 알 수 없는 싸움, 자기희생을 각오한 싸움이었다. 여러 대의 차량이 일을 나가지 않고 서 있었다. 새벽에 일을 마친 기사들도 여럿이 귀가하지 않고 상황을 지켜보고 있었다. 조합원들의 분위기가 이렇게 돌아가자 노조간부들이 모여 대책을 논의 하였다. 노조간부들이 회사경영진에게 징계철회를 간청하였다. 하지만 전무 김윤옥은 냉담한 반응을 보였다. "저렇게 회사정문에서 회사망신을 시키고 있는데 어떻게 요구를 들어들 수 있겠는가. 저들은 우리 회사를 떠난 사람이다"라며 "저들도 다 해고하겠다"고 하였다.

노조간부 누군가가 농성하는 곳으로 와서 회사 측의 강경한 입장을 전달하였다. 추위 속에 떨고 있던 세 사람은 절망감을 감출 수 없었지만 새로운 각오를 다져야 하였다. 자리에서 일어나 숙소로 들어간 종만은 하얀 종이에 무언가를 썼다. 배철호와 안을환이 뒤따라 들어가서 보니 '내 한 목숨 희생되더라도 기사들이 더 이상 피해를 보지 않도록 해야겠다' 는 글귀가 얼핏 보였다. 안을환이 "무얼 쓰고 있는 거냐? 쓸데없는 생각 하지 마라"고 나무라듯 소리쳤다. 종만은 "아무것도 아냐, 그냥 한번 써 본 것뿐이야" 라고 대답하였다.

종만은 바로 이때 이 세상에 남기는 마지막 글(유서)을 쓰려고 했던 것이다. (그의 유서는 세상에 알려지지 않은 채 회사 측이 빼돌려 없애 버렸다.) 종만은 그 자리에서 몇 자를 더 적고 나서 잠바주머니에 집어 넣었다. 종만의 분신 뒤 숙소에 걸려 있던 잠바에서 동전 몇 개와 면도칼이 나왔다. 이미 유서는 회사에서 없애버린 것이다. 숙소에서 나온 종만은 다시 농성장에 앉으며 배철호와 안을환에서 면도칼을 내보였다. 심각한 투로 "동맥이라도 끊어서 회사 측의 부당함에 항의하겠다"고 하였다. 배철호와 안을환이 적극 만류하였다.

오전 11시쯤 배철호는 다른 동료기사가 잠깐 보자고 하여 자리에서 일어서고 안을환도 잠깐 자리를 비운 사이 종만은 회사 사무실로 들어갔다. 배철호가 아무래도 이상한 예감이 들어 회사사무실 문을 열어보았다. 문은 안에서 잠겨 있었다. 배철호가 "쓸데없는 생각하지 마라!"라고 외치며 사무실 창문을 열기 위해 건물 옆으로 돌아갔다. 갑자기 펑 소리와 함께 문이 열리더니 불덩이 하나가 밖으로 뛰쳐나왔다. 사무실 난로에 쓰기 위해 갖다 놓은 석유를 종만이 온몸에 뒤집어 쓰고 불을 그어 댄 것이다. 종만이 무어라 몇 마디 외치더니 몸이 마당에 굴렀다. 입 안에 불꽃이 차서 발음은 정확하지 않았지만 분명히 이렇게 외쳤다.

"노동조합 탄압 말라!"
"부당하게 해고된 기사들을 복직시켜라!"

"부당한 대우를 개선하라!"
이렇게 외치는 중간 중간에 "아이고 뜨거워"라는 신음이 들렸다.
순식간에 사람들이 모여들었다. 불이 붙어 타고 있는 사람을 보고 다른 생각을 할 겨를이 없었다. 누군가 물을 끼얹었다. 불이 꺼지기는커녕 더 잘 탔다. 뒤늦게야 누군가 잠바를 벗어서 불길을 잡았다. 불은 꺼졌지만 참혹한 모습이 드러났다. 14년 전 11월 13일 평화시장 전태일의 모습 그대로였다. 신음소리가 계속 입에서 새어나왔다. 살갗은 지글지글 끓고 있었고, 온 몸이 숯덩이 같았다. 눈 코 입은 형체를 알 수 없었다.
배철호가 회사택시에 종만을 실었다. 차는 쏜살같이 신촌 세브란스병원으로 달렸다. 이때가 11시 30분경. 시커멓게 탄 채 물을 찾는 종만의 모습은 안을환과 배철호 두 동료기사의 가슴을 갈가리 찢어놓았다.
이날 인식은 병권과 순권이를 학교에 보내고 나서 가게에 나갈 준비를 하고 있었다. 갑자기 누가 문을 두드렸다. 동료 기사 두 사람이 헐레벌떡 들이닥쳤다. 그리고 숨이 목에 닿아 어쩔 줄 모르면서 말하였다. "병권 엄마, 큰일 났어요. 종만이가 온 몸에 석유를 붓고 불을 그었어요. 빨리 가봐요. 세브란스병원으로 간다고 했어요."
아니 이게 무슨 날벼락인가? 1시간 전만 해도 "곧 잘 해결될 것"이라더니 이게 무슨 날벼락인가? 기가 막혔다. 인식은 허둥지둥 집을 나와 택시를 잡아타고 병원으로 달렸다. "어떻게 되었을까? 얼마나 화상을 입었을까? 설마 죽은 것은 아니겠지." 온갖 생각이 빠르게 흘러갔다.
인식이 병실 문을 들어섰을 때 차마 눈을 뜨고 병상을 쳐다볼 수 없었다. 불에 그슬려진 채 까맣게 탄 모습, 가슴과 팔뚝에 심한 화상을 입어 물집이 생기고 살이 터지고, 그 위에 달라붙은 옷조각. 인식은 숨이 막힐 듯한 고통과 현기증을 느끼면서도 남편을 위해 무엇을 해야 하나 생각하였다. 종만이 무척 고통스러운 얼굴을 하고 눈을 떴다. 인식이

"여보 나 좀 봐요. 나 알아 보겠어요?" 라고 하자 종만은 힘없이 고개를 끄덕였다.

인식이 겨우 마음을 가다듬어 의사를 찾았다. 온 몸이 3도 화상을 입었다고 하였다. 회생할 가능성이 별로 없다고 하였다. 하늘이 무너지는 듯 한 충격이었다. 남편이 죽다니, 이제 고작 36살인데.

인식이 종만을 불러보았다.

"여보, 아프지요?"

종만은 눈물을 흘리며 같은 말을 되풀이하였다.

"병권 엄마 미안해, 미안해."

종만이 물 좀 달라고 애원을 했지만 줄 수 없었다. 화상 환자는 물을 먹을 수 없다. 인식이 침을 종만의 입술에 발라주었다. 종만이 그 침을 힘겹게 핥았다. 이제 인식이 할 수 있는 건 기도밖에 없었다.

택시기사들의 가슴에 영원히 남은 죽음

한편 회사에 남은 동료기사들은 일할 의욕을 잃고 멍하니 서로를 바라보고만 있었다. 이제까지 남의 일로만 여겨왔던 노조활동이 이렇게 엄청난 사건을 일으키다니? 회사의 앞잡이 노릇을 하던 기사들도 의기소침하였다. 회사 경영진도 무얼 어떻게 해야 할지 몰라서 허둥댔다. 그들은 경찰과 노동부와 은평구청 등 관계기관에 연락을 하였다. 그들이 관계기관에 한 보고는 사실과 아주 달랐다. 종만의 분신은 회사와 아무런 상관이 없고 노조내부 문제로 다투다 죽는 시늉을 했는데 이렇게 됐다고 하였다. 경찰도 노동부도 기사들 입을 단속하고 외부에 알려지지 않도록 하라고 지시하였다.

정신을 가다듬은 인식은 시집 식구들에게 이 불행한 소식을 알렸다. 형 종인씨와 큰 누님이 달려왔다. 끔찍한 몰골을 하고 누워있는 동생을 보자 울음이 터졌다. 종만은 형과 누나에게도 "미안하다"는 말만 반복하였다. "어머니가 보고 싶다"고도 하였다. 어머니는 몸이 아파 누워 있었기 때문에 올 수 없었다. 설사 몸이 아프지 않았어도 불에 탄 자식의 모습을 보여줄 수는 없었다. 어머니는 한참 후에야 아들의 죽음을 알았고, 분신했다는 사실은 1년이 지난 후에도 알지 못하였다.

"물 좀 달라"는 소리에 아무 것도 해줄 수 없는 가족들의 속도 타들어 갔다. "박종만씨 보호자 누구십니까?"라는 소리에 정신을 차렸다. 종만을 지켜보던 의사들이 가망이 없다는 표정을 짓고 있었다. 이미 눈에 초점은 없었고, 신음소리마저 제대로 내지 못하고 있었다. 그래도 목숨은 건질 수 있겠지 하는 한 가닥 희망도 사라졌다.

1984년 11월 30일 오후 8시 50분. 10시간의 고통 끝에 종만이 고작 서른여섯 해 생을 마쳤다. 그 짧은 생애에 겪었던 고통, 시련, 투쟁, 사랑, 희망 모든 걸 끌어안고 세상을 떠났다. 종만은 마지막으로 "내가 이렇게 떠나면 안 되는데, 아직도 할 일이 있는데"라는 말을 남겼다.

그 날 온갖 언론은 설악산 반달곰 이야기로 시끄러웠다. 밤늦게 서부경찰서에 출입하는 동아일보 기자가 영안실을 찾아왔다. 그는 경찰서나 병원을 쫓아다니며 기삿거리를 찾고 있었다. 사람이 죽었다는 사실, 더구나 분신자살이라는 사건은 큰 뉴스거리였다. 그 해 5월과 6월에 걸쳐 대구와 부산에서 일어났던 택시기사들의 대규모 시위와 연관이 있어 보였다. 기자는 민경교통과 영안실을 오가며 소상히 취재를 하였다.

1984년 12월 1일 동아일보 사회면에 "택시운전사 분신자살"이라는 제목으로 6단기사가 실렸다. 종만의 증명사진과 함께 사건 경위, 유서 내용, 회사 측과 운전기사의 주장을 상세히 다루었다. 다른 신문들도 12월 1일 석간과 12월 2일 조간에서 종만의 죽음을 기사로 냈다. 12월 3일에는 영안실에서 노동자, 민주인사, 청년들이 추모집회와 농성을 벌였다는 소식, 경찰과 충돌이 있었다는 기사가 나왔다. 같은 날짜 동아일보 사설은 나름 심각하게 이 사건을 다루었다. 이 사설은 종만의 죽음이 불행한 일이라고 전제하며 그 배경으로 두 가지 점을 지적하였다. 첫째가 노사 간의 대립을 적절히 수렴할 만한 제도적 장치가 미흡하다는 것, 둘째 노사간의 대립을 풀어가는 과정에서 기업과 정부의 자세가 진지하지 못하다는 것이다. 그럴듯하게 들리지만 핵심을 벗어나는 지적이었다.

전두환 군사정권은 노동자들의 자주적 권리를 인정하지 않았다. 또한 반노동자적 정책을 고수하고 있었다. 경찰이나 정보기관, 행정관청도 노동자들에 대한 감시와 통제기구로 군림하고 있었다. 1984년과 1985년 신규노조의 설립신고 반려와 어용노조 결성 유도, 민주적인 노조의 파괴, 부당해고, 임금인상투쟁에 개입, 경찰의 직접개입 등 노동탄압은 수없이 많았다. 그런데도 고작 정부가 진지하지 못했다고 자세 타령이나 하고 있으니 언론이 제 역할을 못하고 있는 것이다.

어쨌든 잇따른 신문보도로 많은 노동자, 학생, 민주인사, 청년들이 종만의 죽음에 관심을 가졌다. 14년 전 전태일 동지의 죽음을 다시 떠올렸다. "내 죽음을 헛되이 하지 말라"며 온몸을 바쳐 1970년대 초반 노동자들의 암울한 시대를 밝히는 거대한 횃불로 타올랐던 전태일 동지가 다시 부활한 듯하였다. 청계피복노조, 민청련, 해고노동자, 민통련 인사들이 세브란스 영안실로 숨 가쁘게 달려왔다.

이후 과정은 그 당시 세브란스 영안실에 있었던 노동자와 민주인사들의 농성에 참여하여 구류를 받기까지 생생한 체험을 했던 시인 임정남씨의 글을 통해 알아보기로 하자. 이 글은 민통련 기관지 〈민주통일〉 창간호에 "동지는 간데없고 깃발만 나부껴"라는 제목으로 11면에 걸쳐 실렸다.

> 병원 영안실 주변엔 이미 전경을 가득 태운 너덧 대의 버스와 서부경찰서와 서대문경찰서의 정보과 형사들이 수십 명 서성거리고

있었다. 나는 한 사람의 택시기사가 노조운동 탄압 말라고 절규하며 분신한 시신이 안치된 자리에 저렇게 많은 경찰이 동원되어야 하는 이유를 이해할 수가 없었다. 택시기사들이 수백 명 몰려와 동료의 죽음을 슬퍼하고 그 동료의 뜻이 무엇이었는지 조용히 음미해야 마땅한 장소에 택시기사들은 몇 명 없고 수백 명의 경찰이 험악한 표정으로 영안실 입구에 버티고 있었다. (중략)

영안실 안에는 '민주·통일국민회의' '민주화운동청년연합' 회원 몇 명과 나이어린 청계노조의 조합원들, 한국노동자복지협의회 노동자들이 고 전태일씨의 어머니인 이소선 여사와 함께 유가족을 위로하며 고인의 생전의 이야기와 분신할 수밖에 없는 택시기사들의 노동현실 등을 얘기하며 앉아 있었다.

그 중에서도 이소선 여사가 박종만씨에 대해 느끼는 감정은 다른 사람과 달랐다. 이소선 여사는 어떻게 해서라도 박종만씨의 뜻이 관철될 수 있도록 하기 위해 가족들을 만나 설득하고 있었다. 전태일씨가 "내 죽음을 헛되이 하지 말라" "근로기준법 준수하라"고 외치면서 푸른 젊음을 시뻘건 불덩이로 태우면서 죽은 지 14년 동안 평화시장 노동자와 이 나라의 노동운동을 위해 헌신해 온 이소선 여사로선 박종만씨가 또 다른 이념적 아들이나 마찬가지였다. 이소선 여사는 어느 누구보다도 박종만씨의 죽음을 올바르게 이해하고 또 분신자살하지 않으면 안되는 오늘의 노동현실을 가장 슬퍼하고 있는 사람이었다.

당시 세브란스 영안실에서 느낀 소감을 이소선 여사는 이렇게 말하였다. "택시운전기사생활을 하다가 동료기사의 해고에 항의하여 농성 중에 분신자살한 박종만의 죽음은 내 아들의 죽음과 너무나도 똑같은 상황이었기 때문에, 나는 어떻게 해서든지 종만이의 뜻을 알리고 종만의 죽음의 의미를 살려나가도록 해야겠다고 다짐했습니다. 그래서 먼저 영안실에서 박종만씨의 처를 처음 만났을 때 '당신이나 나나 노동자와 운전기사들의 생활개선을 위해 자신의 목숨을 기꺼이 바쳤던 사람을 아들로 남편으로 둔 처지이니만치 앞으로 기관에서 어떤 압력과 회유가 온다고 하더라도 우리 둘이 힘을 합쳐 죽은이의 뜻을 이룰 수 있도록 노력하자'고 말했습니다. 또 '나는 기관에서 앞으로 어떻게 나올지를 경험으로 알고 있었기 때문에 여기에 덧붙여서 기관에서는 사건을 빨리 덮어버리려고 장례식을 서둘 테니 최소한 일주일이라도 버티면서 죽은 사람이 내걸었던 요구조건이 관철될 때까지 장례식을 치르지 않겠다고 하라"고 말하였다. (중략)

한 사람의 의로운 죽음이 무지한 가족들에 의해 그 의미가 멀어지려는 순간을 보다 못한 이소선 여사는 영안실에서 거의 사력을 다해 소리치고 있었다. "지금 당신네들은 뭐가 뭔지 몰라 이러지만 좀 더 세월이 흐르고 나면 박종만씨의 죽음의 뜻을 알고 내가 왜 이러는지도 알게 될 거다. 그러니 기관에서 어떤 협박이나 회유를 하더라도 장례식을 미루면서 죽은 이의 뜻을 관철시켜야 한다." 이렇게 이소선 여사가 또다시 민경교통 소속 택시기사들에게 박종만의 죽음이 개죽음이 되지 않도록 하라고 충고했지만 조문객보다 정보과 형사들이 더 많이 들어선 영안실의 분위기에 짓눌린 택시기사들은 동료의 죽음보다는 자기 개인의 안위만 생각하기에 바빴다. 더우기 박종만과 같이 농성하던 두 기사와 사무장을 정체불명의 사람들이 잡아가버리자 분위기는 더욱 험악해져 아예 어떤 기사도 입을 열려고 하지 않았다. (중략)

당시 박종만의 죽음 직후 경찰, 안기부 등 기관이 개입하여, 박종만의 분신이 사회문제화, 정치화되는 것을 극히 우려한 정권의 지시를 받은 기관원들은 박종만의 형인 박종인을 어디론가 끌고 가 권총을 들이대며 협박을 하였다. "이 돈을 받고 사인을 하고 빨리 장례를 치러라! 그렇지 않으면 너와 너희의 집을 가만히 두지 않겠다!"고. 결국 박종만의 형은 조인식 여사의 동의도 받지 않고 기관이 중개하여 마련한 "돈을 받고 동의하여 가족을 대표하여 서명할 수밖에 없었다"고 나중에 조인식 여사에게 실토하며 사과했다고 하였다.

뿐만 아니라 당시 조인식 여사가 다니고 있었던 교회 목사는 기독교 관행에 따르면 일요일에는 장례를 지내지 않는 것으로 알고 있었는데, "일요일에 장례를 지내도 괜찮다"고 해서 조인식 여사가 당시에 의아하게 생각하고 있었다. 그런데 나중에 그 목사가 조인식 여사를 만나서 "죽을죄를 지었다"며 실토하였다. 그 당시에 사실은 기관원에게 끌려가서 권총으로 위협을 당하며 "장례식을 빨리 치러야 하니 조인식을 찾아가서 장례를 빨리 치르도록 설득하라"는 협박을 받고 그 당시에 조인식 여사에게 "주일에도 장례를 치러도 되니 빨리 장례를 치르라고 했다"고 고백하며 사과를 하였다.

결국 조인식 여사가 모르는 사이에 정권이 박종만의 형과 목사에게 위협을 동원한 공작을 통해 가족이 돈을 받고 장례를 치르겠다는 서명을 하도록 했다. 이렇게 하여 제대로 된 장례 의례도 무시하고 부인인 조인식 여사의 의사와 관계없이 서둘러 장례를 치르도록 함으로써 더 이상 사회적, 정치적 이슈화되는 것을 차단하고자 한 것이 나중에 드러났다.

다시 이야기를 세브란스영안실로 되돌아가 보자.

영안실 안에는 저녁 6시경부터 박종만씨의 죽음을 놓고 회사와 가족이 4,200만 원에 합의했다는 소문이 확 퍼졌다. 이 소문을 들은 어떤 평화시장 노동자가, "갯값에 팔아 넘겼군"하고 자조에 가까운 소리를 질렀고 택시기사들은 영안실 분위기의 바람을 잡을 의도에선지 아니면 진심에선지 "그만하면 잘 받았지" 하고 중얼거리는 사람도 있었다.

 이 소문을 듣고 분통을 터뜨린 사람은 바로 이소선 여사였다. 이 여사는 가족들에게 "정 돈을 받겠다면 우리 전체 노동자가 모금을 해서라도 4,200만 원을 마련해 줄 테니 절대 박종만씨의 관을 팔지 마시오"하고 말했으나 그들은 고개를 저었다. (중략)

 밤 9시경부터 민주노동인사, 민주·민권인사들이 중심이 되어 무질서한 영안실의 분위기를 정리하여 박종만씨를 '열사'로 추대하기로 하고, 민주통일국민회의 의장인 문익환 목사의 추도 강연을 들었다. 문 목사가 추도강연을 하기 시작하면서부터 경찰들의 눈에서 적의의 빛이 뚜렷하였다. 그들의 표정으로 보아 조문 온 민주인사들을 당장 영안실에서 몰아낼 듯하였다. 추도 강연을 마친 문 목사가 내일 아침 6시에 다시 오겠다며 집으로 간 뒤, 민주인사·민주노동인사들은 혹시 경찰의 불의의 습격으로 밀려날지 모른다는 생각에서, 그리고 박종만 동지의 죽음을 보다 깊이 되새기기 위해 분향소 바로 앞자리에 비비고 들어가 앉았다. (중략)

 그때부터 백여 명으로 늘어난 우리들은 분향소 앞에 버티고 앉아 한국노동자복지협의회 부위원장 김문수씨의 사회로 고인의 뜻을 되새기는 추도집회를 가졌다. 황만호 청계노조부위원장이 민민협에서 발표한 성명서를 읽고, 이부영 민민협 공동대표, 민종덕 청계노조위원장, 김근태 민주화운동청년연합의장, 이소선 여사, 장기표 민주통일국민회의 총무국장 등이 순서대로 추도사를 계속하였다. 장기표씨가 추도사를 하고 있는 중에 당황한 경찰들은 앞잡이 기자들을 내세워 다른 사람들도 분향할 수 있도록 자리를 비키라며 추도집회를 하지 못하도록 끈질기게 방해하였다. 이때부터 백여 명 됨직한 영안실 안에는 손에 장갑을 낀 사복전경들이 빽

빽이 들어와 사냥개들처럼 추도집회를 지켜보며 공포분위기를 조성하였다.

그러나 이리 밀리고 저리 밀리면서도 추도집회는 계속되었다. 택시기사들의 방해와 시비로 집회가 흩어지려고 하면 가끔씩 투쟁가도 불러 분위기를 고조시키면서 추도집회의 열기가 완전히 영안실을 제압하였다. 11시 50분경 추도집회의 분위기가 고조되자 서대문경찰서 경비과장이 영안실 안 민주인사들에게 "개새끼들"이라고 폭언하며 경찰의 물리적인 힘을 사용하려고 하였다. 이때 무례한 경찰의 태도에 화가 난 민청련 사무국장 박우섭씨가 경비과장에게 대들며 항의하였다. 그러자 경찰은 박우섭씨를 영안실 밖으로 끌어내어 무자비하게 구타하면서 연행해 갔다. 이런 소란 속에서도 추도집회는 계속되었다. 가끔씩 "죽은 박종만 동지를 살려내라"는 구호가 터지기도 하였다. 경찰 측도 더 이상 참을 수 없다는 듯이 전경을 투입하여 영안실안의 집회자들을 전원 연행하려고 하였다. 그러나 그때 마침 이 지역 출신 국회의원이 영안실로 들어왔기 때문에 경찰은 실력행사를 잠시 유보하는 듯했고 민주노동인사 60여 명은 영안실 한 가운데 전경 수백 명에게 완전히 포위된 채 주저앉아 계속 추도집회를 열었다. 그러는 가운데 민주노동인사들이 임시장례위원회를 결성하여 박종만씨의 장례를 '민중장'으로 하기로 결의하고 그 사실을 가족에게 알렸으나 가족들은 이를 거부하였다. (중략)

새벽 1시경부터 경찰의 작전이 바뀐 모양이었다. 힘으로 당장 우리들을 밀어내려고 했던 경찰들은 전경들에게 각자 영안실 안에서 적당히 잠을 자라고 은밀히 지시하는 것이었다. 민주노동인사들을 둘러싼 수백 명의 사복전경들이 우리들과 함께 바닥에 주저앉거나 의자에 걸터앉아서 잠을 잤다. 우리들도 많이 지쳐 있었기 때문에 각자 편한 대로 바닥에 주저앉은 채 눈을 붙였다. 남들이 쉬고 있는 동안 몇몇의 노동자들이 민경교통 택시기사들과 의자에 앉아서 노동운동에 대해서 토론하기도 하였다. (중략)

새벽 4시경 그들이 장례식 어쩌고 떠들며 날치기로 시신을 빼내갈 궁리를 하고 있는 것을 보았다. 다시 영안실로 들어오니 아직도 민주노동인사들과 전경들이 흩어져 자고 있었다.

새벽 5시 30분경, 전경들이 일제히 자리에서 일어나더니 자기들끼리 노란 리본을 앞가슴에 달았다. 어디서 올라왔는지 사복전경들이 영안실 안을 가득 메웠다. 대충 500명 이상은 되어 보였다. 전경들이 일어나 노란 리본을 달자 우리들도 모두 일어나 앉았다. 전경들은 앉아 있는 우리들을 몇 겹으로 에워싸고 한 사람도 그들 사이를 헤쳐 나갈 수 없게 인간바리케이드를 쳤다. 우리 일행 61명은 500~600명의 전경에 완전히 포위된 채 그대로 앉아있었다. 이때가 대충 아침 6시경이었다.

마침 문익환 목사님이 도착하여 우리 일행에 섞였다. 그들은 우리를 포위한 채 시신을 벼락치기로 꺼내갈 계획이었다. 그것을 알고 있는 우리도 가만히 있을 수가 없었다. 장기표씨가 자리에서 일어나 한발자욱 옮기려 하자 전경들은 힘으로 장기표씨를 밀어 넘어뜨렸다. 장기표씨가 다시 자리에서 일어나는 순간 우리도 일제히 자리에서 일어나며 구호를 외치기 시작하였다.

"노동삼권 보장하라! 박종만 동지를 살려내라! 박종만 동지의 장례식을 반노동자들 손으로 치르게 할 수 없다. 동지의 장례식은 우리 손으로 치러야 한다!"

구호가 외쳐지면서 민주인사, 민주노동인사 61명과 수백 명의 전경은 서로 밀고 당기는 싸움을 벌였다. 그들은 우리들을 한쪽 벽으로 몰아붙이려 했고 우리는 안간힘을 다해 그들의 포위를 벗어나 입관하는 장소로 가려고 하였다. 그러나 원체 숫자가 많은 전경은 우리를 둥근 원형으로 좁혀들어 왔고 우리는 힘에 밀리면서 노래를 부르기 시작하였다. 민청련 안희대씨가 격렬하게 지휘를 하며 합창을 인도하였다. "동지는 간데없고 깃발만 나부껴" 하는 노래가사가 수차례나 되풀이되었다. 정말 동지는 간데없고 깃발만 나부끼는 순간이었다. (중략)

이제 영안실 안에는 정보과 형사들과 수백 명의 전투경찰, 문익환 목사를 비롯한 61명의 민주인사 및 민주노동인사들뿐이었다. 사방에서 우리들의 얼굴을 찍으려는 형사들의 카메라 후레쉬가 쉴 새 없이 번쩍거렸고 힘에 부친 우리들은 여성노동자들의 비명소리와 울음소리에 치를 떨며 끝까지 노래를 불렀다. 노랫소리는 처절하였다. 61명의 가슴 깊은 곳에서 피눈물에 젖은 채 터져 나오는 함성이었다.

이렇게 서로 밀고 당기는 시간이 한 30분쯤 지났을 때, 영구차가 떠나는 즉시 영안실 문 쪽에서 "체포!"하는 명령이 떨어졌다. 그 명령이 떨어지기가 무섭게 이제까지 어깨를 밀기만 하던 수백 명의 사복전경들이 폭도로 변하였다. 닥치는 대로 치고 당기고 머리채를 잡아당기며 체포하기 시작하였다. 사복 전경이 폭력을 휘두르는 광경은 단순히 체포하기 위한 행위가 아니라 법적으로 공인된 폭력배의 집단난동이었다.

맨 앞줄에 버티고 서있던 남자들을 십여 명 먼저 끌고 나가면서 수십 명의 전경들이 눈뜨고 볼 수 없는 폭력을 휘둘렀다. 젊은 전경들은 어떤 쾌감을 느끼면서 주먹을 휘두르고 있었고 그것은 정책적으로 지시되어 있는 것이 분명하였다. 맨 먼저 밖으로 끌려나간 장기표, 김희택, 안희대, 권형택, 민종덕, 김문수, 신광용, 김영대, 박계현, 이재한 씨 등과 전경들 사이에 난투극이 벌어졌다.

우리 쪽에서도 가만히 얻어맞고만 있지 않았다.
 그들은 영안실 문밖에서 한동안 집단싸움을 벌인 후 닭장차에 강제로 실려졌는데 닭장차 안에 대기하고 있던 전경들이 차에 오르는 사람들을 또다시 무차별로 가격하기 시작하였다. 그래서 닭장차 안에서도 한차례 난투극이 벌어졌다. 닭장차에서는 오히려 전경들이 수세에 몰리게 되자 닭장차 안에 사과탄을 터뜨리면서 "이 새끼들, 어디 한번 죽어봐라"하고 버스 밖으로 도망쳤다.
 버스 안은 생지옥이었다. 최루가스에 질식되어 신광용씨는 버스 바닥에 쓰러지고 다른 사람은 버스 창가에 코를 내밀고 겨우 숨을 쉬고 있었다. 몇 사람이 버스 문을 열고 밖으로 나가려고 했으나 전경들이 밖에서 버스 문을 손으로 누르고 있었기 때문에 열리지 않았다. 장기표씨는 사력을 다해 주먹으로 버스 창문을 깨뜨렸다. 얼마나 다급했으면 맨주먹으로 버스 창문을 깨뜨렸을까. 그러자 전경들이 밖에서 깨진 버스 차창 안으로 또다시 사과탄을 던지려고 하였다. 장기표씨는 그러면 안 된다고 소리쳤다. 1~2분만 더 계속되면 모두 질식사할 위급한 상태였다.
 전경들은 미친 듯이 사과탄을 들고 날뛰었다. 마침 버스 밖으로 경찰간부가 지나가기에 장기표씨는 버스 문을 열어달라고 소리쳤다. 사태가 위급함을 깨달은 그 간부는 버스 문을 열고 최루탄가스에 질식된 사람들을 모두 꺼내 영안실 앞 잔디밭에 늘어놓았다. 우리들은 정말 구겨진 빨래들처럼 잔디밭에 실신하여 쓰러져 있었다. (중략)

 (임정남씨의 또 다른 글을 통해 당시 추모분위기를 살펴보자)
 우리가 연행되어 유치장에 수감되어 있는 동안 박종만 동지의 죽음을 애도하고 그 뜻을 관철시키려는 움직임이 사회 각처에서 일어났다. 12월 1일 서울 강남구 역삼동 전국자동차노조연맹 3층 회의실에선 서울시내 택시업체노조 위원장 20여 명이 서울택시노조협의회 부활을 요구하며 이틀간 농성을 벌였고, 12월 5일 오후 2시 20분 서울대 학생 400여 명이 학교 교문에서 민경교통 택시기사 박종만씨의 죽음과 관련 "살인적 노조탄압 중지하라" "박종만씨를 살려내라" "죽음 부른 노동악법 개정하라"는 구호를 외치며 시위를 벌였고, 같은 날 오후 2시경 연세대 학생 500여 명이 교내강당에 모여 '박종만씨 사건 진상 보고회'를 갖고 7일 시청 앞 광장에서 박종만 동지 추모제를 개최하기로 결의하였다.

    12월 7일 오후 5시경에는 서울대, 연세대, 서강대, 이화여대, 동국대 등 5개 대학 학생 300여 명이 서울 동대문구 용답동 명문예식장 앞 신답로터리에 모여 "노조탄압 중지하라!" "노동악법 개정하라"는 구호를 외치고 "기사여러분께 드립니다"라는 제목의 유인물을 배포하며 시위를 벌였다. 경찰은 시위자 중 22명을 연행하였다. 서울대와 연세대생들은 이 합동시위에 나서기 전 6일 1시경 교내에서 각각 진상보고와 추모식을 거행하였다. 12월 7일 아침 8시 30분경 서울 청량리로터리 맘모스백화점 앞 지하철 입구에서 고려대생 60여 명이 시위를 벌이다 10여 명이 경찰에 연행되었다. 같은 날 오후 2시 고려대생 500여 명은 교내 강당에서 '박종만 열사 추모제'를 갖고 4시 30분경부터 교문 밖으로 밀고나와 시위를 벌였다. 같은 날 남대문경찰서는 분신자살한 '택시운전사 박종만씨를 살려내라'고 쓴 플래카드를 책가방에 갖고 있던 서울대생 조욱희, 노철호군 등을 연행하였다. 서울시내 각 대학에서 박종만 동지의 죽음을 애도하며 시위를 벌이던 학생 중 17명이 즉심에 넘겨져 구류 5일에서 10일씩을 받았다.

    한편 영안실에서 연행되었던 60여 명이 정식재판을 청구하고 모두 출감되는 12월 13일, 우리들은 각 경찰서로 흩어지기 전 약속했던 대로 아침 11시에 박종만 동지의 묘지로 참배가기 위해 불광동 시외버스 정류장에 모였다. 32명이 모여 박종만 동지가 묻혀 있는 일산공원묘지에 다녀왔다.

12월 13일 오후 6시부터 홍제동 성당에서 한국노동자복지협의회 주최로 박종만 동지 추모예배를 열 예정이었으나 경찰의 방해로 가두예배를 보며 시위를 벌였고 12월 16일 오후 3시 30분경부터는 영등포 성문밖교회에서 한국기독교협의회 소속 농촌사회선교협의회, 인권위원회 주최로 박종만 동지의 추모예배가 있었고, 12월 20일 하오 6시부터 종로5가 기독교회관 2층강당에서 한국기독교협의회 주최로 박종만 동지의 추도예배를 벌이는 등 두 아들과 사랑하는 아내를 남기고 동료기사들의 권익을 쟁취하기 위해 죽은 박종만 동지의 의로운 죽음을 추모하는 행렬은 끝없이 이어지고 있다.

이렇게 도처에서 박종만 동지의 죽음을 알리는 진실의 목소리가 드높아지자 이 진실을 은폐 왜곡하려는 정치권력의 공작 또한 집요하게 전개되었다. 12월 7일 노동부는 조영규 민경교통 사장을 입건하라는 지시를 내린다. 그러나 그 후 아무런 조치가 없었다. 벌금조차도 없었던 것 같다. 사건이 확대되자 기업주를 보호하기 위해 전투경찰병력을 파견했던 그들이 기업주를 입건한 것은 순전히 전시효과용이었다. (사실 민경교통에 경찰파견 사실은 보도되지 않았고 사장에 대한 입건지시만이 보도됐다) 이것은 국민을 기만하려는 현 권력의 사기성을 드러낸 것이다. 손바닥으로 하늘을 가린다고 하늘이 보이지 않을까? 또 같은 날 교통부는 택시기사 완전월급제를 조속히 실시하라고 각 회사에 촉구하였다. 그런데 이 글을 쓰고 있는 현재까지 택시완전월급제는 실시되지 않고 있다.
　이러한 국민을 상대로 한 기만은 사실의 왜곡이라는 데까지 이르고 있다. 이는 현 전두환 군사독재 권력이 2,000여 명에 이르는 광주대학살을 198명이라고 발표하고서도 더 죽은 사람이 있으면 신고를 해보라고 제법 그럴듯하게 위장하고 있는 것과 마찬가지로 치졸한 짓이다.
　자동차노동조합연맹의 박종만 동지에 대한 발표와 노동부와 한국노총의 발표를 살펴보자.
　박종만 동지의 죽음이 알려지자 자동차노동조합연맹에서는 일말의 책임과 양심의 가책을 느끼고 사실에 가깝게 소상한 발표를 하였다. 사건보고서가 세상에 발표 나오자 노동부 정동철 차관은 "자동차노동조합연맹의 성급한 보고가 근로자를 자극하고 사회불안을 야기할 수 있다"며 12월 6일 오전 한국노총 김동인 위원장과 이용준 사무총장을 불러 심한 불만을 표시하며 다시 조사하라는 명령(?)을 내렸다는 것이다. 이에 당황한 한국노총은 자동차연맹의 사실보고를 백지화하고 노총 간부와 자동차연맹 간부 합동으로 재조사를 하였다. 이때 처음 보고서를 작성한 자동차연맹 간부들은 강남경찰서로 끌려가 협박을 받았다.
　노동부는 자동차연맹의 사건보고 발표 직후에 여기에 반대되는 발표를 하였다. '이 사건은 다음 위원장을 노리는 이태길씨가 현 위원장에 대한 불신임안을 제출한 데 따른 조직분규의 결과이며 박종만씨는 해고된 사무장 이씨의 복직을 요구하다 회사 측이 거부하자 홧김에 분신자살한 것이고 박씨는 폭력 특수절도 등 전과 3범인 것으로 미루어 보아 성격적인 결함이 있었다'고 분석한 뒤 '사무장 이씨의 해고는 해고사유나 절차에 아무런 잘못이 없는 정당한 것이었다'고 발표하였다. 12월 12일 한국노총과 자동차연맹이 처음 발표를 백지화하고 새로 발표한 내용은 노동부의 발표를 거의 베낀 것이었다.
　이들은 박종만 동지의 숭고한 죽음은 전과자이며 성격결함자의 이상

행동이었다고 사실을 왜곡하고 있고 박종만 동지를 죽음으로 몰고 간 회사 측의 부당한 행위에 대해서는 정당한 것이었다고 두둔하고 있다. 정치권력의 힘은 과연 놀라운 바가 있었다. 노동자들의 편에서 그들의 권익을 보호해야 하고 관철시켜야 할 노동단체의 공식발표가 어쩌면 노동부의 한 마디에 그처럼 뒤바뀔 수 있을까?

민중을 억압하고 착취하는 자들! 이들에게 한 치의 진실도 기대할 수 없음은 이제 명백해졌다. 동지의 죽음을 감추고 속이고 왜곡하며 깊이깊이 지하에 파묻으려는 자들, 이들은 모든 사람의 기억 속에서 박종만 동지의 죽음을 없애려고 발버둥치고 있다. 우리의 진실을 알 권리를 비웃고 있다. 박종만 동지의 죽음을 우리 가슴 속에서 우리의 뇌리 속에서 후벼 파내려 하고 있다. 그러나 박종만 동지의 죽음은 우리의 가슴 속에서, 우리의 뇌리 속에서 영원히 지워지지 않을 것이다. 우리의 투쟁 속에서 불꽃으로 불꽃으로 이어져 마침내 온 세상을 뒤덮는 불꽃으로 폭발하고야 말 것이다.

박종만 동지 만세! 만세 만세!

1985. 12. 1.

2. 박종만 동지를 기리는 추모사

당신의 천국은 미친 불길이었습니다.

― 박종만 열사 3주기에 ―

문익환 목사

당신의 몸은 지옥이었지만
당신의 마음은 천국이었습니다.
그러나 당신의 천국은 뼛속으로 파고드는
불길이었습니다.
당신의 푸른 넋 휘감아 올려
음습한 뒤안길 밝히는
미친 불길이었습니다.
타고 난 숯검뎅이 쑤시는 아픔이었습니다.

여보 아픔은 사랑이라는데 당신은
누굴 그렇게 사랑한 거예요
얼마나 미치게 사랑했으면 이렇게
숯검뎅이가 되었나요.
미워요
당신 정말 미워요
날 두고 누구를 그렇게 사랑했나요.
누굴 그렇게도 미치게 했나요.
사랑이라는 말 그렇게 함부로 입에 올리는 게 아니라오.

사람들이 입에 올리는 사랑이란
모두 거짓말이요
모두 사기라고 사기
내 천국에는 그런 거 없소

사랑은 오직 타오르는 불길이라오.
미친 불길이라오.

그래 거꾸로 치솟는 미친 불길
아무리 뜨겁단 들
아무리 이 언 땅 화끈히 녹인단 들
뭘하자는 건가요
당신이 없는 세상인데
뭘 하자는 불길인가요.
어두움 뚫고 새 길 연단들
당신의 웃음 보이지 않는 세상인데
바작바작 타들어 가는 목 긁으며
토해 내는 신음 소리만이
이 가슴 할퀴는데

그 아픔이면 됐어요.
그 아픔이 천국 마음이니까
그 마음이면 어서 뛰어들어요.
이 지옥에
거꾸로 치솟는 이 지옥 불길에

1987년 12월 5일 새벽에

자유롭고 고루 사는 새로운 사회를 위하여

계훈제

 의에 살다 의에 몸을 불살라버린 열사 박종만 선생의 영전에 허물 많은 죄인이 삼가 애도의 뜻을 밝힙니다.
 선생의 분신자살의 급작스런 소식은 순식간에 먹구름이 터져 칠흑으로 온 거리를 덮은 듯 근로자를 비롯하여 모든 국민의 가슴을 어둡게 하고 찢어 놓았습니다.
 약한 자, 없는 자의 삶의 마당이 타버리고, 민주주의의 싹이 타버린 공허를 느끼게 했습니다.
 최후의 저항으로 몸을 불살라버릴 수밖에 없었던 잔혹한 극한 현실을 저주했습니다. 선생은 눌린 자, 없는자의 편에 서서 자유과 평등의 사회를 구현하려고 싸우다가 가셨습니다.
 오늘의 불평등한 사회, 불의한 구조가 선생으로 하여금 불사르게 했습니다. 그것들이 정당한 삶의 현장을 지키려고 외로이 싸워온 선생을 불살라 내쫓았습니다.
 선생의 분신자결은 두말 할 나위 없이 인간을 경시하고 수탈하는,

---

* 1984년 12월 13일 오후 7시 한국노동자복지협의회 주관으로 홍제동성당에서 개최하기로 했던 '고 박종만 열사 추도식'은 경찰의 원천봉쇄로 개최되지 못하였다. 계훈제 선생은 이때 추모사를 준비했던 것으로 보인다.

그러기 위해 탄압과 폭력을 일삼는 오늘의 전제자들의 통치수단에서 결과한 것입니다.

　마지막 권리인 노동의 권리, 살 권리를 행사하려다가 그것마저 용인하지 않으려는 지배 권력의 제물로 선생의 몸둥아리가 불살라진 것입니다.

　그러나 한편으로 악의 제도에 눌려 정당한 권리마저 주장하지 못하고, 악의 세력에 굴종하는 나약한 우리들의 어깨에도 선생을 불태운 씻지 못할 책임이 짓누르고 있음을 느낄 수 있습니다.

　이렇게 생각할 때 선생의 자결은 너무나도 원통한 일이 아닐 수 없습니다. 이제 우리는 선생을 자결로 몰고 간 원천을 분명히 찾을 수 있습니다. 우리는 머리 숙여 오열에 젖어 있을 수만은 없습니다. 박종만 선생을 살려내야겠습니다. 선생이 싸우다 끝내 이루지 못한 선생의 뜻을 이어받아 매듭지어야겠습니다.

　그 길은 사회의 부조리와 지배의 부정을, 선생을 불살라버린 불꽃을 훨훨 태워 잿더미로 만드는 것입니다. 자유롭고 고루 사는 새로운 사회를 이룩하는 것입니다. 선생을 태운 불꽃은 꺼지지 않고 영원히 타오를 것입니다. 그리하여 이 나라 근로자의 캄캄한 삶을 불밝혀주고, 온 누리를 훤하게 비춰 광명과 희망을 안겨줄 것입니다. 선생의 명복을 빕니다.

1984년 12월 13일

열사께서 보여주신 그 길을 따라서

이부영

박종만 열사는 군사독재정권의 억누르는 탄압에 맞서서 온몸으로 저항하다 쓰러지셨습니다. 직접적으로 그들의 탄압에서 비롯된 이 죽음은 간접적으로는 우리 모두의 열망을 개인적으로 등에 지고 나아간 길이었습니다.

열사가 우리에게 남겨준 과업이란 우리 모두가 굴레에서 과감히 떨쳐 일어나 작은 힘이나마 서로 뭉쳐 열사가 몸으로 보여주신 길을 따라가는 길이라고 생각합니다. 이제 선거다 뭐다 해서 온통 세상이 뒤숭숭하고, 무언가 이루어지는 듯이 착각하고 있습니다.

바로 그와 같은 사기극이 열사의 고귀한 뜻을, 또한 민중이 나아갈 길을 흐리게 하고 있습니다.

우리들은 이 사기극에 속지 말고, 전태일 열사에 이어서 김경숙 동지, 김종태 열사가 밝혀 주신 대로, 바로 박종만 열사가 가르쳐 주신 대로 민중의 길을 따라, 민중의 힘을 뭉쳐, 민중과 더불어 우리의 길을 나아갈 것입니다.

✱ 1984년 12월 13일 오후 7시 한국노동자복지협의회 주관으로 홍제동성당에서 개최하기로 했던 '고 박종만 열사 추도식'은 경찰의 원천봉쇄로 개최되지 못하였다. 이부영 선생은 이때 추모사를 준비했던 것으로 보인다.

앞으로 우리의 길에는 열사가 온 몸을 던져 자기를 불태우신 그 희생만큼이나 어려운 일이 많이 닥칠 것으로 압니다.

그러나 열사께서 보여주신 그 길을 따라서 우리가 흔들림 없이 나아가도록 보살펴 주십시오.

우리는 열사께서 보여주신 그 값진 길에 조금이라도 누가 되지 않도록 노력하겠습니다.

열사께서 우리가 흔들릴 때마다 채찍질해 주시고, 꾸짖어 주시고, 우리의 몸에서 나약함을 내몰아 주십시오. 그리하여 민주주의가 뿌리내리게 해주십시오.

오늘 이 추도식에 경찰의 폭압적 저지로 많은 사람이 참석하지 못하였습니다.

밖에서 찬비를 맞으며 눈물을 뿌리며 이 자리를 지키고 있을 그들도 오죽 열사 앞에 서서 함께 명복을 빌고 싶겠습니다만 그들이 이 자리에 없더라도 이미 여기에 와 있는 것이나 마찬가지라고 봅니다.

우리들이 비록 소수지만 모든 마음을 모아 바치오니 받아주십시오.

다시 한 번 다짐하지만 열사의 길에 누가 되지 않도록 우리 모두 노력하겠습니다. 안녕히 가십시오.

1984. 12. 13.

나는 왜 내 몸에 불을 질렀는가

마저 하지 못한 박종만 열사의 비나리

백기완

한마디로 나는 골라잡을 게 없었소

맨날 내 육신의 살점을 뜯어 벌어보니, 버는 대로 탈탈 털리기만 했을 뿐 도대체 누가 무슨 쥐꼬리만 한 자유인들 나에게 주었단 말이오.

명색이 달구지꾼이매. 새벽부터 거리에 나서 보았자 나는 매일 회사에 바칠 돈 육만 팔천 원의 포로였습니다. 이 돈을 기본요금 육백원 단위로 모으려면 한밤 자정이 훨씬 지나야 하며 그때까진 나는 내 몸에 타고 나지도 않았던 독을 뿜어야 합니다.

그러나 그로부터의 벌이가 내 차지라, 빈 거리를 헤매보았자 이따금 술 취한 잡놈들뿐. 그래도 그것이 손님이랍시고 하나 얻어 걸리면 같은 사내자식들끼리 피는 거꾸로 솟고 피곤은 물밀 듯 몰리고 어린 자식들과 겉늙은 아내가 눈에 밟혀 버티는 것이 저 가로수를 누비며 운전사는 신나게 달린다고 나발대는 방송이나 당국의 수작은 말짱 거짓말입니다. 신나기는커녕 눈깔을 까뒤집고 달려도 하루가 다르게 더해가는 자동차의 물결, 서울은 자가용 팔아먹는 독점회사와 짠 거대한 함정입니다. 함정은 파놓고 내놓으라는 손은 신호등보다 더 많고, 공기는 탁해 마실 수가 없고, 이래서 아편끼 있는 박카스를 매일 두 병씩 들이켜도 몸이 뒤

✱ 1984년 12월 28일 발간된 〈민중문화〉 제5호에 실린 글이다.

틀려 기지개 한 번 켜려야 정차위반인데 어디다가 세울 수가 있으며 오줌똥이 마려워도 으슥한 데에다 깔겨야만 하는 우리 운전사들은 한마디로 희망이 없는 인간들입니다.

기껏 재수가 좋아본들 단돈 천 원의 겹치기 손님 하나 걸리고, 그나마 들키면 벌금 이백삼십 배, 거기에 한 달 정지까지 먹기에 애써 참으며 법을 지키는데 회사는 우리 운전사들을 제 마음대로 주물러도 끄떡없는 건 무엇입니까?

이번 우리 회사 노조 사무장 이태길씨의 부당해고는 그 대표적인 살인행위입니다. 그것은 한 사람의 문제가 아니라 그 속에 회사의 상투적 불법독단살인행위, 어용노조의 횡포, 따라서 이를 보장하는 정치체제의 부조리가 집약되어 있습니다. 운전사도 '사람' 인데 아무것도 해주는 것이 없는 회사가 그렇게 함부로 밥줄을 끊고, 그로 인해 항의 한 번 하면 취업기회의 박탈과 감시의 딱지가 평생을 따라 붙으니 그것이 살인행위가 아니고 무엇입니까? 그러나 우리는 호소할 데가 없었습니다.

동료들이 비겁해서가 아니라 지쳐서, 몰라서가 아니라 당장 목의 풀칠이 어려워 머뭇댐으로 여기에 나까지 가만있으면 우리는 그냥 타살당하고 맙니다. 그러나 막상 골라잡을 게 어데 있습니까? 아무리 찾아도 내 마지막 밑천 목숨밖에 없어 내 몸에 내가 불을 지른 것입니다. (어떤)자는 이것이 소극적이라고 할지 모르나 그것은 오늘의 노동현장을 모르고 하시는 말씀, 나는 내 한 몸을 바쳐 지쳐빠진 우리 운전사의 세계와 전체 근로자의 사기에 타오르는 깃발, 불기둥을 세운 것입니다.

옳은 말은 단 한번만 해도 평생에 불순분자의 딱지가 붙는데, 밥 먹듯이 부정을 하던 권력자들은 은퇴한 뒤에도 운수회사를 차려 오히려 떵떵거리는 세상, 우리는 합승 등 푼돈의 재수에도 일생을 걸어야 하는데 온 국민의 자유를 박살낸 한탕주의는 대권을 거머쥔 세상. 그뿐입니까? 자유당 때부터 아니 왜정 때부터 부정한 정치범죄자들이 아직도 판을 치는 이 캄캄한 한낮에 불을 지른 것입니다.

　여보!
　물론 한 남편으로 보면 이제 겨우 한창일 삼십대. 나는 지금 죽어서는 안 될 몸이오. 새까맣게 끄실리는 진저리 속에서도 나는 당신의 사랑이 더 뜨거운 것을 보았소. 맛있는 것 한칼 못 먹이고, 바둥대 보았자 언제 내쫓겨날지 모르는 사글세 방 한 칸밖에 남기지 않았으니 어린 것들과 이 모진 세상 헤맬 당신을 생각하면 내 어찌 눈을 감겠소이까.
　하지만 여보! 내 죽음을 기리는 제단일랑 아예 차리지 말아주길 부탁하오.
　그대로 밤낮없이 거리에 타오르게 내 몸의 불길을 끄지 말아주오. 삶에 지쳐 자라나는 애들이 진학이 어렵더라도 슬퍼하지 마시고 이 아버지 일생을 떳떳이 일러주오.
　거짓말만 가르치는 학교나 이 세상에서보다도 아버지 일생에서 인간을 위해 싸우는 피눈물, 그 역사를 배우게 시리, 누구든 꿈적이면 꿈적이는 대로 최소한 살 수가 있고 나만 터지게 잘 살자는 게 아니라 모두가 고루 잘 살 수 있는 새날을 맞을 때까지 우리는 죽어서도 그렇게 타올라야 합니다. 모든 걸 들이대서라도 이 강요된 캄캄한 밤을 그렇게 깡그리 질러서야 합니다.

택시 운전기사 고 박종만 형제의 영전에

천주교회 청년단체연합회

'벗을 위하여 제 목숨을 바치는 것보다 더 큰 사랑은 없다' 하신 그리스도의 계명을 실천하신 박종만 형제여. 당신은 온 몸뚱이를 불 살려 잠자는 우리의 의식을 일깨우고, 비겁한 우리의 양심을 질타했습니다.

지난 1970년 11월 평화시장 노동자 전태일 형제가 청계천 일대의 열악한 노동조건의 개선을 요구하며 불꽃으로 산화한 기억이 생생한 지금, 1980년 5월 무고한 살상에 항거하여 분신 자결한 김종태 형제의 피맺힌 외침이 아직도 끝나지 않은 지금, 박종만 형제 당신은 택시 운전기사들의 인간다운 삶을 주장하며 또 다시 온 몸으로 세상을 밝히고 순교의 길을 걸어가셨습니다.

도대체 누가 당신을 죽음으로 몰아넣은 것입니까? 김상진, 김경숙, 김종태, 김태훈, 김의기, 황정하, 이윤성, 한영현, 김두황, 정성희, 최온순, 한희철, 4월의 꽃사태, 5월의 무수한 십자가들… 욕되게 살아 우리는 언제까지나 울분의 주먹으로 더운 눈물을 훔치며 기나긴 행진을 거듭해야 하는 겁니까?

지난 11월 30일 오전 당신은 노조지부장의 부당해고 철회, 노동조건 개선, 노조탄압 중지를 내걸고, 동료들과 단식농성중이었습니다. 그러나 회사는 귀를 기울이기는커녕 당신들을 해고하겠다는 협박으로 일관했습니다. 이에 당신은 '내 한 몸 희생되더라도 더 이상 운전기사들이 피해를 입지 않도록' 하기 위하여 온 몸에 석유를 붓고 분신자결로써 항거하였습니다. 당신은 살고 싶지 않았던가요? 아닙니다. 자식의 죽음조차 모르고 병들어 누워계신 노모를 두고, 아비의 죽음을 모른 채 응석부리고 있을 철부지 어린 아들들을 남겨두고 당신은 '내가 지금 죽으면 안 되는데…' 하는 피맺힌 절규로 통분의 죽음을 맞이하셨던 것입니다.

그러면 누가 박종만 형제 당신을 차디찬 거리에 불태워 쓰러뜨렸단 말입니까? 운전기사들의 장시간 노동과 과중한 사납금, 상여금의 부당한 삭감 등의 횡포로 막대한 독점이윤을 취하고 있는 기업주와 무분별한 교통정책과 경제정책으로 이를 방조하고 있는 행정당국이 당신, 힘없고 가난한 운전기사를 길거리에 내동댕이친 것입니다. 최소한의 생존권 요구마저 압살하고 있는 노동운동 탄압정책이 당신을 살해한 것입니다.

당신의 죽음은 거대한 살인입니다. 당신의 비참한 죽음은 노동자의 권익을 무시하고 기업주의 이익만을 옹호하는 비인간적이고 비민주적이고 반그리스도적인 사회의 구조적 살인인 것입니다. 칠흑같이 어두운 이 땅의 노동현실 속에서 박종만 형제 당신의 죽음은 무수히 자행되는 소리 없는 살인에 대한 마지막 항거입니다.

이 자리에 있는 우리, 구조적 살인을 방관한 형제의 죽음에 무감각하게 서있는 우리는 모두 죄인입니다. 예수 그리스도의 십자가의 의미를 되새기며 그 분의 부활을 굳세게 믿는 우리가 죽음으로 외치는 박종만 형제를 살려내지 못한다면 우리는 큰 죄인입니다.

박종만 형제!! 겨울이 깊어가고 있습니다. 그러나 대구에서 부산에서 그리고 이 땅의 방방곡곡에서 움츠린 가슴으로 거리를 달리고 있는 당신의 동료들에게 불기둥으로 타오르고 있는 당신의 순교는 얼어붙은 땅 밑바닥으로부터 봄을 알리는 시냇물 소리이며, 나팔소리이며, 해방의 기쁜 소식입니다. 주님이시여, 십자가에 못박혀 죽으시고 묻히셨다가 사흘날에 기어코 부활하신 주님이시여, 박종만 형제의 영혼을 거두소서

1984년 12월 16일

〈추모시〉

거리의 순교자

― 고 박종만 형제의 영전에 ―

택시를 몰며 종로 광화문 시청 앞
노예의 거리를 달린다
식민지 가득찬 능욕의 거리
상처나고 파헤쳐진 이방인의 거리
한반도의 심장 깊숙이 썩어가는
서울의 굴종 서울의 환락

택시를 몰며 거리마다 즐비한
폭정의 사슬을 본다
식민지 조국의 빚더미 무게로 짓누르는
눈꺼풀 뒤집으며 부릅뜬 눈으로
졸리움을 쫓는다 기나긴 최면의 거울
움츠린 노예의 삶을 거절한다

사람답게 살고 싶어 죽음을 택한다
담금질이다 살지짐이다 화형이다
온통 숯덩이로 외치는 통곡이다

팔만 택시노동자들의 불화살
삼십육만 자동차노동자들의 불기둥
팔백만 노동자들의 꺼지지 않는 불꽃

누가 나를 죽이는가
누가 나를 불태우는가
병들어 누워계신 늙으신 어머니
철부지 어린 자식들을 두고
누가 나를 거리에 쓰러뜨리는가

종로 광화문 시청 앞으로 모여라
피 흘리는 어린 학생을 실어준 양심으로
무참히 살해된 금남로 거리의 순교자들아
굴종의 사슬 끊고 거리를 가득 메운
대구 부산의 용감한 형제들아
몽둥이로 굴러가는 핏발 선 눈동자들아
물러서지 말라 멈춰 서지 말라
죽어 살아있는 나는 두 번 죽지 않는다
기나긴 최면이 겨울 준비한 폭정의 사슬
핏빛으로 물들어 가는 한반도의 거리마다
봄을 향한 진군의 북소리를 울려라

1주기 추도식을 맞이하여

조인식

추모집을 내면서 감은 두 눈을 살며시 떠봅니다.

당신의 자애롭고 지극히 정겨운 눈망울이 나의 가슴을 찢듯이 저며 옵니다.

나의 사랑하는 님이여, 곱게 자라는 당신 아들의 얼굴을 바라보소서.

또 당신을 그리며 애태우는 당신의 부모와 형제와 아내를 보소서.

그리고 당신의 뜻을 기리며 민주화를 위하여 노동자들의 해방을 위하여 애쓰며 투쟁하는 이들의 뜨거움을 보소서.

언제인가는 몰라도 우리는 한 덩어리가 되어 당신을 애태우며 바라봅니다.

그간 1년. 너무도 많은 사건과 충격 속에서 지내왔고 괴로움과 분노를 느꼈지만 변한 것은 별로 없어요.

우리 노동자들이 더욱 더 살기가 힘들어졌다는 것과 저들의 악랄한 탄압의 고문 속에서 일그러지며 상처 난 우리의 현실밖에는. 그러나 우리 노동자들이 징역살이를 마다하지 않고 노동자들의 자유를 위해서 일어서고 있음은 우리 모두와 지하에 계신 당신에게 커다란 희망이 아니겠어요?

---

* 1985년 11월 30일 박종만 열사 제1주기 추도식 때 발간된 박종만 추모집에 실었던 글이다.

이러한 희망과 그 희망을 갖고 그 희망의 실현을 위해서 헌신하는 사람들이 있는 한 우리는 외롭고 힘들어도 쓰러지지 않습니다.

우리 모두의 뜨거움이 뭉쳐진 그 순간부터 우리들은 오뚝이 같은 모습으로 쓰러뜨려도 다시 서고, 용수철과 같이 밟을수록 더 튀어 오르며 마침내 승리의 깃발을 휘날리고 기쁨을 나눌 수 있는 승리의 그날까지 의연하게 살아갈 것입니다.

당신과 다른 앞서 가신 임들의 그 뜨거운 가슴으로 뿌린 씨들이 밑거름이 되어 반드시 열매가 맺어질 것입니다.

오늘도 핸들을 잡고 살아가는 모든 기사님들에게 말씀을 드리고 싶습니다. 앞서 간 제 남편이 편한 마음으로 두 눈을 감을 수 있도록 노력해 주세요.

남편에 대한 애타는 마음과 뜨거운 사랑으로, 어찌하여 그 많은 사람 가운데 내 남편이 그랬을까 하고 생각도 해 보지만 결코 남편을 원망하고 싶지는 않습니다. 오히려 참으로 장한 일을 했다고 자랑하고 싶습니다.

그러나 다른 한편으로 남편의 죽음을 기억하고 그 죽음으로써 실현하고자 했던 뜻을 이어받으려는 기사들이 얼마나 될까 생각하면 그러한 현실이 거의 남편의 죽음을 헛되게 하지 않는지 무척 안타깝기만 합니다.

여러 기사님들의 고충은 기사의 아내였던 저도 잘 알고 있습니다. 어렵고 열악한 조건 속에서 뜻있는 일을 한다는 것이 얼마나 고독하고 힘든 일인가를.

그러나 쉬운 일을 하는 것은 누구라도 언제나 할 수 있는 것입니다. 석유를 온 몸에 끼얹어 불사르면서 그 살타는 뜨거움으로 절규했던 제 남편의 간절한 소리가 들리지 않습니까?

어려울 때 어려움을 마다하지 않고 하는 사람만이 진정 우리 기사들을 위해서, 우리 800만 노동자를 위해서, 우리 사회의 민주화를 위해서 애쓰는 일군이 아니겠는지요?

우리의 보다 나은 내일을 위해서 한발 한발 다져 나가기를 바라면서 제1주기 추도식을 계기로 우리의 실천이 더 나은 발전과 우리가 쟁취해야 할 승리의 길이 되기를 기원합니다.

1985년 11월 제1주기 추도식을 맞이하여
조인식 올림

택시노동자 박종만 분신 사건 연대투쟁기

민종덕

청계피복노조는 1970년 11월 13일 전태일 분신사건으로 결성된 노동조합입니다.

전태일은 근로기준법도 지켜지지 않는 청계천 평화시장 노동현실을 세상에 알리고, 노동자의 인간다운 삶을 보장받기 위해 그의 나이 스물두 살에 평화시장 앞길에서 "근로기준법을 준수하라" "우리는 기계가 아니다 일주일에 한번 만이라고 햇빛을 보게 해 달라"며 외치다 쓰러지고 다시 일어나 외치다 쓰러졌습니다.

이 사건은 당시 우리 사회에 커다란 충격을 주었습니다. 산업화 과정에서 고도성장이라는 목표만 바라보며 내달리는 우리 사회에 인간이하의 노동조건 속에서 시달리는 노동자의 참상이 알려지게 된 것입니다. 이에 학생, 지식인, 종교인들은 참회하고, 노동자는 각성하는 계기가 되었습니다.

청계피복노조는 전태일 사건 당사자인 청계 노동자들이 그 현장에서 결성한 노동조합입니다. 청계피복노동조합은 70년대 내내 박정희 유신정권의 탄압에 맞서 투쟁해 왔습니다. 그러다 1980년 전두환 신군부가 등장하면서 불법부당한 공권력으로 강제해산 시켰습니다.

＊ 이 글은 1984년 11월말 박종만 동지의 분신사망이 있었을 당시 청계피복노동조합 위원장이었던 민종덕님이 장례식장을 회고하며 2024년에 쓴 글이다.

청계 노동자들은 이에 굴하지 않고 끝까지 저항하고 마침내 1984년 4월에 전두환 신군부의 강제해산 조치를 정면으로 거부하고 청계피복 노동조합을 복구했습니다.

청계피복노조가 복구되자 전두환 신군부는 청계노조가 불법노조라며 탄압했습니다. 이에 청계노조는 1984년 봄에는 복구투쟁을 했고, 가을을 맞이하여 9.19일 1차, 10월 12일 2차 합법성 쟁취투쟁을 노·학 연대로 전개하고 11월 13일 추도식 투쟁까지 마쳤습니다.

1984년 내내 투쟁의 연속이었던 청계노조는 추도식을 마치고 겨울 동안 일단 투쟁을 멈추기로 했습니다. 투쟁을 한 템포 쉬면서 내부를 다지고 재충전하기 위함이었습니다.

그러나 당시 상황은 겨울이라고 해서 독재정권의 노동운동 탄압이 멈출 리 없고, 노동자의 투쟁 역시 중단할 수 없었습니다.

청계노조는 11월 30일 1박 2일로 조합원 합숙교육이 예정되었습니다. 그런데 이날 아침 조간신문에 1단 기사로 "민경교통 박종만씨 분신" 사건 보도가 났습니다. 이 기사를 본 청계노조 집행부는 즉각 상집회의를 소집했습니다. 회의 결과 택시 회사인 '민경교통'이 노동자의 자주적인 노조활동을 탄압하고 이에 항의하는 노동자를 분신에 이르게 한 사건에 침묵할 수가 없는 결론을 내렸습니다. 청계노조는 조합원 합숙교육을 취소하고 즉각 현장에 달려가 연대투쟁을 하기로 했습니다.

청계노조가 타 사업장의 문제에 즉각적으로 연대하기로 결정할 수 있었던 것은 그만한 이유가 있었습니다.

첫째, 70년대 민주노조가 군부독재에 의해 각개격파 당할 때 기업별 노조의 틀에 갇혀 연대투쟁하지 않았기 때문에 저항다운 저항을 하지 못했다는 반성이었으며, 둘째, 전태일 사건은 청계피복 노동자의 힘만으로 전태일을 살려낸 것이 아니라 사회 전반적인 연대의 힘을 얻어 가능했기 때문이었습니다.

청계노조 집행부의 결정에 따라 청계노조 간부들은 분신항의로 숨진 박종만의 시신이 안치되어 있는 신촌 연세대 세브란스 병원 영안실로 달려갔습니다.

이소선 어머니와 청계 노동자들은 이런 일이 있을 때마다 맨 먼저 달려가서 유족을 위로하고, 유족이 회사 측과 경찰 측의 회유에 넘어가지 않도록 설득해 왔습니다.

분신으로 숨을 거둔 박종만은 1982년 10월 (주)민경교통에 입사했습니다. 그는 1983년 3월부터 노조 복지부장으로 일하면서 노동운동을 시작했습니다.

회사 측은 1984년 11월 노조를 탄압하기 위해 터무니없는 트집을 잡아 노조 사무장을 해고시켰습니다. 노조간부들은 노조탄압에 항의하여 단식농성을 결의하고 철야농성에 돌입했습니다. 그러나 회사 측은 노동자들의 요구를 묵살하고, 도리어 농성 자들을 해고시키겠다고 위협했습니다.

단식 밤샘농성중이던 박종만은 11월 30일 "내 한 목숨 희생되더라도 더 이상 기사들이 피해를 보지 않도록 해야겠다."는 유서를 배차일지에 남기고 택시회사 사무실의 난로에서 빼낸 석유를 몸에 끼얹고 분신했습니다. 운명하기 전 그는 "내가 이렇게 떠나면 안 되는데…, 아직도…, 할 일이 많은데…"라고 말했습니다.

청계노조 간부들에 이어 이 소식을 듣고 문익환 회장 등 민통련 간부들, 김근태 의장 등 민청련 회원들 그리고 현재 구로공단에서 민주노조를 결성하다가 회사와 어용노조의 탄압에 맞서 투쟁중인 협진양행, 유니전 전자 등 노동자들이 빈소에 모여들었습니다.

박종만 빈소에 모인 노동자, 재야인사들은 혹시 경찰이 시신을 빼돌릴 수 있을지 모를 것에 대비해 빈소를 지켰습니다. 이소선 어머니 역시 문익환 목사 어머니 김신묵 여사와 나란히 앉아 자리를 지켰습니다.

밤이 되자 회사 측에서 보낸 구사대들이 빈소를 차지하기 위해서 노동자 재야인사를 밀치고, 경찰은 해산을 시키려했습니다. 이 과정에서 격렬한 몸싸움이 벌어졌습니다.

청계노조 간부와 재야인사들은 격렬한 몸싸움으로 새벽까지 버텼습니다. 그러나 날이 새자 경찰이 영안실을 포위했습니다.

경찰은 우리들을 강제로 끌어내기 시작했습니다. 격렬하게 저항하는 노동자, 재야인사를 닭장차라고 불리는 경찰차에 무조건 밀어 넣었습니다.

경찰이 닭장차에 우리를 강제로 밀어 넣어 차 안에는 우리들만 갇혀 있었습니다. 그래서 이번에는 닭장차 안으로 들어오려는 경찰들을 쫓아내버렸습니다. 그리고 들어오려고 시도하는 경찰을 들어오지 못하도록 막아섰습니다. 경찰은 닭장차에 실어놓고도 도리어 차를 우리한테 빼앗긴 상황이 되어버린 것입니다.

그러자 경찰이 차 안에 사과탄을 터뜨려놓고는 차 문을 밖에서 잠가 버렸습니다. 코밑에서 사과탄이 터지자 순간 차 안은 완전 지옥으로 변했습니다. 당장 질식해서 죽을 것만 같았습니다. 모두 창문 쪽으로 붙어 주먹으로 철망으로 가려진 창문을 깨보려고 하지만 어림없었습니다. 누군가 운전석 옆 유리창을 발로 힘껏 찼습니다. 그러자 유리가 깨지면서 최루가스가 창문 밖으로 뿜어져 나갔습니다. 그제야 조금씩 숨을 쉴 수 있었습니다.

이를 밖에서 지켜본 사람들이 차에 불이 난 줄 알고 '불이야' 하고 고함을 질렀습니다. 그때서야 경찰이 차 문을 열었습니다. 차 안에 있던 우리들은 이미 차 바닥에 쓰러져 일어나지도 못했습니다. 마치 절인 배추처럼 되어버린 채 한 사람씩 끌려나와 서리가 하얗게 내린 잔디 위에 젖은 빨래 널 듯 널려졌습니다. 우리들은 한참 누워서 찬 공기를 마시고서야 정신을 차릴 수 있었습니다.

이날 60명이 연행되어 즉결심판에 넘겨졌습니다. 즉결심판장에서도 우리는 판사한테 항의하며 정식재판을 청구했습니다. 정식 재판에서 각각 구류 29일을 받아 서울시내 각 경찰서에 분산되어 구류를 살았습니다.

아픈 기억 보듬는 사회가 필요합니다

조인식

남편 박종만을 보내며

회사의 노조간부 탄압으로 1984년 11월이 되면서 집에 들어오는 날도 줄어들었다. 그러더니 11월 29일 농성에 들어갔다고 하면서 내복과 두꺼운 옷을 챙겨달라고 한다. 회사 앞에 갔더니 다방에서 만나자고 한다. 갖다 준 옷으로 옷을 갈아입고 나서 자꾸 '엄마가 보고 싶다'고, 그리고 나에게 '아이들을 잘 부탁한다'고 하였다. 뭔가 결행을 준비하고 있구나 하는 분위기였다. 그래서 왜 그러냐고 했더니 남편은 '회사는 우리 기사들이 무섭다는 것을 알아야 한다. 우리 권익에 대하여 안중에도 없다' 하여, 그래서 어떻게 할 거냐고 하니 '단식을 할 거라고 한다.' 그래서 위가 안 좋은 것을 알고 있는 나는 '그러면 3일만 하라'고 하면서 '죽을 끓여 놓을게' 하고 헤어졌다.

그날 밤 11시 넘어 회사 상무로부터 전화가 왔다. '댁의 남편 등 3명이 회사 앞에서 농성하고 있는데, 무슨 일 일어나도 책임 못 지니 데리고' 가란다. 그래서 상무에게 '그 사람은 내 말 들을 사람이 아니고, 괜히 떼쓰는 사람 아니니, 그 사람이 요구하는 내용을 들어주라'고 하니 회사는 '무슨 일이 생겨도 우린 모릅니다, 우리 책임 안 진다'고 하면서 전화를 끊었다.

그리고 잠이 들었는데 꿈에서 남편이 모르는 아이를 데리고 와 나한테 넘겨주고 떠나가기에 어디 가냐고 하니 '너는 나랑은 갈 길이 달라' 하면서 가버렸다.

아침에 일어난 후 꿈자리가 너무 사나워 농성장소에 가보고 싶었지만, 초등학생 1학년인 순권이의 통학 문제 때문에 가보지 못하고, 가게를 청소하고 있었는데, 노조 사무장이 '큰일 났다, 종만이가 위독하다'고 한다. 급히 세브란스병원에 갔다.

남편은 나에게 '미안하다', '회사로 가야 한다, 회사로 데려다 달라'고 하다가, '목이 마르다, 물을 달라' 고 반복적으로 요구하였다. 3도 80%화상 얼마나 목이 말랐을까, 그러면서 점점 의식이 왔다 갔다 하더니 오후 8시 50분경 나와 영원한 이별을 하였다.

장례식도 빈소를 차리고 조문객을 맞는 것이 아니었다. 언론에 보도되면서 사람들이 몰려들자 경찰이 봉쇄하여 출입이 자유롭지 못했고, 회사에서도 소위 회사 쪽 기사들을 동원하였고, 사복형사들이 즐비했고, 그런 아수라장이 없었다. 예정 장례는 12월 2일이 주일이라 목사님이 안 된다고 하여 12월 3일에 하기로 결정되어 있었다. 그런데 12월 2일 새벽에 갑자기 장례를 한다고 한다. 목사님도 참석하지 않았기 때문에 입관예배, 발인예배도 없이 영안실에 가서 입관된 남편의 얼굴만 확인하고 바로 형과 형수, 시누이 등 가족 몇 명과 민경교통 기사들이 장례버스를 타고 도망치듯 빠져나오는데 다른 한쪽에서는 최루탄이 터지고 비명이 난무하였다. 버스는 회사에 잠시 들렀고, 다시 달려 일산 기독교공원 묘지로 가서 목사님의 하관예배도 없이 안장할 수밖에 없었다.

이제 혼자서 어린 두 아들을 데리고 세상을 살아야 한다. 슬프고 막막하였다. 장례를 치르고 허탈감에 빠져 있을 때 작은 아들 순권(8살)이가 물었다.

"엄마, 진짜 아빠가 차 사고 났어?"

박종만 열사의 장례식에 참석한 문익환 목사가 예배를 집전하고 있다.

내가 답하기 어려운 것을 눈치 챈 큰아들 병권(10살)이가 잘라 말하였다.
"묻지 마, 엄마 아파, 크면 얘기해 줄게."
"얼마만큼?"
"나만큼 크면"
나는 아무 말도 할 수 없었다. 병권이는 다 알고 있었던 것이다.*
그때의 일기장에 '그들의 냉혹함이 당신을 제 곁에서 빼앗아 갔습니다. 그들의 잔혹함이, 무관심이, 방관함이 우리 사랑스런 두 아들의 눈에 눈물을 흐르게 한 것입니다' 라고 절규하고 있었다.

배규식 등 새로운 사람을 만나다

장례가 끝나고 한동안 충격으로 정신을 차리지 못했고, 몸도 안 좋았

* 나중에 알고 보니 영안실에서 어떤 누나가 신문 오린 것을 보여주면서 손을 꼭 붙잡고 '아빠는 훌륭하신 분' 이라고 설명해 줬다는 것이다.

다. 그간 살던 집이 무서워 남가좌동으로 이사하였고, 두 아들이 있기에 살아야 했고 그래서 가게는 계속해서 운영해야 하였다. 그러면서 항상 마음속에는 남편의 분신 원인을 노사문제가 아니라 가정문제로 몰고간 것에 큰 불만을 갖고 있었다.

그러던 중 1985년 1월경 배규식이 가게로 찾아왔다. 처음에는 거절하였다. 난 억울하다고 생각하는데 이 사람이 진짜 도와줄 사람인지도 모르겠고, 나이도 어리고, 믿음이 가지 않았다. 그래서 냉대해서 보낸 것 같다. 그러나 두 번, 세 번 방문이 잦아지면서 내 속이야기도 조금씩 하게 되었다. 이렇게 만남이 어느 정도 진행되고 있는 와중에 〈신동아〉 서중석 기자가 찾아왔다. 수차례 남편과 가족 등에 대하여 취재해 갔는데, 1985년 2월 〈신동아〉에 "택시운전자 박종만씨의 죽음"으로 게재되었다.

그때 서중석 기자에게 "남편은 사업주의 부당행위에 항거하여 죽은 것인데, 가정문제로 죽은 것으로 왜곡하고 있다. 그래서 내가 너무 억울하다. 나는 특히 명예회복을 해야 한다. 죽은 사람 명예회복을 해야 한다"고 하니 이상수 변호사를 소개해 주었다. 이상수 변호사에게 억울함을 풀고 싶다고 했으나 '현행법으로는 힘들다'고 하였고, '노동부 앞에서 단식농성이라도 하겠다'고 하니 '경찰이 난지도 쓰레기장에 갔다 버린다'며 만류하였다. 나는 그 말을 이해하지 못하였다. 답답했다, 그러나 별 방법을 찾을 수 없었다. 방법이 없으니 애들하고 살면서 장사를 할 수밖에 없었다.

그러다 고종사촌동생이 기자*였는데 1985년 4월말 경 분신 후 병원에 도착한 매형 사진을 보여주며 "매형이 이렇게 죽었는데, 매형이 개죽

---

* 미국 CBS방송 서울지국과 일본 TBS방송 서울지국에 근무하는 권세택씨는 취재일로 청계피복노조원들의 데모현장에도 갔었고, 전태일 제14주기 추도식장에도 갔었기에 이소선 여사도 알고 있었다.

음당했는데, 누나가 애들만 키우고 사는데, 사는 게 아니야. 누나, 억울하잖아. 애들이 커서 아빠는 이러고 갔는데 엄마가 아빠를 위해서 뭘 해 줬냐고 하면 누나는 뭐라고 할 거야?"라고 막 퍼부었다.

그 말을 듣고 갑자기 멍해졌다. '맞아 내가 이러면 안 되지, 내가 죽어서 그 사람을 어떻게 보지, 애들이 컸을 때 애들한테 뭐라고 하지' 하는 생각이 들었다. 그래서 동생한테 "야, 그러면 내가 어떻게 했으면 좋겠냐? 나도 억울해 죽겠어. 내가 할 수 있는 게 없잖아. 내가 뭘 할 수 있겠어?" 하면서 악을 썼다.

그러자 동생이 문익환 목사님과 이소선 여사님 이야기하면서 찾아 가라고 한다. 그래서 나는 찾아갈 용기가 없으니, 다리 좀 놔달라고 하였다. 그러자 동생이 "누나가 스스로 해야 돼. 자발적으로 해야 돼. 다리를 놔준다고 해서 되는 게 아냐"라고 해서 민통련 전화번호만 받았다.

이소선 여사를 만나 활동에 나서다

1984년 12월 1일 이소선 여사가 남편 장례식 때 나를 찾아왔다고 한다. 이소선 여사는 남편 분신 소식을 신문에서 접하고 청계피복노조원들과 함께 급하게 장례식장을 방문하였다, 상복을 가지러 가는 나의 손을 잡고 "14년 전에 나도 당신과 똑같은 경험을 하였소. 육신은 죽었을지라도 원하는 뜻을 살려야 하지 않겠소. 상복 입고 상주 노릇하는 것은 조금 있다가도 할 수 있어요. 나하고 애기 좀 해요"라고 했으나 내가 정신없어 하는 것을 보고, 옆에 있는 청년(고종사촌동생 권세택)에게 설득해 달라고 부탁하였다.

이에 이소선 여사를 알고 있던 사촌동생은 "누님 이 어머니 말을 정신 차려 들어. 누구보다도 이 어머니 말을 들으면 정확해"라고 하면서, 이소선 여사에게도 떠나지 말고 여러 가지로 도움을 주라고 부탁하였고,

이소선 여사는 여러 가지 이야기를 하였다고 한다. 그러나 나는 당시 쓰러졌다 일어났다 하면서 영양제주사를 맞으며 버틸 정도로 아무 정신이 없는 상태였고, 당시 이소선 여사도 몰랐고, 청계피복노조도 몰랐기 때문에 이를 기억할 수 없었다. 나중에 기억을 해보니 희미한 기억이 남아 있을 뿐이다. 이렇게 인연을 맺은 이소선 여사를 찾아 나서게 된 것이다.

사촌동생의 조언에 따라 민통련 사무실을 찾아가 이소선 여사의 연락처를 건네받고 전태일기념사업회에 전화를 걸었다. 얼마 지나지 않아 이소선 여사가 민통련 사무실로 찾아왔다. 나의 손을 잡은 이소선 여사가 말하였다. "내를 따라와라. 그기 가면 사람들이 좋아할 끼다." 이렇게 첫 만남이 이루어졌다.

두 번째 만남은 인의빌딩 신민당사에서 보자고 한다. 당시 13번 버스가 회사 내의 문제로 파업을 했는데 신민당사에서 농성을 하고 있었고, 격려방문차 가니 신민당사에서 만나자고 하였다. 그날 두 사람은 신민당사 앞에서 열린 버스기사와 안내원들의 농성장을 방문하였다. 이소선 여사가 노동자들에게 소개하였다.

"민경교통 노동자 박종만 열사의 부인 조인식 여사입니다."라고 소개하자 노동자들이 말하였다.

"조인식 여사님을 뵈니 절로 힘이 나고 싸울 용기가 생깁니다."

그 순간 왠지 모르게 가슴이 뭉클하였다. 돌아오는 길에 생각하였다. '나는 아무것도 아닌 사람인데 노동자들이 나를 보고 힘이 난다고 하는구나. 그동안 무슨 일을 해야 할지 몰랐는데 이 일인가 보다.'

누군가에게 의미 있는 존재가 될 수 있다는 생각에 가슴 설렌 날이었다. 다음날부터 출퇴근하듯 민통련을 드나들고 이소선 여사를 만났다. 노동자들을 만나면서 그들과 연대하는 것이 진정으로 남편의 명예를 회복시키는 길임을 깨달았다. 그 이후로 나는 이소선 여사를 쫓아다니며, 싸우는 장소, 필요한 장소에는 어디든 가고, 데모하러 가자고 전화 오면 데모하러 다녔다.

    새로운 세상을 보고 느끼면서 배규식이 바짝 붙어서 여러 가지 조언을 하면서 학습도 시켰고, 그룹학습도 하고, 개인적으로 필요한 책을 보기도 하면서 사회에 대한 새로운 인식을 하게 되었다. 그리고 택시기사들과 관계를 맺으며 택시 노조활동에 집중하였다.

1985년 12월 1일 1주기 추모식을 하다

    이러한 속에서 남편의 1주기가 다가오면서 청계피복노조에서 추모식을 주관 준비하였다. 그때까지는 박종만추모사업회가 만들어지기 전이었기 때문이다. 그래도 배규식 등이 주축이 되어 『내 한 목숨 희생되더라도』라는 추모집을 발간하여 남편의 삶과 노조운동 참여에 대해 재조명이 이루어지게 되었다. 그리고 1주기 추모식 준비위원회가 구성되었는데 추모식 준비위원장은 이소선 여사, 계훈제 선생, 김승훈 신부님이 공동으로 맡아 주셨고, 이부영 선생 등 34인이 준비위원으로 참여해 주셨다.

    1주기 추모식은 1985년 12월 1일(일요일) 12시 일산 기독공원묘지에서 열렸는데 사회인사 및 청계피복노조원 등 많은 분들이 참석해 주셨다. 아들들도 아빠 묘지 앞에 무릎 꿇고 절하였고, 나도 여유를 가지고 따뜻하게 손님들을 맞이할 수 있었다. 추모식이 끝나고 풍물놀이도 신명나게 하고, 구호도 외치고, 날씨는 차가웠지만 음식도 따뜻하게 먹을 수 있게 준비하였다.

    내 입장에서는 정신없이 그리고 내 의지와 무관하게 장례식을 치렀기 때문에 이 1주기 추모식이 장례식과도 같았다. 1984년 12월 1일 장례식은 내 의지와 무관하게 경찰 등의 압력에 따라 진행한 것이었지만, 1주기 추모식은 뜻을 같이 한 동지들과 함께하였기 때문이다.

이후 매년 추모식을 진행하였다. 추모식은 운수노보의 박종만추모사업회가, 이후에는 서울지역택시노조, 민주택시서울지역본부가 주관하여 진행하고 있다. 일산기독공원묘지가 재개발로 수용되면서 2017년 민주화운동기념공원 민주묘역으로 이장함에 따라 이곳에서 추모식을 하다 2024년 11월 29일 제40주기 행사를 하였다.

1986년 1월 21일 박종만추모사업회 출범하다

나와 배규식 등이 운수노조활동을 하였지만 공식적인 단체가 아니었기에 한계가 있었다. 박종만열사추모사업회를 만들어 운수노동자에 대하여 상담, 신문발간 등 공식적인 활동을 하자고 논의가 이루어졌다. 1주기가 지나며 본격적으로 추진하여 1986년 1월 21일 민주통일민중운동연합(민통련) 서울지부 사무실에서 사회인사와 운전기사 그리고 노동자들이 모여 발족식을 가졌다.

발족식에서 추모사업회의 목적을 '박종만 동지의 뜻을 받들어, 운수노동자들의 사회경제적 지위를 개선하고, 운수노동운동의 발전에 기여

하자'고 하였고, 사업은 상담활동, 선전활동(〈운수노동신문〉 발간 등), 조사활동, 지원활동, 추모사업활동을 하기로 하였다. 그리고 추모회의 회장은 김승훈 신부님이 맡아주셨고, 고문에는 문익환 목사, 계훈제 선생 등 다섯 분이, 운영위원은 나를 포함하여 임정남, 배규식 등 20명으로 구성되었다. 그리고 상담실장은 내가 맡았다. 사무실은 세종문화회관 뒤에 있는 만통련 서울지부 사무실을 임시로 사용하였다.

추모사업회의 활동은 신문발간, 상담, 지원활동이었는데, 1986년 1월부터 매달 한 번씩 〈운수노동신문〉을 발간하여 배포하였다. 1986년 5월 하순 발간한 6호 신문을 배규식이 천호동에서 배포하다 잡혀가 구속되면서 신문 발간이 중단되고 활동도 소강상태에 들어갔다.

이 시기 추모사업과 관련해서 기억나는 것이 두 가지 있다.

1986년 3월 28일 청주의 시내버스 대화운수는 노조활동을 이유로 운전자 김**에게 삥땅을 했다는 누명을 씌워 사표를 강요하자 이에 항거하고자 분신하였다. 나와 몇 명이 청주로 갔는데 서울 삼성병원으로 이송한다고 하여 내가 앰뷸런스에 같이 타고 왔다. 서을 삼성병원에 도착하니 경찰을 동원하여 병실 밖으로 밀어내고, 다시 청주로 데리고 가려고 하는 것을 붙잡았다. 거기서 싸움이 벌어졌고, 나와 몇 명이 강남경찰서로 연행되어 다음날 풀려났다. 풀려나자마자 일부 사람은 청주로 곧바로 내려가서 청주의 민주인사에게 이를 알리고 투쟁하도록 하였다.

이어 서울 삼환택시 변형진 기사가 1986년 4월 30일 분신하여 5월 1일 사망하였다. 이때도 이소선 여사와 버스안내양 등과 함께 변형진 열사의 집을 방문하여 어머님을 뵙고 위로하며, 죽음의 의미를 새기자고 이야기하던 중 형사들이 들이닥쳐 허겁지겁 도망 나올 수밖에 없었다. 이렇게 당시에는 모든 것이 감시와 통제를 받던 시기였다.

1986년 6월초 〈운수노동신문〉을 천호동에서 배포하다 배규식이 연행되었으나 어디로 잡혀갔는지 알 수 없었다. 행방이 묘연했고 그만큼 불안하였다. 그래서 일단 배규식 아내와 장안동 대공분실을 방문하여 울고불고 난리를 치면서 배규식을 내놓으라고 하였으나 없다고 한다. 그래서 확인하겠다고 하면서 안에 들어가서 확인하였으나 배규식을 찾지 못하였다. 그래도 '배규식을 내놓으라'고 다시 소리치니 남대문서로 가보라고 한다, 그래서 남대문서에 가서 배규식 있느냐고 하니 확인해 줄 수 없다고 하여 울고불고 난리를 치자, 결국 면회를 허용하였고, 무사함을 확인할 수 있었다.

이후 정리기간을 거쳐 새로운 인원도 보충되었고, 독자적인 활동을 위하여 1987년 2월 합정동 마리스타수도원으로 옮겨 새로운 출발을 하였다. 상담전담도 있었고, 사건을 취재하는 담당자도 있었고, 교육도 담당자가 있는 등 역할분담을 하면서 유기적으로 운영되었고, 〈운수노보〉가 매월 발간되었다. 나는 사건이 발생하면 지원하고, 운영자금을 모아오고, 갈등을 나름대로 조정하고 그런 것이었다, 기억나는 것을 정리하면 다음과 같다.

첫째, 1987년 9월 조흥택시에 노동조합을 설립하고 회사의 노조탄압에 항거하다 분신한 이석구 위원장, 1988년 6월 광무택시의 불법행위에 항의하다 구사대에 맞아 죽은 문용섭 운전기사 등 사망사건에 대한 진실규명과 연대투쟁을 벌였다.

둘째, 1987년부터 다시 매월 〈운수노보〉가 발간되었는데 나는 자금조달을 담당했다. 1986년 유가족협의회가 만들어지고 김대중 선생이 만나자고 하여 식사를 하는 중에 "운수노동자의 노동조건을 개선하기 위하여 운수노동자신문을 만들어 배포하려고 한다. 선생님이 도와달라"고 하였다. 〈운수노보〉가 발간되면 동교동을 방문하여 선생에게 전달하고 약 30만 원씩 받아다 추모사업회에 전달하면 그것으로 신문 제작비용을 충당하였다. 자금출처가 동교동이라면 반대하는 사람도 있고 문제가 될 것 같아서 당시에 아무에게도 알리지 않았다.

셋째, 택시사업장에 파업 등 사건이 발생할 경우 여러 사업장을 방문하여 격려의 말을 전하고 강조한 것이 두 가지다, 하나는 가족투쟁이고, 하나는 연대 투쟁이다. 사업장에서 사업주와 노동자가 싸우면 노동자가 이기기 힘들었다. 가족이 사업주의 부당성을 알고, 이에 동조하고 참여하면 사업주의 회유책도 극복할 수 있고, 장기투쟁도 가능하기 때문에 사업주와의 싸움에서 승리하기 때문이다. 그래서 기사부인모임을 조직하여 교육도 하고 투쟁현장에 같이 하기도 하였다. 노조 활동하던 운전자들이 개인택시를 타면서 택시 현장을 떠났지만 가족의 모임은 이후에도 상당기간 지속되는 것을 볼 수 있었다.

지역연대투쟁은 너무나 당연한 것이다. 사업장의 문제를 대내외에 알리고 주변의 택시뿐만 아니라 다른 업종과 산업의 노조와 주변 지역의 사회단체와 연대하면 공권력 투입도 어렵고, 사업장 문제도 빨리 해결되기 때문이다.

넷째, 학출과 현장노동자의 갈등이다. 1988년부터 이런 조짐이 생겼는데 현장노동자는 '너희가 이론만 알지 현장경험이 없어 현장을 모른다는 입장'이었고, 학출은 '학습이 먼저다, 교육이 되어야 현장에 가서 현장과 접목시키고 권리를 주장할 수 있는 것 아닌가'라면서 갈등이 생겼다. 사업장 노사분규 때도 그렇고 추모사업회에서도 심지어 학출은 떠나라고 하는 경우도 발생하였다. 이러한 싸움은 2년 정도 진행되다 어느 정도 정리되었다. 이론만 가지고 안 되고, 현장감만 가지고도 안 되고, 싸움도 알아야 하는 것이니까, 시간이 지나면서 완전하지는 않았지만 조율이 되었다.

유가협 창립에 참여하여 사무국장으로 4년간 일하다

유가족들은 유가족협의회를 결성한 지 반 년 뒤인 1986년 8월 12일 전태일기념사업회에서 열한 가족 스무 명가량이 모여 창립식을 하였다. '민주화운동유가족협의회 창립대회'라고 붓글씨를 써서 현판을 대신하였다. 현판은 1년 뒤에야 달 수 있었다.

세계적으로 드문 유가족운동의 씨앗이 이날 뿌려졌다. 전태일의 죽음 이후 "누구도 죽지 말라!"는 어머니 이소선의 애끓는 호소와 달리 유가협의 앞날은 장례투쟁의 여정이었다. 이날 분위기는 조촐한 창립대회였지만 우리도 단체가 생겼다는 생각에 가슴이 설레고, 앞으로 열심히 싸우자는 다짐과 각오로 가득한 날이었다.

갓 태어난 유가협을 이끌 집행부가 구성되었다. 회장은 이소선, 사무국장은 유가족 중 나이가 가장 어린 내가 맡았다. 나는 이날부터 4년 동안 사무국장으로 실무를 맡았다. 이때부터 험난한 일정이 계속되었고, 저들의 입장에서는 악랄한 집단(?)이 활발하게 활동하게 된 것이다.

유가협은 소박하게 시작되었지만 민주화과정에서 사망자가 증가함에 따라 회원도 늘었고 활동도 증가하였다. 특히 1987년 민주화대행진의 시발점이 되었던 박종철과 이한열의 죽음은 유가협 활동을 확장하는 계기가 되었다.

유가협 활동은 지원과 연대였다. 자식 등 가족을 잃은 회원들은 아무런 두려움도 없었고, 가장 험난한 싸움에 앞장섰다. 그래서 분신, 사망사건이 나면 달려갔고, 우리는 악에 바친 사람이니까 시위해도 가장 앞에 섰다. 또 잡혀가도 구류만 살리지 구속은 안 시켰고, 주로 격리 차원에서 난지도 쓰레기장에 버려지곤 하였다. 이러한 활동 중 생각나는 몇 가지를 기억해 보면 다음과 같다.

첫째, 1986년 3월 신흥정밀 박영진 열사가 분신을 했을 때이다. 나와 이소선 여사는 택시를 타고 병원으로 급히 갔다. 박영진은 화상으로 너무나 참혹하였다. 이소선 여사가 '전태일 엄마다'라고 하자 박영진은 '어머니, 영광입니다. 만나 뵙게 돼서 너무 영광입니다. 그 전부터 뵙고 싶었습니다'고 하였다. 이에 이소선 여사는 '힘내라, 넌 산다' 그러자 박영진은 '예, 알겠습니다, 열심히 싸우겠습니다'고 하면서 이야기를 나누었다. 그때 전경들이 밀려 들어왔다. 이소선 여사와 나는 병원 화장실에 숨어서 청소부아줌마 옷으로 갈아입고 빠져나왔다. 그 당시만 하더라도 이소선 여사도 그렇고 나도 그들이 잘 모르고 있을 때니까 가능했던 것 같다.

둘째, 1986년 10월 8일 장기표 재판 당시 법정에서 있던 소란으로 방청객들이 무더기 연행되어 나도 함께 연행되었다. 학교에 갔다 와서 저녁도 굶은 채 엄마를 기다리고 있다가 전화를 받은 큰아들 병권이에게 "엄마 어디 좀 갔다 가겠다"고 말하자 울먹울먹하며 "엄마 지금 올 수 없는데 계시죠?" 하였다. 그래도 내가 시키는 대로 빵집에서 외상으로 먹으면서 이틀 후 석방될 때까지 동생 순권이를 달래며 기다렸다. 장한 아들이지만 마음이 너무 아팠다. 이후에도 이러한 일이 자주 발생하였지만 두 아들은 엄마를 원망하지 않았다.

셋째, 1987년 6월 10일을 이틀 앞둔 날이었다. 6월 10일 참여 독려 전단을 김종태 엄마하고 같이 나누어 주었다. 그때는 전두환의 4.13호헌조치, 박종철 고문은폐 사건이 폭로되었기 때문에 시민들이 전단을 잘 받아 주었다. 김종태 엄마가 신이 나서 전단을 주다가 잡혔고, 연행되면서 소리를 질렀다. 나는 김종태 엄마 편을 들다가 같이 잡혀 가게 되었다. 순순히 끌려가면 안 되었기에 시계를 훔쳐간다고 소리소리 질렀지만 결국 남대문파출소로 연행되었다.

김종태 엄마는 엉엉 울기 시작하였고, 나는 파출소의 기물을 부수며 소리를 고래고래 질렀다. 그러다 목이 말라 물을 달라고 하니까 화장실에서 물을 떠다 주어 이런 물을 어떻게 먹냐고 더 난리를 쳤다. 파출소는 감당이 안 되었는지 남대문경찰서로 이첩을 시켰고, 남대문서로 가는 차 안에서도 경찰 머리카락을 잡는 등 난리를 쳤다. 남대문서에 도착해서도 유치장에 넣는 게 아니라 사무실에 집어넣었고 그때부터 또 난리를 쳤다.

　　조사를 거부하고, 밥 달라고 소리치고, 밥 주면 개밥 준다고 싸우고, 무조건 사사건건 시비를 걸며 싸움을 걸었다. 그래야 함부로 못했기 때문이다. 그렇게 2박을 버텼다, 48시간이 지나면 석방해야 하는 것을 알았기 때문이다.

　　조사를 거부하고, 도장도 안 찍고 모든 것을 거부하니 석방한다고 한다. 석방하기 전에 식사를 대접한다고 한다. 식사를 하면서 48시간 이내에 내보내야 하는 것 아니냐고 하니까 담당형사는 한 가지 가르쳐 준다고 한다, '누님, 48시간이 아니야, 24시간이야. 딴 데 어디 들어가 24시간 지나도 안 내보내면 그것 가지고 싸우세요'라고 하면서 '혹시 나중에 수배자 알려 달라고 하면 협조해 달라'고 한다, 그래서 '웃기고 있네, 그럼 나보고 배신을 하라는 거냐'고 하면서 웃었다. 남대문서에만 4번 정도 잡혀간 것 같다. 남대문경찰서장이 점심을 사주며 '조인식이면 지겹다고, 여기는 좀 오지 말고, 다른데 가서 잡히라'고 통사정을 하였다.

　　넷째, 1987년 6·29선언이 있은 후 민정당사에 유가협과 민가협이 같이 쳐들어갔다. 면담한다고 들어가 노태우 당시 당대표와 면담이 이루어졌는데 수배자들 다 풀어라, 뭐해라, 뭐해라 하다가 결렬되어 몸싸움이 벌어지게 되었다. 내가 책상 위에 뛰어올라가 노태우의 머리끄덩이를 잡았고, 누군가 넥타이를 잡아당기고 하니 숨을 못 쉬며 캑캑 거렸다. 누군가 그러다 사람 죽는다고 하여 풀어주었다. 바로 전경이 쳐들어와 연행하기 시작하는데 나는 창턱에 올라가서 뛰어 내리겠다고 소리쳤다. 전경이 나 있는 데는 못 왔지만 문제는 밑에서 쳐다보고 있는데 치마가 휘날려 창피해서 내려와 잡히고 말았다. 전경차는 우리 일행을 중간 중간 한 명씩 내려놓고 마지막으로 난지도 쓰레기장까지 갔다. 다행히 나는 한남대교 중간에 내려놓았는데 지나가던 자가용의 도움으로 전철역까지 왔으나 구두 블라우스 치마가 엉망이 되어 간신히 귀가하였다.

1991년부터 신민주연합에서 일하다

1991년부터 신민주연합에서 정당생활을 시작하여 2004년까지 하였다. 처음에는 노동부장을 하였지만 당은 당인지라 구속도 많고 제약도 많았다. 과연 내가 이것을 할 수 있을까 하는 생각도 많이 들었다. 그러나 내가 못 버티면 운동권 별수 없네라는 비난을 듣게 될 것 같아 버티기로 하였다. 그래도 일을 못하게 하는 등 하도 답답하게 하여 업무를 석 달간 태업도 하였다. 그때 김대중 선생이 불러서 '날 보고 왔으니까 잘 참고 있으면 그래도 좋은 날이 오지 않겠어요' 라고 하였다. 그때 운동권의 조인식이 아니라 당인으로서 일하자고 생각을 바꾸었고, 나한테 주어진 일에 최선을 다 하자고 마음먹었다. 그래서 14년 동안 일했던 것 같다.

아픈 기억을 가진 사람들을 좀 돌보았으면

어찌 보면 평범한 가정주부에서 군사독재와 싸우는 활동가로 그리고 당직자로 40년 동안 살아왔다. 내가 잘못 살면 남편 박종만이 욕을 먹을 것이고 그래서 개인 조인식으로 불러 달라고도 하였다. 밖에서의 활동을 좋아할 리 없는 사춘기인 아들들은 '아빠도 없는데 엄마까지 잘못되면 자기들은 고아가 되는데 엄마는 우리 생각을 안한다'고 불만을 계속 표시하였고, '엄마는 아빠만 생각하고 아들은 생각 안 한다'고 노골적으로 반발하였다. 이러한 갈등이 심화되었고, 그래서 남편이 너무 원망스럽고 속이 상해, 그가 모아두었던 자료를 불태우기도 했고, 계속 써오던 일기장을 갈기갈기 찢어버리기도 하였다. 그리고 '내가 아들들을 등한시한 것에 사과하기도 하였다. 생각해보면 쉽지 않은 고비가 수없이 많았다.

유가협 어른들도 이제 많이 돌아가시는 것 같다. 세상이 많이 바뀌었지만 아픈 기억을 가진 사람들은 너무나 힘들다. 세상이 바뀌어도 아픈 순간에 그대로 머물러 있고 그 상흔은 치유하기 어렵다. 주위에서 조금씩 인정하고 이해하고 도움을 주면 그래도 그 상흔을 조금씩 잊을 수는 있는데 그런 것이 안 되고 있는 것 같다. 아픈 기억을 가진 사람들을 좀 돌보았으면 한다.

택시노동운동을 하다
산화해 가신 분들

택시노동운동을 하다 돌아가신 분이 많고, 특히 분신이 많다. 왜 택시에 유독 분신한 분들이 많은 걸까. 혹자는 열악한 근로조건에서 찾기도 하고 택시의 전근대적인 노사관계에서 찾기도 한다. 택시노동운동을 하다 산화하신 분들은 민주화운동기념 열사정보에 있는 노동열사 중 택시열사 열 네 분과 2023년 9월에 분신하신 방영환님을 합하여 소개하는 것으로 하였다. 이외에 참으로 많은 분들이 택시노동과 노동운동을 하시다 산화해 가셨지만 이를 모두 소개하지 못하는 것은 아쉬움으로 남는다.

박종만 (1984. 11. 30.)

1948년 2월	부산 출생
1968년	서라벌 고등학교 3년 중퇴
1982년 10월	(주)민경교통에 입사
1983년 3월	노조 복지부장으로 일함
1984년 11월 30일	"내 한 목숨 희생되더라도 더 이상 기사들이 피해를 보지 않도록 해야겠다"는 유서를 남기고 분신

　1984년 11월 노조 일로 자주 승무를 못한 사무장 이태길을 무단결근 등의 터무니없는 구실을 붙여 해고시키자 이에 11월 27일 노조 간부들과 대의원들이 모여 해고 음모철회를 요구하며 단식 농성을 결의하였다. 29일부터 박종만, 배철호, 안을환 동지가 단식철야 농성에 들어갔다. 11월 30일 해고철회를 요구를 위해 전무를 찾아갔으나 오히려 "3인을 해고하겠다"고 위협하자 이 소식을 들은 박종만 동지는 동료들이 잠깐 자

리를 비운 사이 사무실에 들어갔고, 조금 있다 밖으로 뛰어나오며 "노동조합 탄압 말라. 사무장을 복직시켜라. 부당한 대우를 개선하라"고 외치며 분신하였다, 1984년 11월 30일 오후 8시 50분. 그는 사랑하는 아내와 두 아들을 남겨둔 채 만 36살의 젊은 생을 "내가 이렇게 떠나면 안 되는데……아직도 할 일이 많은데……"라는 마지막 말을 남긴 채 운명하였다.

변형진 (1986. 5. 1.)

1948년 3월 16일	강화도 삼산군 출생
1961년	강화도 삼산국민학교 졸업
1976년	대성연탄 취직
1981년	택시기사로 취직
1985년	삼환택시 입사
1986년 4월 22일	부당해고 통고, 4.30일까지 출근투쟁
1986년 4월 30일	오후 2시 30분경 회사 앞에서 분신, 한강성심병원으로 이송
1986일 5월 1일	운명

　　1986년 초 회사에서 기사들에게 세차비를 부담시키자 변형진 동지는 이를 거부하였다. 그러자 회사 측은 배차정지를 시켜 3일간 일을 못하게 하고 월급에서 3일치를 공제하였다. 이에 반발하여 회사 앞에서 알

몸시위를 하였다. 그리고 4월 21일에는 배차를 받아 회사에서 나오다가 사장 차와 마주치게 되었으나 뒤로 비키지 않고 그대로 몰고 나왔다. 이에 격노한 사장의 지시로 동지는 해고를 당했고, 이에 반발하여 출근투쟁을 벌였다. 그리고 4월 30일 신나를 몸에 끼얹고 분신하여, 회사 측은 아무도 모르게 변형진 동지를 한강 성심병원으로 옮기고 소식을 듣고 달려온 가족과 동지들에게 동지가 이미 죽었다며 면회조차 거부하며 공갈 협박하였다. 그러나 동지는 5월 1일 가족들에게 "미안하다. 하지만 이 길밖에 없다. 노동자들이 떳떳하게 잘 사는 세상이 와야 할 텐데"라는 말을 남기고 38세의 나이로 운명하였다.

변형진 동지의 성품

변형진 동지는 어려서부터 고집이 세고 무엇이든 마음먹으면 그대로 행하며, 자기가 옳다고 여기는 것은 단 한 치도 굽히지 않는 강직한 성격이었다. 동지는 남에게 술 사주는 데 일등이었으며, 술을 좋아하긴 했으나 술을 먹으면 쓸데없는 주정을 하는 것이 아니라 오히려 입바른 소리를 잘 하였다.

인정이 많아서 택시운전을 하면서 죽어가는 사람들을 실어다준 적도 상당히 많았으며, 심지어 몇 해 전에는 같이 일하고 있는 친구의 부모님을 자신의 차로 강원도 춘천까지 모셔다가 병원에 입원시켜드리고 병구완을 했을 정도였다. 부당한 것을 보면 참지 못해 회사 측과 여러 번 싸웠으나 그때마다 회사측은 무조건 경찰을 불러 동지를 파출소로 끌고 가게 하였고, 그때마다 번번이 무혐의로 훈방되어 나왔으며, 이 까닭에 개인택시 면허에 대한 기대는 아예 없었다고 한다.

이석구 (1987. 9. 19.)

1980년	(주)조흥택시 입사
1985년	노동조합 결성하였으나 와해됨
1987년 8월 31일	노동조합 재결성, 위원장에 선출
1987년 9월 2일	오후 8시경 회사 측의 노조 탄압중지 요구에 대해 사장의 성의 있는 답변이 없자 이에 격분하여 신나를 끼얹고 분신
1987년 9월 19일	강남 시립병원에서 치료 도중 운명

　　1985년 노동조합을 결성하였으나 회사 측의 방해로 와해되자 이에 굴하지 않고 87년, 35명의 기사들과 함께 민주노조 결성에 성공하여 위원장으로 선출되었다. 구사대를 통한 노조탄압에 맞서 사장에게 면담을 요구하였으나 묵살 당하자 1987년 9월 2일 택시 위에 올라가 "노조 탄압 중지하라"고 외친 후 분신하였다. 이석구 동지는 3도의 중화상을

입고 강남시립병원 중환자실에서 치료 도중, 9월 19일 새벽 3시 11분경에 부인과 5살, 10개월이 된 어린 두 딸을 남겨두고 끝내 운명하였다. 그러나 회사 측은 "너희들끼리 일어난 일이다. 도의적인 책임만 지겠다"고 발뺌을 하였다. 이에 분노한 유가족과 조합측은 고인의 뜻이 관철될 때까지 무기한 장례를 연기해오다 10월 1일에야 장례식을 치를 수 있었다.

이대건 (1988. 1. 8.)

1956년 6월 16일	경남 창녕군 대지면 본초리에서 출생
1978년	상은(주)에 입사
1981년 5월 10일	마산 (주)우성택시 입사
1988년 1월 6일	파업농성 19일째에 협상이 결렬되자 단체 협상 위반에 항의하며 회사 앞에서 분신
1988년 1월 8일	부산 복음병원 중환자실에서 운명

　마산 우성택시 90여 조합원들은 1987년 11월 24일부터 임금인상 등을 요구하며 24개 노조 노동자들과 연대파업을 벌여왔으나 성과를 얻지 못하였다. 1988년 1월 6일 파업 19일째에 임금협상 조기체결 및 단체협약 조항의 이행 등을 요구하며 파업투쟁중이었다. 회사 측은 교섭에 소극적이고 노조측의 요구사항도 들어주지 않으면서 노조의 양보만을 요구하였다. 협상과정을 지켜보던 이대건 동지가 분노를 참지 못

하고 분신을 감행하면서 조속한 요구수락을 촉구하였다. 평소 동지는 노동조합활동을 열성적으로 해왔으며 파업 시에도 유인물, 벽보제작을 도맡아 해오는 등 가장 적극적으로 싸워왔다. 사경을 헤매는 가운데서도 회장에게 "배가 고파서 죽도록 만들어 놓고 이제 와서 뭐 하러 왔느냐. 보기 싫다. 당장 나가라"고 외치며 분개하는 등 운명 직전까지 투쟁의 의지를 굽히지 않았다.

김장수 (1988. 3. 9.)

1957년 9월 4일	충남 서산에서 3남 2녀 중 넷째로 출생
1975년 2월	인천 향도고등학교 중퇴 그 후 극동운수, 조준택시, 안성화물, 유성화물 등에서 근무
1985년 9월 14일	인천 경기교통(현재 보성운수) 입사
1987년 6월 15일	인천 경기교통 노동조합 위원장 활동 중 해고
1987년 8월 16-22일	파업농성으로 해고 철회시키고 단체협약 체결
1987년 12월 31일	회사 측의 사주를 받은 일부 간부들에 의한 반조직적인 행위 극성, 위원장직을 사임함
1988년 2월 24일	해고예보통보 받음, 부당해고 반대투쟁 벌임
1988년 3월 1일	부당해고에 항의하며 오후 4시 회사에서 단식농성. 오후 8시 50분경 분신
1988년 3월 9일	전신 70%, 3도 화상을 입고 오후 8시 15분 운명

경기교통 노동자들은 1987년 6월 15일 김장수 동지를 중심으로 노조를 결성하였고, 김장수 동지는 위원장으로 선출되었다. 회사 측의 근거 없는 최종렬(총무) 동지의 해고조치에 대해 8월 16일부터 6일 동안 파업농성을 벌여 단체협약을 체결하였다. 이후 회사는 노동조합 내부의 분열을 조장, 김장수 동지를 몰아내고, 1988년 2월 24일에는 김장수 동지와 공석용 동지를 해고 예고 조치하였다. 이에 김장수 동지와 공석용 동지는 민주노조를 파괴하기 위해 자행된 부당해고는 절대 인정할 수 없다며 항의투쟁을 해왔다. 그런 가운데 김장수 동지는 3월 1일 회사에 단식농성하러 갔다가 오후 8시 50분경 분신하게 되었다. 그리고 9일간의 투병기간 중 3월 9일 오후 8시 15분에 운명하였다.

장용훈 (1988. 5. 30.)

1959년	전남 승주군 월등면 출생
1987년	전남 순천시 현대교통 택시운수회사에 입사
	순천시 인제동 사글세방에서 부인과 1남 1녀와 함께 생활
1988년 5월 24일	회사 측의 부당노동행위와 노동조합 탄압에 항의하여 분신
1988년 5월 30일	전남대병원에서 운명

　순천 현대교통 택시기사로 근무하면서 노동자의 권익을 옹호, 대변하는 데 앞장서오던 장용훈 동지는 1988년 2월 28일 자전거와 경미한 접촉사고가 발생하여 자비로 합의, 해결하였다. 이 일을 빌미로 3월 5일 과장은 장용훈 동지에게 불리한 경위서를 강요했고, 동지가 이를 거부하자 일방적으로 승무를 정지시키고 집단폭행하였다.

장용훈 동지는 원통한 마음으로 검찰과 노동부에 고소와 탄원을 했으나 이들은 합의만을 종용한 채 방관하였다. 회사 측은 고소에 대한 보복으로 노사협의회도 거치지 않고 부당해고를 통지하였다. 동지는 억울한 상황을 해결해 보고자 여수 노동부를 비롯해 서울에도 찾아가 보았지만 절차만을 따지면서 무성의로 일관할 뿐이었다. 결국 1988년 5월 24일 장용훈 동지는 회사 사무실에서 몸에 신나를 끼얹고 "뒤를 잘 부탁한다. 이렇게 무시당하고 가정은 파괴당하고 어떻게 먹고 살아야 할지 모르겠다. 이놈의 세상 비통해서 살 수 없다"고 외친 후 산화해 갔다.

유언 중에서 : "나를 위해 노조 위원장 이하 조합원들이 데모를 하는 것으로 알고 있다. 고생이 많은 줄 잘 안다"고 말하였으며, 동생에게 "형 노릇 못해 미안하고 어머님께 불효해서 미안하다"며 "어머님 미안합니다! 죄송합니다!"

문용섭 (1988. 6. 9.)

1986년 10월	서울 동대문구 망우리 광무택시 입사
1988년 6월 9일	구사대의 폭행으로 운명
	(210~212쪽에 좀 더 자세한 경위 설명 참조)

 1988년 6월 6일, 서울 동대문구 망우동 소재 광무택시(사장: 노*재) 운전기사 문용섭 동지가 회사 측의 구사대인 신*일에게 맞아 동부제일병원에 입원 중 6월 9일 숨졌다.
 문용섭 동지는 구리시 교문리에서 부인, 1남 2녀와 함께 보증금 20만 원짜리 월세방에서 가난하게 살아 왔다. 그러나 생계가 어려운 친구를 위해 집에 있는 쌀을 전부 퍼다 주고, 동지는 가족과 함께 빵으로 끼니를 때우는 등 의롭고 정이 많은 사람이었다. 또한 평소 의협심이 강하고 직선적인 성격으로 회사 관리자들에게 바른 말을 잘 했을 뿐 아니라, 자신이 모든 일을 책임지고 동료들에게는 부담을 지우려 하지 않았다.
 이 회사의 노*복 관리부장과 노*운 관리과장은 스페어 기사들에게 돈을 걷어오게 하고 사고처리하면서 돈 받아먹고, 생일날 축의금을 갖다 바치게 하고 이사 비용 모자란다고 돈 걷어 오게 하는 등 다양한 방법으로 기사들을 갈취해 왔다. 이들은 사장이 삼촌이라는 점을 악용하여 기사들을 아부하게 만들고, 그 위에 군림하여 기사들로부터 양주로

만 술을 얻어먹는 파렴치하고 관리능력이 전혀 없이 봉건적 권위만을 내세웠던 자들이다. 문용섭 동지는 바로 이러한 비리를 그때그때 수첩에 기록하여 폭로하겠다고 했으니 노*복 부장이나 노*운 과장에게는 '눈엣가시'와 같은 존재였다.

사건이 발생한 6월 6일 오후 근무조였던 문용섭 동지는 일을 나가지 않고, 1,000원을 입금으로 잡아놓고 노*운 과장에게 "노 부장과 회사의 비리를 밝힐 수 있게 2주일간의 휴가를 달라"고 요구했으나 거절당하였다. 한편 이날 정경, 신세일과 함께 이사를 하던 노 부장은 노 과장에게서 연락을 받고 허둥지둥 회사로 달려와서 회사 비리와 문 동지를 해고시킨다는 소문 문제로 문용섭 동지와 말다툼을 벌였다. 노부장이 포장마차에서 나간 뒤 같이 있던 정*과 신*일이 문 동지에게 "자꾸 회사에 문제를 일으키면 수범업체가 되지 않는다"면서 말다툼이 벌어졌다.

말다툼이 시작되고 분위기가 험악해지면서 신*일이 담배로 문 동지의 얼굴(코옆)을 지졌다. 이에 문 동지가 자리에서 일어나 신*일에게 접근하자 신*일이 가격을 하여 문 동지가 포장마차의 문을 쾅 소리가 나게 붙잡았다가 뒤로 쓰러지면서 뒷머리를 보도에 부딪쳐 실신하자 병원으로 이송하였으며, 신*일 등은 동지가 술을 마시다 쓰러졌다고 거짓말하였으며 수술 결과 두개골 골절상이었다고 한다.

사고가 난 직후, 문 동지의 가족들이 병원으로 모였을 때 사고의 경위를 캐묻는 유가족에게 정*은 나는 "부모도 자식도 없는 고아다"라며 차마 입에 담지 못할 욕을 퍼부어 댔다. 또한 동지의 처제가 노 부장에게 "우리 형부가 노 부장이 나를 죽이려 한다는 말을 자주 했다는데 사실이냐?"고 묻자 노 부장은 "그렇다. 언젠가 죽어도 내손에 죽는다. 너희들 마음대로 처리하라"며 일행과 함께 자리를 떴다.

이후에도 진실규명을 요구하는 동지의 가족은 '이 사건에서 손을 떼지 않으면 죽여 버리겠다'는 협박전화에 시달려야 하였다.

석광수 (1991. 6. 24.)

1961년	강원도 삼척군 출생
1982년	강국택시에서 3년간 근무
1986년	인천 공성교통에 입사
1991년 6월 14일	지도부 연행에 항의, 차량시위에 적극 참가
1991년 6월 15일	지도부 석방을 요구하며 분신
1991년 6월 24일	10시 28분 운명

    석광수 동지는 1991년 6월 14일 회사 측의 성실한 교섭 자세를 촉구하기 위한 차량시위 도중 경찰의 폭력적인 조합원 연행에 항의하여 6월 15일 총파업 돌입과 함께 공권력의 폭력진압과 무자비한 강제 연행에 항의하였다. 사업주의 비열하고, 무책임한 임금협상에 온몸으로 항거하다 분신한 그는 가족과 동지들의 안타까운 염원을 뒤로하고 6월 24일 운명하였다.

동지는 "내가 모범기사라 민자당 물을 좀 먹었지만 이 ××들! 해도 너무 한다. 우리가 차를 세워두어야 하는 거야? 임금교섭 도중에 지부장을 끌고 가고 이건 말도 안 되는 공권력 개입이다." "혼자만 벌어먹고 살려고 하면 하루 갈 것이 일주일 간다"며 열변을 토하기도 하였다. 밤새 북을 치며 노동가를 부르다가 6시 20분경 분신한 것이다.

그러나 회사 측은 사태의 책임을 지지 않기 위해 이사장이 잠적하였다. 이에 가족들의 보름이 넘는 농성과 노조 집행부의 노력으로 보상금, 장례비, 치료비를 받아내고 장례를 치렀다.

김처칠 (1991. 8. 22.)

1956년 2월	강원도 인제군 출생
1976년	중앙고등학교 졸업
1982년	화창운수 입사
1985년	합동물산 입사
1990년	합동물산 노동조합 위원장 당선
1991년 5월	위원장 재선
1991년 8월 22일	12시 30분경 운명
	(218~219쪽, 360~361쪽에 좀 더 자세한 경위 설명 참조)

　　김처칠 동지는 1987년 서울 합정동 마리스타수도원에 박종만추모사업회가 문을 열었을 때부터 긴밀하게 찾아와 〈운수노보〉를 택시기사들에게 배부하고 노조활동에 참여해 왔다. 1987년 4월 서울택시지부 임

금교섭 문제로 역삼동에서 택시기사들이 시위를 어떤 때로 적극 참여하였다. 그러던 중 합동물산 노동조합 위원장에 당선되었다.

1990년 8월부터 시작된 합동물산 노동조합의 지입제·도급제 철폐 투쟁은, 1년여의 과정 속에서 말할 수 없는 택시기사들의 고통에도 불구하고 지칠 줄 모르고 계속되고 있었다. 김처칠 동지는 악덕 기업주의 파렴치한 부당노동 행위에 맞서 굳은 결의와 동지애로 노조를 이끌었다. 1991년 7월 10일 차고지가 없어 성산대교로, 그리고 장마로 다시 양화대교 밑으로 이전하면서 택시노동자의 권익과 생존권을 위해 하루 세 끼 밥도 먹지 못한 채 한 달여를 라면으로 끼니를 때우면서도 자리를 비우지 않고 선봉에서 온몸 아끼지 않고 투쟁하였다.

조합원들이 축구를 하다 한강에 공을 빠뜨리자 때마침 한강을 바라보며 생각에 잠겨 있던 동지가 공을 건지겠다고 들어갔으나, 투쟁으로 심신이 극도로 쇠약해진 관계로 중간에 탈진하여 실종되어 행주대교 근처에서 시신으로 발견되었다.

김성윤 (1994. 1. 24.)

1932년 10월	강원도 철원군 출생
1971년	택시업계에 입사
1980년 7월	상호운수주식회사 입사
1986. 12.~1992. 12.	상호운수노동조합 선거관리위원장과 고문 역임
1994년 1월 24일	오전 5시 "김영삼 대통령에게 드리는 탄원서"를 작성하고 자결
	(212~214쪽에 좀 더 자세한 경위 설명 참조)

김영삼 대통령에게 드리는 탄원서

 김영삼 대통령님에게 탄원서를 올리려 하니 가슴이 터질 것만 같습니다.
 불초 김성윤은 1971년 7월부로 택시기사로 입문하여 현재에 이르렀으며, 현재는 상호운수 기사로 만 14년째 근무하고 있습니다.

근무기간에도 단 한 번도 무단결근한 사실이 없고, 금주와 금잡기로 오직 가정에만 성실하게 지냈습니다만 이제는 후회스러운 일이었습니다.

역대의 정권이 바뀔 때마다 택시기사들의 생계보장을 약속하여 복지증진을 도모하기 위하여 완전월급제를 시행하겠다고 약속도 받았습니다. 그러나 5공화국, 6공화국을 지나면서 공약은 위정자들의 넉살좋은 식언으로 끝났고, 우리 택시기사들의 오직 하나뿐인 희망을 송두리째 뽑아갔습니다.

(중략)

국민학교 학생들까지도 나쁘다고 인정하는 기사, 아버지가 택시기사라고 말 못하는 세상(골려주기 때문에). 그간에는 긍지를 갖고 일을 하였으나 이제는 허탈뿐입니다. 지난해 말까지 민자당에서 택시에 관한 입법예시를 보고 기뻐하고 희망을 가졌습니다. 함께 일하는 동료들에게 독려도 했습니다. 위로도 했습니다. 그러나 그것은 물거품으로 사라졌습니다.

(중략)

홍장길(1997. 5. 31.)

1939년 7월 8일	경남 밀양군 하남읍 백산리 출생
	밀양수산 동명중학교 졸업
	파월장병으로 지원하여 맹호 26연대 복무
1973년	서울 연희교통(현재 국민캡) 입사
1992년	노동조합 상임위원 재임
1994년	노동조합 고문으로 선임 활동
1997년 5월 31일	국민캡 휴게실에서 음독자살

홍장길 동지는 밀양에서 가난한 농부의 아들로 태어나 가난의 굴레를 벗고자 박정희 정권의 인력수출정책인 파월장병으로 월남전에 참여하였다. 이후 그것만으로는 가난의 굴레를 벗지 못하고 남들이 꺼리는 택시노동자의 길을 걷게 되었다.

그러나 택시 사업주들은 이윤창출을 위해 현대판 노예제도를 도입하여 무사고 10년에 개인택시 영업권이라는 제도의 올가미를 씌워 족쇄를 채웠다. 서울 국민캡 사장 허*도는 그것도 모자라 회사를 분할매각하고 기사를 택시의 부품처럼 끼워 팔아 노동조합을 와해시키는 행위를 서슴없이 자행하였다.

하지만 홍장길 동지는 1997년 5월 31일 분할매각 완전철회를 외치며 24년 8개월이라는 한 많은 국민캡 노동자 생활과 60년 인생을 사업주의 부당한 횡포에 대한 저항으로 마감하였다.

천덕명 (2002. 11. 22.)

1964년	경남 고성 출생
1984년	20살에 인천으로 상경. 합판공장에서 성실하게 근무
1993년	인천 경인운수(전 영화교통) 입사
1994년	경인운수 노동조합 대의원으로 활동
1996년	경인운수 노동조합 회계감사
2002년	월급제 쟁취를 위한 인천민주택시 총파업에 열성적으로 참여하여 선봉에 있던 동지에게 회사는 집중적이면서 극심한 탄압을 자행함. 부당한 근무 제재와 임의적인 성과급 감산, 개인택시 경력을 축소 조작하는가 하면 급기야 징계위에 회부하고 동지에게 참석을 통보
2002년 11월 22일	사측의 무자비한 월급제의 정액사납금제 전환 기도에 맞서 월급제 사수와 인간다운 삶을 위해 분신하여 운명

동지는 경남 고성에서 가난한 농부의 아들로 태어나서 국민학교를 졸업하고 농사일을 돕다가 스무 살에 인천으로 상경하여 합판공장에서 공장생활을 시작하였다. 1993년 인천 경인운수의 전신인 영화교통에 입사한 동지는 입사 초부터 노동조합의 대의원으로 활동하기 시작하여 회계감사를 역임하며 노조간부로서 활동하는 가운데 누구보다 노동자의 권익확보를 위해 열성적으로 투쟁하였다.

2002년 월급제 쟁취를 위한 인천민주택시 총파업에 열성적으로 참여하며 선봉에 있던 동지에게 회사는 집중적이면서 극심한 탄압을 자행하였다. 동지는 "이렇게 당하고 있을 수만은 없다" "회사가 해도 너무 한다" "회사를 가만히 두고만 봐서는 안 된다"며 분개하였다. 결국 동지는 개인택시 발급을 얼마 남겨 놓지 않은 상태에서 회사 측의 부당한 노동탄압에 맞서기 위해 11월 22일 새벽 0시 30분경 회사 내의 차고지에서 자신의 차량에 신나를 끼얹고 분신하여 운명하였다.

전응재 (2007. 1. 23.)

1964년 10월 5일	출생
1997년 3월 15일	인천 우창운수 입사
1997년 11월 1일	노동조합 가입
1998년	노동조합 상임집행부로 활동
2002년	63일 총파업 당시 조직부장 활동
2005년 9월	부위원장 역임
2007년 1월 23일	노동조합 사무실 앞에서 분신

    동지는 택시노동자 생존권 쟁취를 위해 2002년 조직부장으로 활동하며 63일 동안 파업을 이끌어 월급제 쟁취, 연월차를 유급화시켜 냈다.
    이후 사측은 2005년 '택시월급제 사수를 위한 비상모임' 활동가 3명을 해고하고, 2006년 임금삭감안을 반영시킨 임금협약을 체결하여 공격하였다.

이에 동지는 "임금삭감은 절대 안 된다"고 분노하며 "해고를 막지 못해 미안하다"는 말을 마지막으로 2007년 1월 23일 분신, 운명하셨다.

허세욱 (2007. 4. 15.)

1953년 5월 9일	경기 안성 출생
1994년	봉천6동 철거투쟁. 민주노총 공공운수노조 한독운수분회 조합원
2000년	민주노동당 입당. 모범당원상 수상(2002년)
2005년	민주노동당 관악구위원회 대의원. 평화와통일을여는사람들 회원. (사)관악사회복지 회원. 관악주민연대 회원
2006년	민주노동당 관악구위원회 대의원
2007년	민주노동당 서울시당 대의원
2007년 4월 1일	'한미 FTA 반대'를 외치며 분신
2007년 4월 15일	한강성심병원에서 운명

    동지는 농민의 아들로 태어나 서울 봉천동 달동네 막걸리 장사, 꽃배달, 택시기사로 쉰넷 해의 생을 마감하기까지 부족한 시간을 쪼개어 공

부하고 고된 노동과 박봉의 일상을 실천의 장으로 삼았던 아름다운 노동자였다.

동지의 실천은 철거반대투쟁에서 노동운동, 시민운동, 진보정당운동, 평화통일운동으로 활동의 영역을 넓혀 왔으며 동지들 앞에선 겸손하고 투쟁의 장에선 최전선을 지켰던 우리 시대 민중의 표상이다.

2007년 4월 1일 동지는 한미 FTA 마무리 협상이 벌어지고 있던 하얏트 호텔 인근에서 "망국적 한미 FTA 폐지하라" "굴욕 졸속 반민주적 협상을 중지하라" "숭고한 민중을 우롱하지 말라"는 내용의 유서를 남기고 한미 FTA 중단을 외치며 분신하였다.

동지는 유서에 "단 한 번도 내 자신을 버린 적 없다. 모두가 비정규직이니까 모금하지 말라. 자신을 태운 재를 전국의 미군기지에 뿌려 자신의 혼으로라도 미군들을 괴롭히겠다"고 하는 등 자신과 이 땅 민중과 이 겨레를 사랑하는 절절한 마음을 토로하였다.

이후 병원으로 옮겨졌으나 보름 동안의 투병 끝에 운명했고 '민족민주노동열사 허세욱 동지 장례대책위원회'가 결성되어 장례를 마친 후 마석 모란공원에 안장되었다.

방영환 (2023. 10. 6.)

2008.1.5.	택시운전자격증 취득하여 택시운전
2012.4.	택시그룹인 동훈그룹* 서울 주호교통 입사
2017	휴게실과 샤워실이 없다고 지적하다 서울 해성운수로 전근
2019.7.	민주노총공공운수노조 택시지부 해성운수분회 설립
2022.2.	불이익변경근로계약 거부를 이유로 사무장과 함께 해고
2022.11.	부당해고 대법원 확정판결로 원직복직
	복직 후 유사사납금제 근로계약 거부
2023.9.22.	최저임금법위반, 폭행 등으로 정승오 대표이사 고소
2023.9.26.	해성운수 앞 분신(택시완전월급제 시행 및 책임자처벌 유언)
2023.10.6.	운명

✱ 동훈그룹은 서울시에 소재한 택시기업 그룹으로 양천구에 있는 해성운수를 비롯해 택시회사 21개, LPG충전소 3개, 정비소 1개, 그리고 9개 호텔을 소유한 기업임.

"사납금이 폐지되었다. 완전월급제 지금 당장 시행하라"

"해성운수 사업주는 임금착취 지금당장 지급하기 바란다"

"동훈그룹 해성운수 사업주 노동자탄압 중단하고 노동자 생존권 보장하라"

"동훈그룹 해성운수 사업주의 폭행, 명예훼손, 집회방해, 모욕죄를 양천경찰서는 반드시 처벌하라" (방영환 열사가 해성운수 앞에서 외쳤던 내용)

수차례 폭행 사실과 부조리 문제, 불법 사납금제도에 대한 진정서를 서울시에 제출했음에도 아무런 답변이 없자 결국 방영환 노동자는 스스로 몸을 불살라 택시기사들의 아픔을 사회에 알리기로 결심하였다. 2023년 9월 26일 그는 서울 양천구 해성운수 앞에서 "택시노동자 생존권을 보장하라. 택시월급제 시행하라"는 짧은 외침을 남기고 스스로 분신하여 생을 마감하였다.

임금인상과 어용노조퇴진을 요구하며 운행거부하고 있는 택시 노조원들. 1980.

월급제실시를 요구하며 철야농성중인 서울택시협의회 노조 대표자들. 1982.6.30.

사납금인하 등을 요구하며 택시로 도로를 막고 시위중인 택시기사들. 1984.6.22.

완전월급제를 요구하며 테헤란로를 막고 농성중인 택시기사들. 1987.4.8.

한열이를 살려내라 시위하던 시위대가 경적시위를 하고 있는 택시에 박수를 치고 있다. 1987.7.9.

87년 임금 재교섭을 요구하며 차량시위중인 택시. 1987.8.28.

경향신문

택시파업현장에서 머리띠를 두른 택시노조원들, 1987.9.1.

택시를 세우고 파업중인 택시노조원들, 1987.9.1.

분신사망한 이석구 조합장에 대해 위로방문한 민통련 집행부와 문익환 목사님. 1987.9.19.

인천지역 택시파업현장을 방문하여 격려하고 있는 문익환 목사님. 1988.3.14.

서울택시 차량시위를 벌이는 택시노조원을 둘러싼 경찰들. 1988.5.1.

경적시위에 돌입한 택시노조원과 이를 에워싼 전투경찰들. 1988.5.11.

대표이사집 앞에서 정액제 폐지를 요구하며 시위하는 대흥운수 파업 조합원들. 1988.12.31.

파업이 장기화되자 차고지에서 대책을 논의하고 있는 대흥운수 노조원들. 1989.2.

택시연맹 주최로 완전월급제 쟁취 중앙결의대회를 마치고 경찰과 대치하고 있다. 1989.3.9.

완전월급쟁취대회에서 승리하여 인간답게 살아보자는 전국택시노련 서울지부 노조원들. 1989.4.18.

2

1980 · 90년대 택시 노동운동을 했던 분들의 과거 회고담입니다. 쓰는 양식은 다양하지만 모두 다 "그때, 참 열심히 살았고, 열정적으로 살았다"는 생각을 갖게 하는 글입니다. 순서는 가나다순으로 실었습니다.

택시노동운동에 참여한 분들의 이야기

치열했던 서울택시 노동운동 회고

강 충 호*

학생운동에서 노동운동으로

경남 진주에서 태어나서 자란 나는 1980년 3월에 치열한 입시경쟁을 뚫고 그토록 원했던 서울대학교 공과대학에 입학하였다. 불과 몇 달 전인 1979년 10월 26일 박정희 대통령이 김재규 중앙정보부장의 총탄에 쓰러졌을 때는 나라가 망할 것 같은 충격에 눈시울을 적시기도 했을 만큼 정치현실에 무감각했던 시골 촌놈이 서울대에 합격하였을 때는 마치 세상을 다 얻은 것처럼 기뻤다. 찬란한 미래에 대한 가슴 벅찬 희망으로 대학생활을 시작하였다.

대학생활을 시작하자마자 '서울의 봄'이라 일컬어지는 정치적 격변 속에서 전두환이 실세로 등장하였다. 광주의 무고한 시민들을 무참하게 학살하는 '광주항쟁'을 목격하면서 이런 세상에서 어떻게 살아가야 할지 심각한 고민을 하지 않을 수 없었다. 군사쿠데타와 광주민중을 학살하며 국가권력을 찬탈한 전두환 군사독재정권을 타도해야 우리나라와 국민들이 민주화된 세상에서 인간답게 살 수 있다는 결론에 이르렀다. 그 실천을 위해 학생운동에 투신하게 되었다.

---

* 서울택시지부 · 전국택시노련 · 한국노총 간부 역임.

대학생활의 낭만은 고사하고, 전공 공부도 내팽개친 채 4년 내내 학내시위를 비롯한 학생운동을 열심히 하였다. 졸업을 3개월 앞둔 1983년 11월에 학내시위를 주도하였다. 전두환 군사독재정권 타도와 민주주의 쟁취를 위해 감행한 학내시위 과정에서 시위를 함께 주도하던 친구 황정하가 도서관 난관에서 추락하여 며칠 후에 사망하는 엄청난 아픔을 겪어야 하였다. 나를 비롯한 5명의 주동자들은 학사제적과 함께 구속되어 1년 6월의 실형을 선고받았다.
　　하지만 독재정권 타도를 외치는 학생들의 투쟁이 줄어들기는커녕 갈수록 확산되자 전두환 정권은 1984년 봄 구속 수감 중인 수백 명의 학생들을 형집행정지로 석방하고, 복학을 허용하는 이른바 유화정책을 폈다. 그 때문에 나도 수감 4개월여 만에 석방되어 2학기에 복학을 하고 동기들보다 1년 늦은 1985년 초 졸업을 할 수 있었다.
　　대학 졸업 후 곧바로 인천으로 내려가서 대졸자 신분을 감추고 공장에 취업하는 이른바 위장취업을 하였다. 노동자들의 의식을 일깨우고 조직을 만들기 위해 고달프지만 치열한 생활을 하였다. 그러던 차에 1987년 6월 전국적인 규모의 민주항쟁이 일어나더니 7~8월에는 인천지역을 중심으로 전국 주요 공단에서 노동자들의 자발적인 투쟁과 조직화가 진행되는 말 그대로 '노동자 대투쟁'이 시작되었다.
　　당시 부평공단 소재 한 공장에 위장취업을 하고 있던 나도 동료들을 규합하여 얼렁뚱땅 노동조합을 만들자마자 임금인상을 요구하는 투쟁을 주도하였다. 노동자들의 기세에 놀란 회사 측에서 임금인상 요구를 대폭 수용하면서 투쟁은 어영부영 마무리되었고 그 과정에서 노동조합도 해산하고 말았다. 몇 일 후 나의 신분을 확인한 회사측의 강요로 회사를 떠나야 했다.
　　나는 회사 내 친구들과의 만남을 지속하면서 조직사업을 차근차근 진행하여 8개월 후인 1988년 4월에 노동조합을 재건할 수 있었다. 그 즈음에 결혼을 하게 되면서 보다 안정된 조건에서 직업적인 노동운동가로 살아가기로 마음먹고 인천을 떠났다.

서울택시지부에 들어가다

서울로 올라와서는 인천에서 현장 활동을 할 때 인연을 맺었던 『노동법 해설』을 펴낸 석탑출판사 부설 '석탑노동상담소'에 다니면서 주로 운수노동자들의 임금문제 등에 대해 공부도 하고 틈틈이 상담도 하면서 노동전문가로서 역량을 키울 수 있었다.

그 때 〈운수노보〉 일을 하고 있던 배규식 서울공대 선배가 함께 일하자는 제안을 하였다. 하지만 이제 막 결혼을 하여 안정적인 생계대책이 절실한 상황에서 아무런 소득도 보장되지 않는 일을 함께 하자는 제안을 선뜻 받아들일 수 없었다. 그러던 차에 전국택시노동조합연맹 서울시지부(지금의 서울지역본부)에 새로 들어선 윤기섭 집행부가 지부 사무국을 쇄신하기 위해 젊은 전문가를 추천해달라는 요청을 '석탑노동상담소'에 해왔다. 상담소는 마침 직업적으로 운동을 할 수 있는 직장을 찾고 있던 나를 추천하여 1988년 8월 한국노총 산하 전국택시노련 서울시지부 기획교선차장으로 일을 시작할 수 있었다.

당시 나는 인천에서 3년여 경험한 노동자의 삶과 『노동법 해설』 등을 통해 공부한 노동문제에 관한 다소의 지식, 그리고 '석탑노동상담소'에서 배운 운수노동자들의 임금체계를 비롯해 근로조건과 노동실태에 대한 초보적 수준의 이해 정도밖에 없었다. 노동전문가라기에는 턱없이 부족하였지만 무엇보다 27살이라는 젊음과 노동운동에 대한 열정을 무기 삼아 직업노동운동가의 길에 들어설 수 있었다.

윤기섭 집행부는 1989년 봄 '완전월급제 쟁취'를 내걸고 임금인상 투쟁을 시작하였다. 서울택시 260여 노조 위원장들 가운데 임금투쟁에 적극적인 강승규, 인현선 등 위원장들을 중심으로 '완전월급제 추진위원회'를 결성하고 서울시내 지역별로 완전월급제 쟁취 결의대회를 여는 방식으로 이전과는 다르게 투쟁과 협상을 병행하는 전략을 구사하였다.

하지만 조직원 다수가 요구하는 총파업을 거부한 윤기섭 집행부가 완전월급제는 고사하고 실망스러운 수준의 임금협정을 타결하자 지부장에 대한 사퇴 요구가 터져 나왔다. 결국 윤 지부장은 취임 1년여 만인 1989년 5월 말 사임하였다. 그 과정에서 윤 지부장은 집행부 방침에 반하는 행위를 했다는 이유로 나를 해고했는데 곧 치러진 지부장 선거에서 민주파의 전폭적인 지지를 얻은 정상기 후보가 당선되면서 해고 한 달여 만에 복직할 수 있었다.

차량시위와 집행부 구속 등 치열했던 1991년 임금투쟁

조직 내 민주파의 압도적 지지에 힘입어 등장한 정상기 지부장은 이전 윤기섭 집행부의 실패를 반면교사 삼아 임투에서 승리하기 위해서는 무엇보다 강력한 집행부 구축이 선결과제라는 인식을 하고 있었다. 그때까지 외부에서 〈운수노보〉와 '운수노동상담소'를 통해 서울택시 노동운동을 지원하고 있던 배규식 선배와 동양콜택시라는 회사에 다니면서 일선 노조간부로서 서울택시 노동운동에 영향력을 갖고 있던 이동섭 선배까지 지부 집행부에 합류하였다. (그 바람에 1985년 서울 민경교통에서 열악한 노동조건과 노조탄압에 항거하며 분신 사망한 박종만 열사를 추모하는 사업의 일환으로 발행하던 〈운수노보〉가 1년여 동안 휴간되었다. 다행히 1991년 6월 나선주 동지를 비롯한 택시노동 현장 간부들로 편집진을 새롭게 꾸리면서 복간이 되었다.)

아무튼 이렇게 빵빵하게(?) 집행부를 꾸린 정상기 집행부는 1990년 임투의 목표를 '완전월급제의 단계적 쟁취'로 현실화하고 교섭위원들의 의식과 역량을 강화하기 위한 합숙교육을 하며 치밀하게 임금교섭을 준비해 나갔다. 하지만 사업조합측의 무성의로 임금교섭이 지지부진하자 시청 앞에서 차량시위를 감행하기로 예고한 상태에서 요구안에 훨씬 못 미치는 내용으로 임금협정을 체결하고 말았다. 그 결과 이전과 다른 임금협상 분위기로 인해 기대감이 높았던 조합원들 사이에 집행부에 대한 불신감이 조성되었고 이는 이듬해 임투과정에서 지부장에 대한 공격으로 나타난다.

이듬해인 1991년 임투는 아마도 서울택시 노동운동에 있어서 가장 치열했던 투쟁이었을 것이다. 우선 전년도 임금협상에서 실망스런 결과를 만들었던 정상기 집행부는 택시노련 위원장 선거 등으로 인해 예년보다 늦은 4월말에야 임금교섭을 시작하였다.

조합원의 결의를 모아내기 위해 5월 7일 장충단공원에서 임투전진대회를 개최했는데 불상사가 생겼다. 전년도 임금교섭 결과에 불만을 품고 있던 일부 조합원들이 정상기 지부장을 공격하는 사태가 벌어졌다. 정 지부장이 피신하는 과정에서 발목뼈에 심각한 부상을 입었고 그로 인해 평생 지팡이를 짚고 다녀야 하는 장애를 입은 참으로 안타까운 일이었다.

이런 어려움 속에서도 정상기 집행부는 상급단체인 택시노련 차원의 '전국 6대도시 공동임투'를 추동하면서 6월 7일에는 서울택시사업조합이 있는 잠실 교통회관 주변에 약 3,000여 대의 택시를 집결시켰다.

잠실 일대 교통을 완전히 마비시키는 대대적인 차량시위를 전개한데 이어 6월 12일 총파업에 돌입하는 등 할 수 있는 모든 수단을 동원한 강력한 투쟁을 전개하였다. 그 결과 10%대 기본급 인상 등 예년에 비해 비교적 양호한 임금협정을 체결하면서 치열했던 임투를 마무리하였다.

곧바로 서울택시지부 집행부에 예상하지 못했던 탄압이 들어왔다. 정지부장과 김의선, 이태영, 배규식, 강충호 등 5명의 상근간부에게 차량시위로 인한 도로교통법 위반과 노동쟁의조정법을 위반한 혐의로 구속영장이 발부되었다. 민변을 통해 소개받은 노동사건 전문가 김선수 변호사(훗날 대법관 지냄)의 도움을 받았지만 5명 모두 징역1년 집행유예 2년을 선고받고 2개월여 만에 서울동부구치소를 나설 수 있었다.

구치소에 수감되어 있는 동안 서울택시지부장 임기가 만료되어 선거를 치러야 하였다. 정상기 지부장이 옥중출마를 한 상황에서 민주파를 대표하여 고려운수 강승규 위원장이 지부장 선거에 출마하는 문제를 두고 논쟁이 벌어졌다. 나는 현 지부장이 임투를 치르는 과정에서 장애를 입었고 구속까지 된 상황에서 민주파에서 독자 후보를 낸다는 것은 운동을 떠나서 도의상으로도 잘못된 처사라며 강력 반발하였다. 선거는 경선으로 치러졌고 정 지부장이 비교적 큰 표 차이로 재선되었으며 서울택시 민주파는 조직 안팎으로부터 적지 않은 비판을 감수해야 하였다.

재선에 성공한 정상기 지부장을 비롯하여 서울택시 집행간부 5명이 출소하면서 서울택시지부는 강력해진 정 지부장의 리더십을 바탕으로 조직을 정비하였다.

나는 공부를 좀 더 해야겠다고 생각하여 이태영 부장과 같이 서강대학교 산업문제연구소에서 운영하던 〈산업노사관계교육〉 과정을 다니면서 3개월 동안 열심히 공부했던 기억이 난다. 이 교육과정의 졸업리포트로 썼던 "택시노동운동의 발전과 서울택시지부 활성화를 위한 소고"는 지금 보면 부끄러운 수준의 글이지만 생전 처음 써본 논문 형태의 글이어서 수강노트와 함께 지금껏 버리지 못하고 보관하고 있다.

그해 연말 무렵 정상기 지부장이 택시노련 상임부위원장으로 가기로 하면서 서울지부장직을 사퇴하였다. 곧이어 치러진 보궐선거에서 강승규 후보가 단일후보로 나와 지부장에 당선되었다. 이후 정상기 지부장은 일부 지방조직의 반대 때문에 택시노련 상임부위원장으로 가지 못하고 결국에는 택시노동운동을 떠나고 말았다. 그동안 서울택시 조직을 이끌고 치열한 투쟁을 주도해왔던 정상기 지부장이었기에 많은 아쉬움을 남기고 쓸쓸하게 퇴장당하는 느낌이었다.

교섭위원 매수사건으로 얼룩진 1992년 임금투쟁

우여곡절 끝에 지부장이 된 강승규 위원장은 상대적으로 보수파였던 문병원 위원장을 수석부지부장에 앉혀 조직력을 강화하였다. 1987년 이후 수년 동안 계속해 왔지만 만족할 만한 성과를 거두지 못한 '완전월급제'를 반드시 쟁취하겠다는 각오로 1992년 임금투쟁을 일찌감치 치밀하게 준비해 나간 것이다. 그중에서 압권은 한양대 노천극장에서 열린 '서울택시 임투승리 문화제'였다. 무려 2만여 명의 조합원이 참여하여 임투승리를 위한 결의를 다진 이날의 문화제는 행사규모는 물론이고 알찬 프로그램으로 조직 안팎에서 많은 찬사를 받았던 것으로 기억이 난다.

이처럼 철저한 준비를 바탕으로 그 어느 때보다 높은 기대 속에 시작한 1992년도 임금협상은 9월이 될 때까지 아무런 진전이 없었다. 그런 와중에 믿었던 문병원 등 교섭위원들이 서울택시사업조합측이 제시한 임금협정서에 도장을 찍고 도주하는 사건이 발생하면서 긴급하게 투쟁 국면으로 돌입하였다. 도주한 교섭위원들이 남양주에 있는 모 호텔에 숨어있다는 정보를 당일 저녁 늦게 입수한 서울택시지부 지도부는 그들을 체포하기 위해 비상 조직 동원령을 내렸다.

임투선봉대를 필두로 분노한 조합원들이 수십 대의 택시에 나눠 타고 시속 120킬로가 넘는 속도로 남양주로 내달리던 그날 밤의 긴박했던 상황은 30년이 더 지난 지금도 기억에 생생하다. 호텔에 도착하니 동원된 택시는 순식간에 100여 대 이상으로 늘어났고, 분노한 수백 명의 조합원들이 교섭위원들을 끌어내리려고 하였다. 그들은 문을 걸어 잠그고 완강하게 저항하면서 경찰을 불러 보호를 받는 상황에서 양측의 대치는 밤새 이어졌다.

이튿날 아침이 되자 경찰 측과 협상을 통해 교섭위원들을 잠실 교통회관에 있는 서울택시사업조합으로 이동시키기로 하였다. 교섭위원들을 태운 경찰승합차가 잠실로 향하고 조합원들이 타고 온 100여 대의 택시가 뒤를 따라갔다. 가는 도중에 이대로 사업조합에 들어가게 되면 사업자와 경찰이 교섭위원들을 다른 곳으로 빼돌릴 가능성이 크다고 판단한 서울택시지부 지도부는 경찰승합차를 가로막고 교섭위원들을 탈취(?)하여 여의도 한국노총 8층 회의실로 데리고 갔다. 긴급하게 소집된 위원장 농성이 시작되면서 교섭위원들을 감금하는 상황이 벌어졌다.

영등포경찰서 경찰병력이 한국노총 건물을 포위한 채 불법적인 감금이라며 강제진압을 협박하는 긴박한 상황이 이어졌다. 매수사건의 전모를 밝히기 위해 교섭위원들에 대한 압박과 설득을 며칠 동안이나 계속했지만 교섭위원들은 좀처럼 입을 열지 않았다.

하지만 그간 개인적으로 친하게 지냈던 어느 교섭위원을 집중적으로 설득하면서 종교적인 양심에 호소를 했더니 눈물을 흘리면서 사죄와 함께 교섭위원 1인당 3,000만 원의 거액을 받기로 하고 사업주측이 내민 협정서에 서명을 했다는 전말을 털어놓았다. 이런 자백을 근거로 서울택시사업조합을 상대로 임금교섭 무효와 재교섭을 요구하는 투쟁이 이어졌다.

그 과정에서 임투선봉대를 비롯한 조합원들과 함께 상급단체인 택시노련의 적극적인 지원을 촉구하는 항의방문을 갔다가 모두 송파경찰서에 연행되는 일이 벌어졌다. 20여 명이 경찰서에 연행되었는데 조사가 진행되면서 이동섭 선배와 나를 주동자로 엮을 것 같은 분위기가 보였다. 탈출을 해야겠다고 생각하던 차에 연행된 조합원들을 격려하기 위해 위원장 몇 명이 조사실로 들어오기에 그중 한 명을 내가 있던 자리에 앉혀 놓고 잽싸게 조사실을 빠져 나왔다. 그러자 경찰서 밖에 몰려와 있던 조합원들이 나를 알아보고는 신속하게 택시에 태워 다른 곳으로 빼돌렸고, 조사실에서는 없어진 나를 찾기 위해 한바탕 난리가 났다고 한다. 이렇게 해서 경찰에 쫓기는 몸이 되었지만 많은 동지들이 도와주어 그다지 어렵지 않은 도피생활을 할 수 있었다.

한 달여 도피생활을 하는 동안에 교섭위원 매수사건에 대해 수사가 진행되어 서울택시사업조합 이광열 이사장이 구속됐고, 교섭위원 불법감금 등의 책임을 물어 강승규 지부장도 함께 구속되면서 세상을 떠들썩하게 했던 서울택시 교섭위원 매수사건은 종결되고 말았다.

도피생활에 지치기도 하였지만 긴장감도 떨어진 탓인지 이동 중에 검문에 걸려 경찰서로 잡혀갔는데, 이미 매수사건의 전모가 밝혀지고 노사 양측 대표가 구속된 뒤여서 간단한 조사만 하더니 기소유예 처분으로 풀려났다. 몇 달 후에 나와 배규식 선배는 약식기소로 벌금 200만 원 처분을 받았다. 그 전 해에 받은 집행유예가 안 끝난 상태에서 가중처벌을 받을 수도 있었는데 그나마 다행으로 받아들였다.

제도개선의 성과를 만들고 택시노동현장을 떠나다

치열했던 1991년 임투와 파란만장했던 1992년 임투를 잇따라 겪고 나니 아직은 젊은 나이였음에도 불구하고 몸과 마음이 지칠 대로 지쳤다. 그런 상황에서 1993년 초에 택시노련 이광남 위원장으로부터 연맹에서 일하자는 제안을 받고 여러 동지들과 의논한 끝에 4월에 연맹으로 자리를 옮겨서 정책업무를 맡았다.

택시노련 정책업무의 핵심 과제는 열악한 택시노동자의 근로조건과 삶의 질을 개선하기 위해 사납금제도로 대표되는 불합리한 택시제도에 대한 개선안을 정책적으로 만들어내는 일이었다. 그 후 2~3년 동안 택시제도개선을 위한 정책 활동과 입법활동에 주력하여 택시운송수입금 전액관리제를 여객자동차운수사업법에 반영하였으며, 택시운전자들의 처우개선을 위한 재원을 마련하기 위해 택시운임에 부과하는 부가가치세를 감면받는 등 적지 않은 성과를 거두기도 하였다.

그 과정에서 노조간부로서 정부 관료나 정치인을 상대로 택시제도개선을 위한 정책 활동을 추진하려다 보니 노동운동에 대한 이론이나 노동정책 혹은 노동법에 대한 지식만으로는 부족하다는 것을 절감하였다. 교통정책이나 행정에 대해서도 어느 정도의 지식이나 이해력을 갖추어야 할 필요성을 느끼었다. 1995년 초 서울시립대학교 행정대학원 교통관리학과 석사과정(야간)에 입학해 주경야독을 하며 1997년 여름 "택시운송사업의 시장진입규제에 관한 연구"라는 제목의 논문으로 도시계획학(교통 분야) 석사학위를 취득하였다.

늦었지만 제대로 공부를 해보자는 생각에 영국 유학을 준비하여 1997년 8월 리즈(Leeds)대학 교통대학원(ITS)에 들어가서 1년 만에 "택시 규제완화에 관한 국제 비교"(Taxi Deregulation—an International Comparison)라는 제목의 논문으로 교통학 분야의 두 번째 석사학위를 취득하였다. 당시 IMF 경제위기와 환율 폭등으로 매우 어려운 처지였지만 박사학위에 도전하기로 결심하고 1998년 9월 리즈대학교 경영대학원(Business School) 박사과정에 입학하였다.

그로부터 박사과정을 마치기까지 꼬박 4년 동안 공부도 공부였지만 비싼 학비와 생활비를 마련하기 위해 닥치는 대로 일을 해야 했으며, 그 과정에서 목숨을 잃을 뻔 한 사고도 겪었으니 그야말로 사투를 벌인 셈이었다. 이렇게 혼신의 노력을 다한 결과 2002년 10월 소망하던 박사학위(노사관계학)를 취득하고 귀국하여 2010년까지 한국노총에서 국제국장 및 홍보본부장으로 일하면서 우리나라 노동조합운동의 발전과 노동자들의 권익신장을 위해 남은 젊음과 열정을 불태웠다.

글을 마치면서

사람의 일생에서 가장 혈기 왕성한 시기는 사람마다 다를 수 있지만 대체로 사회생활을 시작하는 20대 중후반에서 30대 중반까지가 아닐까 생각한다. 내 경우에는 이 시기에 택시노동운동에 몸을 담아 정말이지 치열하게 살았다. 지금도 그렇지만 당시에도 전 산업에서 가장 열악한 노동현장인 택시산업에서 노조 상근 간부로 일하는 것은 최저임금에도 못 미치는 최악의 저임금과 장시간의 힘든 노동을 감내하고 있는 택시노동자들의 어려운 처지만큼이나 힘들고 고달픈 일이었지 싶다.

이처럼 열악한 근로조건을 개선하기 위해 그토록 열심히 노력하고 투쟁하였음에도 불구하고 요즘의 택시 현실을 보면 내가 택시노동운동을 하였던 30여 년 전보다 오히려 더욱 열악해진 것 같아서 안타까운 마음과 함께 자괴감마저 든다. 그럼에도 불구하고 내 일생에서 가장 황금기인 27살부터 36살까지 거의 십년 동안 모든 것을 쏟아 부었던 택시노동운동이었기에 결코 잊을 수도 없을 뿐더러 외면할 수도 없을 것 같다.

이 글을 쓰는 동안 내내 30년 전보다 퇴보한 택시제도와 더 열악해진 택시노동자들의 노동조건을 개선하기 위해서 내가 할 수 있는 일이 과연 있을까? 있다면 무엇을 어떻게 할 수 있을지에 대해서 많은 생각을 해보았다. 앞으로 기회가 주어지면 아직도 현장에 남아있는 30년 전의 동지들을 만나서 함께 머리를 맞대고 고민해보고 싶다.

택시 40년, 박종만 열사를 기억합니다

구수영*

　역사적으로 민주주의를 갈망하는 대중들의 투쟁 앞에 택시는 늘 선두에 서 있었다.
　힘들고 외로운 투쟁에도 불쏘시개 역할을 마다하지 않았다. 1980년 광주항쟁에서 그랬고 1987년 민주항쟁과 노동자대투쟁 당시에도 택시는 군부독재 무법천지의 거리에서도 투쟁의 선봉에 서 있었다.
　40여 년 세월, 이 나라 민주주의를 위해 투쟁에 앞장섰던 택시 동지들, 죽음으로 민주주의를 갈망했던 택시노동자들, 그들은 민주주의의 역사였다.
　1984년 11월 30일 택시노동자 박종만은 "내 한 목숨 희생되더라도 더 이상 기사들이 피해를 보지 않도록 해야겠다"는 유서를 남기고 분신하였다.
　박종만 열사의 죽음은 택시기사들을 각성시켰고, 더 나아가 전국 노동자들의 피 끓는 투쟁 대오에 활화산으로 타올랐다.
　택시노동자들의 가슴 속에 영원히 남아있을 박종만 형님. 택시노동자들은 그를 불멸의 영혼 박종만 열사로 부른다. 그가 우리 곁을 떠난 지 40년이 지나가고 있다.

---

* 전국민주택시노조위원장, 택시노련 인천지부장, 쌍마교통노조위원장 역임.

1982년 나는 택시노동자의 길을 선택하였다. 40여 년이 지난 이즈음, 나의 삶과 택시의 삶을 기억해 본다.

13세 소년, 인천 상륙을 시도하다

1959년 나는 전남 진도에서 태어났다. 전쟁의 폐해에서 그나마 큰 상처를 입지 않은 고장이지만 반도 끝 전라도 땅 어디나 마찬가지처럼 굶지 않고 사는 게 목표일 정도로 살아남기 위해 지쳐 버리고만 어린 시절이었다.

동네에 땅마지기라도 있는 집이 몇 되지도 않았으니 고만고만한 고향 친구들 대부분 초등학교 졸업할 무렵부터 그 어린 나이에도 탈 고향을 꿈꾸었다. 나 역시 5남 5녀를 둔 가정에서 하나라도 자기 밥벌이를 해야 한다는 절박함이 그 어린 나이에도 있었다. 이대로 이 땅에 남아서는 절대 안 되겠다는 일념뿐.

제일 큰 형님이 인천에서 이미 자리를 잡고 있었기에 최남단 진도에서 최북단 희망의 도시 인천 상륙을 시도하였다. 형님 도움으로 인천에 도착하긴 했지만 형님께 계속 의지할 수는 없는 일이었다. 다들 힘든 생활이었으니 무슨 수를 써서라도 독립하고 내 살길을 찾아야만 하였다. 그러나 만만치 않았다. 도시 생활의 시작과 끝은 아침저녁 끼니 걱정 해결하는 것이었다.

무작정 서울에 상경한 시골 촌놈들이 다들 그렇듯 굶지 않고 좋은 기술 배워 돈 많이 버는 게 꿈이었다. 그리고 못다 한 공부도 빨리 다시 시작해야 한다는 강박감. 나는 조그마한 차량 정비 공장에 취업할 수 있었다. 선택의 폭은 매우 좁았다. 오로지 하나의 신념은 우선 살아남는 것이었다.

먹고 재워주는 조건, 월급도 없이 용돈 몇 푼 받는 수준으로 정비일을 시작하였다. 무슨 배짱인지 조그마한 차량 정비 사장들은 어린 노동자들을 고용한 게 아니라 차량 정비일을 가르쳐 준다는 명목으로 공짜 노동을 시키고 있었다. 무작정 상경한 시골 촌놈들은 많고 먹고살겠다며 정비일 배우겠다는 소년들이 넘쳐났으니, 사장들의 권력은 하늘을 찔렀다. 사장 맘에 안 들면 바로 내쳐버리는 식이었다.

나는 어떻게 해서든 빨리 기술을 배우고 싶었지만, 사장은 허드렛일만 시키기 일쑤였다. 기술을 빨리 전수하면 공짜 노동력이 날아간다는 생각이었을 테니 말이다. 정비공 어린 노동자의 꿈은 현실 앞에서 서서히 무너져 가는 느낌이었다. 그 느낌 그대로 2년여를 질기게 버텨냈다. 다행히 마치지 못한 학업도 병행해 나갈 수 있었다.

나이 스물이 되어 차량 정비일을 포기해 버렸다. 더 훌륭하고 돈도 많이 벌 수 있는 귀한 직업으로 도전을 꿈꾸기 시작하였다. 택시기사를 꿈꾸기 시작하였다.

돈 많이 버는 인천 택시기사가 되었지만

1978년이다. 갓 스물을 넘은 나이에, 나는 택시기사를 꿈꾸기 시작하였다. 자동차 정비 기술을 배워서 출세하기는 애당초 글러먹었다는 생각이 들었다. 1980년대 초, 당시에는 운전면허 취득하기도 힘든 시절이었다. 게다가 택시기사가 되기 위해서는 6~7년 정도의 운전 경력도 필수였다. 택시 운전은 아무나 할 수 없는 귀한 직업이었다. 돈벌이를 할 수 있었기 때문이다.

겨우겨우 운전면허를 취득하고 스페어 택시기사 생활을 시작하였다. 나이로 보나 운전경력으로 보나 정식 택시기사는 꿈도 꿀 수 없었다. 2년 넘게 고생한 결과 나는 정식 택시기사가 되었다. 이제 돈만 벌면 된다고 생각할 무렵 만만치 않은 택시노동자들의 고통이 내 눈에 들어오기 시작하였다.

1980년 초 인천택시 사업장의 경우 단 한 개의 노조도 설립되지 않을 만큼 사업자들의 노동운동 탄압은 극에 달하는 상황이었다. 특히 군사정권의 묵인 아래 노동법은 있으나마나 한 법이었고 관리자에게 대들었다는 이유 하나로도 해고시킬 정도였다. 노조를 만들 생각으로 여럿 모이기만 해도 해고의 위협에 시달렸고 나 역시 그 위험에서 비켜가지를 못하였다.

1983년 나는 노조를 만들려고 했다는 이유로 아무런 절차도 없이 첫 해고를 당하였다. 더 이상 노조 설립에 관여하지 않는 조건으로 복직을 할 수 있었다. 그대로 해고가 확정됐으면 어느 회사에도 취직할 수 없었을 것이다. 소위 블랙리스트가 공공연히 나돌던 때였다.

숨을 죽이고 힘을 키우며 뜻을 함께하는 사람들을 모은 끝에 마침내 1985년 9월 10일 인천지역 택시회사에서는 최초로 쌍마교통 노조 결성에 성공했지만 나는 또 해고당하고 말았다. 전국자동차노련이 중재해서 복직과 노조 활동 인정을 관철하였다. 이렇게 봇물이 터지자, 노조결성이라는 큰 흐름을 누구도 막을 수 없었다. 10월 25일 성진기업(당시 노조위원장 기강현)에서 두 번째 택시노조가 결성되었다. 인천지역 택시노조가 활화산처럼 번지기 시작하였다.

운명처럼 만난 송영길, 그리고 인천택시

그해 겨울 송영길과 운명적인 만남이 시작되었다. 연세대학교 총학생회장 출신인 송영길이 인천으로 와서 '인천부천 운수노보' 활동을 시작한 것이다. 인천지역의 경우 다수 노조를 만드는 데는 성공했지만, 힘 있는 노조, 진보한 노조로 발전하기 위해 조합원 교육이 매우 절실할 때였다. 송영길이 그 중추적인 역할을 해냈다. 당시 〈운수노보〉 사무실은 부평 작전동에 위치한 민중교회(담임목사 박종열. 박형규 목사님 아들) 지하에 있었다.

1986년 여름 인천 성진기업에서 한 달 넘게 파업 투쟁이 벌어졌다. 이때 문익환 목사님, 계훈제 선생님, 백기완 선생님을 처음 뵈었다. 그분들은 한결같이 노조 중심에서 이제는 정치 중심으로 나아가 현존하는 군부독재를 무너뜨리는 역할이 필요하다고 주장하셨다.

인천지역은 그 어느 도시보다 투쟁의 강도가 강력했고 치열하였다. 송영길을 비롯한 많은 활동가들이 인천으로 모여드는 노동자투쟁의 도시였던 것이다. 1987년 여름부터 전국적인 노동자대투쟁이 벌어졌고 인천은 그 어느 지역보다 투쟁의 열기가 대단하였다. 11월 27일 인천지역 택시노사가 합의를 하였으나 조합원들의 기대에 미치지 못하였다. 조합원들의 산발적인 투쟁, 총파업 결의, 지도부의 회피가 이어지며 투쟁은 해를 넘겼다. 1988년 1월 인천택시노조가 먼저 파업을 시작했으나 동조하는 회사가 없었다. 긴 투쟁은 성과 없이 끝났고 이어진 사업자들의 반격은 상상을 초월하였다.

극악한 노조탄압은 참극을 불러왔다. 1988년 3월 9일 인천 경기교통 김장수 동지가 회사의 노조 탄압에 맞서 분신하고 말았다. 김장수 열사는 당시 31세의 나이에 노조활동을 하면서 해고당한 후 단식 투쟁을 이어가던 과정에서 분신하였다. 김장수 동지는 9일째 사경을 헤매다 운명하고 말았다. 김장수 열사의 죽음으로 인해 전국의 노동자가 인천으로 결집하는 대투쟁으로 이어졌고, 열사의 시신을 길병원 영안실에 안치했지만, 경찰이 시신을 탈취하려는 사건까지 벌어졌다.

결국 24시간 영안실을 지키는 긴박한 상황에서 길병원 앞에서 열리고 김장수 열사 분신 계승대회가 개최되었다. 재야단체의 적극적인 연대를 통해 협상이 마무리되었고 김장수 열사를 김포 고려공원에 안장할 수 있었다.

동지들의 해고 분신... 피할 수 없는 구속

1987년 이후 인천택시는 "우리도 노조가 생겼다!"로 표현할 수 있을 만큼 노조가 활성화되는 시기를 맞이하였다. 이제는 노조 활동 보장 투쟁이 아니라 실질적인 임금 및 생계투쟁에 돌입하는 시기에 이르렀다.

그러나 매번 임금협상은 지지부진하였다. 1989년에는 노사협상이 결렬되어 인천지방노동위원회에서 중재재정을 받았지만, 노조가 이를 거부하고 파업에 들어갔다. 1989년 인천택시 파업투쟁은 서울에도 큰 영향을 주었다. 특히 수도권 택시들이 임금 교섭요구안을 공유하며 완전월급제 쟁취를 공동으로 요구하기 시작하였다. 1990년과 1991년에도 협상 결렬, 차량시위, 파업투쟁은 반복되었다. 엄청나게 많은 동지들이 경찰에 연행되고 해고를 당하는 사태로 이어졌다.

1991년 6월 4일 차량시위에 이어 파업에 들어갔는데 6월 5일 아침 인천 공성교통 석광수 동지가 분신하였다. 1986년 3월 공성교통에 입사하여 거의 만근을 할 만큼 성실히 근무했던 석광수 동지는 당시 대의원으로서 밤샘 농성을 이어가다 "연행된 지도부를 즉각 석방하라"고 외치며 온몸으로 항거하며 분신한 것이다. 오랜 시간 화마와 싸우던 석 동지가 6월 24일 돌아가셨고 마석 모란공원에 열사를 모셨다.

1991년 나에게도 삶의 지형 변화가 나타나기 시작하였다. 임투와 장례투쟁이 마무리되자 나는 사법처리 수순에 들어갔다. 10월 26일 구속되어 그 이듬해 4월 14일 석방되었다. 이게 끝이 아니었다. 1992년 서울, 부산, 대구, 대전, 광주, 인천 6대도시 공동임투로 또다시 차량시위와 파업이 벌어졌다. 6대도시 공동임투는 서울지역에서 교섭위원 매수 사건이 터지며 마무리를 제대로 짓지 못했지만 그래도 인천지역은 총파업에 돌입하여 나름 성과를 거두었다.

1997년 5월 20일 전국민주택시노동조합연맹이 전국에 16개 지부를 두고 출범하였다. 복수노조 허용에 따라 민주노총과 한국노총 소속 두 개의 택시노조가 생긴 것이다. 나는 부위원장을 거쳐 2024년까지 위원장을 맡아 전국의 택시현장을 뛰어다녔다.

지난 40년 동안 단위노조 위원장, 전국택시노련 인천지부장, 전국민주택시노련 위원장을 지내며 셀 수 없는 수배와 구속, 10년의 해고 기간을 보냈다.

잊을 수 없는 택시 투쟁의 역사

1980년, 나는 이 나라가 미쳤거나 내가 이 세상을 잘못 태어났거나 둘 중 하나일 거라 생각하였다. 정권을 가진 자가 국민에게 총구를 겨누고 그 겨눔을 당한 미약한 국민들은 고개 숙이고, 죽는 것보다는 낫지 않겠냐 체념하며 살아가는 모습들. 내 젊음도 그중의 하나였을지 모르겠지만 나는 지금도 늘 그 홧병을 안고 열사들을 잊지 않고 있다.

1984년 11월 30일 박종만 열사는 "내 한 목숨 희생되더라도 더 이상 기사들이 피해를 보지 않도록 해야겠다"는 유서를 남기고 분신하였다.

1984년 5월 25일 대구에서 택시기사들이 대대적으로 시위에 나섰다. 사납금 인하, 주유 자율권, 노조설립 자유, 취업카드 철폐가 택시기사들의 요구사항이었다. 당시 언론은 '폭동사태'라고 표현하였다. 이 사건으로 수많은 택시노동자가 구속되고 수백 명이 해고를 당하는 일이 벌어졌다. 나는 절대 잊을 수가 없다. 이 사건들은 택시가 존재하는 한 역사로 기억되어야 할 것이다.

1980년 5·18광주민중항쟁과 1984년 5·25 대구투쟁, 같은 해 11월 30일 박종만 열사의 희생을 헛되게 하지 않기 위해 1997년 5월 20일 빛고을 광주에서 전국민주택시노조연맹을 창립한 일, 27년 동안 민주기사의 날 재연행사에 한 번도 빠지지 않고 참석한 일은 내 스스로도 자랑스럽다.
 전국에 흩어진 열사들을 하나로 모으는 작업을 하고 있지만 쉽지 않은 일이다. 지금도 해마다 기일이 오면 열사들의 묘역을 참배하고 있다.

"택시는 노선이 없다. 그러나 길을 안다"

 40년 세월 택시를 해오면서 '왜 하필이면 택시였나' 라는 물음에 나는 늘 초라하였다. 내가 처음 택시를 시작할 무렵 택시는 "세상 훌륭한" 직업이었다. 택시기사는 선망의 대상이었고 폼 나는 직업이었다. 그런 택시가 지금은, 자장면 배달을 하면 했지 택시는 안 한다는 그런 "끔찍한 직업군"이 되고 말았다. 수십 년 택시를 운행해온 오랜 동지들이 웃으며 혀를 차는 우리 모두의 아픔이고 현실이다.
 택시산업 비슷하게 나는 가정에 충실하지 못하였다. 참으로 부끄러운 일이다. 투쟁투쟁 외치고 있는데 내 등 뒤에서 가슴 아파하는 가족이 있었다. 내 가족뿐만이 아니다. 좋은 학교 나와 좋은 직업 가질 수 있었던 많은 일꾼이 이제는 함께 늙어가고 있지 않나.
 그들 스스로 노선 없는 택시를 찾았고, 그들이 택시 투쟁을 선도하기도 하였다. 그들에게 늘 고마운 마음과 미안한 마음을 갖고 있다.
 택시는 노선이 없다. 내가 정하지를 않는다. 그러나 길을 안다. 다시 힘들겠지만 내가 잘 아는 그 길을 갈 것이다.

사람만이 희망이다

김응관*

들어가며

나는 이 글에서 1985년에서 1992년경까지 추억하고자 한다. 주로 동훈운수 노동조합, 박종만추모사업회, 〈운수노보〉에서 만났던 사람들이다. 동훈운수 동료기사 또는 동지로서 처음 만난 그들 중 40년 가까이 지난 지금까지 그때 그 마음 그 정신으로 교류가 이어지는 사람도 있다. 안타깝지만 도무지 연락처를 알 수 없어 소식이 끊긴 사람도 있고, 세상을 영영 떠난 사람도 있다. 몇몇은 꿈에서조차 다시는 만나고 싶지 않은 사람도 있다.

누구든 한때 멋진 말, 바른 말을 할 수 있다. 그러나 그 멋진 말만으로 사람을 평가할 수 없다. 누구나 자기와 직접 이해관계가 없는 사안에 대하여는 바른 말, 당위적인 말을 할 수 있으므로 그 바른 말, 결국 거짓말에 속으면 안 된다. 그렇기 때문에 깨어있는 시민들이 사람 보는 안목을 키워 다시는 '죽 쒀서 개 주는 일'이 반복되지 않도록 하자고 당부한다.

그래서 어떤 사람에 대하여 제대로 판단하려면 적어도 지난 10여 년

---

* 서울 동훈운수 노조, 해고노동자.

간 쌓인 언행을 분석하고 그 자료를 기초로 판단해야 한다는 것이 최동석 박사의 가르침이다. 또한 이렇게 오랜 기간의 언행을 기초로 확인되는 성품, 행동 패턴은 결코 변하지 않고 DNA처럼 지속적으로 반복된다는 것이다(Mental DNA, '사람은 고쳐 쓰는 것이 아니다' 라는 옛말도 이런 맥락이라고 생각한다). 이러한 분석과 판단 방법은 정치인에 한정되지 않고 친구, 연인, 가정, 회사 구성원 등 모든 사람과 조직의 성향을 판단하는 데 적용된다고 한다.

나는 1985년 봄 친구를 통하여 민주통일민중운동연합(약칭 민통련)을 알게 되었다. 민통련 본부는 장충동 분도회관에, 서울본부는 광화문에 있었다. 나는 지난 70년간의 삶을 민통련을 알기 전과 후로 구분해 본다. 그만큼 민통련과의 만남은 내 삶에서 의미가 있고, 분기점이 되었다.

나는 15세 무렵 교사이던 이모의 책장에서 함석헌의 『생각하는 백성이라야 산다』는 책을 읽고 역사와 시대정신에 관심을 갖게 되었으나 함께 학습하고 행동하고 울분을 토로할 상대가 없는 '혼자'였다. 민통련 이전까지 나는 함석헌과 더불어 김시습, 김병연(김삿갓), 김해경(이상), 3김씨를 마음속 스승으로 여기고 사는 방랑자였다. '자생적 민족주의자'였던 내가 민통련과의 만남을 계기로 많은 노동자들과 노동・민주화・통일운동 동지들을 만나 그 시대의 희로애락을 함께 하였다.

그리고 이러한 만남이 인연이 되어 1992년부터 2006년까지 15년간 법률사무소 직원으로 일하게 되었고, 법률사무소를 그만둔 후에도 그 경험을 바탕으로 15년간 부동산업으로 밥을 먹고 살았다. 그렇게 70년을 살았고, 작년부터 진짜 노동자로 돌아가 시설관리직 직원으로 또 다른 삶을 시작하였다.

학출활동가 배규식은 이른바 학출로서 1984년부터 약 10년간 박종만추모사업회, 〈운수노보〉, 운수노동운동에서 헌신적으로 일하였고,

노동현장을 떠난 뒤에도 노동문제 연구자로 활동하였기 때문에 운수노동운동 부문의 산 증인이라 생각한다.

나는 최근 임미리 박사의 논문 〈학출활동가의 택시노조운동 결합 계기와 과정, 서울 인천을 중심으로〉를 읽고, 배규식이 민주화운동청년연합(민청련, 초대 의장 김근태)의 회원으로서 1984년 11월 30일 분신한 박종만 열사에 관한 보고서를 작성한 것을 계기로 운수노동운동에 결합하게 되었다는 사실을 처음 알게 되었다.

임미리 박사는 논문에서 '배규식을 비롯한 학출활동가들은 1980년 광주에서 있었던 택시 차량시위에서 영감을 받아 택시 노동운동을 주목하였고, 1984년 5월에 있은 대구택시시위를 전후하여 현장 노동자와 결합하였고, 서울과 인천에서 20명 안팎의 학출활동가가 택시회사에 취업하거나 지원단체에서 활동했다'고 기술하고 있다.

임미리는 위 논문에서 '1987년 학출과 현장노동자 사이에 갈등이 많아져 1년 반쯤 되어 수습이 되었다'는 대목이 있는데, 나는 그 갈등에 대하여 전혀 알지 못한다. 나는 민통련 이전에 신문과 책을 통하여 학출로서 기득권을 포기하고 노동 · 민주화 · 통일운동에 투신하여 고초를 겪는 재야인사들을 존경하고 '영웅'으로 생각하고 있다가 민통련 이후에 수없이 많은 '영웅'들을 현실에서 만났다.

지금도 그 '영웅'들, 선각자들이 있어 이만큼이라도 세상이 유지되고 있다고 확신하고, 마음 속 깊이 존경하고 있다. 다만, 그들 중 나이 들어 젊을 적 초심과 이상을 팽개치고 부귀공명을 위하여 훼절하여 온갖 궤변으로 합리화하며 만신창이 삶을 사는 인간 같지 않은 인간들이 있다. 이를테면 고용노동부장관 김문수가 그렇다.

1984년 11월 박종만 열사 사망 당시 세브란스 병원 영안실에서 사복 경찰들이 공포분위기를 조성하는 가운데 김문수는 한국노동자복지협의회 부위원장으로서 추도집회 사회를 보았다. 그 김문수와 지금의 김문수는 같은 사람이다. 유시민은 김문수의 언행을 이성으로는 도저히 이해할 수 없다며, '전두엽 이상'으로밖에 생각할 수 없다고 하였는데 나도 같은 생각이다.

〈박종만, 조인식〉 '기름밥' '달구지' '운짱' 은

나는 이 글을 준비하면서 1985년 11월 만든 『박종만 열사 1주기 추모집, 내 한 목숨 희생되더라도』를 읽었다. 이 추모글을 읽고 박종만과 조인식에 대하여 새롭게 많은 사실을 알게 되었다.

박종만, 그는 나보다 6년 빠른 1948년 부산에서 태어났다.

어릴 때 가세가 기울어 초등학교 때 장위동 산비탈의 판잣집으로 이사하였고, 훗날 "쌀밥을 실컷 먹어 보았으면 원이 없겠다"고 생각할 만큼 그 시절 참으로 찢어지게 가난하게 살았다. 결국 고등학교를 마치지 못하고 3학년에 중퇴하고 생활전선에 나서 만홧가게, 구두닦이, 신문팔이, 야채행상, 공계 등으로 생계를 이어가다가 군에 입대하였다.

군대에서 수송병으로 복무한 것이 계기가 되었는지 서른한 살 때인 1978년 자동차운전면허를 따고 바로 택시회사에 취업하였고, 회사를 옮겨 1982년 10월 민경교통에 취업한다. 박종만에게 있어 운전면허 취득과 택시회사 취업이 운명의 갈림길이 되었다고 나는 생각한다.

박종만 열사, 그는 1984년 11월 30일, 회사에 "부당해고 철회하라, 부당노동행위 중지하라"는 등을 요구하며 단식농성 끝에 자신의 몸을 불사르고 "내 한 목숨 희생되더라도… 내 한 목숨 희생되더라도… " 유서를 남기고 산화하였다. 당시 36세.

유방상(한국통신 노동조합 전 서울지역 위원장)은 2007년 성공회대학교 노동대학원 졸업논문으로 〈자살론〉을 썼다. 그는 "살기 위해 죽을 힘을 다해 노력했지만 결국 죽을 힘만 남겨 둔 상황에서 죽음을 택할 수밖에 없었던 열사들의 절규를 살아남은 우리들은 어떻게 받아들이고 무엇을 해야 하는가?"고민하고자 이 논문을 쓰게 되었다고 한다. 그는 "해방 이후 노동 · 민주화 · 통일운동 과정에서 산화한 사건 중에서 노동자 분신 사례를 중심으로 각 정권 시기별로 구분하고 '노동자 분신은 진보· 정권이나 보수 정권이나 차이가 없고, 오히려 진보 정권에서 더 많은 경우도 있다'는 결론을 내렸다.

이 논문에는 1984년 11월 30일 박종만의 산화 이후 변형진, 채남선, 이석구, 이대건, 김장수, 장용훈, 문용섭, 최성조, 석광수, 주우길, 박승업, 김성윤, 김홍정, 홍장길, 한광로, 성구중, 박용순, 천덕명, 전응재, 허세욱 등 20여 명의 열사 명단이 기재되어 있다.

유방상은 통화에서 다른 운동과 비교할 때, 같은 노동운동 중에서도 유독 택시노동운동 과정에서 분신이 많은 이유가 "택시노동 현장의 근로조건이 탄광의 막장과 비교될 만큼 열악하고 사업자의 탄압이 극악하기 때문"이라고 단호하게 말하였다.

나보다 한 살 많은 조인식은 1973년 8월 4일 스물한 살 때 친구들과 남이섬에 놀러갔다가 돌아오는 길에 제대를 한 달 앞둔 박종만 병장을 만나 같은 기차를 타고 올라오게 되었다. 나는 이 만남을 '운명적인 만남'이라 생각한다. 이 만남으로 유복하게 자란 조인식은 간난신고를 겪다가 삼십 초반에 홀로 되어 '살아남은 자의 슬픔'을 딛고 열사의 유지를 받들어 배규식과 함께 노동운동의 지도자로 운수노동운동의 대모로 거듭난 것이다.

나는 지금까지 40년 가까운 세월 조인식과 친구처럼 지내왔고 속사정까지도 알 만큼 안다. 그 과정에서 나의 나쁜 말버릇 또는 '실없는 농담'으로 인하여 조인식의 마음을 아프게 한 적이 여러 번 있고, 그 때문에 그 시절 임삼진으로부터 '호되게 혼난' 적도 있지만 예나 지금이나 잘 고쳐지지 않았다. 이 지면을 통하여 깊이 사과드리며, 건강과 행복을

빈다.

　중국 명나라 때 학자 이탁오(이지)는 이런 말을 남겼다.
　"친구는 스승이어야 하고 스승은 친구여야 한다"
　배규식과 조인식은 나의 친구이자 스승이다.

박종만추모사업회, 〈운수노보〉, 운수노동자협의회

　이 시기 주장과 활동을 현실과 비교하면 마음이 매우 무겁고 불편하다. 상전벽해가 뒤집어졌다. 바다가 뽕나무밭이 되었다. 배규식이 작성한 〈택시노동운동의 연표(1980~1997)〉에는 '1987년 4월에는 서울택시 위원장 200여 명이 자동차노조연맹회관 강당에서 업적금제 폐지와 완전월급제 실시 등을 요구하면서 농성을 시작하였고, 서울 택시기사 2,000여 명이 테헤란로 등 서울 시내 곳곳에서 가두시위를 벌였고, 1989년 4월 17일 보라매공원에서 개최된 서울 완전월급제 쟁취대회에는 조합원 1만여 명, 차량 2,500대가 참가하였고, 그해 5월의 총파업에는 227개 노조, 차량 1만 8,000여 대가 참여하였으며, 1992, 1993년 매년 열린 서울택시노동자문화대동제에는 택시기사와 가족 등 1~2만명이 참석하였다'고 기록되어 있다.
　그런데 지금 완전월급제는커녕 회사택시의 경우 도급제, 맞교대가 일반화되었고, 운전기사들도 이 제도를 선호한다고 한다. 택시기사의 처우 개선, 사회 경제적 지위. 더욱 악화되었으면 되었지 조금도 개선되지 않았다. 기업별 노조 정착, 노동조합 조직 확대. 더욱 악화되다 고사되고 있다고 한다. 더불어 사는 대동세상, 평등세상, 사람이 먼저인 세상. 더욱 요원해 보인다. 왜 안 되었나? 무엇 때문에 안 되었나? 우리는 아무런 의미도 보람도 없이 젊음을 낭비하였던가.
　부의 편중과 양극화가 심화되는 한편 국민들 중 대다수가 자칭 중산

층이고, 자가용을 굴리는 세상. 개인택시가 1~2억에 거래되고 택시기사들 중에도 주식·부동산 투자를 하는 사람이 적지 않고, 진보 지식인들조차 자본에 포획된 지금 우리가 무엇을 해야 더 나은 세상, 더불어 사는 세상을 만들 수 있나? 나는 이런 질문에 대답할 능력이 없어 답답하기만 하다.

 그 시대 나는 운영위원, 편집위원 이런 직책을 가졌던 것 같은데 특별히 한 일이 없고, 택시 가두시위, 결의대회, 문화제 이런 행사에는 적극 참여하였다. 기억나는 것은 사무실과 석탑, 조인식의 영등포, 배규식의 방배동 문간방 등 이집 저집 다니며 상담하고 공부하고 대·소규모의 모임 집회에 참석한 것.

 그 시대 배규식, 조인식 이외에 윤관영, 김현동, 임삼진, 김창식 등 학출활동가들을 만났고, 보문동인가 삼선교 사무실 시절 '예숙'이도 참 성실하였다고 기억된다. 동훈운수와 〈운수노보〉 이외에 현장 노동자들인 이동섭, 이덕로, 안헌태, 남성흥진 송동진, 범양택시 양영덕, 이선모, 남성흥진 송진호, 화평운수 이재석과 함께 하였던 추억이 남아있다.

 이승배, 신명식, 정재홍 등은 활발했던 시기가 지난 후 뒤늦게 만났고, 구수영, 강승규, 박채영, 이문범도 내가 1992년 9월부터 법률사무소에서 일하면서 담당한 노동·형사사건을 통하여 만났다. 그 시대 전후에 전택노련, 민택노련 서울지부 실무자였던 김인철, 김의선, 이태영, 김효기가 있었다. 이들은 이미 다른 분야에서 사회 경력이 풍부한 사람으로서 학출활동가들이 갖지 못한 능력과 경험을 상호 보완하는 역할을 하였다고 생각한다. 나는 이들과 개인적으로 각별한 관계를 가졌는데, 이태영은 오래 전에 혈액암으로 세상을 떠나면서 듬직한 아들을 남겼다. 이태영 사후 그 아들을 만나면서 생각하였다. 아, 이태영은 가고 없고 아들만 남겼구나!

 그 시대 후반부에 이재천이 '취업카드 철폐'를 걸고 만든 '운수노동자협의회'에서 정병두, 박대현, 강태섭, 최양규, 김동관 등을 만났는데 이렇다 할 활동 기억이 없고, 이재천과는 지금까지 두터운 교분을 나누고 있다. 이 조직에서 버스기사 출신으로 나름 열심히 활동했던 박대현, 정병두의 외롭고 쓸쓸한 마지막이 내 가슴에 진하게 남아있어 기록에 남기고 싶다. 그들의 삶은 마땅히 그럴만한 가치가 있다고 생각한다.

 내가 해고된 1987년 9월이 어떤 때였던가. 호헌철폐, 독재타도 6월 항쟁과 7, 8, 9월 노동자대투쟁이 활화산처럼 폭발하여 변혁의 기운이 고조되던 때 아니던가. 나는 소송, 법률을 통한 복직투쟁을 하는 한편 생활 방편을 찾아야 하였다. 조인식의 소개로 출판사(일월서각)에 운전기사로 취업하였다가 금방 해고되고, 다시 조인식의 소개로 재야인사의 자가용차 운전기사로 취직을 하였다. 1988년 〈한겨레신문〉이 창간한 후에는 잠시 지국을 운영하였다.

동훈노조에서

 나는 배달하는 신문에서 누가 아리랑택시를 하면서 야간대학에 다닌다는 기사를 보고 운전을 배우기로 마음먹고 만 18세가 되기를 기다려 1973년 운전면허를 땄다. 자가용 기사에 지원하여 시험 운전까지 갔으나 운전 중 시동이 꺼져 취업하지 못하였다. 1979년경 방위 복무를 하면서 고척동에 있던 성진택시에 취업하여 비로소 운전을 제대로 배웠다. 그 해 택시 영업 중 10·26과 12·12를 겪었다.

 여기서 박종만과 나를 비교해 본다. 그는 나보다 6년 먼저 태어났지만 같은 점도 많다. 어려서 모두 가난했고, 가방끈이 짧고, 택시운전 이전에 가방끈이 길지 않은 사람이 할 수 있는 여러 밑바닥 직업을 거쳤고, 노동조합 활동을 하였고, 투쟁 슬로건이 해고자 복직, 근로조건 개선, 노조 민주화였던 점이 같다. 그는 40년 전에 세상을 떠났고, 나는 그로부터 40년이 지난 지금 살아서 이 글을 쓴다. 그 차이가 무엇일까, 운명일까, 사주일까, 만난 사람들일까.

1986년 8월 1일 동훈운수에 입사하였다. 신대방동에 있었고 택시 50여 대, 운전기사 백여 명이었으나 계속 확장 중이었다. 사장은 정*길. 교회 장로. 그는 그 후 많은 택시회사를 인수하여 택시재벌 반열에 올랐다. 2023년 방영환 님이 분신한 해성운수도 동훈 택시재벌의 계열사라고 들었다. 노조는 결성되어 있었지만 적극적 어용노조와 무능노조 그 중간에 있었다고 판단된다.

나는 1987년 3월 29일 대의원에 당선되었지만 특별히 기억나는 활동은 없다. 적극적인 활동은 그 해 7월 16일 정*길이 김은석을 해고하면서부터 시작되었다. 정*길은 6년여간 성실히 근무하고 있던 고참 기사 김은석을 그가 대의원회의 소집요청서를 발송한 직후 근무태만, 과속, 시말서 거부, 지시사항 거부 등의 사유로 징계해고하였다.

1987년 7·8·9월 대투쟁의 화산이 분출될 때 그 낌새를 챈 사장 정*길이 7월에 선제공격을 개시한 것이다. 사장 정*길은 미리 비밀 노사협의회를 소집하여 단체협약에 해고조항을 신설하였고, 이 조항을 김은석, 김응관의 해고사유에 적용하였다.

[단체협약 18조 15항 : 사업장 안팎을 불문하고 불법적인 불온선동이나 불법집회와 집단행위를 하거나 사용자의 승인 없이 불법 외부 교육을 권유 또는 받는 자로서 불법 유인물을 제작하거나 배포하여 선동한 자로서 직장 및 사회질서를 문란케 한 자.]

1987년 8월 19일 04:00. 김수일이 승무하던 4460호 택시의 타이어 바람을 빼서 차고 출구를 막고, 선봉장 강충희가 팬티 차림으로 차량 앞에 눕고, 김은석, 김수일, 이성근, 최기섭, 유재훈은 그 주위에 연좌하여 김은석 복직, 임시총회 소집을 요구하였다. 사람들은 후일 이들을 '7인의 용사'라 불렀다.

임시총회가 소집되고, 7인의 용사는 노조사무실에서 3일간 농성을 계속하고, 다시 소집된 임시총회에서 정한경 위원장이 사퇴하고, 김철중 부위원장이 위원장 직무대행을 맡아 3일간 노사협상을 계속하였으나 아무 성과도 내지 못하고 모두 흐지부지되었다. 엉터리 선도투는 실패하고 불의의 일격을 당한 정*길의 반격이 시작되었다. 8월 24일 노조 운영위원회는 김응관을 조합 무시, 대항, 불법 농성을 이유로 제명하였고, 사장 정*길은 9월 15일 김응관을 시말서 거부, 근무태만, 불법농성을 이유로 징계 해고하였다.

이후 약 2년여간 법률 투쟁을 하였다.

   김은석 : 부당노동행위 지노위, 중노위 기각
           고등법원, 대법원 승소
           * 해고무효 1,2,3심 승소 확정
           복직, 연월 날짜 미상
   김응관 : 부당노동행위 지노위, 중노위, 고등법원, 대법원 기각
           해고무효 1,2,3심 패소 확정
           * 형사(업무방해, 상해) 1,2,3심 징역6월, 집유 2년 확정
           조합원 제명처분 무효 1심 승소 확정

소송과정에서 작성해야 하는 그 많은 문서를, 그 긴 기간 동안 조영래 변호사 사무실에서 근무하던 박석운 소장의 지도를 받았다. 내 사부 박석운. 나와 비슷한 나이인 그는 서울대를 다니다가 어찌어찌하여 조영래 사무실에서 일하였고, 그때나 지금이나 좀 더 나은 세상을 위하여, 진보를 위하여 노동 · 민중투쟁의 한길에서 민족의 지도자로 헌신하고 있다(현 민중연대 공동대표). 그 긴 세월 관직 근처에도 안 가고 도대체 어떻게 생활은 하는지 걱정은 하였지만 나는 그에게 지금까지 술 한 잔

사지 못하였다.

　나의 형사재판에서 천정배 변호사가 "피고인에 대한 공소사실은 한 계급이 노동자의 정당한 노조활동을 탄압하기 위한 구실에 불과하다"고 역설한 장면이 지금도 생생하다. 나와 동갑인 그는 삼십대 초반의 피 끓는 청년 변호사였다.

　나와 김은석은 법률투쟁을 하는 한편 꾸준히 해고자 소식지를 발행·배포하였다. 1988년 3월 18일 1호부터 1989년 3월 25일 21호까지는 나와 김은석이 만들었고, 1989년 3월 15일부터 7월 15일까지 만든 동훈가족 화합지, 동훈노보는 동훈노조 동지들과 함께 만들었다. 소식지에 대한 조합원들의 호응은 괜찮았다고 생각한다.

　까맣게 잊었는데, 묵은 소식지에 이런 내용이 실려 있다.

　　고 박병춘 씨가 이런 내용의 유서를 남겼다.
　　"살이 살 먹으면 안 된다. 김응관 일하게 하라, 그렇지 않아도 있는 놈들에게 당하는 것이 서러운데 운전수들끼리 싸워서야 되겠는가."

　하지만 지금 생각하면 많이 부족한 내용이었다. 7인의 '선도투'까지 생각하면 더욱 그렇다. 쥐구멍에라도 들어가고 싶을 만큼 부끄러운 대목이다. '선도투'에 대하여는 조금 설명이 필요하다. 파업 또는 노동조합 민주화 활동에서 대중보다 반 발짝 앞서서 소수 인원이 먼저(선두에서) 투쟁의 불길을 당기고, 다수 대중의 참여를 바라는 투쟁 방식을 말한다. 7인이 선두에 섰으나 대중의 폭 넓은 지지를 받지 못하고 몇 시간 파업에 그치고 3일간의 농성 끝에 아무 성과도 없이 흐지부지되었기 때문에 7인의 투쟁은 '선도투'의 전형이었다. 위원장을 바꾸었지만 바꾸나마나 그 밥에 그 나물임을 깨닫는 데까지 오래 걸리지 않았다.

'해고자 소식' 중 가장 기억에 남는 내용은 [사장 정*길 어록] 이었다고 생각한다. 제호 왼쪽 박스 안에 자본가의 속성을 잘 드러낸 사장 정*길의 명언을 소개하는 코너였다. 그 일부를 남긴다.

법대로 하라 돈으로 때우면 된다
회사가 여기밖에 없나, 다른 회사 가면 되지
회사 팔고 ...예금 이자만 갖고도 잘 살 수 있다
빌어라, 싹싹 빌어라, 그러면 잘 봐줄 수도 있다
개전의 정이 보이지 않으므로 단호히 철퇴를 가해야 한다
선량한 근로자와 영구히 격리시켜야 한다
맞교대에 도급제까지 잡았으니 조합 깨는 것은 시간문제다
이 사람이 (전두환 등을) 일일이 열거하며 모욕했대요
얼마 주면 다른 회사 가겠느냐
해고자의 조종을 받고 있느냐
택시요금이 인상되어야만 택시의 모든 문제가 해결된다
적자인데, 더 내놓으라는 것은 노상강도와 마찬가지 소행이다

남아있는 소식지에서 그때 그 사람 이름과 얼굴과 성품을 떠올려보았다. 7인의 용사 김은석, 김수일, 이성근, 강충희, 최기섭, 유재훈. 이들은 모두 생존하였고 김은석, 이성근 동지는 개인택시를 취득하여 운행 중이고, 다른 동지는 개인사업을 하고 있다. 이들을 주축으로 '7인회'란 친목회를 결성하여 지금까지 이어오고 있다. 나는 이 모임에 참여하다가 중도하차하였다. 불찰이었다고 생각한다.

노동조합 위원장이었던 정한경, 김철중, 박길종, 문한익, 한상훈. 노동조합간부였던 김영길, 김종현, 임보성, 엄태희, 이성국, 김영철, 김성철, 정우현, 임동섭, 권태균, 김용휘, 김운길, 이덕경, 강원기, 김근구, 이

영익, 백낙명, 양수완, 박홍식, 문대호, 장건식, 민경진, 권오길, 이진배, 정종석, 김진만, 김용옥을 떠올려 본다. 마당발인 김은석을 통하여 이들의 소식을 가끔씩 듣고 있다. 이들 중 많은 이가 개인택시를 취득하여 지금도 택시를 운전하고 있고, 벌써 세상을 떠난 분도 여럿 있다고 한다.

이들 중 애환을 함께 나눈 동지도 있고, 몇몇은 그 중요한 시기에 나를 조합에서 제명하는 데 앞장섰고, 회사 관리자 이상으로 나를 적대시한 사람도 있다. '7인의 용사'가 단식 농성을 할 때 "먹으면서 투쟁하라"며 족발과 막걸리를 권유한 사람도 있다. 몇몇은 매우 사악했고 교활했으며 이중 플레이를 했고, 신의를 저버렸다. 그러나 대부분 우호적이었고, 음양으로 많은 도움을 주었다. 지극히 일부가 이쪽도 아니고 저쪽도 아니고 어쩔 줄 몰라 애매한 태도를 취했다고 기억된다.

소신파, 정의파, 현실파, 적극적 매국노, 기회주의자… 이러한 분포는 동훈노조뿐만 아니라 대한민국 어디에나, 세상 어디에나, 예나 지금이나 똑같이 존재한다고 생각한다. 오랜 기간 미워하고 타도 대상으로 삼은 사람도 있었지만, 30여 년이 지난 지금 이들 중 그 누구에게도 미운 감정이 없다. 나를 노조에서 제명한 김철중을 꿈에서 만난 적이 있다. 기사식당에서 만났는데, "웬일이냐"며 멋쩍게 웃고 헤어졌다.

정*길과 같은 악덕 자본가는 전혀 다르다. 이런 완고한 자본가는 노조를 통한 단결된 힘으로 교섭하지 않으면 노동자들을 부려 돈을 버는 데만 관심이 있지 최소한 인간다운 대우에는 전혀 관심이 없다. 힘없이는 더불어 사는 세상, 평등 세상, 대동 세상을 결코 만들 수 없다고 믿는다(그래도 그때까지 자본가들은 노조활동가에 대하여 손해배상 가압류를 하는 무기를 사용하지는 못하였다. 그 이후 그 '무기'도 수많은 노조와 활동가들을 벼랑으로, 죽음으로 몰아붙였다.).

'해고자 소식'과 관련하여 꼭 남기고 싶은 이야기가 있다. 그 시대는 지금과 같은 개인용 PC나 프린터가 보급되기 이전이었다. 배규식은 그 시절 어디서 어떻게 구했는지 '대우 르모'라는 지금의 노트북 비슷한 기계를 갖고 다녔는데, 그것으로 그 많은 '불온유인물'을 제작하였을 것이다. 나는 그런 것이 없기 때문에 을지로 인쇄골목에 다니면서 소식지를 만들었다. 그 때 '식자 활판'보다 발전한 것이 '청타'였다. 인쇄골목에서 동방기획의 권순갑 대표, 청타수 김*주, 최*임, 윤ㅇㅇ의 많은 도움을 받았다. 해고자가 무슨 돈이 있었겠나. 혹시라도 이런 글이 동기가 되어 생전에 꼭 만나고 싶다.

나는 얼마 전부터 『프랑스혁명에서 파리코뮨까지 1789-1871』을 읽고 있다(노명식, 까치). 루이16세와 마리 앙투아네트, 귀족들, 판사들, 부르주아들. 그들의 혁명과 그 이후 반동과 합종연횡과 음모와 처형과 망명이 지금 이 한반도에서 시공을 초월하여 반복되고 있고 절정으로 치닫고 있다고 생각한다. 데자뷔다. 점입가경, 유구무언, 양두구육. 1894년 동학농민혁명 이래 2016년 촛불혁명까지 모든 혁명은 실패하였다. 그래서 나는 백낙청 창비 고문과 다른 백년 이사장 이래경이 주창하는 '계속 혁명, 현재 진행형 혁명'과 '다른 백년'에 희망을 갖고 따르고 공부하고 있다.

마지막으로 "과거를 팔아 현재를 살지 않겠다"며 카메라 하나 메고 오지로 떠난 자유인, 그래서 부러운 박노해의 시로 끝을 맺는다(시집 『사람만이 희망이다』).

나는 1984년경 김문수의 부인 설*영씨를 통하여 박노해를 만났고, 1997년 친구 따라 그의 형 박*식 신부의 지도로 가톨릭 세례학습을 받고, 함세웅 신부의 집전으로 세례를 받았다(세례명, 리파르도). 물론 그 때나 지금이나 나이롱이다.

[인간의 기본]
사랑하는 친구들아 잘 들어
꽃과 열매의 기본은 흙과 씨알 뿌리야
몸 받고 태어나 몸으로 사는 인간의 기본은 먹고 사는 것이야
나라 살림의 기본은 경제와 안보야
진보운동의 기본은 사람이고 민중생활이고 현실 삶이야
기본에 철저해야 해
기본에 충실해야 해
기본을 뚫고 나가야 해
기본에만 붙박인 자는 반드시 쇠망하는 거야
이건 만고의 진리이고 역사의 교훈이야
지난 시대의 성취와 패배에서 이거 못 배우면 우린 미래가 없어
자기 먹고 살 것과 사회적 힘과 성취를 이미 다 해결한 채
인간의 기본을 건너뛰고 나라 경영의 기본에는 무능한 채
절대 이념에만 목청 높이는 진보 지식인을 경계해야 해
자기 먹고 살 것은 물론 사회적 기득권과 특권까지 다 누리고 움켜진 채
이념이 아닌 인간, 경제와 안보, 세계가 저런데 우리나라 꼴은,
도덕과 법질서, 입만 열면 기본을 팔아 기본을 사는
보수 지식인들을 경계해야 해
눈 밝게 뜨고 정직하게 삶의 안팎을 뚫어보며
기본에 충실하면서 기본을 넘어서야 해

사랑하는 친구들아
생활민중의 눈으로 보고 생활민중의 몸으로 생각해야 해

이하는 김은석의 해고무효 소송 1심 판결문과 김응관의 업무방해 형사사건 공소사실을 참고 자료로 붙인다. 현재 내 생각으로는 이 내용은 자본가들이 어떻게 억압하고 사법체계가 어떻게 전과자를 양산하는지 일반인들에게 참고할 가치가 있다고 생각한다.

〈김은석〉
서울지방법원 남부지원 87가합2718 원고 김은석 피고 동훈운수 1988년 11월 18일 선고

원고가 피고 회사에 입사하여 6년여 동안 근무하면서 표창장을 받는 등 성실한 근무를 하여왔고, 피고회사가 일상적인 운행시간 미달, 과속 등에 대하여는 이를 묵인하고 있는 점 및 이러한 행위로서 피고 회사의 업무수행에 막대한 차질을 초래하였다거나 회사 내 기업질서를 심히 문란케 하였다고 보기는 어려운 점에 비추어 위 시말서 거부 행위에 대하여는 그 정상에 참작할 사유가 있다 할 것이고, 다음으로 원고의 2회에 걸친 합승행위로 인한 과징금 처분을 받은 점은 피고 회사가 징계규정 제3조 제2항에 의거 시말서를 2회에 걸쳐 받았음에도 그 당시 바로 위 징계규정 제5조 단서에 의한 중징계에 회부하지 아니한 것으로 보아 피고 회사가 그 당시 원고의 위 합승행위에 대하여는 관용을 베풀어 더 이상 문제 삼지 아니하기로 한 것으로 볼 수 있어 이를 다시 거론하여 해고의 사유로 삼는 것은 역시 신의칙상 부당하고,

다음으로 〈운수노보〉 등의 유인물 배포 및 종업원 선동 행위의 점은 피고회사의 노동조합이 조합원의 기대에 부응하지 못하여 이에 불만을 품고 있던 원고가 조합의 운영위원이 되어 위 〈운수노보〉를 구독하면서 운수업계의 실태와 피고회사의 근로조건을 비교 검토하여 동료 운전 기사들에게 피고회사의 현실을 비판하면서 취업카드 및 출근카드 철폐 운운한 것은 동료 운전기사들이 피고회사와의 관계에서 불이익이 없도

록 하기 위한 것으로 단순한 원고의 개인적인 용무로 인한 것이 아니고, ~ 중략 ~ 원고가 그간 피고회사에 6년여간 성실히 근무한 점 등에 비추어 정상에 참작할 사유가 있다 할 것이고,

마지막으로 근무시간 중 출근하는 종업원을 선동하였다는 점은 위에서 본 바와 같이 원고가 피고회사의 노동위원장(위원장)인 소외 정한경이 원고를 폭행하여, 위 소외 김응관과 원고 등 대의원들이 1987. 7. 4. 17:40경 위 대우다방에 모여 위 폭행 및 소외 정한경에 대한 불신임 문제에 협의를 한 것으로 원고가 출근하는 종업원들을 선동하였다고 볼 수 없고, 위 인정과 같은 원고의 이건 각 비위사실의 각 동기, 횟수, 취업규칙 및 단체협약 위반 정도, 회사 기업질서 유지나 작업 수행에 미친 영향 정도 등 이 사건 변론에 나타난 이건 해고 조치가 이루어진 제반 사정에 비추어 볼 때 피고회사가 원고의 각 비위사실에 관련하여 위 취업규칙 및 징계규정상에 규정된 정직, 감급 등의 보다 가벼운 징계조치가 가능함에도 불구하고 이를 거침이 없이 원고가 기존의 노동위원장을 반대하고 피고회사에 불리한 노조활동을 하려 하는 데 대한 일종의 보복적 제재의 방편으로 곧바로 가장 중한 징계인 이건 해고조치로 나아간 것은 근로자인 원고에게 지나치게 가혹한 것으로서 합리적 이유 및 사회적 상당성을 결여한 조치라 아니할 수 없다. 따라서, 피고회사가 원고에 대하여 한 이건 1987. 7. 16.자 해고는 제27조 위반으로 무효라 할 것이다.

〈김응관〉

서울 지방법원 남부지원 1988고단5141 업무방해 등

징역 6월 집행유예 2년 1,2,3심 확정

공소사실, 판결 동일.

피고인은 1986. 8. 1.경부터 1987. 9. 15.경 사이에 서울 동작구 신대방2동 351-5 소재 동훈운수(주) (대표이사 : 정*길)에서 운전기사로

종사하다가 같은 해 9. 15. 위 회사 징계위원회로부터 해고된 자인 바,

  1. 1987. 8. 8. 07:15경 위 회사 내 주차장에서 위 회사 소속 차량의 운행을 점검하는 등 회사 상무 피해자 변영대의 앞을 가로막고 "왜 김은석이를 일방적으로 해고 처리하였느냐, 상무 별 것 아니구먼"이라고 악담을 하면서 약 20분 동안 피해자의 위 택시 운행점검을 못하게 함으로써 위력을 사용하여 동인의 택시 운행점검 업무를 방해하고

  2. 같은 달 19. 04:30경 위 회사 주차장에서 교대하기 위하여 주차하여 놓은 동 회사 소속 서울4파 4460호 택시로 주차장 출입구를 막아 놓아 동회사 택시 58대가 운행을 나가지 못하도록 한 후 "사업주는 이간 책동하지 말라"는 등 구호를 외쳐 대는 등 위력을 사용하여 같은 날 09:30경까지 동회사 택시 58대의 운행을 못하게 하여 동회사 대표이사 정*길의 택시영업 행위를 방해하고

  3. 같은 날 04:00경부터 같은 달 22. 20:00경까지 동회사 노동조합 사무실을 피고인 등 6명이 불법으로 점거하고 각목 등으로 "북진가" 등 노래를 불러 위력을 사용하여 동회사 대표 정*길 등 직원의 업무를 방해하고

  4. 같은 해 2. 19. 16:40경 동회사 사무실에서 담당직원에게 "연말계산서를 왜 안주느냐"며 시비를 청하고 여직원 임기순(24세) 등에게 "이 쌍년들아 왜 안주느냐"며 욕설을 하고 옆 사장실에 들어가서 위 변영대, 같은 정*길에게 "똥물에 튀길 자식들"이라는 등 악담을 하고 행패를 부리는 등 약 20분 동안 위력을 사용하여 동인들의 업무를 방해하고,

  5. 같은 달 24. 16:10경 동 회사 차고에서 피고인이 사진을 찍고 있는 것을 동 회사 관리부장 강신평이 회사에서 나가달라고 요구하자 "사시미 칼로 찔러 죽인다"고 말하여 동인의 생명신체에 어떠한 위해를 가할듯한 태도를 보여 동인에게 협박을 가하고,

  6. 같은 해 5. 5. 16:00경 회사 숙소에서 동회사 운전기사들에게 유

인물을 배포하고 있는 것을 위 변영대가 피고인에게 동료를 만나러 왔으면 만나고 나가지 왜 유인물을 뿌리느냐고 따지자 동인에게 침을 뱉고 숙소 안으로 들어가는 것을 동인이 피고인의 허리띠를 잡고 저지하자 "때려죽인다"면서 동인의 왼쪽 손목부위를 1회 물어뜯어 동 피해자에게 전치 약 2주간의 좌측완절부좌상을 가한 것이다.

나의 택시 이야기

박강완*

어느덧, 나이 60 넘어 손주가 학교에 다니는 할아버지가 되어 자영업을 하면서도 역사상 유례없는 무지, 무능, 무도한 검찰세력 윤석열 정권에 맞서 인천에서 촛불행동대표로 집회 활동을 이끌고 있는 중에, 20대 후반부터 몸담았던 택시노동운동 선배님들의 호출을 받고 20여 년 만에 해후를 하였다. 택시노동운동의 역사와 함께 택시노동자들을 위해 자신의 몸을 던진 택시노동열사들의 기록을 정리하여 책으로 남기자는 뜻을 모으는 자리였다.

나에게는 당시 택시노동운동 활동 상황과 후일담 정도를 회고하는 글을 써보라는 과제를 주었기에 오래 전의 일을 기억해 가며 정리해 본다.

택시 입문

나는 대기업 유명 스포츠의류를 제조하여 납품하는 중소기업에서 영업기획 과장으로 일하였다. 나름, 열심히 젊음을 다바쳐서 일했기에 능력을 인정받아 어린 나이에 일찍 진급도 하였으나 88올림픽을 앞두고

* 서울 영진통운 노조 위원장 역임.

급격한 원화절상 정책으로 수출파트의 거래선이 모두 끊기는 바람에 회사의 사정은 극도로 악화되어 결국은 구조조정에 들어가 회사를 그만두게 되었다. 하루아침에 실업자가 된 것이다. 다른 회사로 이직을 하였으나 올림픽 특수 효과에 별다른 효과를 누리지 못한 섬유업종은 몰락의 길이 더욱 심해졌고 결국 또다시 회사가 파산되어 몇 개월간 실업자로 지내고 있었다. 함께 근무했던 상무님이 "놀면 뭐하냐? 우리 택시 한번 해보자. 재미있을 것 같고 인생 경험도 될 것 같지 않냐?"고 제안하셨다.

나는 그렇게 택시회사에 들어가게 되었다. 스페어 기사로 시작하여 상무님과 나는 맞교대 자가 되어 포니2 택시를 배정받아서 참 재미있게 일을 하였다. 요즘처럼 에어컨이 달려있지 않아서 무더운 여름에는 트렁크를 열어 각목을 고이고 끈으로 묶어서 창문으로 들어오는 바람이 열려있는 뒤 트렁크로 빠져나가게 하였다. 외부 바람을 유입시켜 시원함을 느끼게 하고자 함이었다. 그 당시는 택시 합승이 단속대상이 안 되는 시절이라 수입도 꽤 좋았던 기억이 난다. 먼저 탑승한 손님이 창문을 내리고 본인의 목적지를 외치며 합승할 승객을 불러주면 네 자리가 금방 채워졌다. 영업을 하면서 맛있는 기사식당을 찾아다니며 식도락의 기쁨도 즐기는 참 좋은 직업이었다.

회사와의 마찰 시작

택시 영업을 시작한 지 몇 개월이 지나서 교대자인 상무님이 사고를 냈다. 출근길 빗길에 앞 차량을 추돌한 것이다. 포니2 플라스틱 앞범퍼는 산산조각이 났고 본닛까지 손상된 사고였다. 이 사고로 인하여 함께 일했던 상무님이 해고되자 나는 회사 관리자에게 강하게 항의하였다. 여름철 빗길은 미끄러운데 마모가 될 대로 되어 맨질맨질한 타이어를 교환해 주지 않으니 사고 위험성은 더 크지 않느냐며 따지고 들었던 것이다. 이에 더해 회사 전무에게 찾아가 "정품 타이어를 사용하지 않고 재생 타이어를 사용하는 것은 어리석다. 앞으로 남고 뒤로는 손해를 보는 것"이라며 훈계 아닌 훈계까지 했더니 결국 나 또한 승무 정지를 내렸다.

택시를 더 이상 할 생각이 없었다. 다른 직장을 알아보고 있던 차에 엽서 한 장이 집으로 배달되었다. 날짜를 지정해 주면서 출근을 하라고 하였다. 나는 그 엽서를 찢어 버리고 출근을 하지 않았다. 월급 지급일에 회사에 찾아갔다. 근무한 기간 동안의 급여를 받으러 간 것이다. 그런데 월급봉투를 열어보니 기가 막혔다. 천 원짜리 몇 장에 동전 몇 푼이 들어 있었다.

어처구니가 없어서 따지고 들자 출근명령 통지를 했음에도 무단결근을 하여 사납금을 공제한 것이니 더 이상 따지지 말고 나가라고 밀어냈다. 화가 치밀 대로 치민 나는 사장 면담을 요구하며 난리를 쳤다. 때마침 들어오던 사장에게 고분고분하게 전후 사정을 얘기했더니 "야, 이놈아 무단결근을 해서 차를 세워 놨으니 사납금은 까야 정상이지. 뭐 할 말이 있다고 따져"라며 사장실로 들어가 버렸다. 그 순간 나는 봉투 속에 들어있던 몇 푼의 돈을 사장실 문을 향해 던져버렸다. "당신들 아주 나쁜 사람들이야. 이 돈 안 받고 말겠어. 잘 먹고 살아라. 나쁜 놈들아."

이렇게 그 회사와는 끝이 났다. 그런데 집에 돌아와 생각하니 분한 마음에 잠이 오지 않았다. 더 이상 참을 수가 없었다. 비록 재미삼아 시작했지만 몇 달 동안의 택시기사의 삶을 겪으면서 마지막 끝마무리가 처참했다는 생각에 오기가 생겼다. 이대로 물러나긴 싫었다. 다른 회사에 취업하기 위해 열심히 이력서를 넣었다. 그러나 번번이 취업이 되지 않았다. 다니던 회사에서 조금 친하게 지냈던 형님께 상의를 했더니 블랙리스트에 올라갔을 것이라고 하였다. 노동조합 위원장을 만나봤자 소용없으니 노동부 근로감독관을 찾아가 보라고 하였다. 그렇지만 감독관이 취업을 시켜주진 않을 거라고 하였다.

아! 〈운수노보〉를 만나다

문득, 기억이 떠오른다. 가스 충전소에서 꼭 읽어보라며 나에게 전해준 유인물 비슷한 타블로이드판 크기의 〈운수노보〉라는 택시노동자들의 소식지였다. 그런데 장갑, 선글라스, 동전통을 넣는 가방을 아무리 뒤져봐도 안 보인다. 다 읽고 버린 것이다. 도리가 없어서 서울 시내 규모가 큰 가스 충전소를 교대시간에 맞춰 돌아다니며 〈운수노보〉를 나눠주던 사람들을 찾다가 5일 만에야 비로소 만나게 되었다. 나의 사정을 들어보더니 취업이 가능한 회사를 알아보고 연락을 주겠다고 하였다.

그렇게 해서 나는 영진통운에 입사를 하게 되었다. 사당동 철거민 대책 활동상을 그린 책 『철거』(전태일 문학상 수상작)에서 초롱이 아빠로 등장하는 실제인물 임용길 선배를 새로운 회사에서 만나게 되었고 고향(진도) 선배들도 3명이나 근무 중이었다.

〈운수노보〉 때문에 취업도 되었고 선배들과의 만남도 이뤄졌다. 몇 달이 지난 후 나는 노조 교선부장을 시작으로 조직부장, 사무장의 활동을 하였고 박종만추모사업회 회원으로 활동을 한다. 이때 만난 분들이 김성준(한양상운), 전용수(서진운수), 나선주(삼익택시), 주우길(동해택시), 임용길(영진통운) 등의 선배들이었다. 매주 시간을 내어 노동운동에 대한 학습도 하고 추모사업회에서 발행하는 〈운수노보〉 편집회의와 배포 활동도 열심히 하였다.

서울택시 '임투선봉대장'이 되다

1992년 내가 단위노조의 사무장이었고 서울택시지부 대의원이었던 시기에, 서울택시지부는 민주파가 선거에서 승리하여 지부를 장악하게 되었다. 새로운 서울택시지부 지도부는 만연해 있던 지입제, 도급제 철폐와 완전월급제를 쟁취하기 위한 청사진을 세우고 1차적으로 1992년 임금협정 교섭부터 조합원과 함께하는 임투를 펼쳐나가기로 하였다. 이를 위하여 단위노조 간부들을 선발하여 '서울택시 92임투선봉대'를 결성하게 된다. 나는 이 임투선봉대장에 임명되어 각 단위노조에서 차출된 중간간부들과 함께 활동하게 된다.

1992년 결성된 임투선봉대의 교육수련회가 대성리 수련원에서 진행하기 하루 전날 나는 엄청난 비보를 듣고 말았다. 〈운수노보〉 운영위원장을 맡고 있던 동지이자 친구였던 주우길이 극단적인 선택을 하였다는 연락을 받고 도봉구 번동에 있는 그의 집으로 달려갔다. 아파트 현관문 위를 지나가는 도시가스 배관에 등산용 자일로 목을 매고 말았다는 것이다. 하늘이 무너진 듯 한 느낌이 그런 것쯤 되는 것 같았다.

쌍문동 한일병원 영안실로 옮기고 장례준비를 하게 되었고 나는 선봉대 교육에는 갈 수가 없었다. 그 당시 택시노동운동 활동가들은 개인생활보다는 노동운동 활동에 매몰되다시피 하였기에 가정 상황은 넉넉지 못했고 가정 내의 불화가 쌓일 수밖에 없는 현실이었다. 누군가는 나서야만 택시업계의 노동환경을 개선시켜 나갈 수 있기 때문에 벽돌 한 장을 얹는다는 심정으로 가열차게 해왔으나 가정은 피폐해질 수밖에 없었다. 이러한 현실을 이겨나가기에 너무도 큰 장벽을 느끼고 가장으로서 책임을 다하지 못한다는 자괴감을 이겨내지 못한 데서 오는 비극이었다.

한 해 전인 1991년 서울 합동물산 노동조합은 사측이 지입제를 통하여 택시를 외부로 **빼돌려** 운영권을 팔아먹는 데 저항하며 노조 조합원들과 양화대교 밑에 임시차고지를 마련하고 자체적으로 운영을 해왔다. 조합원들이 족구를 하다가 공이 한강에 빠져서 김처칠 노조위원장이 공을 건지러 강물에 뛰어들었으나 심신이 지친 상태에서 강물에 휩쓸려 실종되는 사고가 발생하였고 방화대교 근처에서 시신을 수습하게 되었다. 서울지역의 택시노동조합과 동지와 선후배들이 나서 장례를 치렀고 김처칠 위원장은 마석 모란공원에 모셔졌다.

처칠 형님을 안장하는 자리 우측에는 원진레이온 동지가 안장되었고 좌측은 비어있었다. 그때 주우길이 빈자리를 가리키며 나에게 "강완아, 네 자리가 여기 있다"고 해서 "내 자리 아니야, 여긴 너의 자리야"라며 농삼아 주고받았는데. 운명의 장난인지, 1년 뒤에 그 자리에는 주우길이 누웠다.

한양대학교 92임투승리 전진대회

1992년 서울택시 임투는 새로운 전환점을 맞이하였다. 서울택시지부의 민주파 지도부 입성으로 조합원들은 지입제, 도급제 철폐와 사납금제의 사슬을 끊어낼 수 있는 절호의 시기라고 믿고 있었기에 민주노조 지도부에 대한 적극적인 협조가 자발적으로 이뤄지고 있었다. 여기에 각 단위노조에서 차출된 임투선봉대원들의 역할이 자리 잡고 있었기에 단위노조 위원장들도 함부로 개별 행동을 하기에는 부담스러운 시기였다.

서울택시지부는 한양대학교 노천극장에서 서울택시대동문화제 형식으로 조합원 92임투승리 전진대회를 개최하였다. 유례없는 인원이 모여들었다. 3만 명의 조합원들이 꽉 들어찼다. 그 인원들을 통제하고 관리하는 데 선봉대가 투입되었다. 검은색 티셔츠에 '진행요원'이라 표기하고 모든 현장에 투입이 된 것인데 어떤 행사에서라도 음주는 철저히 금지시켰다.

한양대학교 행사장 안에 들어온 노점상들에게 술 판매를 금지하였고,

파는 것이 목격되면 현장에서 몰아냈다. 개별적으로 몰래 사와서 마시는 조합원들이 발견되면 현장에서 바로 압수 조치하였다. 완장의 갑질 정도를 넘어선 강력한 통제를 실시해서 조합원들은 물론, 단위노조의 위원장들마저도 선봉대의 통제에 옴짝달싹을 못하였다. 해마다 택시노조 집회가 음주로 인한 폐해가 너무 심했기 때문에 어쩔 수 없는 집행이었다. 3만 명이 모인 전진대회는 그야말로 대성공이었다. 택시노조 사상 찾아볼 수 없는 행사였다.

임금교섭위원 매수사태 발생

야간반 근무를 마치고 새벽에 회사에 들어와 입금을 하고 교대를 하는데 야간 배차과장이 메모를 건네주었다. '서울택시지부에 긴급한 일이 발생하였으니 지부 사무실로 전화를 해달라'는 내용이었다. 전화를 했더니 서울택시지부 원영환 복지부장이 받아서 교섭위원들이 지부장 몰래 임금협정서에 도장을 찍고 돈을 받고 도망가 있는데 양수리 ○○모텔에서 숙박중이니 선봉대원들을 동원해서 그쪽으로 집결해달라는 것이다. 노조사무실에 들어가서 가까운 노조의 선봉대원들에게 삐삐(무선호출기)를 치고 확인 전화가 오는 대원들을 모아 양수리 모텔로 집결하였다.

어느덧 아침이 되었고 모텔방 안에 모여 있던 매수된 교섭위원들은 탁자 등으로 바리케이드를 치고 대치 중이었다. 지부 지도부는 그들을 설득하고 있었으나 점심시간이 가까워지면서 모텔 주차장에는 200여 명이 넘는 인원이 모여 있었고 큰소리가 나기 시작하였다. 이에 이들은 경찰에 신변보호를 요청하였고 급기야 경찰이 출동하였다. 형사기동대 봉고 차량과 순찰차 등이 왔고 협상 끝에 경찰이 이들을 사업조합이 있는 잠실 교통회관까지 이동시켜 주게 되었다.

그러나 이들이 사업조합으로 들어가 버리면 진실을 밝히기도 힘들고 무효화시키기도 어렵기 때문에 절대 안 될 일이었다. 이들은 노조측 교섭위원이기 때문에 노조에서 관리해야 한다는 데 의견이 모아지고 이들을 경찰 차량에서 탈취해야만 하였다.

모텔에서 출발하기 전에 ○○○씨가 나에게 와서 교문리 지나 경찰 차량 앞을 막아서서 소란을 피우라고 하였다. 우리가 이 사람들을 태우고 가겠다며 형사기동대 차량을 에워싸고 항의를 하라는 것이었다. 그 작전은 기가 막히게 성공하였다. 기동대 차량을 가로막고 선봉대원들이 그들에게 하차하라며 난리를 치는 사이 기동대 차량 아래로 기어 들어가 라디에이터 고무호스를 빼버렸고, 라디에이터에 차있던 물이 길바닥으로 모두 빠져버렸다.

경찰의 설득으로 다시 차량이 출발했으나 잠실대교 위에서 형사기동대 차량은 엔진 과열로 멈춰 섰다. 함께 이동 중이었던 선봉대원들이 차량을 밀고 가서 사업조합이 있던 교통회관 부근에 이르러 교섭위원들을 하차시키고 택시에 옮겨 태웠다. 교통회관 정문까지 가면 교섭위원들을 사업자 측에 뺏길 것은 자명한 일이기에 도착 전에 작전을 시작한 것이고 여의도 한국노총으로 이송하였다.

한국노총 8층 강당, 요새화

서울택시지부 수석부지부장 문병원의 주도하에 교섭위원장이 없는 임금협정서에 몰래 도장을 찍어주고 1인당 3천만 원씩 검은돈을 챙겨서 도망갔던 서울택시 임금교섭위원들을 경찰의 손아귀에서 빼내는 작전은 기가 막히게 성공하였다. 그들을 안전한 곳으로 이송하여 양심선언과 더불어 이미 체결한 임금협정서의 무효화를 그들 스스로 선언하도록 해야 하였다. 그래서 선택한 장소가 여의도 한국노총이었고 8층 강당 구석구

석에 이들을 분산시켜 파티션으로 격리하는 한편 강당 입구와 계단 입구 등에 책상과 의자는 물론 가용할 수 있는 모든 물품들을 동원하여 바리케이드를 세워 출입을 엄격하게 통제하며 기나긴 투쟁이 시작되었다.

엄밀히 얘기하면 교섭위원 그들은 범죄자였다. 서울택시기사들의 임금을 미끼로 개인이득을 취했기 때문이다. 그들이 범죄행위를 인정하고 양심선언을 통한 불법 협정서의 무효화를 스스로 선언하도록 설득하는 한편, 현장에서 경계 경비를 하던 선봉대는 강한 압박을 주기도 하였지만 애원을 하기도 하였다. 그러나 그들은 요지부동이었다.

언론도 처음에는 미적지근한 태도였다. 오히려 사업조합측과 그들의 가족들은 납치와 감금을 통한 폭행을 당하고 있다며 경찰에 구조 요청을 하며 저항을 하였다. 오래 끌 사안이 아님에도 불구하고 시간만 지나고 경찰 투입설이 나오면서 긴장은 고조되어갔다.

당시 서울택시 강승규 지부장이 중대발표를 선언하고 연단에 올라 마지막으로 호소를 하였다. 여러분이 끝까지 양심선언을 하지 않고 무효화를 선언하지 않는다면 나는 이곳 8층 강당에서 투신을 하여 여러분들의 범죄행위를 세상에 알리고 불법적인 임금협정을 무효화시키는 데 희생양이 되겠다는 취지의 중대 발표를 한 것이다. 그러자 교섭위원 중 한 명인 K씨가 나를 불렀다. "박강완씨. 강 지부장님을 말려줘요. 강 부장님과 나는 같은 고향이고 중학교 선후배예요."라며 흐느끼기도 하였다. 내 입에서 좋은 말이 나올 리가 없었다.

많은 일들이 8층 강당에서 있었지만 지금은 기억이 많이 흐려졌다. 당시, 8층 강당에서 이들을 심문하고 설득했던 실무 총괄을 이동섭 선배가 했던 것과 한국노총의 간부였던 남일상 그리고 한국노총 기획실에 근무하던 노총의 막내 간부 이정식 등의 이름이 떠오르며 그들이 바쁘게 움직이던 기억이 떠오른다. 그때 그 이정식은 윤석열 정부의 고용노동부 장관이 되었다.

서울택시사업조합과 전택노련 이광남 위원장

　불법을 저지른 서울택시사업조합은 범죄행위를 저지른 것에 대한 반성은커녕 자신들의 하수인들을 보호하는 선전과 고소 고발에 치중하고 있었다. 심지어 상급단체인 전택노련의 수장이었던 이광남 위원장도 미적지근한 태도를 보이고 있었기에 우리는 사업조합과 연맹 사무실을 찾아가 강력한 항의 방문을 전개하였다.

　사업조합 사무실에 찾아가서 이사장 면담을 요구하며 노무 상무에게 격렬하게 항의를 하는 과정에서 나는 컴퓨터를 사무실 바닥에 집어던졌고 박살이 났다. 석촌동에 있던 연맹 사무실을 찾아가서는 위원장실을 점거하고 위원장 면담을 요구하였으나 출동한 경찰에 의해 연행이 되었다. 수서 경찰서에 연행되어 있던 차에 불길한 생각이 들어 나는 화장실에 다녀오겠다며 빠져나왔다. 황급히 경찰서 문을 나서는 순간 경비를 서던 의경이 불러 세웠다. 그래서 나는 "새로 전입한 형사계 직원이야"라고 거짓말을 하고 거수경례를 받으며 유유히 빠져 나왔다. 당시 나는 짧은 스포츠형 머리에 가죽점퍼 같은 옷을 즐겨 입었기에 속을 수밖에 없었던 것이다.

1992년 서울택시 차량시위

　범죄자들을 잡아놓고도 해결의 실마리가 보이지 않는 답답한 시간이 흘러가고 돌파구가 필요하였다. 지도부는 대정부 투쟁으로 전환하고 서울을 5개 권역으로 분할하여 대규모 차량시위를 전개할 것을 결정하였다. 집결지에서 집결하여 한국노총이 있는 여의도까지 차량시위를 하는 것이었다. 그중 한 권역인 도봉, 강북, 성북 지역의 북부권역의 집결지는 미아4거리 교차로였다. 오후 교대시간인 15시에 택시에 교대자를 태우고 집결하도록 하였다.

　북부권역은 나와 함께 오영진(대흥운수) 동지가 각 단위노조의 선봉대원과 함께 차량시위를 주도하였다. 오후 3시가 되자 당시에 호칭되던 미아삼거리 고가차도 아래에 택시들이 모여 들기 시작하였다. 가장 가까운 곳에 있던 도일교통을 필두로 영광운수, 영진통운, 영보운수, 대흥운수 등의 조합원들이 합세하자 미아삼거리는 마비가 되었다. 뒤이어 도착하는 택시들을 대열에 합류시키기 위해서 차량을 서서히 전진시켜야만 하였다.

　서서히 움직이는 택시 대열 선두가 종암사거리에 이르자 후미차량이 미아삼거리까지 이어지는 것이 보였다. 나와 오영진 동지는 택시 뒤 트렁크 위에 올라가 "시속 5키로~!"를 외치면서 엄지손가락을 아래로 향하여 누르는 싸인을 내어 전 차량이 경적을 울리게 하면서 아주 천천히 경동시장 방향으로 차량시위 대열을 이끌었다.

　이때까지 경찰은 전혀 모습도 안 보였다. 그 이유는 택시차량시위가 이런 방식이 아닌 각개별로 택시를 끌고 여의도로 집결하는 것으로 파악한 경찰수뇌부가 경찰 병력을 여의도에 집중시켰기 때문이었다. 이미 서울시내 각 기동대는 여의도에 집중되었고 다른 지역은 공백 상태가 되었다. 차량대열이 종암동 우체국 앞에 이르렀을 무렵에 저 멀리 국민은행 전산센터 앞에 몇 십 명의 경찰이 방패를 들고 접근해 오고 있었다. 선두 차량의 뒤 트렁크를 열고 차량의 방향을 역으로 세웠다. 선두 대열 주변에서 정보 보고를 하는 정보과 형사 들으라는 듯이 외쳤다. "우리 대열을 막으면 택시에 있는 LPG 연료통을 폭발시키겠다." 이 말을 믿고 경찰은 물러섰다. 참으로 어리석은 경찰이었다. 사실 연료통을 폭발시킬 수는 없는 것이다.

교통이 완전 마비된 북부지역의 차량 시위

　우리를 가로막고 있던 경찰이 없어졌다. 전방은 차량 하나 없이 텅텅 비어 있었다. 어느덧 시간은 오후 5시가 넘어가고 있었다. 고려대학교 옆 홍파교차로쯤에 이르자 뒤 대열에서 긴급상황을 알려 왔다. 사라졌던 경찰이 골목 안으로 들어가 숨어 있다가 나와서 대열 후미를 꼬리 자르기 식으로 진압을 하고 있으니 후미 대열이 합류할 때까지 진행을 멈추라는 것이다. 경동시장 방향으로 진행하던 차량 대열을 거의 멈추듯이 서행으로 움직였다.

　북부지역의 교통은 완전한 마비 상태에 있었고 우리는 제기동 사거리에서 우회전하여 신설동 로터리를 지나 종로통으로 진행할 예정이었다. 제기동 사거리를 우회전하면서 교통 상황은 더욱더 큰 혼란의 도가니로 빠져들었다. 신설동 로터리에 도달하자 어느덧 해가 져서 어두워지기 시작했고 퇴근길 교통 상황은 말로 표현하기 어려웠다.

　일반 차량을 운전하던 시민들의 항의가 빗발쳤고 일부 시민들은 우리에게 폭력을 행사하기도 하였다. 이제 지나간 일이고 공소시효가 없어졌기에 사실을 고백하지만 우리에게 폭력을 행사한 차량의 운전자들에게 폭행으로 맞대응을 하지 않고 그 운전자 모르게 차량의 키를 빼서 반대방향 차선으로 있는 힘껏 던져버렸다. 폭행에 대한 대가치고는 참으로 난감하고 곤혹스런 대가를 그들은 치렀을 것이다.

　대오가 창신시장 앞에 이르러 동대문을 바라보고 있을 때 무장한 경찰 병력과 마주하였다. 이때 시간이 오후 8시가 넘어서고 있었다. 5시간이 넘는 차량 시위에 우리는 다소 지쳐 있었고 경찰병력은 우리가 대항할 수 있는 수준이 아니었다. 페퍼포그 차량과 백골단까지 앞을 가로막고 있었다. 도저히 돌파할 수 없는 상황이었다. 우리는 결단을 해야 하였다. 나와 오영진 동지가 택시 위에 올라섰다.

"동지여러분! 너무 수고했고 고생 많았습니다. 각자 차량의 키와 소지품을 챙기고 차량은 그대로 두고 귀가하시기 바랍니다." 이렇게 외치고 있는데 백골단 체포조들이 차량 사이를 뛰어다니며 조합원들을 체포하려 하였다. 정작 우리 두 명은 거들떠보지도 않고 있었다.

차량에서 뛰어내리자 누군가 나의 팔을 붙잡고 몇 명이 에워싸면서 창신시장 안으로 데리고 들어갔다. 〈운수노보〉 운영위원 전용수 선배였다. 종암동에서부터 나를 지켜주려고 대열을 따라오며 상황을 지켜봤다고 하였다. 시장 안에서 국밥까지 사줘서 허기진 배를 채우고 귀가하여 그날의 상황은 종료되었고, 동원되었던 택시는 그 자리에 방치하고 귀가하였기에 경찰이 동대문 서울운동장 등지에 견인 조치하여 각 회사별로 다음날 찾아왔다.

1992년 서울택시 사태 종료

엄청난 투쟁을 이끌었던 서울택시지부 강승규 지부장은 한국노총에서의 농성을 풀고 경찰에 자진 출석을 하면서 결국 구속 수감되었고 지부 집행부 간부 3명도 함께 구속되었다.

나 역시 특수공무집행방해, 감금폭력, 집시법 위반 등의 죄목으로 서울경찰청 강력계로부터 수배가 되었다. 어느 날 오전반 근무를 마치고 노조 사무실로 들어서니 형사들이 주민등록표 원본에 붙어있던 사진 복사본을 들고 나에게 접근해 왔다. 지정된 일시에 본청에 출두하겠다는 서약을 하면 오늘 연행을 안 하겠으니 신병인도확인서에 서명하라고 하였다. 그렇게 하여 나는 서울경찰청에 출두하여 10시간여의 조사를 받았다. 재판에 회부되었고 선고유예 판결을 받았다.

글을 마치며

특별한 의미도 없이 시작한 택시운전을 하고 생각지도 못한 원인으로 택시업계에 오랜 시간 동안 머물게 되었다. 노동조합 활동은 〈운수노보〉라는 소식지 한 장이 큰 계기가 되었다. 나는 1989년 시작한 택시운전기사에서 1993년 단위노조 위원장에 당선되었고 이후 3선을 하였다. 지금은 인천 남동구에서 작은 국수집을 아내와 함께 운영하고 있으면서 윤석열 정권에 대항하는 촛불시민운동에 가담하여 인천촛불행동 공동대표와 집행위원장으로 활동하고 있다.

나의 택시노조와 해고, 노조운동 속에 숨진 택시동료들

박채영*

들어가며 — 택시의 첫 경험, 노조결성과 해고

국민학교 다닐 때 집안형편이 어려워져 작은 집에서 살다가 졸업 후 서울로 올라와 이른 나이에 여러 공장들을 다녀서인지, 어려서부터 일이란 것이 무섭기도 하고 징그럽기도 하였다. 한때는 아버지가 운영하는 작은 공장에서 스무 살 넘을 때까지 일을 하는 것이 좀 단조로워서 새로운 일을 해보고 싶었고 무조건 나가고 싶었다. 1979년 운전면허를 땄고 우연한 기회에 택시 운전을 접할 수 있었다.

그리고 1984년 서울 동대문구에 있는 택시회사에서 처음 일하게 되었다. 택시회사에서 얼마간 일을 해보니, 일하는 사람들에게 세차비용, 펑크비용, 사고 처리비용 등 모두를 부담케 하였다. 이를 어기면 거의 깡패 같은 관리자들이 사람들을 무시하여 함부로 대하고 주먹다짐 등을 하며 배차를 하지 않았고, 아무런 조치도 없이 해고 등을 일삼았다.

회사 측의 이런 조치에 대해 다들 불만은 많았지만 누구 하나 나서 잘

---

* 서울 상호운수 해고, 민주택시노련 조직국장 역임.

못을 주장하거나 해결을 하려는 사람들은 없었다. 또 어떤 사람들은 잔뜩 술에 잔뜩 취한 채 '여기 아니면 어디 가서 일 못하냐' 며 회사 관리자들을 두들겨 패고, 집기 등을 부수고 사표를 내고 나가버리기도 하였다.

평소 안면 있는 사람들 중 회사와 가까운 사람들은 택시기사들의 동태나 대화 내용을 회사 측에 그대로 일러바치는 자들도 있어서, 그나마 무엇인가 바꿔보려고 하는 쪽은 말조심과 행동조심을 하였다. 그러다 어느 시기 사납금도 회사 마음대로 올리고 '일하기 싫음 관두라' 는 식의 태도를 보였고 사측의 이런 모습에 분개한 사람들이 노조 결성준비를 하였다. 1984년 말 경에 야밤에 회사에서 조금 떨어진 식당을 얻어 노동조합을 결성하였다.

처음 8명이 모여 노조 필요성에 대한 난상토론 뒤 곧바로 노조의 설립에 들어가 임원선거를 통해 위원장(위원장), 부위원장(부위원장), 회계감사를 선출하고 회의록을 작성 후 잠도 자지 않고 구청 사회복지과를 찾아 노조 설립신고를 마쳤다. 접수 과정에서 해당 공무원의 비아냥거림에 대해 가볍게 말싸움도 하면서 신고증을 받았다.

노조 설립에 참여한 사람들은 각자 '날을 샜으니 우선 조금 쉬자' 며 헤어졌다. 집으로 돌아와 잠을 자던 중 누가 깨우는 바람에 일어나 밖에 나가보니 상무란 자가 버티고 있었다. '회사로 가자' 며 잡아끌기에 "놓아라. 내일 일 나간다"고 하자 "아니 지금 회사로 가자"고 하여 옥신각신 후 끌려가다시피 회사에 도착하니 5명이 이미 와 있었고 이들 중 4명은 조합 탈퇴서를 작성하였다며 미안하다고 고개를 숙였다.

우리 일행 중 한 사람이 노동조합 탈퇴서를 써도 노동조합에 내야지 왜 회사가 가져가느냐고 따지며 싸움이 오가자, 전무가 "면담 좀 하자"고 하여 만남을 가졌다. 전무라는 자는 대뜸 "노조 탈퇴서를 쓰라"고 하기에 "써도 내가 쓰고 하는 건데 왜 회사가 쓰라 마라 하냐"고 항의하자

"회사가 어렵다 이 시기에 무슨 노조냐? 하려면 다른 회사 가서 해라"고 하였다. 내가 "여기선 왜 못하느냐"고 되묻자 회사가 어렵다는 말만 되풀이하였다. 이러면서 전무와 큰소리로 싸우자 결국 전무란 자는 "각오 해라. 일하기 힘들 거다" 하며 나갔다. 결국 8명 중 5명은 탈퇴서를 썼고 나머지 3명에게는 며칠 있다 회사측이 '유언비어, 동료 간 폭행, 사고 다발자' 등의 이유로 같이 할 수 없다며 해고 조치한다는 공고를 붙였다.

나는 해고에 반대하고 원직복직을 하기 위해 다른 해고자들과 함께 김말룡 선생의 노동상담소를 찾아서 상담을 한 뒤 회사의 해고에 대해 지방노동위원회에 부당노동행위로 구제신청을 하였다. 그 뒤 회사에 매일 출근 투쟁을 하며 부당함을 알리면서 택시기사들에게는 노조에 가입해 달라고 하였으나 겁을 먹은 택시기사 동료들은 노조 가입을 하지 않았다.

해고 기간 중 어느 날 무슨 상사 이름을 달고 회사 명의로 편지가 왔는데 개봉을 하자 박종만추모사업회에서 발행한 유인물이었다. 이런 유인물을 두 번이나 받았으나 다소 이해하기 어려웠고 받아들이기 어려워 동료들과 나누어봐도 어디서 이런 걸 가져왔냐며 핀잔을 듣기도 하였다. 또 1986년 어느 날은 경찰과 동사무소 직원이 집에 찾아와 "내일 인천에서 큰 데모를 하니 인천에 가지 말라"고 경고를 하며 "절대 가지 말라"고 신신당부를 하기도 하였다.

드디어 서울지방노동위원회에서 참석하란 통보를 받고 가니 사용자 측 위원이 "왜 저 사람들을 해고했냐"고 물으며 "이거 회사에서 너무 가혹한 조치를 했다"고 하고 노동자 측 위원도 심하게 회사 대표를 나무랐다. 우리는 부당노동행위 구제신청에서 우리가 이긴 줄 알았으나 약 보름 후 판정문이 도착한 결과 우리 3명 모두 '해고가 정당했다'며 패소 판정을 받고 말았다.

구사대 폭력에 살해당한 택시노동자

올림픽이 열리던 해 1988년 6월 서울 망우리 광무택시라는 곳에서 회사 관리자의 사주를 받은 자(신*일)에 의해 두 딸과 아들 하나를 둔 가장인 문용섭 기사가 일을 마치고 야간식당에서 식사 중 삼겹살을 굽는 불판에 폭행을 당해 사망하는 사고가 일어났다.

평소 고인은 작은 수첩에 회사 측의 불법 부당함을 가득 기록해서 채웠고 회사의 관리자나 사장과 싸울 땐 수첩에 적힌 내용들을 보여주며 이렇게 해서는 안 된다고 하였다. 하루아침에 가장을 잃은 유가족과 친척들은 죽음의 진실을 밝혀 달라며 당시 시신이 모셔져 있던 제세병원 앞에 천막을 치고 농성에 들어갔다. 이 소식을 들은 이소선 어머니, 민통련, 서총련, 평화민주당, 민중의당, 〈운수노보〉에서 일하던 사람들이 모여 대책위원회를 구성하고 역할분담하기로 하였다.

대책위원장은 이소선 어머니가 맡고 민통련 사회국장, 서총련 노동위원회, 평화민주당 인권위원회(현 우원식 국회의장도 참여), 민중의당 등이 회사 측 규탄 집회, 경찰에 진실 규명 요구를 하고, 지역에는 홍보작업을 하기로 하면서 본격적인 회사 규탄집회를 이어 나갔다. 경찰에서 사고 경위에 대해 발표를 하였는데 사망자와 가해자 두 사람 사이는 동네 선후배 관계로 개인적인 감정이 쌓여 있던 중 식당에서 저녁을 먹다가 우발적으로 발생한 사건이라는 입장이었다.

분위기가 이렇게 흘러가자 이소선 어머니가 가족들과 대화를 마치고 나오며 곧장 큰 리어카를 준비하여 고인의 시신을 실은 채 택시회사로 쳐들어갔다. 고인의 시신이 회사에 도착하자 모여드는 사람, 도망가는 사람들로 난리가 났다. 이소선 어머니는 회사 사장실로 가서 노 모라는 회사 사장을 앞에 놓고 문용섭 기사가 죽음에 이르게 된 것을 신랄하게 비판하여 사장의 얼굴이 붉게 충혈 되었다.

그러는 사이에 경찰이 투입되어 대책위와 참여한 이들을 연행하였다. 경찰서로 연행 후 몇 시간 만에 모두 석방되었고 다음날 회사측 규탄을 위해 회사 앞에서 집회를 열려 하자 회사 측 조합원들은 광목을 찢어서 만든 머리띠를 한 채 '폭력 재야 물러가라', '두 사람의 개인적으로 일어난 일을 왜 재야단체들이 개입하느냐'며 악을 쓰며 난리를 폈다. 그러던 어느 날 유가족 중 한 가족이 몰래 회사와 돈거래로 타협을 하면서 유가족들 사이에 분란이 일어나는 바람에 대책위는 해산되면서 문용섭 기사가 폭행을 당해 사망한 사건은 유야무야되고 말았다.

시간이 흘러서 김대중 정부 때 '의문사진상규명위원회'가 대통령령으로 설립된 뒤에 고인인 문용섭씨도 대상자에 포함이 되었다. 의문사진상규명위원회 조사관으로부터 도와달라는 연락이 와서, 가해자(신*일)와 가까운 세 사람을 만날 수 있었다. 그들로부터 가해자는 3년형을 복역한 후 사망하였다는 소식을 전해 들었다.

그리고 그들로부터 세월이 20년 넘게 지났으니 이야기할 수 있다며, 그때 '가해자는 사장 조카의 심복'이어서 그런 일을 저지른 것이라는 이야기를 들었다. 이후 '의문사진상규명위원회'에서 문용섭씨 사건에 대해 잘 판정이 난 것으로 알고 있다. 10년 전 문용섭씨의 부인이 운명하자 당시 평화민주당 인권국장인 우원식 의원은 망자의 한을 달래고 부인의 장례를 치르는 데 도움을 주었다.

고인을 죽게 만든 관리부장과의 만남

광무택시에서 문용섭씨가 폭행으로 죽었을 당시에 관리부장으로 있던 사람을 만났는데, 기막히게도 그는 노조위원장이 되어 있었다.

2004년경에 외부로부터 도와달라는 요청이 와서 연산교통이라는 택시회사에서 해고된 두 사람을 만났는데 한 사람은 대공장 출신이고 또한 사람은 알아줄 만한 학교의 법대 출신이었다. 이들과 대화 후 회사의 해고는 잘못이고 극복하기 위한 방법을 얘기하며 지금 노조가 도와줄 것 같지 않으니 싸워야 된다 설명을 하고, 집회 신고 후 지역 단체들과 연대하여 법정투쟁하면서 지역에서 도움을 받으라 하였다. 회사 측의 불법부당한 해고 규탄집회 후 1988년 광무택시에서 관리부장으로 있던 자가 이곳 택시회사에 들어와 일을 하다 노조위원장이 되었다는 이야기를 들었다, 너무 기가 막혀 "어떻게 당신이 노조위원장 될 수 있느냐"고 묻자 히죽거리며 웃다가 "어쩌다 제가 위원장이 되었네요" 한다.

서울 상호운수 택시기사 김성윤의 이야기

정년이 넘자 평생 해 왔던 운전을 할 수 없었던 이북 출신의 늙은 택시노동자 고 김성윤. 1·4 후퇴 때 남한으로 내려와 갖은 고생하며 어찌하다 택시운전을 하게 되었고 딸만 넷을 낳아 길렀다 그래도 큰 딸은 이대 법대에 다닐 만큼 공부를 잘해 늘 큰 딸을 자랑하였다. 둘째도 딸이었지만 '여자라고 안 배우면 안 된다'며 4년제 대학에 다니게 했고, 셋째 딸도 어느 전문대에 다녔고 막내딸은 중학생이었다. 딸 넷을 낳고 교육시키고 키우다 보니 남의 집 월세방을 면할 길이 없었다. 막내딸이 학교에서 '아버지 직업을 알아오라'는 말을 듣고는 '학교에 아버지 직업이 택시운전사라고 말하기 부끄럽다'고 얘길했다고 한다.

고인은 야간근무 때는 식당에서 저녁으로 1,000원짜리 라면만 먹기도 하였다. 생전엔 노동조합 발전을 위해 좋은 조언을 해주었고 노조 선거 때는 선거관리위원장을 맡아서 해주었다. 그때만 해도 정년이 있고 회사에서는 노조에 협조적인 사람은 퇴직금 정산 후 촉탁근무로 재입사도 받아 주지 않았던 때였다. 김성윤 기사는 1994년 1월 김영삼 대통령에게 택시제도를 바꾸어 달라는 유서와 가족들, 노조위원장에게 장례를 치러달라는 유서 3통을 쓰고 자결하고 말았다.

　유서가 공개되자 한국노총에서는 추모를 한다며 택시제도를 바꾸어 달라는 상투적인 성명서를 내고 소속 노조의 상급단체도 역시 성명서를 발표한 것이 전부였다. 그 뒤에 어떤 집회나 기자회견 등 노력을 하지 않았다. 결국 전국택시노련 서울시지부장인 강승규가 모든 것을 끌어안고 장례와 택시제도개선을 요구하는 투쟁을 진행하였다.

　전국택시노련 서울시지부에서는 김성윤 동료기사의 장례비용 등을 모금하기 위해 택시노동자들이 이용하는 LPG 충전소에서 모금을 했는데, 라면박스 모금통에 천 원, 오천 원, 만 원 지폐들이 가득한 정도로 택시기사들의 호응이 이어졌다. 각 언론에서는 고인이 유서를 통해 요구한 내용들, 택시노동자들의 사납금 문제와 노동문제 등을 장례가 끝날 때까지 사회면 칼럼, 기자수첩 등을 통해 보도하였다. 그때 서유석이 진행을 했던 '푸른신호등'이란 아침 교통방송에서도 '지금 이 시간 상호운수라는 택시회사에서는 택시제도를 요구하며 자결한 고인의 장례가 치러지고 있다'고 방송에 나왔다.

　장례식날, 장례일정에 따라 장례식을 회사 안에서 마치고 김영삼 대통령에게 고인의 유서를 전하기 위해 청와대 방향으로 이동하였다. 경찰은 기다렸다는 듯이 경찰차로 장례행렬과 유가족을 분리하려 하였으나 분노한 조합원들이 힘으로 몰아붙이자 일단 길을 터주었고, 후미가 보이지 않을 만큼 택시와 택시노조 조합원들이 뒤를 따랐다.

　장례행렬이 경동시장쯤 다다르자 이미 사거리 쪽은 엄청난 수의 경찰과 최루탄 쏘는 차들이 꽉 막고 있었다. 긴 시간 동안 대치가 이어지자 장례위 측에서 유족 대표와 장례위 대표가 고인의 유서를 청와대에 전달하기로 결정하고 장례행렬은 장지로 향하는 것으로 하였다. 대표들이 고인의 유서를 청와대에 전달하기 위해 떠나자 장례행렬은 경동시장에서 우회전하여 미아삼거리 국민대를 지나 벽제로 향하였다. 가는 도

중 요소요소에 배치된 경찰병력을 보며 때로는 몸싸움도 간간이 일어나고 경찰을 향해 분노를 한바탕 쏟아내기도 하였다.

결국 고인의 시신을 화장한 뒤 노조위원장과 가족 전부가 갈 수 있는 곳까지 가서 어느 들판에서 고인이 늘 그리워했던 고향땅에 바람에라도 날아가라며 흰 뼛가루를 뿌렸다. 장례 후, 모금한 돈 가운데 장례식 등에 쓰고 남은 금액은 모두 유가족들에게 전해주었다.

나는 서울 상호운수에서 두 번 해고당하였다.

첫 번째는 노조를 하는 사람과 가깝게 지낸다는 이유로 아무런 통보도 없이 두 달 만에 해고되었다. 서울지방노동위원회에 부당해고 구제신청 후 약 1년여 만에 지노위의 복직판정을 받아 복직을 하였다. 상호운수에서 계속 근무를 하던 중 얼마 안 되어 상호운수가 매각되고 새로운 사장이 인수를 하자 처음부터 업적급식 월급제를 없애고 정액사납금제를 실시하려는 회사 측의 음모 때문에 갈등이 이어졌고 노노 간에도 마찰이 자주 일어났다.

1992년 서울택시 공동임투에서 상호운수 사장이 사업주 측의 교섭위원 중 한 명이었다. 시장은 매월 교육을 핑계로 성실근무자를 만들기 위해서는 정액사납금제를 해야 된다고 주장하였고 그때마다 교육장에서 큰소리들이 오갔다. 그러던 중 1992년 9월 강승규 지부장과 좀 깨어 있던 교섭위원은 빼고 택시사업자들과 가까운 수석부지부장과 교섭위원들이 서울택시사업조합에 각 3,000만 원 씩 5명이 매수되어 서울택시 지부장도 모르게 1992년 임금협정을 체결하였다. 어느 노동의 역사에도 보기 힘든 대형 임금교섭위원 매수사건이 터졌다.

전국택시노련 서울시지부의 강승규 지부장과 민주적 단위노조별 위원장과 활동적인 조합원들이 중심이 되어 매수사건의 진상 파악과 날조된 임금협정 무효화를 위한 투쟁이 시작되었다. 서울택시노조 지부는 매수된 교섭위원들이 모여 있던 숙소를 덮쳐서 이들을 서울 영등포 한국노총 회관으로 끌고와서 매수과정의 자백을 받아내어 이를 언론을 통해 알렸다.

또한 사업주들의 노조 측 교섭위원 매수, 임금협정 날조에 반대와 무효화를 주장하며 서울택시 조합원들과 택시를 동원한 대규모 차량시위를 서울 시내에서 감행함으로써 결국 1992년 11월 3일 매수사건의 주범인 서울택시사업조합 이사장 이*열과 노조 측 교섭위원들의 구속을 이끌어낼 수 있었다.

이처럼 파란만장한 서울택시 임금의 중앙교섭이 끝난 뒤 단위노조에서 임금교섭을 할 때 사업자측 교섭위원인 상호운수 사장에게 '배울 만큼 배우고, 가질 만큼 가진 사람이 무엇이 아쉬워서 노조 측 교섭위원을 음모적으로 매수하였냐'며 묻기도 하고 따지며 교섭을 이어나갔다. 노사 간에 교섭이 원만히 이루어지지 않아 결국 쟁의발생 신고 후 냉각기간을 걸쳐 7일간 파업을 한 뒤에 상호운수 임금교섭 건은 중앙임금협정 결과에 따르기로 하였다. 그리고 노동조합측 최대요구 사항이었던 징계에 대해 징계위원회의 노사 3명씩 동수로 구성한 뒤에 과반수 의결로 징계한다는 조항에 합의를 하였다.

회사 측은 1992년 임금협정과 관련해 중앙교섭의 결과에 따른다고 하면서도 끊임없이 정액사납금제로 임금체계를 바꾸기 위해 새로 입사하는 조합원은 물론 기존 조합원 한 사람 한 사람의 약점을 잡아 정액사납금제를 적용해 나가기 시작하였다. 당시 노조위원장은 이를 방관하기에 나는 노조위원장 불신임에 따른 소집권자 지명요구를 하기 위해 행정관청에 서류를 접수하였다. 회사 측은 총회소집권자인 나에게 징계요구서를 보내 징계위원회에 출석하라고 하였다.

우리 노동조합이 요구하여 관철한 단체협약에 따라 징계 결정은 노사 동수로 구성된 징계위원회에서 과반수 의결로 할 수 있다고 되어 있었다. 내가 참석한 회사 측의 징계위원회에서는 노사 각각 3명의 징계위원들이 참석하고 있었는데, 노조측 대표로 참석한 1명이 배신하여 나에 대한 징계가 4 대 2로 징계해고가 되고 말았다. 정말 기가 막혔다.

상호운수에서 두 번째 해고싸움이 시작되었다. 서울지방노동위원회에서 위원장이 왜 해고를 했냐 회사 측에 물었다. 회사측은 내가 주장하는 업적금식 월급제를 하면 회사가 망한다고 주장하였다. 나는 "지금까지 수년째 서울택시 노사가 업적금식 월급제를 하고 있다. 그것도 서울택시사업조합과 전택노련 서울지부 간에 임금교섭을 하여 서로간의 약속으로 지켜진다"고 주장을 하였다. 그러나 서울지방노동위원회는 나에 대한 해고가 적법하였다고 판정을 내렸다. 나는 바로 중앙노동위원회에 재심을 신청하여 일정 기간 후 회사 측의 해고가 부당하고 잘못되었다는 판정을 받았다. 회사측에서는 이에 불복하여 서울행정법원에 행정소송을 걸었다.

나는 부당해고에 반대하여 복직투쟁을 하는 기간 중에 기사들에게 월급 한 푼 주지 않는 도급제를 적발하여 회사 측의 불법경영을 서울시에 고발하였다. 서울시에서는 상호운수의 불법경영을 적발하여 처음 22대의 택시 차량에 90일간 운행 중지 처분을 내렸다. 어느 정도 시간이 흐른 후 또 서울시에 도급제 택시를 신고하여, 27대의 택시가 운행 중지를 당하도록 하였다. 그럼에도 회사 측에서 이후에도 지속적으로 월급이 없는 도급제를 시행하여 총 4번에 걸쳐 약 100대가량의 택시가 100일씩 운행 중지를 당하도록 하였다. 이렇게 되니 내가 회사에 가면 회사 측 관리자들이 나를 졸졸 따라다니기도 하였다.

김응관 형을 만나 해고싸움에 도움을 받다

내가 중앙노동위원회에서 승소한 뒤에 회사 측이 중앙노동위원회 판정에 불복하여 소송을 제기하면서 사건이 서울고등법원으로 넘어갔다. 이런 법적 투쟁은 변호사의 조력을 받지 않으면 어려웠다. 당시 해마루 합동변호사 사무실에서 근무하고 있던 김응관(서울 동훈운수 해고노동자) 형을 통해 당시 변호비용으로 매우 저렴한 30만 원에 계약하였다. 김응관 형의 도움으로 1년 조금 넘게 시간이 흐른 후 다시 고등법원에서 승소하였다.

그러나 또 다시 회사 측이 항고하여 내 해고사건은 대법원으로 올라갔고 대법원에서 3년쯤 계류되다가 서울고등법원으로 파기환송(패소) 되었다. 김응관 형의 도움을 받아 다시 싸우려 했으나 여기저기서 '어렵다, 힘들 것이다' 라는 말들을 많이 듣고 부모님께 죄송한 마음에 차일피일 미루다 해고싸움을 마무리하였다. 회사 측에서 재판 비용을 물어내라는 소송을 제기했지만 아무런 대응도 하지 않았다.

〈운수노보〉의 주역 김처칠

1980년대 말과 1990년대 초 서울에서 택시노동을 하는 택시활동가들이 있었고 그들의 모임이 있었다. 아무래도 그 주축은 〈운수노보〉를 통해 모여서 노조활동을 시작하려고 하거나 이미 활동하고 있던 활동가들이었다. 1987년 6월 항쟁 이후 기존의 택시활동가들은 〈운수노보〉와 인연은 가지고 있었지만 그들 중 일부는 정작 자신들이 소속된 노조 활동보다는 길거리 투쟁과 연대 투쟁도 중요하다고 생각하고 있었다.

이런 생각으로 끊임없는 시기를 기다리며 서로 다독거리며 항상 임단투 시기 새로운 사람들을 만나기 위해 길로 나왔고, 사회적으로 큰 집회나 행사가 있으면 만나서 집회에 참여하거나 거리에서 가두투쟁에 참여하기도 하였다.

그러던 중 인상 좋게 생긴 김처칠 형을 만났다. 모든 얘기를 다 들어주고 받아주었고, 우리가 노동자로서 무엇을 할 것인가에 대해서도 끊임없는 얘기를 나누었다. 김처칠 형의 회사에 어느 날 서울에서 투기꾼과 같은 무리들이 회사를 인수하였다. 그때부터 노조 조합원들의 수많은 농성 파업 속에서 원칙을 지켜내며 마침내 회사의 도급제 등 불법경영을 박살내며 사업면허 취소를 시켰다. 김처칠 형과의 사연 하나를 얘기하겠다.

명지대생인 강경대 학생이 백골단 폭력으로 사망하고 장례를 치르던 날 고인의 영정을 모시고 장지로 떠날 차량을 준비하던 참이다. 어느 렌터카 업체들에서도 차량을 빌려주지 않았고 신촌사거리에서 민통련 사회국장과 대책없이 있는데 김처칠 형이 나타났다. 혹시 차 가져왔냐고 묻자 가져왔다고 하여, 광주에 가자고 하니 그렇게 하겠다고 하였다. 곧바로 준비하여 영정차 격식을 갖춰 광주로 갈 수 있었다.

훗날 전언에 따르면, 광주에 다다를 무렵 경찰이 고속도로를 폐쇄하고 장례행렬을 오도 가도 못하게 하였다. 그러자 누군가 고속도로 가드레일을 뜯고 자갈을 주워다 배수로에 쌓아 밤새 출구를 만들었고 해가 뜰 무렵 어디에선가 사람들이 무더기 인파로 오는데 그들의 손에는 검정 비닐봉투가 있었고 그 속엔 전라도식의 큰 김밥이 한 덩이씩 들어 있었다. 그 김밥 한 줄 먹고 배가 불러 두 줄은 못 먹었다는 말과 역시 광주시민은 위대하다는 애길 되풀이하였다.

김처칠은 다시 택시회사 노조 동료들이 농성하고 있었던 양화대교 농성장으로 복귀하였다. 그러던 어느 날 당시 양화대교 밑에서 농성 중에 동료들이 공놀이를 하다가 강에 빠뜨린 공을 꺼내려 물에 들어갔다가 실종되었다는 안타까운 소식이 들렸다. 김처칠 형이 실종되었으나 시신을 인양하지 못해 찾던 중 시신이 양화대교에서 한참 떠내려 온 곳에서 발견되었다. 그동안 양화대교 밑에서 함께 투쟁해 온 동료 택시기사들과 택시활동가들 그리고 유가족이 마석 모란공원 구석진 3묘역에 묘지를 마련하여 안장을 하였다. 투기꾼이 되어 택시회사를 인수하여 단기적인 차익을 노리던 악덕 택시업자들과 싸우다가 숨진 김처칠 형은 죽어 남양주시 마석 모란공원에 누워있다.

허세욱을 만나다

1997년부터 2002년 사이에 나는 민주택시연맹의 조직국에서 일을 하며 한국노총 조합원들을 대상으로 민주노총으로 조직 전환사업을 하였다. 혼자 한 것이 아니었고 역할분담을 하며 민주택시연맹의 조직확대 사업의 일환으로 진행하였다. 매월 한 번 모여 노동조합과 관련된 노조의 역할, 간부의 자세, 택시제도개선 등에 대한 교육을 실시하고 그 속에서 민주노총으로 조직 전환을 하는 것이 목표였다. 교육을 마치고 뒤풀이와 식사를 하는 자리에서 서울에 있는 택시회사 한독운수에 다니는 허세욱을 만났다. 사는 곳은 난곡이라 하였고 결혼도 안 했다고 하였다.
민주택시연맹에 오기 전 참여연대와 평통사 회원이라 하였고 '정당에 가입된 곳이 있냐'고 묻자 '없다'고 하여 주소지인 민주노동당 관악지구당에 가입하시라 하였다. 나중에 민주노동당에 가입했다는 소식을 들었다.
이어지는 교육 속에서 언제부터인가 우리 회사의 노조를 민주노총으로 만들어 달란 말씀을 아이가 땡깡 부리듯 몇 번씩 반복하였다. 하루는 민주택시연맹 서울본부의 조직국에 있는 간부와 허세욱의 회사를 찾아가 노조위원장과 면담을 하였다. 다행히 그곳 위원장은 우리를 맞아주었다. 그 택시회사는 과거 1970년대 민주노조를 하였던 형님이 노조위원장을 역임했고 민통련에서 일했던 이들이 있어 그분들의 이름을 거론하며 얘기를 이어가자 어느 순간부터 그 위원장은 아무 말을 하지 않았다. 그렇게 다녀온 후 며칠 지나자 허세욱으로부터 연락이 왔다. 노조위원장이 행방불명되었다고 하였다. 조금 있다 다시 걸려온 전화에서는 위원장이 사표를 쓰고 회사를 그만두었다고 하였다. 민주택시연맹에서는 서울본부와 함께 긴급회의를 연 후 직접 지도에 들어갔다.

비상대책위를 구성하고 민주노총으로 조직형태를 변경하는 안건으로 전체 조합원 2/3의 동의를 받기 위해 회사가 아닌 바로 옆 당구장을 빌렸다. 격려사 시간에 위원장이 민주택시가 하는 투쟁을 설명하고 왜 전환해야 하는지 구구절절하게 설명하였다. 위원장 발언 이후 곧바로 직접 비밀 무기명투표를 하며 오지 않은 사람이 있다면 빨리 오라고 하여 투표 완료 후 민주노총으로 가입을 마무리할 수 있었다. 그 회사는 400여 명 가까운 조합원이 있었고 집회 때마다 제일 많은 조합원들이 참여를 하였다.

2002년 효선이와 미선이가 미군 장갑차에 깔려 죽었다는 소식을 듣고 허세욱은 파주까지 오가며 자신이 운전하는 택시 안에서 효선이와 미선이의 죽음을 알리는 홍보물을 택시 승객들에게 배포를 하며 미군의 살인행위를 알렸다. 노무현 정부 때인 2007년 4월 한미 FTA 마무리 협상이 벌어지고 있던 하얏트 호텔 인근에서 분신을 하여 119에 의해 화상전문병원인 한강성심병원으로 옮겨서 치료를 하던 중 운명하였다.

평소 허세욱이 결혼도 안하고 어렵게 살 때 허세욱의 친척이라며 찾아오는 이가 하나도 없었다. 그런데 분신 후 죽음을 앞두고 허세욱이 중환자실에 있을 때 몰려온 자들 중 내가 허세욱의 누구라고 하며, 택시노조 사람들은 아무도 근처에 오지 못하게 하였다. 어느 날 아직 숨도 끊어지지 않은 허세욱을 죽었다고 하며 어디로 간다며 데려가려고 하여 이런 모습을 본 서울 부광실업 노동자들이 막았지만 소용이 없었다. 허세욱이 숨진 뒤 화장 하는 곳까지 쫓아가 장례는 민주택시노조연맹과 부광실업노조가 치르겠다 하여도 가족들은 이를 모두 거부하였다. 결국 구수영 연맹위원장이 화장 과정에서 떨어져 나온 **뼈**를 수습하여 장례식장을 마련하고 남양주시 마석 모란공원에 모실 수 있었다.

나의 택시노조운동, 되짚어 보기

배규식*

택시노동운동과의 만남

나는 1983년 3월경 인천 도화동에 있는 ㈜진도(당시 컨테이너 제조)의 직업훈련소에 입소하여 용접을 배우면서 현장취업을 위해 노력하고 있었다. 직업훈련 기간은 6개월이었는데, 7월 정도가 되자 이미 직업훈련생들을 현장에 투입하여 일을 시키고 있었다. 당시 여름이라 무척 더운데, CO_2 용접을 하면서 나오는 열이 합쳐져서 땀범벅이 되었다. 현장에서 일하는 노동자들이 땀을 하도 많이 흘리니 이를 보충하기 위해 현장 곳곳에 큰 들통에 얼음을 띄운 차가운 물과 소금덩이가 함께 제공되었다. 중간에 거의 기진맥진하여 쓰러지는 노동자들이 있었다.

출퇴근 때 탈의실에서 옷을 갈아입을 때는 작업복이 땀에 절어서 진한 땀 냄새가 강하게 풍겨왔다. 작업복을 매일 세탁할 수도 없었기 때문에 1주일에 한 번 정도 세탁을 할 수밖에 없는데, 그 사이에 흘린 땀 냄새가 지독한 쉰 냄새로 풍겼다. 이런 환경에서도 현장에 적응하고 있던 1983년 10월에 서울경찰 대공분실(남영동, 박종철이 고문치사당한 곳)에서 인천지역 노동현장에 위장(?) 취업해 있던 서울공대 선후배(당시 김

---

* 박종만추모사업회·운수노보 참여, 전국택시노련 서울시지부 간부 역임.

*섭, 한*희 등)들을 붙잡아 조사하였다. 나도 현장에서 붙잡혀 2주일간 조사를 받았는데, 특별한 법 위반이 없었기 때문에 고문하거나 하지는 않았고 진술서만 몇 번이고 반복해서 쓰도록 하였다. 이렇게 조사를 받고 나오면서 ㈜진도에 사표를 썼다.

1983년 말에 현장에서 밀려나와 우왕좌왕할 무렵, 이범영(73학번) 선배를 만나서 당시 막 결성된 민주화운동청년연합(민청련, 의장 김근태)과 관계를 맺게 되었다. 당시에 민청련에서도 노동운동에 관심이 높아서 현장에 있다가 막 나온 나에게 노동 분과 일을 해 보라고 권유를 해서 그 일을 맡게 되었다. 1984년 3월에는 별 대책도 없이 결혼을 하여 가정도 꾸렸다.

1984년 5월 25일 새벽에 대구에서 택시기사 2,000여 명이 대규모 시위를 벌이는 사건이 발생하였다. 당시는 전두환 정권의 억압과 물리적 폭력이 난무하던 서슬이 퍼런 시절이라 학생시위를 제외하면 다른 시위는 거의 발생하기 어려운 상황이었다. 이런 상황에서 이렇게 큰 시위가 발생하다니, 택시에 무언가 큰 문제가 도사리고 있음을 직감하게 되었다.

민청련에서는 대구택시기사의 시위사건을 조사하여 보고서를 내기로 했고 그 실무책임을 내가 맡았다. 이 사건은 내가 택시노동운동에 참여하게 된 계기를 제공하였다. 당시에 각 신문에 대구택시사건이 어떻게, 왜 발생했는가를 비교적 자세하게 보고했기 때문에 이들 신문자료를 정리하였다. 당시, 전국자동차노련에서 일하고 있던 대학동기 오맹근에게서 일부 정보를 듣기도 하였다. 또 당시에 구속된 택시기사들의 재판을 방청하면서 들은 이야기 등을 종합하여 '대구택시기사 시위사건 진상보고서'를 작성하여 민주화운동청년연합 이름으로 발간하였다. 이 재판방청과 보고서 작성을 계기로 택시 사납금제의 문제점을 알게 되었다. 또한 대구택시 시위사건의 주모자로 구속되었던 허용철도 알게 되어 그 뒤 대구에서 택시관련 활동을 계속하면서 지속적으로 연락을 주고받았다.

나중에 알게 된 사실이지만, 그 당시 대구만이 아니라 그 직후에 마산과 창원에서도 택시기사들의 대규모 시위사건이 일어났는데 잘 알려지지 않고 지역언론에 일부 보도가 되었을 뿐이었다. '대구택시기사 시위사건 진상보고서' 작성 이후 마산과 창원 현장조사를 통해 1984년 마산·창원 택시노조운동과 시위사건도 정리하여 당시 신금호(대한전선 노조 출신으로 나중에 서울지방노동위원장을 역임), 오상석(나중에 한겨레신문 노동담당 기자)이 일하고 있던 〈현대노사〉라는 잡지에 기고하기도 하였다.

박종만추모사업회 설립과 〈운수노동신문〉의 발간

1980년대 초에는 많은 학생운동 출신자 혹은 대학 졸업자들이 노동현장에 들어가서 의식적으로 노동운동을 조직화하여 민주화운동, 변혁운동의 기반으로 삼으려고 움직이고 있었다. 내가 민주화운동청년연합 노동분과에서 일하면서 대구택시 시위사건 조사, 마산과 창원택시 시위사건 조사 등을 하면서 운수노동운동에 접근해 갈 무렵인 1984년경에 택시 등 운수노동자로 취업하여 노동운동을 하려는 학생운동 출신자들이 있었다.

이승배(75학번)를 중심으로 안양에서 버스기사로 일하고 있던 박기평(시인 박노해)과 연결되어 운수노동현장에 들어가기 위해 준비하는 그룹이 하나 있었고, 나도 다른 후배들(이*렬, 정*홍, 고*영, 윤*훈, 윤*영, 이*천 등)과 그룹을 구성하고 있었다. 이들은 각각 운전을 배우고 일정한 경력을 쌓아서 버스나 법인택시에 취업하여 운수부문에서 노동운동을 하고자 준비하고 있었다.

나는 우연히 당시에 택시노동조합을 하고 있었던 노조 위원장(영진 통운의 이*로, 동화택시의 김*민)과도 만나고, 해고된 택시기사(한일콜택시의 유*수,), 버스기사들(정*두, 김*관, 신길운수의 최*균)과도 연결이 되었을 뿐 아니라 민통련 등에 개별적으로 찾아온 기사들(유*식, 안*태, 김*관)과도 알게 되었다.

1984~1985년 당시에는 택시일지(1979~1997)에서 나타나 있는 바와 같이 택시에서 잇달아 노조가 결성되고, 대구택시 시위사건, 마산과 창원의 택시 시위사건에서 보는 바와 같이 법인택시 내부가 부글부글 끓기 시작하고 있었다. 당시에는 도시가 확장되면서 교통서비스 수요는 크게 늘었는데, 아직 지하철이나 버스노선 등 대중교통은 제대로 갖추어져 있지 않아서 택시서비스의 수요가 공급에 비해 컸던 때였다.

택시는 월급제도 정착되지 않아서 완전도급제 형태로 일하고 있었다. 노조가 없거나 있더라도 교섭력이 없고 사용자들이 압도하고 있었기 때문에 사납금을 임의로 올리는 경우가 많았다. 또한 사납금제도를 이용하여 부득이 결근을 하거나 일을 하지 못해도 일하지 못한 날의 사납금 액만큼을 회사가 가불이라는 명목으로 임금에서 공제하여 얼마 되지 않는 월급이 아예 없거나 심지어 마이너스가 된 경우도 적지 않았다.

택시기사 공급도 많아 어느 회사나 스페어 기사(대체로 초보/신입 임시기사로 차량마다 고정된 기사가 아프거나 가정사, 사고 때문에 일하지 못하는 경우에 대신 일을 하는 기사)제도가 있었다. 택시회사들은 이런 제도를 악용하여, 회사나 관리자들이 배차를 빼거나 새 차 혹은 헌 차를 제공함으로써 눈밖에 난 택시기사들을 괴롭히거나 사실상 해고하기도 하였다. 이와 같은 일상적인 사납금을 둘러싼 분쟁, 배차를 둘러싼 장난, 그리고 노조활동을 하는 택시기사들에 대한 노골적, 음성적인 불이익 등으로 대도시는 물론 중소도시의 택시기사들도 많은 불만을 갖고 있었다. 이 중에 특히 문제가 심각했던 대구, 마산과 창원 등에서 대규모 시위사건으로 표출된 것이었다.

한편 1984년 11월 29일 박종만 동지의 분신 사건이 터지면서 택시가 민주화운동 진영의 주목을 받았다. 박종만 동지의 분신과 전두환 정부의 장례식 탄압을 계기로 하여 나는 조인식 여사를 별도로 자주 찾아갔다. 또한 1985년 11월 제1주기를 맞아 박종만 동지의 노동운동 참여, 분신 등의 과정을 담은 박종만 전기와 같은 추도식 자료를 이승배 등과 함께 준비하였다. 그러면서 조인식 여사는 물론, 민경교통 동료였던 안을환, 배철호, 이태길 등을 인터뷰하였다.

이러는 과정에서 나는 옆에서 함께 했던 학생운동 출신으로 운수노동운동에 관심이 있던 동료들과 운수노동운동에 전념하기로 하고 그 방향을 잡아나갈 수 있었다. 아무래도 내가 나이가 많고 선배 격이라서 운수노동운동의 방향을 구체화하는 데 앞장서 나가면서 개척해야 하는 입장이었다.

1985년 11월말 박종만 1주기 추도식이 당시에 많은 재야인사들, 그리고 노조운동에 관심이 있던 사람들이 참석한 가운데 열렸다. 1주기 추도식 때 박종만 추모집(내 한 목숨 희생되더라도...)을 냄으로써 박종만 동지의 삶과 노조운동 참여에 대해 재조명이 이루어지면서 그 뜻을 기리고 이어나갈 수 있는 계기가 마련되었다.

조인식 여사도 그 사이에 유가족협의회에 나가면서 다른 유가족들을 만나고 운수노동운동을 하겠다는 우리를 만나면서 남편의 희생을 의미 있게 하기 위해 본인이 할 수 있는 일이 무엇인가를 찾고 있었다.

제1주기 박종만 동지 추도식을 하면서 여러 가지 고민과 궁리 끝에 조인식 여사와 함께 1986년 1월 21일 박종만추모사업회를 발족하기로 하였다. 당시에 전태일기념사업회가 노동운동의 중요한 정신적 기반이 되고 있는 것을 본받아 운수노동운동의 초석이 될 수 있도록 노력하기로 한 것이다. 당시에 민통련의 문익환 목사님을 포함하여 다섯 분이 고문을 맡아주시고 민통련에서 활동하고 있던 열여섯 분이 운영위원을 맡아서 물심양면으로 도와주시기로 하였으며 홍제동 성당의 김승훈 신부님이 기꺼이 대표를 맡아주셨다. 사무실은 서울민통련 사무실을 함께 쓰기로 하고 조 여사가 사무실에 종종 출근하기로 하였다. 김승훈 신부님이 선뜻 대표를 맡아주셨는데, 그 뒤에 제대로 찾아뵙지도 못하고 돌아가셨을 때 찾아가지도 못해서 마음의 큰 빚을 지고 있다. 박종만추모사업회의 핵심사업으로는 운수노동자들의 문제를 다루고 운수노동운동을 지원하는 선전, 홍보물을 발간하기로 하고 이름을 〈운수노동신문〉으로 하였다. 이와 함께 〈운수노동신문〉을 보고 찾아오는 택시나 버스기사들을 상담하는 것은 조인식 여사가 맡기로 했고 〈운수노동신문〉의 편집과 제작은 내가 중심이 된 이*배, 이*열 등 활동가들이 맡았다. 박*평(박노해)도 이*배를 통해서 〈운수노동신문〉에 두 번 정도 기고하였다.

〈운수노동신문〉은 1986년 1월부터 5월까지 모두 6호가 발생되었는데 후배들과 함께 만들어 전두환 정권을 비판하는 내용, 운수노동자들의 권리와 이익과 관련된 내용을 함께 다루는 내용이었다. 창간호 주제는 ① 박종만추모사업회 탄생, 마침내 운수노동의 횃불 드높게 치솟다 ② 불살라 살라라 — 박종만 동지 추모시(박노해) ③ 꺼질 줄 모르는 택시노조 재건투쟁 ④ 원한 맺힌 자율버스 철폐 ⑤ 노동자 필독서 — 노동의 새벽이 실렸다.

〈운수노동신문〉은 6호까지 제작되어 거리에서 버스기사나 택시기사들에게 배부되었다. 일부 버스기사나 택시기사들이 〈운수노동신문〉을 보고 서울민통련 사무실로 연락하거나 찾아와 조인식 여사가 만났다. 그러나 당시에 운수노동현장에서 일어나는 복잡한 문제를 해결하는 데 도움이 되는 지원을 하기에는 여러 가지로 부족한 점이 많았다. 더구나 당시에 나를 포함한 학생출신 활동가들은 사실상 공개활동이 요구되는 〈운수노동신문〉을 발간하면서도 스스로 드러내기를 꺼려하여 서울민통련 사무실에 출근하지 않는 등 어설픔과 자기모순을 안고 있었다. 그러나 이 때 나는 택시기사로 일하고 있던 유*수, 김*관, 유*식, 노조를 하고 있던 이*로, 김*민을 만나면서 좀 더 택시현장와 택시노조에 한 발 더 가까이 갈 수 있었다.

그러다 나는 6월초 천호동에서 〈운수노동신문〉을 배부하다가 누군가의 신고로 경찰에 잡혀서 구속되었다. 〈운수노동신문〉의 내용을 책임지던 내가 구속되자 〈운수노동신문〉의 발행은 6호 발생을 끝으로 중단되었다. 이를 계기로 하여 나는 운수노동운동을 어떻게 할 것인가를 다시 모색하게 되었다.

〈운수노보〉 발간을 통한 박종만추모사업회의 대중적 재출발

공개 활동이 요구되는 운수노동 홍보, 선전물을 발간하면서 숨어서 박종만추모사업회 활동을 하기는 어려워 보였다. 무언가 새로운 방식으로 활동하는 것이 요구되었다. 1986년 말~1987년 초 여전히 전두환 군사독재정권이 정권 유지와 연장을 위해서 온갖 노력을 하면서 민주화운동을 탄압하고 있었다.

물론 당시에 전두환 정권의 폭압에도 불구하고 민청련(민주화운동청년연합

1987년 4월 13일 박종만추모사업회(운수노동상담소) 개소식 장면.

회)을 비롯하여 민통련(민주통일민중운동연합), 한국노동자복지협의회, 기타 다른 단체들이 결성되어 탄압을 받아가면서도 공개적인 활동을 하고 있었다. 박종만추모사업회를 통해서 어떤 활동을 통해서 운수노동운동의 활로를 개척해 나갈 수 있을 것인지 고민이 깊어가고 있었다.

1986년 후반에 기존의 현장운수노동운동을 지향하면서 활동해 온 활동가 후배들과는 달리 현장에서 대중노선을 내세운 활동가 2명(임*진, 김*동)을 만나게 되었다. 나와 그동안 함께 해온 활동가들은 이들 두 명과 약간은 갈등도 하면서 변화를 수용하였다. 정치적 요구를 전면에 내세울 것이 아니라 좀 더 현장의 노동자들이 수용할 수 있는 방식, 대중노선으로 활동방향을 재정립하게 된다. 그러면서 이미 사노맹으로 간 박노해와 그와 연계되었던 활동가그룹, 그리고 택시현장으로 들어가지 않은 후배그룹과는 멀어졌다. 그러나 이런 가운데서도 조인식 여사 그리고 택시현장으로 들어가 운전을 하면서 활동하기 시작한 후배들과 더욱 가깝게 만나게 되었다.

1986년 후반, 일정하게 활동방향과 방식의 전환을 모색하는 과정을 거쳐서 박종만추모사업회를 중심으로 1987년 초부터 보다 공개적으로 대중적인 활동을 하기로 하였다. 조인식 여사, 나, 윤*영, 임*진, 김*동, 김*식 등은 일정한 준비과정을 거쳐서 별도의 사무실을 구하고 운수노동자들에게 직접 선전, 홍보를 하기 위한 매체로 〈운수노보〉를 발간하기로 하였다.

1987년 3월 14일에 사무실을 열기 전에 먼저 〈운수노보〉 창간호를 발행했는데, 과거 〈운수노동신문〉보다는 훨씬 대중적이어서 운수노동자들이 접근하기 쉽고 피부에 와 닿는 경제적, 일상적인 문제를 많이 다루었다. 〈운수노보〉 제2호를 보면, '새로운 결의로 완전월급제를!' 포항택시기사 500명 가두총파업을 담고 있다. 또한 숱한 〈운수노보〉 속보를 발간하여 1987년 은밀하게 진행된 임금교섭 과정의 공개, 임금교섭을 둘러싼 택시노동자들의 집단 가두시위 등 투쟁소식과 요구 등을 신속하게 전달하였다.

1987년 4월 13일 마포구 합정동 마리스타 수도원에 독자적인 사무실을 마련하여 운수노동상담소를 두고 택시기사들의 권리문제나 노조활동과 관련하여 지원활동을 본격화하였다. 마리스타 수도원 내에는 택시 주차장으로 쓸 수 있는 공간도 있어서 〈운수노보〉를 보고 찾아오는 택시기사들이 주차하기도 좋았다. 당시에 마리스타 수도원에서 함께 일했던 사람들로는 조인식 여사와 나 말고도 임*진, 김*동, 윤*영, 김*희(성남출신 해고노동자), 김*식 등이 있었다. 주로 임삼진이 운수노보 편집을 담당하되 현장 소식은 당시 현장의 택시노조와 관계가 많았던 내가 주로 썼다. 나와 김*동, 임*진이 택시노조들에서 찾아오거나 개별적으로 찾아오는 택시기사들을 상대로 상담을 했으며 윤*영은 노조 연대활동, 노동운동협의회(노운협)를 중심으로 대외활동을 담당하였다.

〈운수노보〉를 보고 많은 운수노동자들이 전화로 연락을 해오거나 직접 찾아왔다. 〈운수노보〉의 발간이 운수노동자들과의 접촉면적을 넓히고 박종만추모사업회가 현장에서 운수노동운동을 지원한다는 인식이 퍼져 나가는 계기가 되었다. 박종만추모사업회가 〈운수노보〉를 발간하면서 동시에 운수노동상담소를 운영하고 있었기 때문에 전화를 통해 상담을 문의하거나 직접 찾아와서 상담을 하려는 택시, 버스기사분들이 많았다. 현장에서 겪은 해고, 체불, 불이익 처분 등 각종 노동이슈, 노동조합 설립문제, 노조활동문제, 단체교섭 문제 등 실로 다양한 문제들이 상담과정에서 밀려들어 왔다. 이런 이슈들을 모아서 〈운수노보〉에 싣기도 하고 제기되는 노동법 이슈들에 대해 잘 모를 때는 변호사나 전문가들의 도움을 받기도 하였다.

〈운수노보〉가 현장 노동자들과 보다 다양하고 많은 접촉을 하게 되면서 〈운수노보〉의 내용도 보다 풍부해지고 현장의 목소리를 충실하게

담을 수 있었던 것으로 보인다. 해고무효확인소송 등이 필요한 법적인 다툼에 대해서는 당시 조영래 변호사 사무실에서 일하고 있었던 박석운 소장에게 소개를 하여 도움을 받기도 하였다. 물론 노동부에 진정하는 사건은 운수노동상담소에서 직접 진정서나 고발장 작성에 도움을 주기도 하였다. 합정동 마리스타수도원에 있던 〈운수노보〉(박종만추모사업회) 사무실로 찾아오거나 전화로 상담하는 내용은 상담자가 정리하여 상담일지에 기록함으로써 사무실에 근무하는 다른 구성원들이 보고 상황을 공유할 수 있도록 하였다.

당시 〈운수노보〉는 2,000부쯤 발간되어 배부되었는데, 합정동 마리스타 사무실을 방문하는 택시기사, 버스기사들이 100부씩 가져가서 기사식당, 노조사무실, 대기 중인 택시정류장에서 배부하여 서울 시내의 택시를 중심으로 서울 주변 도시 성남, 안양, 의정부, 부천, 인천 그리고 다른 지방에까지, 그리고 시내버스, 시외버스 등에도 배부되었다.

이와 더불어 박종만추모사업회는 회원의 가입을 받아 일정한 회비를 내게 하고 그들에게는 〈운수노보〉를 우편으로 보내주기도 하면서 관계를 긴밀화하였다. 그러나 박종만추모사업회가 현장 노동자들을 직접 개별적으로 조직화하려고 노력하지는 않았다.

박종만추모사업회가 〈운수노보〉를 발간하면서 운수노동상담소를 열어서 운수노동운동을 지원하는 선전홍보활동과 함께 운수노동이슈에 대한 상담, 노조설립과 활동에 대한 지원을 해나가는 대중적 사업을 시작한 1987년 3~4월은 다가오는 1987년 6·29 선언 이후 7·8월 노동자대투쟁을 준비하고 맞기 위하여 결과적으로 매우 적절한 시기였다.

이미 법인택시에서는 1987년에 들어서면서 임금교섭을 계기로 하여 역삼동 자동차회관 앞에서 택시기사들이 모여 대중적인 시위를 하는 등 기존의 낡고 은폐된 임금교섭관행, 사용자들이 주도하는 임금교섭에 대한 반발, 노조 지도부의 무능력 등 문제점이 드러나면서 〈운수노보〉

에 의해 폭로되고 있었다. 박종만추모사업회는 〈운수노보〉의 속보들을 지속적으로 발간하여 임금교섭 진행상황, 문제점들을 드러내고 그리고 현장 노동자들이 해야 할 일들을 주문하고 있었다. 이런 움직임 속에 이미 조직되어 있었으나 기를 펴지 못하고 있던 각종 단위노조들의 간부들을 고무하여 이들이 〈운수노보〉에 찾아와서 노조활동에 대해 상담하기 시작하고 있었다.

한편 서울에서 박종만추모사업회가 〈운수노보〉 발간을 하면서 노동운동 지원활동을 하는 체계를 꾸려나가자, 인천에서는 송영길이 중심이 되어 인천(나중에 인천부천)〈운수노보〉 발간과 노동상담을 하는 준비를 시작하였고, 성남에서는 이문범이 성남지역에서 택시노조를 지원하기 위한 활동을 준비하고 있었다.

1987년 7~9월 투쟁 속 〈운수노보〉(박종만추모사업회)의 바빠진 활동

1987년 호헌반대와 직선제개헌 투쟁이 6·29선언으로 수용되고 전두환 정권의 폭압이 느슨해지면서 민주화 분위기를 타자 전국의 노동현장에서 억눌렸던 노동자들이 들고 일어나기 시작하였다. 이른바 우리나라 노동현장을 뒤집어 놓은 1987년 7~9월 노동자대투쟁이다. 군사독재정권의 지원을 받아서 노동현장에서도 기업주들의 감시, 통제, 명령 아래 숨죽이고 있던 노동자들이 기존 노동질서를 거부하고 자주적인 노동조합을 만들고, 파업을 감행하였다. 노동자들이 민주노조를 만들어 사용자들이 거부해 온 단체교섭을 성사시켰을 뿐 아니라 상당한 임금인상과 노동조건 개선을 이루어낼 수 있었다.

이런 분위기에 힘입어 운수노조운동도 폭발하고 있었다. 이미 〈운수노보〉 발간을 통해서 노조활동도 지원하고, 각종 노동자권리에 관한 상담도 하고 있다는 것이 알려져 있었기 때문에 서울, 경기도, 다른 지역에서도 전화 문의, 혹은 직접 방문을 통해 노조설립이나 노조활동과 관련된 상담, 교육 요구 등이 쏟아져 들어왔다. 당시에는 상담일지에 상담 건이 크게 늘어나서 제대로 정리하기 어려울 정도로 많았다.

때로는 노조결성 혹은 노조활동과 관련되어 노조원 혹은 노조간부들이 모여 있으니 찾아와서 교육을 하거나 혹은 자기들의 문제를 해결하는데 도움을 달라는 주문도 적지 않았다. 1987년 7~9월 사이에는 때로는 합정동 마리스타 수도원에서 밤늦게까지 일하거나 밤에도 사무실로 찾아오는 노조간부들 상담, 혹은 노조에서 초빙하여 현장을 방문하여 상담을 하거나 교육을 하는 일도 많았다.

당시에는 법인택시가 훨씬 많았으나 시내버스, 시외버스에서도 각종 노조결성, 노조운영, 단체교섭, 파업, 어용집행부 교체 등 노조들의 문의, 요청이 많아서 눈코 뜰 새 없이 바쁘게 보냈다. 택시노조, 버스노조들이 새로 결성되거나 활성화되고, 기존 노조의 어용집행부가 있었던 곳은 민주적 집행부로 바뀌는 등 운수노동운동이 시시각각으로 변화하는 모습이 몸으로 느껴지던 때였다.

이와 함께 노동상담의 내용도 여전히 개별적 해고나 권리분쟁 등의 상담이 적지 않았다. 그러나 노조활동과 관련된 상담은 단체교섭, 파업, 어용 집행부의 교체 등과 관련된 내용으로 주로 개별 상담보다는 해당 노조의 노조간부들에 대한 집단교육을 통해서 해결하기 위해 노력하였다. 이런 과정에서 박종만추모사업회를 찾아온 노조위원장이나 노조간부 가운데 정기적으로 찾아와서 상의하거나 혹은 지속적인 관계를 맺으면서 운수노조활동을 함께 해나가는 사람들이 생겨나기 시작하였다. 뿐만 아니라 보다 적극적이거나 활동력이 있는 노조간부나 노조위원장에게는 우리 측에서 종종 연락을 하여 현재 활동내용이나 활동과정, 어려움이 없는지 물으면서 자문을 하기도 하였다.

또한 각 노동조합에서 교육요청이 종종 있어서 각 사업장의 노조사무실 등에 나가서 노동조합 간부교육, 조합원 교육을 하는 경우가 늘어났다. 이런 교육요청은 지방에서도 있어서 때로는 전국을 다니면서 교육을 하였다. 그러나 박종만추모사업회(운수노조)가 전국을 상대로 모든 요구를 수용하면서 활동하기에는 상근인력도 부족했고, 힘에 부쳐서 점차 서울, 특히 서울택시에 좀 더 집중을 하기로 하였다.

〈운수노보〉의 내용도 처음에 투쟁소식 보도를 넘어서 노조활동과 운영, 노동법 내용, 현재 단체교섭 등에서 쟁점이 되고 있는 내용에 대한 분석, 노조활동에 대한 도움이 되는 책 소개 등으로 변화되었다. 박종만추모사업회(〈운수노보〉)를 정기구독하면서 일하는 과정에서 종종 사무실에 들르는 회원들도 늘어나서 사무실 운영에 크게 도움이 되었다. 당시 사무실 운영은 사무실 임대료, 〈운수노보〉 발간비용, 전화요금, 식사비 등이었고 이들 비용은 회비, 후원회비 등으로 충당하였고 당시 사무실에서 일하던 상근자들은 별도로 월급이나 활동비를 받지는 않고 있었다.

서울택시 연례 임금교섭에 관여

1988년 서울 올림픽을 앞두고 서울시와 중앙정부는 택시 특히 서울택시의 안전운행과 서비스 질을 높이기 위해 택시수요 증가에 따른 택시증차라는 당근과 연계하였다. 그리하여 중앙정부와 서울시는 업적급식 월급제, 각종 복지혜택, 택시서비스 등을 심사하여 점수를 매겨서 좋은 점수를 받은 업체들은 우수업체, 수범업체로 선정하였다. 뿐만 아니라 당시에 승객이 많아서 택시 수입이 좋았기 때문에 택시사업주들도 지불여력을 상당히 갖추고 있던 때였다. 이런 정책과 사정은 택시의 임금교섭에 좋은 조건이었으나, 당시 서울택시노조지부와 택시노조들의 교섭력과 자주적인 노력의 부족으로 임금교섭이 좋은 성과를 낳지 못하고 많은 택시조합원들의 실망 속에서 종료되는 결과를 되풀이하고 있었다.

〈운수노보〉는 임금교섭이나 중요한 파업과 투쟁이 있을 때는 신속하게 속보를 발행하고 회원인 현장활동가들을 통해 노조사무실, 기사식당, 택시정류장 등에서 운수노동자들에게 배부하였다. 〈운수노보〉는 1988년 2월 24일 제12호 발행, 1989년 2월 27일 제24호, 1989년 8월 29일 30호 발행 등 매월 1회 발행의 원칙을 지키면서 박종만추모사업회가 현장의 운수노동자 및 노조운동과 연결되는 핵심적인 매체 역할을 똑똑히 해 왔다.

여기에 더하여 박종만추모사업회(〈운수노보〉)가 서울택시를 중심으로 활동의 초점을 맞추면서 서울지역의 택시노조 위원장이나 간부들과 자주 모여서 함께 할 수 있는 방안을 찾았다. 이런 상황에서 아무래도 가장 큰 공동관심은 임금과 관련된 것으로 당시에 업적급제, 도급제를 완전월급제로 바꾸고 임금수준도 높이는 것이었다. 이를 위해 매년 서울지역 법인택시 노사가 서울지역 전체 법인택시에 적용되는 임금을 다루는 업종별 임금교섭이 가장 주된 관심사였다. 개별 기업(택시회사)에서 일정한 변화나 차이가 없는 것은 아니지만, 임금체계나 임금수준과 관련된 가장 크고 중요한 결정은 서울지역 택시사업조합과 전국택시노련 서울시지부와의 교섭에서 결정 나게 되어 있었다.

1988~1989년 서울지역에는 모두 272개 택시회사가 있었고 240~250개 택시노조들이 있었으나 〈운수노보〉(박종만추모사업회)와 긴밀한 관련을 맺고 있는 곳이 15~20여 곳이 되었다. 긴밀한 관계는 아니었으나 그런대로 우호적인 관계를 맺고 있는 택시노조는 30여 개 정도가 되었다. 노조 대표는 아니었으나 택시노조의 활동가로서 당시에 노조의 간부를 하고 있는 택시기사들도 적지 않게 찾아왔다. 뿐만 아니라 노조간부는 아니었으나, 소극적이거나 회사에 협조적인 노조 위원장 밑에서

〈운수노보〉를 배부하고, 다른 활발한 노조들의 소식도 들으면서 노조 지도부를 개혁하고자 하는 택시활동가들도 20~30명가량이 운수노조를 찾아왔다.

〈운수노보〉를 통한 홍보과 선전 노력은 1987년에는 서울택시 지역 수준의 은밀한 임금교섭과정을 공개하고, 지역수준의 임금교섭에 관심을 갖도록 하는데 집중되었다. 1988년 서울택시 임금교섭이 결렬되자 서울지방노동위원회가 조정을 통해서 기본급 4% 인상안을 제시했는데 당시로서는 수용하기가 곤란한 상황이었다. 그런데 이를 서울택시노조 지부장과 지부측 교섭위원들이 수락함으로써 현장 조합원들의 분노를 야기하여 4월 29일 영등포 일대에서 대규모 차량시위를 전개하였다. 이를 계기로 1988년 7월 28일 택시노련 서울지부 개편이 이루어져 교섭위원들이 교체되고 지부장이 새로 선임되었다.

1988년부터 긴밀한 관계를 맺고 있는 택시노조 위원장과 노조간부들이 늘어나자 〈운수노보〉는 이들과 함께 1988년 임금교섭에 참여할 교섭위원(용진흥업노조의 인현선 위원장, 고려운수노조의 강승규 위원장)이 되거나 임금교섭 과정을 공개하도록 하는 압력을 보다 조직적으로 가하는 방식으로 나아갔다. 당시에 강동통상의 신광운, 남성흥진의 송동진, 영진통운의 이덕로 등 위원장들도 함께 참여했던 것으로 기억난다.

이를 위한 다양한 모임과 노조위원장이나 노조간부 교육도 해나갔다. 그러면서 동시에 서울택시노조지부의 최고의사결정 기구인 택시노조 위원장들이 모이는 회의에 위원장이 아닌 노조간부들도 참여하여 참관하도록 독려하기도 하였다. 이런 과정에서 택시노조 위원장들이나 노조간부들은 개별 택시노조의 수준을 넘어서는 자연스런 연대활동, 택시 교섭구조, 그리고 교섭대표 선임문제, 교섭과정과 낡은 교섭관행의 문제 등을 좀 더 깊이 있게 알게 되었다. 이미 이때 서울택시지부에 들어가서 일하고 있던 후배 강충호도 실무적으로 일하면서 힘을 보탰다.

1988년 11월 8일에는 박종만추모사업회(〈운수노보〉)가 그동안 1년 18개월 동안 세들어 있던 합정동 마리스타 수도원을 떠나 동대문구 삼선동 3가 5-1, 돈암동 교회 110호로 사무실을 이전하였다. 택시회사가 많이 소재하고 있었던 도봉구, 노원구, 중랑구, 강동구 등에서 거리상으로 멀었던 합정동에서 삼선동으로 옮겨가면서 택시노조 활동가들이 좀 더 가깝게 방문할 수 있는 곳으로 이전한 것이다. 이때는 조인식 여사, 나와 임삼진, 신명식 등이 함께 하고 있었다.

　1989년에 들어서는 전국택시노련 서울시지부를 중심으로 1월부터 임금교섭을 위한 움직임이 달라지고 빨라졌다. 1월 20일, 1989년도 서울택시지부 노조 위원장 총회에서 완전월급제 쟁취 결정과 함께 교섭위원들이 다시 선임되었는데, 이번에도 〈운수노보〉와 가까운 용진흥업의 인현선 위원장, 고려운수의 강승규 위원장 그리고 우호적인 이일렬 위원장 등이 교섭위원으로 선임되었다. 서울택시지부에서 일하던 강충호가 임금교섭 준비 및 투쟁계획 수립과 추진에서 중요한 역할을 하고 있었다.

　3월 8일에는 전국택시노련 완전월급제 쟁취 중앙결의대회가 한국노총 강당에서 6대 도시의 노조간부 1,700여 명이 참석한 가운데 열렸다. 이런 와중에 〈운수노보〉에서 일하고 있었던 나는, 긴밀하게 협력하고 있던 택시노조 위원장, 노조간부들과 함께 발맞추어 서울택시노조 지부에서 준비하고 있던 임금교섭, 임금투쟁에 힘을 보태기 위해 다양한 택시임금에 관한 홍보, 임금교섭과 투쟁에 관한 교육을 하였다. 종로에 있는 사무실을 빌려서 200여 명이 넘는 택시노조 위원장과 노조간부들을 상대로 집회를 방불케 하는 교육을 하면서 분위기를 돋우었다.

　4월 17일에는 서울택시 완전월급제 쟁취 중앙결의대회가 보라매공원에서 조합원 1만여 명, 차량 2,500대가 동원된 가운데 열렸다. 5월 2일~6일까지는 서울택시 227개 노조, 차량 18,000여 대(조합원 19,796명)가 완전월급제를 요구하며 참여한 가운데 총파업을 벌였다. 이렇게 서울택시지부가 산하 노조와 함께 대규모 투쟁을 준비하고 전개하는 과정에서 〈운수노보〉는 자세한 임금교섭과정과 문제점을 지적하면서 투쟁을 독려하는 내용으로 〈운수노보〉 속보를 계속 발행하였다.

5월 6일, 서울지방노동위원회가 기본급 20.4% 인상, 소형택시 사납금기준액 33,150원에서 37,500원으로 인상하는 1989년 서울택시 임금협정 중재재정을 내렸다. 그러나 이번에도 사납금 인상에 불만을 품은 조합원과 노조간부들의 비판에 직면하여 윤기섭 지부장은 물러나고 말았다.

7월 11일, 1989년도 서울택시 위원장 임시총회에서 지부장 보궐선거가 이루어져서 정상기 극동운수 위원장이 지부장으로 선출되었다. 정상기 지부장은 〈운수노보〉에 깊은 관련을 맺고 있던 노조위원장들과 비교적 가까운 사이로 이들의 지지에 도움을 받아서 지부장에 당선된 것이다.

이 당시 가장 안타까운 것은 택시노동운동을 하던 노조위원장이나 간부들이 회사와 극단적으로 대립하는 과정에서 분신, 음독, 구타 등으로 사망한 사건이 유독 택시에서 많이 일어났다. 노동운동이 더욱 격렬했던 제조업 현장에서보다도 택시에서 유달리 노조활동과 관련된 분신 등 사망 사건이 많이 지속적으로 발생하였다. 어떤 경우에는 조직적으로 해결할 수 있을 정도가 되지 못하고 고립되어 일어나기도 했고, 다른 경우에는 혼자서 책임을 지고 해결하겠다고 하다가 일어난 경우도 있는 등 다양하였다.

처음에는 재야단체나 노동단체, 노조들이 달라붙어서 원인을 규명하고 책임자 처벌과 보상을 요구하고 장례식을 치르는 등을 했으나 노조가 약하거나 지원할 만한 노조나 세력이 없는 곳에서 일어난 사고에 대해서는 문제제기를 제대로 못하거나 원만한 해결책 제시도 없이 장례식을 치르거나 가족들에게 돈을 주고 장례식을 치르게 함으로써 끝나는 경우도 있었다. 이렇게 희생된 택시노조 위원장이나 간부들 가운데 추도식을 제대로 치르는 경우는 거의 없는 실정이다.

1990년 3월 서울택시지부에서 상근간부로 일하다

전국택시노련 서울택시지부장에 정상기가 당선되면서 이미 서울택시지부에 일하고 있던 후배 강충호에 이어서 이동섭 선배가 서울택시지부에 들어갔다. 〈운수노보〉(박종만추모사업회)와 가깝게 지냈던 택시노조위원장들(고려운수 강승규 위원장, 강동통상 신광운 위원장, 용진흥업 인현선 위원장, 대흥운수 김인철 위원장 등)이 정상기 지부장에게 나를 서울택시지부에 데려가라고 압력을 넣었다. 정상기 지부장으로서는 서울택시노조에 일정한 영향력을 가진 나를 지부에서 일하게 하는 것이 부담이 되었던지 망설임 끝에 1990년 3월에 나는 서울택시지부에 교육선전차장이라는 직함으로 일하게 되었다. 한편 운수노보에서 함께 일하던 신명식은 같은 시기 전국택시노련 노사대책국으로 들어갔다.

아마도 〈운수노보〉에서 서울택시노조의 일부 위원장들과 함께 조직적으로 서울택시지부에 다양한 압력을 넣고 영향을 미치는 것보다는 아예 서울택시지부로 끌어들여서 안에서 통제하는 것이 나을 수도 있겠다는 판단도 동시에 했을 것이다. 당시에 〈운수노보〉(박종만추모사업회)라는 재야노동단체에서 일하던 내가 전국택시노련 서울시지부에서 일하게 된 것 자체가 기존 노조 위원장들에게는 꽤 충격이었던 모양이다.

한편으로 나는 1988년에 아내가 출산 후 다니던 직장을 그만두고 수입이 줄어들어서 어렵게 생계를 유지해 오고 있었다. 나로서는 수입도 없는 〈운수노보〉에서 계속 일하는 것이 쉽지 않은 상황이었다. 전국택시노련 서울택시지부에서 일하면서 적지만 월급도 받아가면서 제도권 내에서 하고 싶은 일을 할 수 있게 되어서 다행으로 생각하였다.

당시에 원래 서울택시지부에 있던 간부들(이정인 사무국장, 김의선, 이태영 등)과는 적지 않은 차이가 있었지만, 그래도 적응을 하면서 호흡이 아주 잘 맞았던 이동섭 선배, 강충호와 같이 할 수 있어서 문제는 없었다. 1990년 서울택시지부의 상근간부로 들어가기 전인 1990년 2월부터 서울택시 임금교섭 준비가 시작되어 서울택시지부로 출근하자마자 임금교섭에 관한 홍보로 바빴다. 주어진 역할이 교육선전이었기 때문에 주로 홍보를 담당하면서 서울택시노보를 임금교섭시기를 맞아 임투속보로 발간하여 노조를 통해서 그리고 교대시간에 가스주유소 등에서 대량으로 배포하였다. 서울택시지부로 찾아오는 노조 위원장이나 간부들과도 노조활동, 개별상담도 하면서 노조활동을 독려하고 사용자들에게 어떻게 대응하는지에 대해서도 일종의 자문을 하였다.

정말 〈운수노보〉에 있을 때보다도 더욱 정신없이 낮에는 지부 사무실에서 임투속보 등 홍보물 작성, 각 단위노조에 연락을 하면서 보냈다. 야간 교대시간이나 야간에는 택시가 많이 몰리는 강남역 일대에서 임투속보를 배부하는 등 밤낮을 가리지 않고 일하였다. 서울택시지부는 단위노동조합이 230~240개 정도에 조합원수가 4만 명이 되는 거대한 조직으로, 그 내부는 활발한 노조, 중간적인 노조, 어용 집행부, 노조집행부가 의욕은 있으나 힘에서 회사측에 밀리는 노조 등 다양하게 구성되어 있었다. 이들을 일사분란하게 움직이는 것은 그리 쉬운 일은 아니었다.

나는 홍보 이외에도 지부 사무실에서 각 단위노조에 전화 등으로 각종 임금관련 결의대회, 촉구대회에 참여하도록 독려하는 역할을 맡았다. 1990년에는 그 전보다도 다양하게 노조 위원장, 노조간부, 조합원들을 동원한 각종 결의대회 그리고 5월 10일에는 택시 7,000대, 조합원 1만 2,000여 명이 동원된 임금교섭 타결 촉구대회를 열었다. 경찰의 원천봉쇄로 차량시위와 투석전이 전개되기도 하였다. 아래로부터 조합원들을 동원한 투쟁으로 교섭상대인 서울택시사업조합에 압력을 넣었으나 당시에 서울택시지부가 목표로 했던 단계적 완전월급제로 가는 개선을 달성하지 못하였다. 다만, 기본급 7%, 상여금 월 분할지급, 지급제한조항 수정 등의 일정한 성과를 거두고 임금교섭을 마무리 지었다.

나는 개인적으로 서울지역 택시총파업에 돌입하는 등 더욱 강하게 길게 싸웠으면 했으나 서울택시지부의 단결력이나 투쟁력이 이 정도였던 것이다. 당시에 나와 함께 했던 택시의 민주노조 위원장들은 1990년 임금교섭과 투쟁에서 총파업에 돌입하지 않은 정상기 지부장에 대해 투쟁력이나 의지가 없다면서 비판하고 불신하는 입장이었다.

1990년 성북구에 있던 대흥운수에서는 회사 측의 도급제 시도에 대항하여 장기적인 파업을 벌이고 있어서 1990년 하반기에는 대흥운수노조에 대한 지원과 임금협정의 근간을 허물고 있던 택시 도급제, 지입제의 근절을 위한 투쟁과 서울시에 적극적 단속을 주문하는 투쟁에 집중하였다.

1991년 임투로 구속되다

5월 7일	91 임투 승리를 위한 전진대회(5,000여 명 참여)
6월 3일	91 임투 보고대회(500여 명 참여)
6월 5일	단위노조별 차량시위 찬반투표(155개 노조 투표자의 90.3% 찬성)
6월 7일	서울택시사업조합이 있던 교통회관 차량시위(차량 3,000여 대, 조합원 5,000명 참석)
6월 10일	조합원 총파업 찬반투표(단위노조별 실시) – 238개 노조에서 총 투표자의 90.5% 찬성으로 총파업 가결
6월 10일	서울택시사업조합에서 위원장 171명 12박 13일 농성 — 임금교섭 타결 촉구와 파업투쟁 승리 농성

> 6월 12일~22일 서울택시지부 산하 215개 단위노조 3만여 명이 참여한 총파업(참여율 80.8%)
> 6월 13~19일 이틀에 한 번 4차에 걸쳐서 임투보고대회를 단위노조 위원장들이 모여 농성을 하고 있던 교통회관 앞에서 3,000~5,000명 정도가 참여한 가운데 진행
> 6월 24일 1991년도 임금협정 체결(기본급 10.5%, 상여금 근무일수에 따라 300~400% 차등지급

1990년 임금교섭과 임투를 아쉬움 속에서 마무리한 뒤 1991년 2월부터 다시 1991년 임금교섭의 방향을 결의하는 등 임금교섭을 준비하였다. 2월 20일 택시요금 인상(소형 11.7%, 중형 7.1%)가 이루어져 임금교섭을 할 수 있는 여지가 좀 더 커졌다.

위의 임금교섭과 임투 일정에서 보듯이 240여 개 단위노조의 조합원 4만여 명을 동원하여 지역 업종별 임금교섭을 진행하는 것은 상당한 준비가 필요하였다. 현장 조직 동원을 위해 조합원들이 임금교섭 과정과 교섭목표, 교섭목표를 달성하기 위한 우리의 조직적 노력에 대한 이해가 필요하였다. 이를 위한 매우 입체적인 노력(교육, 홍보, 각종 회의, 결의대회 등 각종 집회)이 임금교섭 진행 중에 이루어졌고, 이것이 모여서 차량시위, 약 11일에 걸친 3만여 명의 총파업으로 연결되었다.

단위노조 위원장들이 서울교통회관에서 농성을 하고 있으면서 동시에 파업이 진행될 때는 나는 주로 동대문구 장안동에 있던 서울택시지부 사무실에서 중앙의 교섭 및 투쟁방침과 단위노조 현장들을 연결하는 역할을 맡았다. 때로 단위노조 위원장들이 사업주와 담합하여 교섭소식이나 투쟁방침을 왜곡하는 경우도 있어서 이를 막고 제대로 소통이 되기 위해서는 홍보의 역할이 막중하였다. 나는 후배 강충호와 함께 각종 임금교섭 진행상황, 위원장들의 농성, 조합원들의 차량시위 등 투쟁 소

식, 조직의 동력을 높이기 위한 홍보를 도맡아 하였다. 이동섭 선배는 김의선, 교섭간사인 이태영과 함께 주로 농성장에서 농성의 긴장감이 떨어지지 않게 유지하면서 정상기 지부장을 돕고 있었다. 나와 강충호는 전화나 홍보 그리고 지부로 찾아오는 단위노조 간부들을 통해 함께 투쟁에 조직동원을 위한 독려를 하였다. 서울택시지부의 모든 간부들이 차량시위와 총파업을 조직하고 이를 유지하여 교섭력을 높이는 데 혼신의 노력을 하였다.

서울택시지부가 3만여 명의 조합원들이 참여한 가운데 11일간의 총파업 투쟁을 하면서 서울택시사업주들을 압박하고 임금교섭을 서둘렀으나, 사업주들의 버티기는 생각보다 완강하였다. 서울택시지부가 임투를 전례 없이 매우 체계적으로, 서울택시 전체 파업 등 투쟁을 할 것을 준비할 때 서울택시사업주들도 나름대로 단단히 마음을 먹은 듯 완전월급제로 단계적으로 가는 임금체계 개선은 거부했고 다만 기본금 인상 등에 일정한 양보를 하는 식이었다.

서울택시 총파업이 1주일이 넘어가면서 단위노조에서 단결력이 약하거나 노조 위원장의 의지가 약한 혹은 사업체에서 사업주에게 덜미를 잡혀 있던 노조 위원장이 있는 곳들부터 동요하면서 파업을 풀기 시작하였다. 총파업의 위세는 이미 정점을 지나 내리막길에 들어서고 있었다. 결국 정상기 지부장은 임금교섭을 마무리 짓고자 타협을 하면서 6월 24일 임금협정을 체결하였다.

파업이 끝나고 임금협정이 체결되자, 나는 투쟁이 고양되고 잘 진행될 때 온 몸으로 전해졌던 단단한 힘이 쭉 빠지면서 왠지 모를 설움 같은 슬픔이 몰려왔다. 파업과 임금협정이 종료되자 나는 지부 사무실에서 앉아서 주체할 수 없는 울음을 쏟았다. 서울택시노조 온 조직과 함께 쓸 수 있는 모든 방법을 다하고 온 힘을 다해 싸웠는데, 패배라기보다 무언가 무거운 장벽을 맞닥뜨리고 쉽게 돌파할 수 없을 때 느끼는 한계를 온 몸으로 절감하면서 터져 나온 울음이라고나 할까.

내가 보기에도 서울택시지부는 전 조직을 동원하여 싸울 만큼 싸웠고, 그 파업과 차량시위의 한계, 사업주들의 완고한 저항 등을 1991년 임투에서 경험하였다. 이제 더 무엇을 어떻게 할 수 있을 것인가가 좀 막막해졌다. 이렇게 1991년 임투를 마치고 이번 총파업과 차량시위의 후과가 있을 것이라는 예감을 하고 있던 7월 8일 집으로 형사들이 들이닥쳐서 나를 동대문서로 끌어갔다. 정상기 지부장, 김의선, 이태영, 배규식, 강충호 이렇게 5명이 끌려와서 근로감독관들과 경찰의 조사를 함께 받았다. 차량시위로 인한 집시법과 도로교통법 위반, 그리고 서울택시 총파업을 노동쟁의발생신고 등의 절차를 거치지 않고 한 혐의로 노동쟁의조정법 위반으로 구속 기소되었다.

나는 1978년 박정희 유신정권 아래 긴급조치9호 위반으로 성동구치소에서 2년을 선고받고 9개월 반의 징역을 산 적이 있고 1986년 5월에 〈운수노동신문〉 유인물 배포 중 서울구치소에 구속되었다가 1개월여 만에 풀려났던 적이 있었다. 그런데 이렇게 파업과 연관되어 집시법, 도로교통법과 노동쟁의조정법 위반으로 구속되니 과거 정치범으로 구속되었을 때와 다른 느낌이었다. 이때 변호를 맡았던 분이 김선수 변호사(나중에 대법관이 됨)였는데, 성실히 변호해 주었다. 징역살이가 짧았지만 마음은 불편하였다.

그런데 정상기 지부장과 함께 징역을 사는 동안 임기(2년)가 만료되어 8월 20일 서울택시지부장 선거가 있었는데, 정상기 지부장은 옥중 출마를 하였다. 이때 서울택시 민주파의 대표로 강승규가 출마를 해서 좀 불편한 상황이 연출되었다. 어쨌든 정상기 지부장이 옥중에서 재선되었다. 9월 12일 구속된 5명이 두 달 만에 징역 1년 집행유예 2년을 받고 풀려났다.

나는 징역에서 풀려났으나 서울택시 민주파들이 정상기 지부장과 관계가 틀어지면서 서울택시지부에서 내 입지도 이상해졌다. 더구나 1991년 임투에서 모든 힘을 쏟아서 다양한 방법을 이용하여 조직을 동원하고 총파업, 차량시위 등의 투쟁을 했는데도 불구하고 교섭력의 한계를 절감한 상황에서 택시노조운동의 앞날이 흐릿해졌다.

그러던 중 정상기 지부장은 1991년 많은 노력에도 불구하고 택시노조에서 만족한 만한 결과를 내놓지 못하고 1992년 임금교섭에 들어가는 것에 부담을 느꼈던 것 같다. 그는 1992년 4월인가 자진사퇴를 하고는 택시노련에 상임부위원장으로 갔다가 방향을 바꾸어 어느 택시회사의 고용 사장으로 가버렸다. 이렇게 되자 서울택시지부는 바로 1992년 4월에 다시 지부장선거를 치렀고 그동안 서울택시 민주파를 대표했던 고려운수 강승규가 나서서 지부장에 당선되었다.

강승규 지부장을 세운 서울택시 민주파 노조는 30개 안팎으로 전체의 20%가 되지 않을 정도로 아직은 세력이 크지 않았다. 그래서 한편으로는 아래로부터 조합원들을 동원하여 소극적인 단위노조 위원장들에게 압력을 가하도록 하고 위로는 단위노조 위원장들을 화합하고 단결하게 하는 것이 중요하였다. 지부장 선거 때 유력후보자로 나섰던 문병원을 부지부장에 임명함으로써 서울택시지부의 단결을 도모하고자 하였다. 그러나 이런 조직통합을 위한 화해노력은 후반기에 교섭위원 매수로 배반당하고 말았다.

1992년 완전월급제 투쟁, 매수당한 임금교섭으로 좌절

정상기 지부장이 사퇴하고 서울택시지부장 선거, 그리고 강승규 지부장의 선출과 지도부 정비 등으로 적지 않은 시간이 흘러 다른 해보다는 임금교섭 준비, 임금교섭 개시 시기가 늦어지고 있었다. 강승규 지부장이 되고 서울택시지부의 간부는 김의선, 이태영, 이동섭, 강충호, 배규식, 최영묵, 원영환 등이었다. 현장의 활동가들을 서울택시지부에 참여하도록 하기 위해 조직선봉대라는 조직을 만들어 각종 임투속보 배부를 포함한 홍보활동, 현장조직 동원, 향후 단위노조 위원장 후보 만들기, 각종 문화활동과 노보만들기 등에 참여 등을 할 수 있게 하였다. 위원장들에 대한 교육과 각종 회의를 통한 임금교섭 방향 논의, 서울 구역별 집회, 문화제 등을 통해 임금교섭 분위기를 띄우며 조직동원을 하고자 하였다. 당시의 기록이 없고 정확하게 기억을 할 수가 없어서 당시의 자세한 임투준비 상황 등을 정리하지 못하겠다.

또한 6대 도시를 함께 묶어서 서울이 중심이 되어 공동교섭과 공동투쟁을 해나갈 계획을 세웠다. 그 당시에 전국택시노련에는 우윤식, 신국철 등이 있으면서 서울택시지부의 움직임에 맞추어서 다양한 지원을 하고 있었다. 지역에는 인천택시지부장 구수영과 사무국장 신명식(전국택시노련에서 이직), 광주택시지부도 함께 하고 있었다.

임금교섭위원은 서울택시지부 위원장들의 회의에서 모두 7명이 선출되었는데, 모두가 마음에 들지는 않았으나 지부장, 교섭위원간사로 이동섭 선배가 들어가고 있었고, 김효기와 같은 믿을 수 있는 교섭위원이 있으니 특별히 문제가 될 것이 없다고 생각하였다.

다만, 한 가지 마음이 걸리는 것이 있었으니, 1992년 임금교섭 요구안 마련과 관련되어 있었다. 사실 나는 다른 것을 하느라 정신이 없는 상태에서 서울택시지부 주요 간부들과 민주파 단위노조 위원장들이 모여서 1992년 임금교섭 요구안으로 완전월급제의 쟁취, 월 23일 만근, 그리고 임금인상률도 비교적 높게 요구했던 것이었다. 1991년도 임투 때 강력한 조직 동원에도 불구하고 임금체계 개선을 하지 못한 점에 비추어 완전월급제 요구가 실현가능한 요구였던가 하는 점, 당시의 택시수입금 가운데 서울택시지부가 요구한 임금을 주기에는 너무 높았던 점 등에 대해 제대로 따져보지도 못하였다. 다만 강승규 지부장 시절에 이런 요구와 투쟁을 하지 못하면 언제 하겠냐는 나름대로 강력한 주장에 밀려서 문제제기도 못했던 것이다.

1992년 전국택시노련 서울택시지부의 임금교섭과 임투일정

1992년 7월 13일　서울택시 대동제(한양대 야외국장)에서 2만여 명 조합원이 참석한 가운데 완전월급제 쟁취의 투쟁의지 고취

1992년 7월 16일　1차 임금교섭.

1992년 8월　　　서울택시사업조합 이사장 이광열이 서울택시지부 부지부장이던 문병원과 공모하여 서울택시지부 교섭위원 7명에게 각각 3,000만 원씩 주기로 하고, 돈이 입금된 통장(한국투자신탁 잠실지점 발행 예금통장)을 교섭위원들에게 보여주고 강승규 지부장, 이동섭 간사, 김효기 교섭위원 몰래 사업조합측이 요구한 정액사납금제 협약안에 서명을 해주기로 하였다.

1992년 8월 29일　서울택시지부 강승규 지부장, 교섭간사 이동섭, 교섭위원 김효기 모르게 매수된 서울택시지부 교섭위원들 6명이 정액사납금제 등 사업조합측의 요구한 임금교섭안에 날치기 서명을 하고 도주.

1992년 8월 30일　서울택시지부 위원장들과 조합원들은 경기도 남양주 어느 호텔에 집단으로 숨어있던 매수된 노조 측 교섭위원 6명을 붙잡아서 서울택시사업조합으로 가던 중 이들을 빼돌려서 한국노총 8층 농성장으로 데려옴. 동시에 서울택시지부 간부, 단위노조 위원장 그리고 선봉대 요원들이 한국노총에서 무기한 농성에 돌입하였음.

　　　　　　　　한국노총 강당에 갇혀 있는 매수당한 교섭위원들의 가족 등

이 감금혐의로 서울택시지부를 고소하겠다고 하는 등 위협을 가했으나 흔들리지 않았고, 영등포경찰서에서도 당시에 간부가 한국노총으로 찾아와서 8층 강당의 상황을 알고 감금혐의로 보기 어렵다고 함.

이때부터 며칠을 보내면서 이동섭 교섭간사를 포함한 서울택시지부 간부들이 이들을 상대로 때로는 달래기도 하고 위협하기도 하면서 조사를 통해서 매수사실을 밝혀냄,

1992년 9월초부터 서울택시지부 임투속보 등을 통해서 1992년 임금교섭을 서울택시사업조합의 이광열 이사장, 문병원 부지부장이 공모하였고, 6명의 교섭위원들이 매수되어 완전월급제는커녕 정액사납금제에 합의하는 사기를 저질렀다는 사실을 조합원들에게 알림.

〈한겨레신문〉을 포함한 주요 언론에 이 사실이 크게 실리도록 언론화 작업도 진행하였으며, 당시 노동부에 출입하고 있던 김*철 기자가 큰 관심을 갖고 지속적으로 기사를 써서 사건이 장기화되는 데 따른 언론관심의 점진적 감소를 막을 수 있었음.

당시에 서울택시지부가 이광열 서울택시사업조합 이사장이 주도하여 서울택시지부 교섭위원 6명 + 1명(문병원 부지부장)을 매수하여 임금협정을 날치기한 사실을 밝혀냈고 신문에 보도되었음에도 불구하고 경찰, 노동부, 검찰이 제대로 진상을 밝히지 못하고 시간만 가고 있었음.

1992년 9월 22일 1차 택시 3,000여 대 동원하여 도심 대규모 차량시위(영등포로터리, 미아삼거리, 잠실 교통회관 등 서울시내 20여 곳)와 총파업을 통해 노동부, 경찰, 검찰 등 정부 당국에 택시교섭위원 매수사건 진상규명을 촉구함. 경찰은 1만

도심 차량시위 중인 서울택시.

　　　5천 명의 병력을 동원해 택시조합원 460여 명을 연행하고 차량 380여 대 견인함.
1992년 9월 30일　2차 도심(서울역 교통부 청사 앞 등) 차량시위.
1992년 10월 20일경 당시 민주당의 홍사덕 대변인이 사업조합인가 어디에 근무하던 직원의 제보로 이광열 이사장이 매수된 교섭위원들에게 돈을 지급한 통장번호를 밝히면서 수사가 급진전되었음. 만약 홍사덕 대변인의 계좌번호 폭로가 없었다면, 경찰, 검찰이 수사를 제대로 해서 진상을 밝혔을지는 미지수임.
1992년 10월 25일 이광열 이사장, 서울택시지부 문병원 부지부장, 조환현 교섭위원 등 3명이 배임수재미수 혐의로 구속됨.
1992년 11월 4일　서울택시지부 강승규 지부장과 서울택시사업조합 이광열은 서울지방검찰청 415호 검사실(천성관 검사)에서 1992년 매수로 이루어진 임금협정안을 무효화하고 1991년도 임금협약을 1993년 4월말까지 유지시키기로 합의.

1992년 12월 25일 택시노련 서울시지부장 문병원 부지부장은 배임 증수죄미수죄로 징역 1년, 서울택시사업조합 이사장 이광열은 징역 1년에 집행유예 2년, 다른 매수된 교섭위원들도 집행유예 2년을 받음.

한국노총에서 서울택시지부의 농성이 장기화되자, 한국노총 산하 조직인 전국택시노련 서울시지부의 절박한 농성임에도 불구하고 한국노총 간부들도 은근히 부담스러워하면서 나가주었으면 하는 눈치였다. 그러나 1992년 10월 25일 서울택시사업조합 이사장 이광열, 서울택시지부 문병원 부지부장, 조환현 교섭위원 등이 구속되어 진상이 밝혀지기 전에는 한국노총 농성장에서 나갈 수 없었다. 다행히 1992년 10월 25일 이들이 구속되면서 10월 26일 강승규 지부장, 김인철 위원장, 이동섭 교섭간사는 한국노총에서 일부 노조위원장과 조합원들이 참석한 집회에서 날치기 당한 임금협정 무효, 임금 재교섭을 다짐한 후 경찰에 출두하였다. 이렇게 여의도 한국노총 8층 강당에서의 약 두 달에 걸친 농성을 마무리 하였다.

나는 1991년 서울택시 파업으로 집행유예의 몸이었기 때문에 농성장을 미리 빠져 나왔다. 만약 이때도 경찰에 연행되면 1991년 집행유예에 1992년 차량시위 등을 주도한 혐의로 징역을 오래 살 수 있기 때문에 일단 피하고 보았다. 내가 서울택시지부 사무실에서 일을 하고 있을 때 청량리 경찰서에서 나온 형사들이 나를 잡으러 와서 내 이름을 부르며 물어보았으나 사람들이 눈치를 채고 '없다'고 하는 사이에 나는 사무실을 빠져나와서 몸을 피하였다.

더욱 좌절했던 것은 1992년 임금교섭과 관련하여 무언가를 해보려 했으나 이미 파업과 차량시위로 조직대열이 무너졌다는 점이다. 여기에 힘이 약한 노조나 위원장이 사실상 어용인 노조들이 매수공작으로 맺어진 임금협약대로 개별사업장별 합의를 하고 있었다. 서울택시지부 268개 노조 중 120개 노조가 기존 임금협약보다 임금체계가 개악된 개별협약(정액사납금제)*을 맺고 있었다. 11월 4일 검사실에서 이광열 서울택시사업조합대표와 강승규 서울택시지부장 간에 '매수로 맺어진 1992년

* 택시를 잘 모르는 분들은 용어에 익숙하지 않아서 설명을 하면 이렇다. 완전도급제는 월급이 없이 정해진 사납금을 사업주에게 납부하고 그 나머지를 택시기사가 가져가는 식이다. 이 제도는 1984년 5월 25일 대구택시 집단시위 사건에서 사업주들이 여름을 맞아 사납금액을 내려야 하는데도 이를 지연시킨데 택시기사들이 분노하여 폭발하였다. 이에 당시 전두환 정권이 놀라서 대구 택시기사 시위의 주동자를 구속하여 처벌하는 한편, 그해 12월에 '업적급식 월급제'를 만들어 사업주들에게 이행하라고 밀어붙였다. 업적급식 월급제는 회사택시기사가 하루에 벌어들인 돈을 모두 납부하는 운송수입금 전액 납부를 강제하되 월 고정월급을 정하고 일정액(기준액) 이상에 대해서는 6(기사):4(회사)로 나누어 지급하는 방식이었다. 만약 성실히 근무했어도 월 일정액(기준액) 미만을 벌었을 경우에는 월급에서 공제할 수는 없다. 이와 달리 정액사납금제는 월 일정액의 사납금을 정하고 그 이상 벌어들인 수입금은 모두 택시기사가 가져가도록 하되 일정액의 사납금에 대해서는 월급을 지급한다. 운송수입금 중 사납금액 이상의 금액을 택시기사가 모두 가져가기 때문에 6:4로 나누어 고정월급에 추가로 지급하는 금액은 없었다. 물론 업적급식 월급제보다 월급액은 적다. 노조는 정액사납금제가 택시기사들의 과속, 법령위반, 장시간 노동을 강제하는 원흉으로 보고 이를 결사반대했으며, 1984년 대구택시시위사건 이후 정부 당국도 이를 개선하여 마련한 것이 업적급식 월급제였던 것이다. 노조는 완전월급제를 주장해 왔는데, 완전월급제는 택시기사가 성실히 일하고 벌어들인 모든 수입금을 회사에 납부하면, 회사는 수입금과 관계없이 일정액의 월급을 지급해야 한다는 것이고 차등을 두면 안된다는 것이다. 사업주들은 업적급식 월급제에서 정액사납금제로 바꾸기를 원했고 노조는 업적급식 월급제에서 완전월급제로 바꾸기를 원하여 정면충돌한 것이다.

의 임금협정을 무효화한다'는 합의를 무색하게 하고 있었다. 이들을 말릴 힘이 단위조직이나 서울택시지부에 없었다. 이렇게 기존 임금협정을 지키지도 못하고 오히려 크게 후퇴한 정액사납금제를 확대하는 데 동의할 정도로 단위노조 가운데 약하거나 사업주들에게 끌려 다니는 노조들이 많았던 것이다.

나는 1992년 서울택시 임금교섭과 투쟁과정에서 너무나 억울했고 다행히 나중에 진상이 드러나서 마무리 지을 수 있었던 과정을 그냥 두고 있을 수 없었다. 강충호와 나 둘이서 서울택시 1992년 임금교섭위원 매수사태 보고서를 작성하여 임금교섭 준비, 임금교섭, 교섭위원 매수사건, 차량시위 등 매수사건 진상규명 요구 차량시위 등 전말을 낱낱이 기록해 두었다. 한 가지 아쉬운 점은 당시에 나중을 위해서 빨간 표지의 보고서를 작성했으나 그 보고서를 찾을 수 없어서 이 글을 쓰는 데 참고하지 못하였다.

택시노동운동의 좌절 속 택시를 떠나면서....

전체적으로 보자면, 1992년 임금교섭과 임투는 사업조합 이사장, 매수에 앞장선 부지부장, 매수된 교섭위원들을 구속시킴으로써 개별 전투에서는 보기 좋게 승리하였다. 그러나 1992년 임금교섭과 임투라는 전쟁에서는 전국택시노련 서울택시지부는 크게 패배한 것이었다. 나의 다른 동료들은 몰라도 나는 적어도 그렇게 평가하였다.

더구나 날치기 매수로 체결된 1992년 서울택시임금협정은 11월 4일로 늦기는 했으나 서울택시지부장과 서울택시사업조합 이사장이 무효로 하기로 합의까지 한 것이었다. 그러나 서울택시지부가 서울택시사업조합의 노조 측 임금교섭위원 매수사건의 진상을 밝히기 위해 투쟁하는 가운데 단위사업장에서 개별적으로 임금협정을 합의해 나간 것이다. 단위노조들에서는 사업주들과의 교섭력에서 밀려서 기존 임금협약을 지키지도 못하고 오히려 정액사납금제라는 임금체계의 후퇴를 수용한 것이었다.

이런 점에서 보면 당시 서울택시지부는 매우 허약한 토대(단위노조) 위에서 서울택시지부 집행부의 선도적 투쟁, 일시적 조합원 동원에 의존하여 이상적인 완전월급제를 쟁취하고자 했던 것이다. 만약에 서울택시지부에서 완전월급제는 아니나 업적급식 월급제에서 좀 더 개선된 임금협정을 체결했더라도 이를 취약한 단위노조들이 온전히 실현하고 지킬 수 있었을까 매우 의심된다. 서울택시지부가 단위노조들이 개별적으로 임금협정을 체결하는 것을 막을 수도 없고 법적으로도 어려움이 많다. 따라서 단위노조들이 마치 둑이 무너지듯이 일부가 이렇게 허물어지면서 정액사납금제로 후퇴하는 식이면, 임투 시기와 같이 관심이 집중되고 조합원 동원력이 살아있을 때는 막을 수 있으나 이런 시기가 지나면 이를 막기가 매우 어렵다.

서울택시지부의 지역/업종별 교섭의 토대가 허물어지기 시작한 것이다. 지역/업종별 교섭을 통해서 산업/업종별 교섭에서 더구나 교섭이 법적인 강제력이 없는 상태에서 업종별 노조가 강하게 밀어붙이면 일정 한도까지는 임금이 개선될 수도 있었다. 그러나 그 정도를 지나서 공동교섭을 하는 실익이 없을 경우 사업주들은 지역/업종별 교섭을 포기하고 개별교섭으로 전환할 수 있다는 점이다. 단위노조들이 힘을 모을 수 있다면, 지역/업종별 교섭을 다시 시도할 수 있고 사업주들을 이끌어낼 수 있었을 것이다. 그러나 서울택시 사업주들이 지역/업종별 교섭을 해서 노사갈등 요인을 개별 기업 밖에서 해결하고자 하는 것이 오히려 개별 임금교섭보다 더 힘들고 갈등을 증폭하며, 얻을 것이 적다고 생각하면 지역/업종별 교섭으로 돌아가는 것을 한사코 반대하게 되어 있다. 서울택시가 이것을 보여주었고, 이를 다시는 회복하지 못하였다.

내 개인적으로 판단하건대(1992년 임투가 끝난 뒤 그리고 지금도), 당시 우리의 치명적 실수는 완전월급제를 실제로 실현가능한 요구안으로 보고 이를 1992년 임금교섭요구안으로 채택하고 밀어붙인 것이었다. 서울택시사업조합은 아마도 서울택시지부의 요구를 도저히 받을 수 없기 때문에 강승규 집행부와 타협하기는 매우 곤란하다고 판단했던 것으로 보인다. 실제로 사업조합 이사장이었던 이광열은 교활하게도 서울택시지부 교섭위원들을 매수할 생각을 했고 이를 실행했으나, 만약에 그렇게 되지 않았더라도 서울택시는 매우 큰 투쟁 끝에 큰 상처만 남긴 채 완전월급제를 실현하기는 어려웠을 것으로 본다.

더구나 서울택시를 포함한 전국 주요도시 법인택시가 지하철의 확대 완성, 자가용의 급격한 보급, 나중에 실시된 시내버스의 중앙차로제 등으로 대도시에서 높은 수송분담율을 맡던 대중교통에서 좀 밀려나는 상황이었다. 법인택시의 수익률이 전보다 떨어져 가는 상황 속에서 임금체계를 사업주들의 결사적인 반대 속에서 바꾸는 작업은 원천적으로 매우 어려웠던 것이다. 여러 선진국들의 산업과 노동운동의 역사를 보면, 산업과 업종이 기우는데 노동운동이 이를 뒤집는 것은 정말로 어렵다. 여기에 자본주의가 지속되는 한 택시와 같은 영업형태에서 완전월급제를 실현하기에는 너무 이상적인 것이었다. 뒤늦게 반성해 보았자 아무 소용이 없었다.

동료들은 구속되어 있는데 상황이 이렇게 흘러가자 심한 좌절감이 쏟아졌다. 나는 택시노조운동의 전망을 더 이상 찾을 수가 없었다. 더구나 택시노조에 있으면서 투쟁할 때마다 구속을 각오해야 하는 상황, 민주노조파의 위원장들이 그런 선도적인 투쟁을 요구하는 상황을 더 이상 버틸 배짱이나 용기도 없었다. 1993년 들어서 구속된 동료들이 집행유예로 석방되면서 나는 방향전환을 모색하기 시작하였다. 이동섭 선배도 마찬가지로 택시를 떠날 생각을 하고 있었다. 강충호는 택시노련으로 옮겨갔다.

 나는 그때까지는 별로 생각하지 않고 있던 대학 복학을 하면서 서울택시지부 일은 파트타임 정도로 하기 시작하였다. 그리고는 택시노조운동을 그만두라고 종용해 온 아내와 상의하여 택시노련 서울시지부를 1993년 말로 그만두었다. 남아서 여전히 택시노동운동을 해야 하는 동료들 그리고 큰 투쟁 끝에 마무리도 되지 않은 채 상처투성이인 서울택시지부에서 활동해야 하는 후배들에게, 그리고 박종만추모사업회를 믿고 활동하던 조인식 여사에게 너무도 미안하였다. 그러나 미안함 때문에 전망도 보이지 않고 확신도 없는 택시노조운동에 남아 있을 수는 없었다. 나는 별다른 미련 없이 택시노조를 떠났다.

 이때 보니 학생운동 출신 중에서 현장이나 노동조합운동에 뛰어들었다가 노동운동에 남아서 여전히 활동하고 있는 사람들은 정말 소수였다. 이리하여 나의 택시노동운동은 1984년경에 시작되어 1993년 말에 끝냈으니 27살부터 37살까지 11년의 청춘을 바친 셈이었다. 나는 서른여덟 살에 새로운 삶을 시작하였다. 가진 것도 없이 아내와 자식을 데리고, 그것도 외국에서…

되돌아본 1987~1990년 택시민주노조의 길

신광운*

나는 원래 서울 용산에서 태어나 왕십리에서 자란 서울 토박이로 한영중고등학교에서 유도를 하였고, 중간에 유도로 스카웃되어 인천 제물포에 있는 선인학교를 다녔다. 군대를 다녀온 1970년 중반에 명동의 무역회사, 신양건설회사에서 3년 정도 근무하였다. 이미 결혼은 했기 때문에 생계를 유지해야 하였다.

택시에 발을 들여놓다

1976년경에 서울 왕십리 근처에 있는 광흥운수라는 택시회사를 소개받아서 20대 중반에 택시를 운전하기 시작하였다. 광흥운수는 지입차 형태로 운영되고 있었는데, 당시에는 완전도급제로 월급도 없었고 택시승차율은 높아서 당장 벌이는 괜찮은 편이었다. 그 다음에 들어간 곳이 마장동에 있는 동양운수로 원래 차고지는 화곡동이었으나 택시 20대를 마장동에 갖다 놓고 일을 시켰다. 차주가 다시 차량을 화곡동으로 가져가면서 출퇴근하려니 너무 멀어서 회사를 그만두고 망우리에 있는 영신운수에 취업하였다.

---

* 서울 강동통상 노조위원장 역임.

택시를 하면서, 택시사용자들이 자기들의 이익을 키우기 위해 기사들에게 부당한 대우를 하거나 불이익 행위를 하는 등 근로기준법을 제대로 적용하지 않는다는 것을 알게 되었다. 이런 상황에서 1970년대 말과 1980년대 초에 택시노조에 관심을 가지기 시작하면서 근로기준법, 노동조합법 등을 공부하기도 하였다. 1980년 덕수콜택시에서 노조 설립 신고를 하려 했으나 위원장으로 선출된 사람이 설립신고를 취소하고 도망가면서 감사를 맡았던 나는 덕수콜택시를 떠났다. 당시 노동상담소를 운영하고 있던 김말룡 선생님을 찾아가서 노동조합이나 해고에 관해 상담을 받기도 하였다. 이처럼 1980년도에 택시노조에 관심을 갖기 시작하였으나 사용자들의 부당한 행위로 핍박을 받았다.

강동통상에서 노조 결성과 민주노조 활동

1982년 10월 23일 강동통상에 취업했는데 신규로 택시면허를 받은 회사인 강동통상에 덕수콜택시기사 20여명을 데리고 갔다. 1985년부터 서울에서 업적급식 월급제가 시행되고 있었으나 현장에서는 이를 제대로 알지 못하고 있었을 뿐 아니라 여전히 월급도 없는 완전도급제가 시행되고 있었다.

당시에 서울택시에서는 1987년 6월 민주화투쟁 이전에 노조 설립 바람이 불었다. 택시경력이 꽤 되고 경험도 많고 나이도 있어서 강동통상에서는 내가 주도하여 1987년 6월에 동료기사들을 설득하여 노조를 결성하였다. 당시 전국택시노련 서울시지부에 가서 김*선 국장에게서 규약을 가져왔고, 내가 위원장(택시에서는 보통 위원장이라고 함. 이하 위원장으로 통일함)이 되었는데, 당시에 다른 택시기사들은 노동조합에 대해 잘 모르고 있었다.

강동통상에서 노조를 설립했으니 1987년 하반기에 단체교섭을 해야 하는데 어떻게 해야 할지 잘 모르고 어려움을 겪고 있던 차에 동대문구 지역 위원장 모임에서 용진흥업의 인현선 위원장을 만났다. 그 당시에 동대문구 지역 위원장 모임에서는 극동운수 정*기 위원장이 회장을 맡고 있었다. 인현선 위원장은 성질이 대쪽 같아서 바른 일이면 밀어붙이는 식이어서 지역의 택시노조 위원장 모임에서도 갈등이 종종 있었다. 인현선 위원장이 용진흥업 전무나 상무와 싸우는 등 회사와 갈등이 크게 불거질 때는 내가 양측을 중재하여 잘 처리되도록 도와주기도 하였다. 용진흥업의 이*석 사장은 나를 만나서 인현선 위원장을 대하기 어렵다면서 하소연을 하면서 인현선 위원장과의 관계를 원만하게 푸는 데 '연배도 있고 경험도 많은 신광운 위원장이 도와 달라' 며 요청을 하기도 하였다.

당시 강동통상에서 노조 위원장을 맡아 무언가 의욕적으로 일을 하고자 했으나 여전히 노조활동을 어떻게 잘 해야 하는지 모르고 있을 때, 용진흥업의 인현선 위원장이 합정동 마리스타 수도원에 있던 〈운수노보〉의 배규식을 소개하였다. 당시에 〈운수노보〉를 통해 만난 사람들은 김창식, 이재천, 김현동, 임삼진 등이 함께 일하고 있었던 것으로 기억하고 있다. 당시 합정동 마리스타 수도원을 찾아간 내가 권위주의적 인상을 풍겨서인지 배규식은 좀 시큰둥한 표정이었으나 다른 택시노조의 단체협약 자료를 주었다. 내가 돌아와서 여러 택시회사 단체협약을 놓고 비교해 보니 용진흥업의 단체협약 이외에는 별로 도움 되는 것이 없었다. 노조를 설립하고 나서 용진흥업의 인현선 위원장에게 가장 큰 도움을 받았다. 이후 이미 〈운수노보〉와 가까웠던 인현선 위원장과 함께하면서 〈운수노보〉와도 점차 신뢰가 두터워지면서 택시노조운동을 하는 동안은 아주 가까워졌다.

지금도 기억에 남는 것은 징계규정과 징계위원회에 관한 것이다. 1987년 하반기에 강동통상 회사와 단체교섭을 하면서 징계규정에 징계위원회를 노사 각 4명씩 동수로 구성하되 위원장은 사장과 노조 위원장이 윤번제로 하며 과반수 찬성이 있어야 징계를 의결할 수 있도록 단체협약을 체결하였다. 이렇게 되니 회사가 자기들 마음대로 징계할 수 없게 되었다.

또한 퇴직금 누진제를 도입하여 당시 8년이면 개인택시를 타고 나가기 때문에 근속 7년까지만 누진제를 적용하되 근속 7년에 2개월 20일을 추가하여 9개월 20일의 퇴직금을 탈 수 있도록 단체협약에 명시하였다. 또한 노조가 만들어지기 전에는 특별휴가가 없었거나 형식적으로 일부가 있더라도 사용하지 못했으나, 특별휴가를 새로 도입하여 직계가족 상에 5일, 이사 휴가 2일, 자녀출산 2일 휴가를 부여하도록 했던 것도 단체교섭의 중요한 성과였다.

또한 노조가 설립되기 전까지 회사는 택시연료인 LPG 1리터에 얼마씩(1,700원~2,000원) 추가 입금하도록 강요하고 이에 미치지 못하는 기사들의 리스트를 작성하여 공고하고 1일 8시간 이상 근무를 못하게 하는 식으로 압박을 가하였다. 이에 강동통상 노조에서는 준법투쟁을 통해 운전기사가 가스를 사 넣는 관행을 없애기 위해 위원장인 내가 가스충전소에서 회사가 지급하는 LPG 25리터 이상을 사넣지 못하도록 지켰다. 또한 1일 8시간 준법투쟁을 하니 회사가 15일 만에 손을 들었다. 택시기사들이 교통사고를 내면, 택시기사의 귀책사유가 크건 적건 회사 마음대로 징계를 하였다. 또한 회사가 고용한 세차원이 있음에도 불구하고 운전기사들에게 세차를 시키고 있었다. 이것도 시정하였다.

노동조합 활동은 원칙대로 교섭과정을 모두 공개하고 단체교섭 시에는 합의된 사항과 미합의된 사항을 조합원 총회에 보고하고 조합원들의 승인을 받아서 단체협약을 체결하였다. 그리고 단체교섭을 하기 전에는 미리 여관방을 잡아서 합숙하면서 조합간부와 교섭위원들을 소집하여 교섭요구안의 내용, 근로기준법 등을 설명하고 교육을 하여 노조가 요구하는 교섭요구안을 이해하고 사업주 앞에서 주장할 수 있도록 하였다.

　　1988년 1박 2일로 차를 모두 세우고 교대로 전 조합원이 휴가를 내어 용추계곡으로 야유회를 갔는데 회사 측에서 450만 원의 비용을 댔다. 그동안 택시회사에서는 택시기사들에게 야유회를 함께 간다거나 하는 예를 찾아보기 어려울 정도로 일만 시켜먹었던 것에 비추어 큰 개선이었다.

　　또한 당시 택시기사들은 여유가 없어서 결혼식을 하지 않고 사는 부부들이 많았는데 특히 부인들에게 '한'으로 남아 있었다. 내가 상조회를 만들어 결혼식을 못하고 살아온 조합원 부부들이 결혼식을 하도록 주선하였다. 내가 노조위원장으로서 택시기사들이 모두 가입한 상조회를 통해서 결혼식 때는 1인당 3,000원을 걷을 수 있도록 하였다. 그리고 회사로부터는 택시기사들 결혼식 때마다 10만 원을 내도록 구두로 약속을 받았다. 이렇게 노조가 나서서 모두 60여 쌍의 결혼을 시킨 것도 기억에 남는 일이다.

　　강동통상에서는 활발한 노조활동으로 그동안은 생각하기 어려웠던 여러 가지 개선이 이루어지고 무엇보다도 회사의 사장이나 간부들이 택시기사들을 대놓고 업신여기는 것이 줄어들거나 없어졌다. 택시기사들이 노조운동과 함께 좀 인간다운 대접을 받기 시작한 것이었다.

　　이렇게 강동통상에서 노조활동을 전례 없이 민주적으로 그리고 강력하게 전개하자, 회사 측은 자기들과 가까운 기사들로 하여금 주로 야간근무를 마친 밤에 위원장인 나를 험담하고 비판하는 일이 적지 않았다. 당시에 서울시가 1988년 올림픽을 앞두고 택시서비스, 친절을 유도하고 택시기사들의 복지개선을 위해 우수업체나 수범업체의 선정을 통해 택시를 증차해 주는 매력적인 정책을 펼치고 있었다. 이것이 1987년 이후 택시노조의 활성화와 함께 택시기사들의 복지를 개선하는 중요한 계기가 되었다. 회사에서는 복지의 하나로 기숙사를 지어 놓았는데 이곳에서 택시기사들이 일을 마치고 돌아온 뒤 현금수입을 이용하여 노름을 하는 일이 적지 않았다. 나는 노름하는 일을 한사코 말리려고 했고 그로 인해 노름을 하는 택시기사들과 약간의 갈등도 겪었다.

서울택시지부 임금교섭과 임투에 깊숙한 참여

1987년 노동조합을 결성한 뒤 노조활동에 뛰어들면서 자연스럽게 서울택시지부에도 단위노조 위원장으로서 참여하게 되었다. 서울택시지부는 1987년 4월 25일 통상임금 6% 인상을 내용으로 임금협정을 체결하였다. 그러나 1987년 6·29선언 이후 전국을 휩쓴 노동운동의 영향을 받기도 했고 1987년 들어 3차례에 걸쳐 LPG가격이 26% 인하되면서 서울택시지부는 서울택시사업조합에 추가적인 교섭을 요구하였다. 또한 당시는 중앙정부와 서울시가 88올림픽을 앞두고 택시서비스 개선을 위해서 힘쓰던 때로 서울택시지부가 서비스 개선과 연계하여 일정한 정치력을 발휘하면, 당국의 지지도 받을 수 있는 유리한 상황이었다.

8월 31일 교통회관에서 서울택시지부는 총파업 결의 뒤 단위노조 위원장 203명이 역삼동 자동차노련으로 옮겨서 농성을 진행하였다. 내가 전국택시노련 서울택시지부에 강동통상 노조 위원장으로서 참여하기 시작한 것은 이즈음이었다. 그러나 박윤덕 지부장이 총파업 선언 뒤에 부담을 느낀 나머지 잠적함에 따라 지구호 부지부장을 9월 2일 지부장 직무대행으로 선출하였다.

총파업이 진행되는 도중 9월 3일 교섭위원들은 1987년 4월 25일 체결된 임금협정서를 수정하는 합의각서에 기본급 월 3,000원 인상, 상여금 연 300%, 완전월급제 시행을 위한 시범업체 노사공동운영을 체결한 뒤에 잠적하였다. 이에 9월 3일 농성 중이던 단위노조 위원장들은 서울택시지부 임시총회에서 수정합의 각서의 무효를 결의하였다. 9월 18일 잠적한 박윤덕 지부장이 해임되고 9월25일 직무대행이던 지구호가 서울택시지부장으로 선출되었다.

1988년 2월 임금교섭위원들을 선출하면서 임금교섭을 진행하였는데, 당시에는 교섭과정을 제대로 공개하지 않아서 일반 조합원들은 알기가 어려웠다. 〈운수노보〉가 임금교섭 진행과정에 관한 정보와 소식을 보도함으로써 알 수 있었다. 그런데 당시만 해도 〈운수노보〉는 재야단체로 인식되고 매우 투쟁적이라는 인상이 강하여 단위노조 위원장이나 서울택시지부에서는 부담스럽게 느끼고 있었다.

4월 28일 서울택시지부 단위노조 위원장 224명이 참여한 회의에서 서울택시노조들의 쟁의신고 후 노동위원회에서 조정안이 나올 텐데, 수용하기 어려운 조정안이 나올 때는 쟁의절차를 무시하고 총파업에 들어가자는 안은 거부되고 대신 합법적인 쟁의행위를 하기로 하였다.

4월 29일 서울지방노동위원회가 1988년 임금교섭 조정서 기본급 4% 인상안을 제시하자 서울택시지부 지구호 지부장과 교섭위원들은 이를 수락하고 잠적하는 사태가 다시 벌어졌다. 이에 당시 나와 용진흥업 인현선 위원장이 지구호 집에 전화를 걸어서 만약 지구호 지부장이 나오지 않으면 안 된다고 강하게 주장하였다. 전화를 통한 강력한 주장이 먹혀들었는지 지구호 지부장이 영등포 서울지노위로 오게 되었다.

4월 30일부터 서울택시 단위노조 위원장 126명이 서울지노위에서 지구호 지부장과 교섭위원들이 수락한 1988년 임금협약조정서 무효 요구 농성을 하였고 지구호 지부장은 단식투쟁을 하지 않을 수 없었다. 당시에 이를 지지하도록 조합원들을 동원하기도 했는데 용진흥업과 강동통상 등 2~3개 노조만 참여하여 영등포에서 여의도 쪽으로 차량시위를 하였다. 당시에는 여전히 백골단이 활개를 치던 때라서 백골단은 차량시위를 하던 강동통상과 용진흥업 차량의 유리를 깨고 택시기사들을 끌어냈다.

서울지노위에서 농성을 하던 중 5월 5일 조흥택시 윤태만 위원장이 서울지노위 2층에서 뛰어내리는 사고가 발생하였다. 이 사건이 일어나자 분위기가 바뀌어 5월 7일 190개 노조 1만 3,300대의 차량, 조합원 거의 2만 명이 참여하는 파업이 일어났다. 이에 서울지노위도 놀라고 사업조합도 놀래서 올림픽수당 7만원을 지급하는 선에서 노사합의가 이루어졌다. 이러는 과정에서 용진흥업 인현선 위원장과의 관계는 더욱 긴밀하게 되었고 고려운수 강승규 위원장과도 자연스럽게 만나게 되었다.

지구호 지부장도 사퇴하고 7월 28일 지부장 선거에서 윤기섭씨가 서울택시지부장에 당선되었다. 이와 함께 교섭위원들이 선출되었는데, 이때 내가 용진흥업 인현선, 고려운수 강승규가 교섭위원으로 선출되도록 막후에서 작업을 적지 않게 하였다. 지부장이 된 윤기섭은 기존 지부장들보다는 좀 더 개방적인 태도로 대중 집회를 조직하였고 강충호를 석탑노동연구원을 통해서 지부의 간부로 받아들였다.

1989년 1월에 임금교섭의 기본방향으로 완전월급제의 관철을 결정하고 서울택시지부 임금교섭위원들을 선출하였다. 용진흥업 인현선, 고려운수 강승규가 다시 뽑혔고, 여기에 승진기업 이일렬 위원장까지 선출되었다. 당시에 나는 서울택시지부 임금교섭위원들이 사업조합과 모종의 거래를 한 뒤에 임금협정을 몰래 합의하고 잠적하는 것을 봐 왔기 때문에 이번에는 미연에 막기 위해서 고려운수 봉고차로 교섭위원들을 교통회관에 데려가고 교섭이 끝나면 다시 차량으로 데려오고 하였다. 서울택시지부 교섭위원들이 개별적으로 사업조합과 접촉하는 것을 막기 위해서였다. 이에 윤기섭 지부장이 나에게 너무 한 것 아니냐고 항의하기도 하였다. 이런 과정에서 나는 용진흥업 인현선, 고려운수 강승규와 함께 〈운수노보〉의 앞잡이라는 비난을 받기도 했으나 특히 인현선은 개의치 않고 좌충우돌 돌파해 나갔다.

4월 6일에는 사업조합과 임금교섭 결렬에 따라 노동쟁의 발생신고를 하기로 결정하였다. 4월 17일에는 보라매공원에서 차량 2,500대, 조합원 1만 명이 참여한 완전월급제 쟁취 결의대회를 개최하였다. 서울택시지부가 조합원들을 의식적으로 임투에 참여시키기 시작한 최초의 집회였던 것으로 기억한다.

　서울지방노동위원회에서 4월 23일 서울택시 임금협약의 결정을 다시 강제중재에 회부하자 4월 25일부터 한국노총 회의실에서 단위노조 위원장들의 총회를 열어 238명이 참여하는 11박 12일의 농성이 시작되었다. 그러나 도중에 윤기섭 지부장이 잠적함에 따라 비상대책위원회를 구성하고 5월 2일 총파업 선언 후 5월 6일까지 227개 노조, 3만여 명이 참여하는 서울택시 총파업을 벌였다. 5월 6일 서울지노위 중재재정이 나왔는데, 기본급 20.4% 인상, 사납금을 그 대신 33,150원에서 37,500원으로 인상하는 것으로 결정되었다.

　윤기섭 지부장은 노총회관에서 농성하다가 도망을 가서 연합뉴스에서 병원에 있던 윤기섭을 취재했는데, 뉴스에서 윤기섭은 좌파 택시기사들이 몽둥이로 위협했다는 식으로 발뺌을 하였다. 결국 도망을 간 윤기섭도 1989년 6월 9일 사임이 수리되었다.

　이처럼 1987년부터 1989년까지 3년을 잇달아 박윤덕, 지구호, 윤기섭까지 서울택시지부 지부장들이 잠적하는 사태가 반복되었다. 이들은 지부장이 된 초기에는 조직 앞에서 제대로 해보겠다고 호언장담하였다. 그러나 막상 사업조합과 임금교섭에 들어가면, 맥을 못 추고 결국은 조직의 압력과 사업조합의 완강한 태도와 회유 사이에 흔들리다가 갑자기 사라진 것이었다. 그러니 일반 조합원들이 볼 때는 서울택시지부의 지부장이란 자들이 정말로 믿을 수 없는 자들로서 사업조합의 농간에 놀아났다고 판단할 수밖에 없었다. 정말 통탄스런 일이었다. 단위노조 위원장이 된 내가 보기에도 한심한 노릇이었다. 일반 조합원들의 서울택시지부, 전국택시노련에 대한 불신이 클 수밖에 없었다.
 이때 서울택시지부의 공동파업이 끝나고 강동통상에 돌아와서 파업을 마무리 지으려는데, 회사측은 무노동무임금을 적용하려고 하였다. 이에 대해 긴급임시총회 형식으로 파업을 더 끌면서 회사로부터 파업기간 동안 임금을 모두 받아냄으로써 노조 조직을 굳건히 지킬 수 있었다.

서울택시지부 집행부와 서울택시지부 임투

 서울택시노동운동은 아무래도 서울택시지부를 중심으로 돌아가게 되어 있다. 윤기섭 지부장이 물러나고 1989년 7월 1일 서울택시지부 지부장 선거가 있었다. 정상기, 강승규, 문병원 등 6명이 출마했는데, 1차 투표에서 정상기가 1등을 했으나 과반수에 미달되어 며칠 뒤 2차 결선투표에서 지부장을 뽑기로 하였다. 이때 내가 주선하여 강승규를 밀었던 〈운수노보〉와 가까운 민주파 위원장들(20여 명)이 정상기를 밀기로 하였다. 당시에 노조활동을 적극적으로 하던 대흥운수 김인철 위원장이 어떻게 정상기를 밀 수 있냐면서 강하게 항의하였다. 결국 민주파의 다수가 정상기를 밀고 다른 위원장들도 밀어서 정상기가 지부장에 당선되었다.
 정상기가 지부장이 된 뒤에 나는 이동섭과 배규식을 지부의 상근간부로 뽑을 것을 요구하였다. 이동섭은 얼마 안 있어 서울택시지부에 출근하기 시작하였다. 그러나 운수노보의 배규식은 민주파 위원장들과 긴밀하게 연결되어 있고 좀 급진적으로 보여서 부담이 되었는지, 결정이 늦어져서 1990년 3월이 되어서야 서울택시지부에 교육선전부 차장으로 들어갈 수 있었다.
 당시 내가 보기에는 정상기 지부장은 자기와 생각이 달라도 함께 할 줄 아는 사람이어서 지부장이 된 뒤에 임금교섭, 각종 임투준비, 그리고 투쟁과정에서도 민주파 노조위원장들과도 그리 갈등이 많지 않았다. 오히려 서울택시지부의 이동섭, 배규식, 강충호 등의 활동적인 간부들이 만들어낸 투쟁계획 등을 거의 받아들여서 1990년 임투를 이끌었다. 당시에 그런 식의 투쟁이 낯설고, 셌으며, 따라서 힘들었을 텐데도 이를 묵묵히 실행한 것을 보면 그래도 뚝심이 있었던 것으로 보인다.

나는 정면에 나서기보다 서울택시노조 민주파라고 할 수 있는 용진흥업 인현선, 고려운수 강승규, 대흥운수 김인철, 한양상운 김성준, 청원택시 정태연, 삼용운수 박선호, 남성흥진 송동진, 고려교통 정팔원, 삼흥교통 조재걸, 삼정운수 강태준 등 젊거나 새롭게 노조활동을 시작한 사람들을 뒷받침하는 데 주력하였다.

1990년 임투에서 정상기는 서울택시지부에서 없었던 여러 가지 방법을 동원하면서 강하게 투쟁을 했으나 총파업을 하지 못하고 노사합의를 하는 바람에 내세웠던 것에 비해 뚜렷한 성과를 내지는 못하였다.

나는 1990년 말 개인택시를 받고 나와서 1991년 서울택시지부 임투는 노조를 떠나서 볼 수 있었다. 1991년 임투에서 파업, 차량시위 등 다양한 방법을 동원하여 싸우고 정상기 지부장과 서울택시지부 간부 4명(김의선, 이태영, 강충호, 배규식)이 구속까지 되면서 싸웠으나 서울택시지부의 한계였는지는 몰라도 임금인상만을 했고 업적급제라는 임금체계를 바꾸지는 못하였다.

개인택시를 받고 보니

1990년 임투가 끝나고 나서 나와 인현선은 개인택시를 받을 기회가 되어 무척 고민하고 있었다. 개인택시를 탈 기회가 되자, 회사는 내가 개인택시를 받고 나가면 노조위원장을 그만둘 것을 기대하였다. 회사가 나서서 개인택시를 타는 데 필요한 서류를 만들어서 구청에 제출하였다. 그리고는 아는 사람을 통해서 아내에게 내가 개인택시를 탈 수 있는 조건과 자격을 갖고 있다는 사실을 알려주었다.

당시 아내는 '정말 어렵게 온 개인택시발급 기회를 마땅히 받아야 한다'고 강하게 주장하였다. 이것을 뿌리치기도 어렵고, 개인택시를 포기하고 노동운동을 언제까지 계속할 수 있는 것도 아니어서 개인택시를 받기로 하고 노조 위원장을 끝냈다. 당시에 택시노동조합운동을 했던 많은 간부들이 어렵게 살면서 노동운동을 하느라 셋방살이를 면치 못하고 빚을 진 경우도 많았다. 이들 택시노조운동을 했던 노조간부들은 무사고 10년 정도의 법인택시 경력을 가져야 받을 수 있는 개인택시 면허기회를 포기할 수 없어 고민을 많이 하였다. 결국은 거의 대부분 택시노조운동을 했던 간부들이 개인택시를 받으면서 택시노동조합운동을 떠나갔다.

내가 1990년 말 강동통상 노조 위원장을 그만두고 개인택시를 받고 떠난 뒤 부위원장을 했던 사람이 조합 활동을 제대로 하지 못하여 10개월 만에 불신임 당하였다. 그 후임도 마찬가지로 10여 개월 만에 불신임을 당하는 등 강동통상노조가 든든하게 서지 못하고 기우뚱하여 속이 상하였다.

또한 내가 노조활동을 하느라 돈을 제대로 벌지 않고 쓰기만 하여 돈을 저축하기는커녕 집을 사느라 대출한 돈을 제때에 갚지 못해 10여 회나 연체되어 있었다. 이렇게 쌓인 빚이 적지 않아서 당시 구리시에 있던 내 소유의 연립주택을 팔지 않을 수 없었다. 그리고는 망우리에 월세를 얻어서 서울로 들어왔다.

함께 서울택시지부를 통해 노동조합운동을 했던 후배들 중에 용진흥업 인현선 전 위원장, 한양상운 김성준 전 위원장이 저 세상으로 떠났다. 1990년대 이후 택시노조를 이끌었던 강승규 위원장과 구수영 위원장은

1997년 민주택시노조연맹을 만들었으나 군소조직 정도로 점차 줄어들었다. 택시노조 위원장을 했던 사람 중 적지 않은 사람이 택시회사 월급 사장으로 자리를 옮겨서 택시기사들을 관리하며 살고 있다.

    2024년 현재 무엇보다 씁쓸한 것은 임금협정서도 과거 업적급식 월급제는 거의 사라지고 정액사납금제로 되돌아가서 2024년 말 택시기사들의 수입과 삶이 오히려 과거보다 후퇴하고 있다는 것이다. 그러니 누가 택시를 하려고 하겠는가. 택시회사에서는 택시기사를 구하지 못해서 회사택시의 반 정도가 차고지에 서 있거나 등록도 되지 않고 잠들어 있다.

택시는 내 인생의 선생님

오영진*

1987 박종철

1987년 내 나이 23살. 당시 나와 나이가 같았던 서울대생 박종철이 죽었다. 그해 나는 8톤 덤프트럭 4년 차 운전기사였다. 당시 박종철의 죽음은 내 인생의 진로를 바꿀 정도로 충격이었다. 박종철을 죽인 살인정권을 타도하는 데 모든 것을 바치기로 마음먹었다. 온갖 집회에 다 참석했고 내가 소속해 있던 단체에서도 주도적인 역할을 해냈다.

낮에는 죽어라 운전하고 밤에는 회사 몰래 트럭을 끌고 나와 다음날 있을 거리 투쟁에 필요한 돌과 병을 실어 날랐다. 성당이나 각 대학 근처까지 실어 나르는 게 내 임무였고, 유인물을 받아 각 지역에 운송하는 역할도 도맡아 해냈다. 박종철 열사 49재를 맞아 열리기로 한 '87.3.3. 국민대회' 집회를 앞둔 전날 저녁 나는 집회 물품들을 명동성당에서 싣고 나와 각 대학과 성당에 배송하고 다녔다.

국민대회를 막기 위해 온 경찰력이 시내에 집중되었고 검문검색이 철저한 상황이었는데 마지막 투척지인 상계동 성당에서 잠복하던 경찰에 연행되고 말았다. 거리투쟁 때 이미 여러 번 연행된 적 있었지만 내가 봐

---

* 서울 대흥운수 노조 간부 역임.

도 이번 사안은 매우 컸다. 올 것이 왔다는 생각이 들었고 태릉경찰서 4층 대공과에 끌려와 심문받기 시작하였다. 어떤 가혹한 고문이 들어와도 나를 꺾지 못한다는 담대한 마음으로 정신을 추스를 무렵, 대공과 형사의 첫 물음은 "너 뭐 하는 새끼냐? 네가 왜 지랄인데?"

형사는 자기 머리채를 잡아 뜯을 듯 짜증을 내더니 종이 몇 장을 주며 내가 살아온 과정과 유인물을 실어 나른 연유를 자세히 쓰라고 하였다. 경찰은 "너를 구속할 건지 즉결심판으로 간단하게 끝낼 건지 판단하겠다"고 말하였다. 사실 성동구치소에 들어가는 게 꿈이었던 나는 딱 두 줄만 썼다. "이 나라의 민주주의를 위해 투쟁했고 지금도 부끄럽지 않습니다. 구속시키십시오." 그리고 묵비권을 행사하였다.

경찰은 내 머리를 한 대 치며 "에라이 미친놈아. 너 같은 놈은 몇 년 살아봐야 해"라는 말을 남긴 후 조서 받는 것도 포기하였다. 이 정도면 충분하겠지, 생각했는데, 어이없게도 구속은커녕 경찰서 유치장에서 구류를 살고 나왔다. 가톨릭노동청년회(JOC) 회원들 볼 낯이 없었다. 당시 공권력은 왜 학생들만 구속시키고 노동자들은 하수인 취급만 하는지 불만이 많았던 시절이었다. 못 배웠다고 공권력으로부터도 차별받는 느낌이었다.

가톨릭노동청년회 JOC

야학졸업 후 야학 사부님의 권유로 가톨릭노동청년회라는 단체에 발을 들였다. 청년노동자들의 노동은 신성하다며 가톨릭을 매개로 하는 국제적 기구로서 가톨릭 내 청년노동자들의 단체였다. 당시 김수환 추기경님이 가톨릭단체 중에서도 매우 애정을 주셨던 단체였고 국제기구인 탓에 공권력도 함부로 탄압할 수 없는 단체였다. 결국 청년노동자 회합 및 투쟁 모의로 가장 적합한 공간이었다. 나는 지금도 예수님의 부활을 믿지는 않는다. 그러나 진심으로 가톨릭의 교리를 존중하며 열심히 성당에 다녔다. 가톨릭노동청년회 투사선서도 할 수 있었다.

유치장 생활을 끝내고 회사에 돌아와 보니 나는 이미 해고된 상태였다. 사장은 내가 무섭다며 만나 주지도 않았다. 화물차 운전을 끝내기로 마음먹었다. 운전을 할 수 있는 새 직장 물색에 들어갔다. 경찰서에서 두 줄을 쓰라고 일러주셨던 옛 야학 선생님과 감옥불사를 외치던 가톨릭노동청년회 동지들은, 노조활동을 할 수 있고 운전기사가 많은 택시회사 취업을 강력하게 추천하였다.

1987년 노동자대투쟁이 있기 전 이미 벌어졌던 1984년 대구 택시노동자들의 대투쟁, 서울택시 박종만 열사의 죽음은 운수노동자인 나에게도 큰 충격이었다. 택시노동자들의 투쟁에 나도 설 수 있다면, 이런 마음으로 동조하고 있을 때였다. 화물차 기사에서 돌연 택시기사로의 꿈으로 전환한 이유이기도 하다.

소년 노동자

나는 사실 초등학교 6년 졸업도 채 못한 소년 노동자였다. 초등학교 5학년 무렵 고향 대전에서 부모님 손에 이끌려 서울에 왔는데, 부모님은 학교 다니라는 말을 하지 않았다. 우리 가족은 전형적인 도시 빈민이었다. 고향 대전에 살면서도 보지 못했던 논밭을 서울 와서 보게 되었다. 논밭길 걸어 산동네로 올라가야 만날 수 있는 전형적인 판잣집. 비참한 서울 생활의 시작.

1979년 어느 봄, 상계동 당고개 마루에서 비슷한 처지의 아이들과 빈둥거리고 있는데 대학생 누나가 다가왔다. 미소가 아름다운 대학생 누나였는데 햄버거를 사주겠다고 하여 냉큼 따라갔는데 그게 야학으로 가는 길이었다. 야학이라도 다녀야 인간 구실 할 수 있다는 누나의 말이 옳아 보였다. 나는 열세 살 나이에 상 만드는 공장을 다니고 있었는데, 다행히 좋은 누나를 만나 공부를 할 수 있게 됐다는 생각이 들었다. 야학을 다니기 시작하였다. 고려대학생들이 만든 야학이었는데 며칠 다녀보니 학교가 아니라 이단 교회에 들어온 것 같은 느낌이 들었다. ABCD를 한 시간 가르치고 노동의 역사, 노동의 철학 등 엉뚱한 내용을 두 시간 공부하는 식이었다. 그런데도 자꾸 빠져들었다.

 선생님들의 열정적인 가르침이 지속되었다. 내가 서울 노원구 상계동에 들어올 수밖에 없는, 이미 정해진 도시빈민이라는 것을 깨닫는 데 한 달도 걸리지 않았다. "이 사회구조 자체가 잘못됐구나. 이 구조를 깨지 못하면 우리는 영원히 하부구조에 머물며…" 어린 나이에 이해할 수 없는 말들이었지만 선생님들의 말이 진리로 와 닿기 시작하였다. 선생님들에게 얻어맞으면서까지 민주주의 공부로 밤을 새웠다.

 박정희가 죽은 후 그해 선생님들이 도망을 다니고 있을 때 경찰을 피해 선생님들에게 데모 용품을 몰래 전달해 주는 역할도 서슴지 않았다. 선생님이 써 준 내용을 대량 등사해 전달해 주기도 하였다. 1980년 5월, 선생님들의 주선으로 광주 들불야학에서 만들어진 광주 참상 유인물을 전달받아 똑같이 제작해 수배 중인 선생님들에게 전달하기도 하였다. 나는 선생님들의 조언대로 검정고시를 보지 않았다. 나라가 인정하는 학력을 따내 봐야 결국 미 제국주의 놈들의 군대나 간다는 말이 틀려 보이지 않았기 때문이다.

대흥운수 입사

 나의 조력자들 권유대로 서울 북부 지역에서 가장 큰 택시회사, 노조가 없거나 어용노조로 구성된 택시회사를 물색하기 시작하였다. 숙고 끝에 석계역 앞에 있는 대흥운수를 선택하였다. 택시기사 수는 300여 명이었고 내가 희망하던 완벽한 어용노조였다. 1987년 10월 이력서를 넣기 위해 대흥운수를 방문하였다. 회사 부장은 대뜸 나이부터 물어봤다. 23세라는 말에 그는 이력서를 돌려주며 나이가 어려서 안 되겠다고, 1분 만에 퇴짜를 놓았다. 어이가 없어 사무실을 나오는데 부장이라는 자가 차고지까지 따라 나와 빠른 입사 방법을 제시하였다. 방법이 없는 건 아니라며 내년까지 입사하지 않은 상태에서 도급제로 일하는 방법을 제시한 것이다.

택시기사가 꿈인 입장에서 도급제든 뭐든 당장 택시기사가 되는 것을 선택하였다. 차고지에 들어와서는 안 되는 불법 도급제로 택시기사의 꿈을 이뤘다. 결국 다음 해인 1988년 4월, 24세의 나이로 대흥운수에 정식 입사를 하였다. 당시 서울 택시는 서울올림픽을 대비해 선진국 택시를 표방하며 택시기사들의 친절서비스 교육에 여념이 없었다. 아침마다 조회를 열고 강사들을 초빙해 친절 교육을 거의 매일 시행하였다.

올림픽을 앞두고 택시기사들에게 일괄적으로 택시자격증을 지급해주었다. 택시기사가 자격증도 없다는 것은 올림픽 개최지의 위상이 아니었기 때문이다. 어깨에 뽕 달린 정장을 입히고 손톱 검사에 머리가 단정한지 자체 검열까지 하였다. 택시기사들에게 정기적으로 목욕비를 지급했고 깨끗한 택시를 유지하기 위해 매일 차량 내부 소독을 실시하였다. 서울올림픽이 끝난 지 36년이 지났지만 그때 처음이자 마지막으로 택시회사 간에 '좋은 택시' 경쟁이 이어졌다. 다 이유가 있었다. 당시 서울시는 정부나 시의 정책을 잘 따르는 사업장에게 '수범업체'의 지위를 주었고 수범업체에게 택시증차 혜택을 부여했기 때문이다.

택시회사 사장들은 군 출신들이 많았다. 군사정권이 계속 이어지다 보니 군 출신들이 퇴역하면 택시회사를 선물했고 특히 군 출신 사업주들에게 수범업체 지위를 몰아주면서 택시 대수를 늘려주는 혜택으로 이어진 것이다. 내가 입사한 대흥운수 역시 사업주는 군 출신이었고 택시

증차를 받기 위해 발버둥치고 있을 때였다.

나는 자랑스러운 '택시 운전사'

1988년 그 당시 택시기사들의 수입은 나름 나쁘지 않았다. 버스 기사들이나 화물차 운전직 기사들이 앞 다퉈 택시기사를 희망하였다. 봉제공장 여성 노동자가 철야특근을 다 해도 임금이 30만 원이 채 되지 않는 시절이었다. 택시기사 월 통상급여도 30여 만 원 수준이었지만 합승 등으로 벌어들이는 뒷돈 수입이 월 30만 원이 넘는 수준이었으니 인기 직업이 아닐 수 없었다.

합승이 불법이기는 했지만, 단속 자체가 없었다. 합승을 하지 않으면 택시 수요를 감당할 수 없는 시절이었다. 서울역 등지에서는 합승을 주선해 주기까지 했고 승객들이 나서서 합승을 도와줄 정도였다. 내가 8톤 덤프트럭을 하면서 받던 급여가 월 50만 원 수준이었는데 택시기사의 수입은 60여 만 원을 넘어섰다. 남부럽지 않은 급여였고, 한 회사에 7년만 근속하면 개인택시를 받는 영광도 누릴 수 있었다. 당시 한 해 개인택시를 받아나가는 서울 택시기사가 4,000 명을 넘어섰다. 이러한 혜택까지 있었으니 실제로 회사택시는 참 좋은 직업이었다.

당시 택시기사들은 '나는 자랑스러운 택시 운전사' 였다. 곧 노란색 제복의 개인택시 기사가 될 수 있었기 때문이다. 개인택시는 집 한 채 값이었고 수입은 은행 간부가 벌 수 있는 수입이었다. 결국 택시기사들은 임금도 중요하지만 개인택시를 받는 게 꿈이었다. 무슨 수를 써서라도 무사고 운전 그리고 한 회사에서 장기근속해야만 하였다. 개인택시 1순위 조건이 3년 무사고 7년 근속이었기 때문이다.

사업주들은 택시기사들의 약점을 잘 알고 있었고 노조 탄압에 최대한 활용하였다. 말을 듣지 않거나 회사 편에 서지 않으면 해고의 칼날을 휘둘러댔다. 오죽하면 회사에서 회사 편을 들어주는 조직에 가입할 것을 강요하기까지 하였다. 호남향우회가 구사대 역할을 하고 있었는데, 충청도 사람에게 고향을 속이고 호남향우회에 가입하라고 억지를 부릴 정도였으니 오죽했겠나.

이미 만들어진 민주노조

노조 사무실을 찾은 첫 날, 노조위원장이 우리 회사에서 내가 최연소 택시기사라며 반겨주었다. 그리고 한참 덕담이 오가는데 노조 사무실 밖이 소란스럽다. "정식으로 서명 받아서 총회소집 요구를 했는데 왜 총회 공고를 안 하는 거요!" "위원장! 이런 식으로 나오면 우리가 알아서 총회 열 테니까 알아서 해요!" 노조위원장의 표정을 보니 보통의 난감한 상황을 넘어선 것 같았다. 옆에 앉아있던 간부들조차 위원장 편이 아닌 듯 "방법이 없습니다. 총회 열어야 해요!" 자세히 들어보니 위원장 불신임 건으로 총회 소집을 요구하고 있었다.

1987년 노동자대투쟁을 시작으로 택시회사마다 노조의 민주화투쟁이 불꽃처럼 번지고 있었다. 대흥운수의 경우 이미 위원장이 물러나야 하는 상황에 놓인 듯싶었다. 나중에 알고 보니 대흥운수 위원장은 사업주가 지명한 인물이었고 위원장 외 간부들조차 회사 측에서 지명해 줄 정도로 대표적인 어용노조였다. 회사측은 10여 년 전부터 호남향우회를 기반으로 사조직을 지원하는 방법으로 노조를 장악해 왔다. 그러나 호남향우회 회원들이 반기를 들며 민주노조 투쟁파에 합류하면서 순식간에 어용노조가 퇴출되는 상황에 이른 것이다. 1988년 4월 회사 측이 실시하는 택시친절 교양교육이 끝나자 조합원 200여 명은 약속된 행동으로 단일대오를 만들었다.

교육이 끝나자, 조합원 박희연씨가 즉시 일어났다. "조합원 여러분 움직이지 마십시오! 지금, 이 시각부터 임시조합원 총회를 개최하겠습니다!" 그리고 일사불란하게 몇몇 조합원이 총회를 알리는 현수막을 걸고 유인물을 배포하기 시작하였다. 이에 회사 측은 불법집회라며 당장 해산할 것을 방송으로 명령했지만, 움직이는 조합원은 한 명도 보이지 않았다. 딱 3분 만에 민주노조 파가 회사를 장악해 버렸다.

1986~1987년 입사자들 30여 명을 중심으로 민주노조 건설을 위한 2년여에 걸친 치밀한 모임이 있었고 내가 입사하자마자 민주노조의 동이 터버린 것이다. 해고를 당하면 개인택시가 무산되는 현실 속에서 그들은 이미 단결로 무장하였고 민주노조를 생명처럼 염원하고 있었다. 어용노조 위원장이 나름 반발하며 자리를 지키기 위해 발버둥 쳤지만, 불신임 표결 전에 사임했고 김인철 위원장, 박희연 부위원장의 민주노조 체제가 만들어졌다. 노사안정이 힘들 경우 수범업체에도 영향을 받는 사업주 입장에서 자포자기의 상황에 이르렀다. 민주노조 완성, 이를 깨뜨리기 위한 자본의 발악. 이 극한 대립이 바로 다음 날 전쟁으로 불붙기 시작하였다.

민주노조 확대의 꿈

예상대로 회사 측은 새로운 노조 집행부를 인정하지 않으려 하였다. 노조 집행부는 즉시 비상대책위를 꾸려, 노조를 인정하고 단체교섭에 임할 것을 요구하였다. 그 과정에서 내가 구호 외치는 방법을 알려주고 농성에 필요한 대자보 홍보물 제작에 탁월한 재능을 보이자 즉시 교육선전부장에 임명되었다. 이를 알고 회사 측에서 즉시 나를 호출하였다. "회사에 입사한 지 한 달밖에 안 된 사람이 이래도 되는 겁니까? 당신은 지금 수습 기간이므로 해고할 수밖에 없다"는 입장을 통보하였다.

나는 "이는 명백한 부당노동행위다. 노조활동을 이유로 해고하겠다는 건데 당신들 마음대로 해봐라. 나는 끝까지 투쟁하겠다!"고 선언하였다. 그러자 회사는 해고하기는커녕 이후부터 포니1에서 포니2로 더 좋은 차로 배차를 하기 시작하였다. 결국 신규 입사자들이 머리띠를 더 빨리 맬 수 있도록 계기를 만들었다. 300여 명 조직의 막강한 노조가 자리를 잡기 시작하였다. 회사가 노조를 인정하고 교섭 일정에 합의하였다.

노조 측은 단체협약 갱신 기간이 10년이 넘었다며 단체협약 교섭을 요구하였다. 회사 측은 이에 대해 김인철 위원장에게 화끈한 협상을 위해 단독 회의를 요구했고 회사는 협상 자리를 통해 위원장 매수에 나섰다. 사업주가 수표 및 현금을 쥐어주며 단체협약서에 서명할 것을 제안한 것이다. 김인철 위원장은 돈뭉치를 노조사무실로 가져와 이를 모두 복사해 회사 게시판에 공고하였다. 회사가 위원장을 돈으로 매수하려고 했으므로 이는 명백한 범법행위고 교섭을 방해하려는 부당노동행위라며 즉시 고발 조치해 버렸다.

회사측은 그동안 노조에 지급하지 못했던 복지기금이라며 발을 뺐지만 이를 믿는 조합원은 아무도 없었으며 민주노조를 더욱 굳건히 하는 계기가 되었다. 부당노동행위 조사를 받는 등 궁지에 몰린 회사 측은 부랴부랴 단체교섭에 임했고 10년 내내 방치했던 단체협약서에 서명하게 되었다. 대표적인 어용노조가 강성노조로 변화하는 과정이 일사천리로 시스템처럼 움직일 수 있었던 데는 고려운수 강승규 위원장. 용진흥업 인현선 위원장, 강동통상 신광운 위원장, 그리고 배규식, 이동섭, 신명식, 임삼진 동지 등 민주노조 확대를 꿈꾸는 민주 세력의 치밀한 도움이 있었다. 이들 민주 세력 조직이 김인철 위원장을 만들어내는 데 성공했고, 핵심 간부 그룹이 더욱 알차게 투쟁할 수 있도록 중간 간부 교육을 철저히 실시했던 역사가 있었다. 대흥운수 노동조합이 어용에서 민주노조로 바뀌자, 주변 사업장들도 술렁이기 시작하였다. 각 지역마다 민주노조의 바람이 불기 시작하였다.

완전월급제 투쟁

1988년 4월 내가 택시회사에 입사하자마자 서울택시는 완전월급제 투쟁의 깃발이 오르고 있었다. 당시에는 노조가 아무리 어용이라 해도 서울 전체 파업이 결정되면 거의 모든 사업장이 차고지 문을 닫고 파업에 동참하는 게 원칙이었다. 그러나 서울 총파업 투쟁이 벌어지고 있는 와중에 교섭위원들이 일방적으로 임금협정서에 도장을 찍는 일이 벌어지고 말았다. 올림픽이 열리기 전이었으니 노조 측이 유리한 조건에 있었고 조합원들의 투쟁력 또한 엄청난 수준이었는데 교섭위원들이 일방적으로 도장을 찍어버렸으니, 조합원들의 분노가 엉뚱한 곳으로 향하고 말았다.

임금교섭이 타결되지 않자 지방노동위원회가 교섭에 관여해 조정서를 내놨고 결국 지노위의 임금협정서(조정서)에 노조 측 교섭위원들이 도장을 찍어버린 것. 이에 항의하는 위원장들 절반가량이 영등포에 위치한 지노위를 점거해 버렸다. 그리고 단위사업장 간부들과 조합원들이 매일 지노위 방문 투쟁을 벌였다. 차량 시위로 이어지는 계기가 되었다. 당시 여의도 영등포 일대에서 벌어진 서울택시 차량 시위는 9시 메인 뉴스에 오를 정도로 거대한 투쟁이었다. 수천만 노동자들의 투쟁 동력이 되었다.

당시 차량 시위에 동원되었던 택시는 대부분 포니1이었다. LPG 가스를 머플러에서 폭발시키는 거대한 폭발음은 사회 문제가 될 정도였다. 경찰조차 접근하기 힘든 나름 괴력의 투쟁이었다. 한편 지노위에서 농성 중이던 도봉지역 조흥운수 위원장이 농성장 창밖으로 뛰어내리는 일이 벌어졌다. 위원장이 크게 다치면서 조합원들의 분노는 극에 달하고 말았다. 이에 사업조합은 합의각서를 통해 조합원 1인당 올림픽 수당 7만 원을 지급하는 데 합의하였다. 당시 조합원들은 이 수당을 '점프수당'이라 명명하였다. 임금교섭만 열렸다 하면 조합원들은 늘 초조하였다. 우리의 적은 사업자가 아니라 사업자의 조정에 놀아나는 교섭위원들이었다. 노조 측 교섭위원들이 툭하면 사업주에게 매수되면서 교섭위원 감시조가 필요할 정도였다.

교통회관 앞 투석전

대흥운수 투쟁 외에도, 나는 택시노동자가 된 후 평생 잊을 수 없는 투쟁 하나를 생생히 기억하고 있다. 1990년 5월 잠실 교통회관 앞에서 벌어진 투석전이었다. 택시 단일 투쟁에 경찰의 최루탄이 최초로 터졌고 그동안 택시를 이용해 도로를 막는 식의 투쟁에서 직접 도로에 나와 투석전으로 맞선 최초의 투쟁이었다. 1990년 임투는 1988~1989 완전월급제 투쟁을 기반 삼아 단계적 월급제 추진을 목표로 잡았던 해다.

노조 측은 예년과 달리 즉각적인 완전월급제가 아니더라도 완전월급제의 토대라도 만들자고 요구하였다. 근로자 6 : 회사 4 지급 방식의 업적급 월급제를 폐지하고 통상급여를 상향시키자는 것이었는데 사업조합측은 요지부동이었다. 사업주들은 "기사들마다 수입금이 다른데 어떻게 동일 임금을 지급하냐? 기사들도 싫어한다"는 식의 항변이었다.

교통회관 안에서는 진척되지 않는 교섭이 진행되고 있었고 조합원들은 교섭위원들을 신뢰하지 않았다. 두 해에 걸쳐 교섭위원들이 일방적인 도둑 체결로 사고를 친 전력이 있었기 때문이다. 1990년 5월 10일. 서울택시 조합원들이 서울 전역에서 택시를 몰고 출발해 교섭 장소인 잠실을 향해 진격해 나갔다. 그날은 신속한 임금교섭 타결을 촉구하는 결의대회가 예정되어 있었다. 송파, 강동, 성동 지역 순으로 잠실에 도착하면서 잠실역 사거리가 서서히 마비되었고 결국 잠실대교, 천호대교, 올림픽대교가 택시로 뒤덮여 주변 도로는 완전히 마비되었다.

다리 위에서 차량 이동이 힘들어지자, 조합원들은 모두 차에서 내려 도보로 교통회관을 향해 행진하기 시작하였다. 이날 집회는 위원장이나 지부 간부들이 아니라, 각 단위 사업장 간부들이 중심이 되어 조합원 투쟁을 주도해 나갔다. 이들이 나중에는 선동 교육을 통해 임투 선봉대로 구성되면서 1990~1992년 택시 대투쟁을 끌고 나가는 조합원 구심점으로 발전하게 된다. 나는 이날 집회에 조합원들이 모였을 때 선동 구호 외치는 역할을 담당하기로 하였다. 그러나 집회 개최는 순조롭지 못하였다. 엄청난 규모의 전경들이 교통회관을 에워싸고 있었다.

교통회관 사거리가 경찰에 의해 차단되자 간부들은 조합원들에게 신천동 성당 앞으로 집결할 것을 호소하였다. 조합원들을 우선 크게 결집한 후 경찰 저지선을 뚫어보자는 계획이었다. 조합원들이 수천 명 규모로 늘어나자, 경찰은 느닷없이 최루탄을 쏘기 시작했고 조합원들은 급격히 흥분하기 시작하였다. 조합원 수는 엄청나게 불어났지만 100미터 가까운 경찰의 저지선을 뚫어낼 방법이 없었다. 나를 비롯한 몇몇 간부들이 신천성당 안에서 긴급회의를 열었다.

10분 회의를 통해 결론이 나왔다. 대로변 주변 장미 아파트 담장을 무너뜨리고 교통회관 사거리 진출을 시도하기로 하였다. 나는 선두에서 조합원들에게 호소했고 수백 명 조합원들이 담장을 무너뜨리고 교통회관 사거리 방향으로 행진을 시작하였다. 경찰의 저지선은 무용지물이 되었고 무너진 담장 벽돌을 이용해 투석전에 나섰다. 경찰은 택시기사들의 강력한 투쟁에 30분도 버티지 못한 채 방이동 쪽으로 후퇴하기 시작하였다.

교통회관 근처에서 승객을 태우고 있던 택시가 조합원들에 의해 뒤집어졌고 교통회관 앞 집회가 순조롭게 진행되었다. 1990년 잠실 교통회관 투쟁 이후 서울 지역회별 임투선봉대가 조직되었다. 단위 사업장별 2~3명 서울 전체 300명 넘는 규모의 임투선봉대가 조직되어 교육을 마쳤다. 투쟁조직, 문선대 조직 등 맡은 역할을 세밀화 하였다. 파업투쟁이 벌어질 경우 각 지역별로 100% 파업이 가능하도록 선동하는 역할, 풍물패 구성 등 당시 노동자대투쟁 과정에서 가장 헌신적인 참여로 이어졌다.

사업주가 강요한 총파업 투쟁

1990년대 들어오면서 법인택시 면허의 증차도 사라지기 시작하자 대흥운수의 군 출신 사업주는 결국 택시운송사업에 대한 미련을 접기 시작하였다. 대흥운수뿐만 아니라 민주노조로 탈바꿈하는 사업장의 사업주들이 사업 면허를 시장에 대거 내놓기 시작하였다. 특히 강성노조 사업장의 경우 회사의 가치가 떨어지면서 소위 택시 브로커들에게 사업을 넘겨주는 악순환으로 연결되었다. 대흥운수의 경우 자본도 없이 온통 빚잔치를 통해 회사를 양수한 자가 사업자로 입성하게 되었다. 노조와 처음 만난 자리에서부터 사업주는 돈이 없다며 차라리 차를 세우는 게 낫겠다며 파업을 유도하기 시작하였다. 돈이 없어 단체협약서를 이행하기 힘들다고 노조에 통보했고 당시 업적급제의 임금형태조차 거부해 버렸다.

6 : 4 업적급식 월급제를 무너뜨리고 완전월급제를 주장하던 당시 택시노조는 업적급제도조차 무너지는 안타까운 현실에 직면하고 말았다. 자본 측은 정액 사납금제 또는 도급제를 강요하기 시작하였다. 특히 대흥운수 사업자 역시 정액사납금제 도입을 주장하면서 노조는 달리 타협점을 찾을 수도 없었다. 대흥운수 노동조합은 즉시 총파업 투쟁에 나서는 길 외에는 선택지도 없었다. "택시회사 전문 브로커 ○○○은 물러가

라!" "단체협약서 임금협정서 이행하라!"

회사 측은 기다렸다는 듯이 직장폐쇄 조치로 맞대응하였다. 결국 택시회사 전문 브로커의 음모가 드러났다. 파업을 유발해 노조를 박살내고 그들이 원하는 정상적인 사업장, 어용노조로의 회귀를 노렸던 것이다. 단체협약서를 무너뜨리고 임금 조건까지 무너뜨리면 결국 사업권이 정상화된다는 것. 회사의 가치를 올려 다시 사업장을 시장에 내놓는 것이 브로커의 목표임이 명백하였다.

노조는 핵심 간부회의를 개최했고 대흥운수 투쟁을 지원하는 위원장들의 조언에 주목하였다. 파업투쟁의 성격부터 규정해야만 하였다. 사업자의 파행적인 태도에 어떻게 대응해 나갈 것인가. 결론은 결사항전이었다. 사업자의 노조 탄압 음모는 대흥운수에만 국한된 문제가 아니었다. 전국 택시 노조를 대신한 극한투쟁으로 이어질 수밖에 없었다.

택시노동운동사에 빛날 연대투쟁

노조는 장기 파업투쟁을 대비해야만 하였다. 사업자의 목표가 파업을 유발해 이를 진압해 이익을 창출하겠다는 것이므로 노동 측의 무기는 '연대투쟁' 외에 승리할 방법이 없다는 판단이었다. 노조는 파업투쟁의 첫 연대투쟁 행사로 김장 배추 판매를 실시하였다. 김장철을 맞아 조합원들이 파업 현장에서 김장 배추를 판매하기 시작하였다. 농민단체의 지원을 받아 싼값에 배추를 들여와 판매를 시작하였다. 그 수익금으로 내년 봄까지 버텨내자는 배수진을 쳤다. 사업자에게는 큰 압박이었다. 배추 판매는 엄청난 호응을 얻었다. 주변 택시회사 기사들이 몰려들었고 차량을 이용해 배달 판매에 나서기도 하였다.

노조는 전국 파업투쟁 사업장과의 연대도 추진하였다. 비슷한 상황의 파업투쟁 사업장들이 연대할 수 있도록 택시연맹이 전국 조직 연대의 추동을 요청하였다. 택시연맹은 6대 도시 파업투쟁 사업장의 연대를 도모한 바 있다. 특히 노학연대, 민중연대 등 사회단체와의 연대를 적극적으로 추진해 대흥운수 파업투쟁의 지지를 끌어냈다. 실제로 대학생들이 대흥운수 사업장에서 농성투쟁을 시작했고 서울여대의 경우 조합원 자녀들을 위한 방과 후 학습과 탁아소 운영이라는 전대미문의 노학연대가 이루어졌다.

대흥운수 파업투쟁 현장은 매일 저녁 대학생 및 재야 운동권의 밤샘 토론회, 집회 개최로 불 꺼질 날이 없었다. 대흥운수 파업 현장에 1,000여 명이 참석했던 택시노동문화제는 예술과 문화도 투쟁의 무기가 될 수 있다는 점을 상기시켰다. 가을에 시작한 대흥운수 파업투쟁은 봄이 되어서야 막을 내렸다. 투쟁의 결과물은 보잘것없었다. 그러나 대흥운수의 파업투쟁은 전국 택시 조직에 명백한 결실을 남겼다.

"도급제는 불법이다. 도급제와는 타협하지 않는다."

2024 "그들은 무엇을 꿈꾸나"

1988년 24세 나이로 택시운전을 했던 그 강인했던 시기. '나는 그때 민주주의 학교를 다녔다'고 회상한다. 그때 만났던 그 사람들. 그들은 택시와 함께 모두 나의 선생님이었다. 내가 너 대신 죽어줄 수도 있다던 그 분들의 의리. 우리 함께 잘살아 보자던 그들의 순박함. 김부영 부위원장님은 나에게 파업투쟁 현장 안에서 결혼할 것을 제안하셨다. 나의 주례 선생님이기도 한 김부영 선생은 83세 연세에 여전히 택시 운전을 하고 계시다.

지금 그분의 꿈은 참으로 거대하다. 욕은 좀 먹을지언정, 택시하다 택시 안에서 죽는 게 꿈이라고 말씀하셨다. 파업투쟁 현장에서 매일 밥을 해주셨던 이동석 형의 형수가 얼마 전 암으로 별세하셨다. 그분은 그때

나 지금이나 똑같은 노동현장에서 똑같은 노동을 하시며 병이 커지는 줄도 모르면서 돌아가셨다.

파업 당시 교섭위원으로서 김인철 위원장을 보위하던 국승택 형님. "나는 택시운전이 정말 좋다"며 40년 내내 택시운전만 하시던 그 선배님도 불치병을 이기지 못하고 돌아가셨다. 잊혀 가는 게 두렵기만 한 나의 선배님들. 그분들은 나의 선생님들이시다, 그들은 지금 무엇을 꿈꾸고 있을까. 남은 그들은 여전히 올곧게 아름답게 이 사회 건강한 시민들로 남아 있다.

나의 청춘, 택시

이동섭*

1980년: 강원대학교 복학 후 계엄 확대 조치로 구속

1980년 민주화의 봄, 강원대학에 복학했다가 계엄 확대 조치로 수배되었다. 도망 다니던 나는 서울에서 광주항쟁의 참혹함을 접하게 되었고, 그 충격은 이루 말할 수 없었다. 5월 24일 단성사 앞에서 한빛교회 청년부와 복학생들을 중심으로 시위를 준비하다 구속되었고, 서대문구치소와 안양 교도소에서 1년을 살았다.

1981년: 출소 후 풀무원에 취업

1981년 5월 출소하여 쉬던 중 선배의 부름을 받고 풀무원에 다녔다. 풀무원은 압구정동에 40평 규모의 식품매장으로 시작했는데 풀무원 농장에서 나온 채소 등을 판매하다 겨울상품이 없어 나에게 겨울상품 개발이라는 특명이 주어졌다. 나는 신동수 선배랑 같이 재래시장을 방문히였다. 두부를 물을 담은 함지박에 넣어 파는 것을 보고 물 넣는 것이 보관기간을 하루 정도 더 오래 할 수 있다는 점에 착안하여 우리나라 최

---

* 동양콜택시노조, 서울택시지부 간부.

초의 포장두부를 만들었다.

풀무원에서는 새벽 4시에 일어나 자정까지 고된 일을 하였다. 하지만 나는 그 모든 시간이 전두환 정권 타도를 위한 준비과정이라 생각하였다. 그래서 노동현장에 나갈 결심을 하고, 1984년 9월 풀무원을 떠나 강원도 태백의 탄광으로 향하였다.

1984년: 태백 탄광에서의 막장생활

나는 탄광으로 가는 태백중앙선 기차를 타고 가면서 막장인생을 살아야 하는 또 다른 나를 위한 결의와 새로운 삶에 대한 각오를 다졌다. 탄광엔 인생의 끝자락에 있던 별의별 사연 많은 사람들이 온다. 나의 경우 교도소에서의 경험 때문인지 사람들과 쉽게 친하며 잘 지냈다. 하지만 노동 강도는 내가 생각했던 것보다 훨씬 힘들었다. 동발이를 메고 막장에 들어가 삽과 곡괭이로 석탄을 캐는 일은 매일이 체력의 한계를 시험하는 시간이었고, 결국 3개월 만에 포기하고 서울로 돌아왔다. 그리고 길게 노동운동 할 것을 찾았는데 그게 택시다.

1985년 봄. 나는 서른한 살에 택시기사가 되었다

광주항쟁에서의 택시기사 역할은 영화에도 나왔지만 대단하였다. 공수부대의 폭력에 무방비로 당하던 시민들이 항쟁의 깃발을 들고 파출소 무기고 등을 습격 반전된 계기를 만드는 데 앞장섰던 분들이 바로 택시기사들이다. 전두환 정권 타도를 위해 기폭제 역할을 할 수 있지 않을까 하는 기대에 택시기사가 되기로 하였다.

장명국 선배가 운영하는 종로 3가의 석탑노동연구원에서 버스, 택시 기사들을 만나 현장의 상황을 파악하고 익혔다. 또한 광화문에 있는 도시산업선교회(황영환 선배)를 방문하여 택시기사들의 상담을 돕기도 하고 배우기도 하였다. 그리고 그곳에서 기세국이라는 분을 만나 그분의 주선(빽)으로 부광실업에 취업하였다. 1종 면허 취득한 지 만 2년 조금 넘는 시기에 취업하여 햇병아리 운전기사였는데 풀무원에서의 운전으로 어느 정도 운전 실력을 쌓기는 했지만 남을 태우고 그 사람이 원하는 곳까지 가본 적은 없다. 그래서 손님이 타서 내리는 동선을 익히려고 서울지도를 사서 매일 그리기까지 하였다. 하루에 스물에서 서른 명 정도의 손님을 태웠는데 다양한 사람들과 수다도 떨고 인생을 배우고 익히며 택시노동자로 자리를 굳혔다.

어느 날 배차 과장이 뭔가 촉이 있는지 나에게 노동조합에 가입하는 순간 위험할 거니 잘 지내라는 경고 메시지를 주었다. 그 시절 택시에는 취업 카드라는 것이 있어 블랙리스트에 오르면 다른 회사 취업이 어렵기 때문에 나로서는 조심 또 조심해야 하였다. 3개월 정도 근무하는 중 노동조합에서 총회를 한다고 참석하라고 하여 생각 없이 총회 구경을 하다 그만 배차 과장한테 들키고 말았다. 배차과장이 블랙리스트 명단에 올리지 않을 테니 조용히 그만 두라 하여 변명도 못하고 퇴직하고 몇 달 만에 동양 콜택시로 옮겼다.

동양 콜택시는 광장동 광진교 다리 아래 있었다. 나는 몸조심 하느라 일만 열심히 하고 한동안 일체 사람을 만나지 않았다.

1986년 취업카드 철폐 운동 참여

취업카드는 기사들이 자유롭게 이직하지 못하도록 만든 일종의 개목걸이었다. 이에 일부 택시기사들이 자연스레 취업카드 철폐 운동을 시작 하였는데 이 모임에 나갔다가 내가 택시 쪽 대표가 되었고, 버스 쪽 대표는 정병두 선배가 되었다. 이 과정에서 이재천을 만나 취업카드 철폐 운동을 함께하였다. 이 운동의 시작이 이재천으로부터 시작되었는지 기억이 아리삼삼하다. 취업카드 철폐를 사회 이슈로 만들기 위해서 버스와 택시노동자 200여 명이 모여 종로5가 기독교회관 강당에서 '취업카드철폐운동' 집회를 하였다.

그때만 해도 굉장히 살벌했던 시절이라 집회만으로도 대단한 일이었다. 이후 이재천 등과 '취업카드 철폐'를 걸고 '운수노동자협의회'를 만들기도 하였다.

1987년 6월 민주항쟁에 동참

1987년, 국민운동본부에서 총궐기 명령이 내려졌을 때, 나는 택시를 몰고 시내로 들어가 시위하는 시민들에게 빵빵 경적을 누르고 머플러(소음기)를 터뜨리며 동조의 뜻을 전하였다. 시위 중 도망치는 학생들을 태워 남산 등으로 피신시키기도 하였다. 회사에서는 저녁 6시 이후 차량을 배차하여 시청 앞 시위에 참석치 못하도록 하였지만 나는 차량을 쏜살같이 몰아 시청으로 가는 도중 시민들을 만나면 손을 흔들며 광주항쟁에서의 택시처럼 우리 택시도 민주항쟁에 뜻을 같이 한다고, 같은 편임을 알렸다. 일반 시민들은 택시의 환호에 더욱 가열찬 투쟁을 하게 되고 결국 1987년 민주화의 봄을 맞이하게 되었다. 이때 만난 친구들이 지금은 저세상으로 갔지만 범양교통의 오충교, 양영덕 등이다.

1988년 동양콜택시 노동조합 부위원장으로 선출

1988년 동양콜택시 노동조합 선거에 출마해서 나는 부위원장으로 선출되었고 위원장으로 선출된 선○○은 서울택시지부 임금교섭위원이 되었다. 당시 나의 교대자 신용현씨와 몇 동료는 동부지역 노동자단체의 지원을 받아 풍물을 배웠는데, 이후 파업 등을 할 때 풍물패가 파업 선봉장이 되어 단위사업장 파업치곤 꽤나 요란스러웠다. 회사에서는 이 풍물패가 누구 때문에 생겨났는지 나를 지목하며 해고 시키려고 갖은 수단을 다 부렸다.

예를 들면 회사 측에서 용두동 건달 아무개한테 나를 3일만 납치하여 무단결근시키는 조건으로 100만 원을 주었는데, 나중에 이 모든 사실을 나에게 자백하여 알게 되었다. 이후 신용현씨는 개인택시를 하면서 도봉구에 자리 잡아 지금도 부인과 사물놀이 대표로 활동하고 있고, 어느 목사의 도움으로 세계 50여 개 나라를 다니면서 풍물로 선교활동을 하고 있다. 지금도 나를 만나 사물놀이를 배워 신명난 세상을 살게 되었다고 자랑스러워하였다.

1989년 당시에 윤기섭 서울택시지부장은 완전 월급제 쟁취를 위해 교통회관에서의 차량시위와 총파업투쟁으로 분위기를 끌어올리다 갑자기 파업을 종료하고 사업조합과 임금협정을 맺는 바람에 현장에서는 사업조합측뿐만 아니라 택시노동조합 지도부에 대한 불신이 하늘을 찔렀다.

1989년 동양콜택시 해고 및 전택노련 서울시지부에 근무

나는 동양콜택시에서 5월 해고되고 단식투쟁 등을 하다 회사 측의 폭력으로 밖에 실려 나가 택시회사를 떠나게 되었다. 법정다툼을 하였지만 위장취업으로 패소하였다. 그 해 여름 대학로에 사무실을 얻어 운영하다 정상기 지부장이 당선되고 민주노조 측의 추천으로 서울택시지부 쟁의부 차장으로 근무하였다. 강충호가 나보다 먼저 기획부 차장으로 근무했고 나를 포함한 당시 민주노조 위원장들이 배규식을 추천하여 교육선전부 차장으로 함께 근무를 하였다. 한편 〈운수노보〉에서 일하던 신명식도 전국택시노조연맹 노사대책국에 들어갔다.

당시 박종만추모사업회는 운동권 재야단체로 그 중심에 있던 배규식이 서울시지부에 근무하는 것은 획기적인 일이었다. 배규식만 봐도 빨갱이로 알고 치를 떨던 위원장들이 꽤나 있었는데 서울시지부 교육을 책임지게 되었으니 사업조합이나 어용 위원장들의 입장에서 보면 하늘이 무너지고 까무라칠 일이었다.

1990년 서울택시지부 쟁의차장으로 활동

임금투쟁을 앞둔 봄에 사업조합과 함께 서울택시 위원장 간부들과 일본 여행을 간다 하여, 일선 택시노동자들의 어려운 환경 그리고 지도부를 바라보는 불신 등이 심한데 어찌 여행을 가냐고 항의하였다. 지부장을 비롯한 간부들이 못마땅한 표정으로 나를 쳐다보고 한심하듯 취급하였다. 몇 사람이 나를 말리기도 하여 더 이상 문제제기 못하고 주저앉았다. 그리고 서울택시지부를 그만둘까 고민하다 주변의 만류로 그냥 다니기로 하였다.

노래 택시노동가 탄생

1987년 노동자대투쟁의 시기에 수많은 노동가요가 탄생하였다. 지금도 파업현장을 지나갈 때 그때 만들어진 파업투쟁가, 무노동 무임금, 진짜노동자 등의 노동가요가 40년이 다 되어 가는데 아직도 불리고 있다. 그래서 택시노동자만의 운동가가 필요하다고 생각하여 우선 〈택시노보〉에 광고를 실었다. 노래 가사를 공모하고 한편으로는 문화패에 연락하여 작곡자를 섭외하였다.

그렇게 가사를 공모했고 이 가사들을 택시기사들이 직접 교정보고 함께 해야 한다고 편집위원을 모집하여 같이 작업을 하였다. 오영진, 조재형, 장원순 등이 참여하였다. 조재형 작사라는 '서울에서 평양까지'도 그중 하나인데 사실 많은 가사와 제목을 이리저리 조합하여 만들고 이것은 당신이 한 것으로 하자고 하여 탄생한 것이 '서울에서 평양까지'와 '완전월급제 쟁취가' 등이다. 서울에서 평양까지 택시 요금이 얼마 정도 될까 논의하다 결국 2만원, 3만원, 5만원 그러다 2만원이 되었다. 이렇듯 여러 사람의 의견이 집합되고 교정과 개사를 통해 태어난 것이 택시노동자의 노래이다.

또한 김호철인지 윤민석인지 작곡가를 만나 택시기사들은 뽕짝을 좋아하니 우리 쪽 노래는 가급적 뽕짝 풍으로 만들었으면 좋겠다고 주문하여 택시노동가는 힘차면서 4박자 리듬으로 만들어졌다. 여름 내내 작업하여 가을에 택시노동자의 운동가요가 테이프와 함께 나왔다. 당시 조직선봉대란 것이 만들어져 이들에게 먼저 노래를 알려 주었고 노래가 쉽고 흥이 있어 많은 사람들이 함께하게 되었다. 이렇듯 한두 사람의 수고로 만들어진 택시노동가가 아니라 많은 사람들의 공동작품이었음을 다시 한 번 이야기하고 싶다.

1992년 완전월급제 쟁취를 위한 대규모 임금투쟁

전택노련 서울시지부의 지부장을 비롯하여 집행부가 해마다 바뀌었다. 왜냐하면 택시는 기업별 노조여서 전국택시노동조합연맹 서울시지부에서 교섭위원을 선출하여 서울시 택시 사업조합과 교섭하는데 교섭 막바지에 파업을 하면 이틀, 사흘째 되는 날 교섭위원들이 돈 먹고 도망가거나 해서 파업이 파장된다. 그래서 서울시지부 지도부에 대한 불신이 해마다 증폭되었다. 그러다 보니 새로운 집행부는 좀 더 과격하고 완전월급제에 목을 매는 형국이 되었다.

이러한 과거의 어려움을 극복하기 위해 1992년 임금투쟁은 치밀한 계획을 세워 진행하였다. 두 번에 걸친 한양대학교, 경희대학교에서 열린 '완전월급제 쟁취를 위한 5만 명의 결의대회'는 2만 명 가까이 모인 택시노동자들의 집회로, 축제였고 파업투쟁을 이끌 훌륭한 동력을 만들었다. 또한 신호등에 파랑, 노랑, 빨간불이 있듯이 처음에는 택시 안테나에 파업투쟁을 예고하는 파란깃발을 달고 다니고, 그 다음에는 투쟁 강도를 높여 노랑깃발을 '쫙~' 달게 하고. 마지막으로 '빨간 깃발 달면 차량시위 할 거다'라고 택시조합과 서울시, 정부에 경고하였다. 차량시위 방법 중 삼일고가 위에 차량을 세워놓고 차 열쇠를 아스팔트에 버리고 도망가라는 지침도 있었다.

그런데 퇴계로 광희고가에서도 비슷한 상황이 전개되었다. 일부 기사들이 차량을 고가 시작지점에 세워 놓고 열쇠를 던지고 내리려고 하자 경찰이 잡으러 오니 고가에서 뛰어내리기 시작하였다. 그냥 잡히라고 했는데 심리적으로 경찰이 뛰어오니 고가에 있던 기사들이 점점 뛰어내리기 시작하여 맨 꼭대기에 있던 사람도 뛰어내려 다리가 부러졌다. 나중에 병원을 방문하여 물어보니 앞에서 뛰어내려 나도 그랬다고 한다. 참으로 난감한 일이었다.

그렇게 택시노동자들의 열기를 모아 완전월급제 투쟁을 이끌어 갔지만 1992년 8월 29일 강승규 집행부 몰래 사업자와 놀아난 일부 매수된 교섭위원의 농단으로 집행부는 처절한 패배감에 빠졌다. 경찰 열이 도둑 하나 못 잡는다는 속담이 맞는 것 같다. 교섭위원 선출과정은 뜨거웠고 기대가 컸다. 물론 약간 사꾸라 같은 사람들도 있었지만 교육과 인간관계를 통해 바꿔 보려고 했는데 그것이 꿈이라는 걸 깨닫는 데는 얼마 걸리지 않았다. 당시 나는 교섭위원 간사였다. 그래서 교섭위원 매수의 충격은 강승규 지부장과 내가 제일 크게 타격을 입었다. 나는 그것을 밝혀야 된다고 생각했고 집요하게 파고든 결과 그들이 남양주의 한 모텔에 있다는 사실을 알게 되어 조합원들을 출동시켰다.

8월 30일 한국노총에서 농성하다 택시 100여 대를 몰고 남양주로 갔다. 경찰과 대치하는 등 긴박한 상황에서 매수된 교섭위원들을 우리 차에 옮겨 싣고 한국노총으로 갔다. 한국노총 8층 강의장에 그들을 가두고 배규식, 강충호는 지난해 투쟁으로 집행유예 기간 중이니 이번에는 전면에 나서지 마라, 이번 감옥은 김인철과 이동섭이 간다고 하였다. 그때 함께 활동했던 선봉대 대원들인 황진우, 박강완, 박채영, 오영진, 김광열 등이 눈에 선하다. 평생을 함께할 것 같이 애쓰고 한 달 가까이 밤새고 투쟁했는데 지금도 눈감으면 당시의 상황이 아주 생생히 떠오른다.

정확한 날짜는 기억 못하지만 전국택시연맹 이광남 위원장이 중재한답시고 회사 쪽 입장을 대변하는 말을 하여 내가 화가 나서 들고 있던 몽둥이로 책상을 내리치고 재떨이를 내던졌다. 그랬더니 조합원들이 '위원장 때려죽인다'고 각목을 들고 패기도 하였다. 훗날 이광남 위원장을 만났는데 너는 참 착하게 생겼는데 그때는 정말 무서웠다고 하였다.

1992년 임투는 결국 교섭위원 매수사건의 폭로와 양측 대표자의 구속으로 종결되었다. 노조 측은 강승규 김인철 이동섭이, 사측은 이광열 이사장이 구속되었고, 매수된 교섭위원들도 구속되었다. 교섭위원이 매수되었다고 신문에 대서특필되었고 그동안 교섭위원 매수가 사실로 규명되는 어찌 보면 명분은 이기고 실리는 잃은 투쟁이었다.

택시는 1985년부터 1993년 여름까지 거의 8년 가까이 나의 젊음을 바쳤던 현장이다. 허구한 날 농성, 집회, 파업, 차량시위 등이 그 시절 일상이었다. 새벽 2시 택시 차량충전소를 다니면서 소식지를 나눠주던 배규식, 나, 선봉대 등의 그 열정. 한국노총 강당에서 한 달 가까이 농성 투쟁하며 밤을 새던 일. 그렇게 애써 싸워온 현장이 지금은 무참히도 깨져 완전월급제란 이름조차 내걸기 부끄럽게 되어버린 현실을 보면 참담한 생각이 든다. 누군가는 학생운동 했던 놈이 다 말아먹었다고 이야기도 한다. 할 말이 없다.

　내 인생 이제 칠십이 넘었다. 택시에 몸담았던 시절은 내가 가장 젊고 열심히 싸웠던 시절이 아닌가 싶다. 후회 없이 싸웠다. 열심히 싸웠고 열심히 살았다. 감옥 간 것 자랑스럽다.

1993년 택시 노동활동을 정리하고 새로운 삶을 모색

　노동운동을 하거나 학생운동을 한 사람들은 전문성을 가질 수 없다. 왜냐하면 일하기 가장 좋은 나이에 노동현장에서 일하니 전문성을 가질 수 없다. 송영길 같이 머리 좋은 친구들은 노동현장에 있다가 다시 법을 공부하여 변호사가 될 수 있지만 모두가 똑같을 순 없다. 더 나이 들기 전에 나의 일을 찾아야 되는데 내가 무엇을 할 수 있을까 해서, 늙어 죽을 때까지 할 수 있는 일을 찾아보자고 하여 노동운동을 정리하였다.

　또한 그 당시 사회주의권의 붕괴로 향후 어떻게 살아야 할지에 대한 삶의 목표, 지향점에 대한 상실감이 컸다. 그게 마음을 힘들게 했고. 그러면서 '이제 새로운 다른 일을 좀 찾아보자'고 1993년 7월 택시를 정리하였다.

2000년대 이후

　결과적으로, 내가 택시 노동을 하지 않고 풀무원에 남아 있었다면 지금쯤 다른 삶을 살고 있을지 모른다. 하지만 택시 노동의 경험, 그 뒤 김근태 의원과 함께했던 국회 활동 덕분에 석탄공사 감사로 이어졌고, '따뜻한 한반도 사랑의 연탄나눔운동'을 시작할 수 있었다. 올해로 20주년을 맞는 이 운동은 나의 젊은 날의 투쟁이 낳은 소중한 열매라 생각한다.

　택시 노동운동은 내 삶의 거름이자 불꽃이었으며, 청춘 그 자체다.

택시와 함께한 40년

이문범*

택시와 인연을 맺다

대성산 밑에 자리잡은 15사단 39연대 4대대 13중대 화기소대에 강제 징집되어 근무하던 나는 1984년 11월 중순 RCT(연대종합훈련)를 끝나고 12월초에는 정비기간을 보내고 있었다. 바깥소식을 접하기도 어려웠던 전방은 중대본부에서 보고 버리던 신문을 가끔 주워서 퍼즐을 맞추듯 세상이 어떻게 돌아가는지 정세분석을 하였다. 학생운동 때 하던 습관이 어디 가랴.

'앗 이게 뭐야, 택시운전자가 회사에 항의하여 분신했어.' 일간지 사회면 단막기사를 보면서 전율이 느껴졌다. '전태일 열사 이후 또 다른 분신이 일어났구나.' 단신기사라서 구체적인 상황은 모르지만 택시 사업주가 나쁜 놈이라는 생각이 들었다.

마침 중대모범사병 선출이 있었고, 투표에서 1등으로 선출되어 1984년 12월말에 휴가를 나올 수 있었다. 휴가 나오면 닥치는 대로 보았는데 〈말〉지 아니면 민통련 소식지 같은 데 박종만 열사 장례식 때 참석했던 장기표님이 경찰과 싸웠던 짧은 글이 있어 장례식도 순탄지 않았

---

* 경기동부직할사무소 · 서울택시지부 간부, 현 노무사.

음을 짐작케 하였다. 이렇게 박종만 열사와 그리고 택시와 연결되었고, 인연이 시작되었다. 군 제대하고 복학하여 성남에서 생활야학도 끝내고 4학년 2학기때인 1987년 가을에 소위 현장에 들어가기로 하였다. 그런데 나이가 많아 현장 가기는 어렵다고 하면서 마침 운수노동을 같이 하자는 사람이 있으니 같이 하는 것이 좋겠다고 하여 1987년 10월부터 성남의 김**와 만나 운수노동을 시작하였다.

성남에서의 택시노동

1987년 6월 30일 성남의 11개 택시노조가 격일제 기준으로 사납금 6만3,000원에 월 23만5,000원의 임금협정을 체결하였다. 6·29선언이 있었지만 군사독재시절에 26개 회사 중 노조가 있던 11개 회사가 단합하여 집단교섭을 진행하여 시청 앞에 차량을 세우고 농성한 끝에 임금협정을 체결하였고, 거기에는 명신운수 이영필 위원장이 있었다. 따라서 성남택시노동운동은 6.30협정, 이영필 위원장이 그 상징이 되었다.

1987년 7·8월 노동자대투쟁시기에 성남택시는 노조가 없던 15개 사업장에 노조를 설립하는 한편 사업주들이 완강히 반대하는 6.30협정을 적용하는 것이 과제였다. 노조가 없던 15개 사업장에 노조는 손쉽게 만들어졌지만 사업주들은 6.30협정을 끝까지 거부하여 총파업에 들어갔다.

대부분 노조가 순차적으로 6.30협정을 체결하고 파업을 풀었으나 대중운수처럼 40일 넘게 파업투쟁을 거쳐야 하는 경우도 있었다. 9월 말부터는 6.30협정이 26개 전 사업장에 적용되는 성과를 거둘 수 있었다. 투쟁 중에 상급단체인 전국자동차노조연맹에서 성남택시분실로 승인을 하여 이영필 위원장을 분실장으로 선출하였다.

그러나 노조 경험이 없던 힘없는 신생노조는 회사가 어렵다는 회유에 1일 2,000원씩 구사금이라는 명목으로 추가납부를 하여 실제 사납금은 6만 5,000원이 되기 시작하였다.

한편 자동차노조연맹에서는 이영필 분실장이 선출되는데 절차상 하자가 있다면서 형식적으로라도 재선출을 하라고 하였다. 다시 선거를 하자 경선이 이루어졌다. 예상과 달리 다음 해 초에 개인택시를 발급받을 예정인 성신운수 위원장이 당선되었다. 들리는 소문으로는 이영필 위원장이 너무 강성이라 사업주들의 작업이 있었다는 것이다. 두 사람 사이에 갈등이 심한 상황에서 나는 성남택시와 인연을 맺게 되었다.

초기 노조에 대한 경험이 아주 없었던 내가 가 할 수 있는 일은 제한적이었다. 김**와 같이 노조들을 방문하며 위원장과 안면을 넓히고, 서울에서〈운수노보〉가 나오면 택시와 버스운전자에게 배포하고, 노조나 운전자에게 고충이 있으면 해결방안을 함께 모색하는 정도였다. 11월중에 합정동 마리스타교육원에 있던〈운수노보〉를 방문하여 배규식, 임삼진 등과 인사를 나누고 필요한 지원을 받기로 하였다. 그리고 11월말에 진행되는 '박종만 열사 3주기 추모식'에 참여해 달라는 부탁을 받았다. 1987년 11월말 신촌역에 모여 일산기독공원묘역으로 출발하였고 추모식이 진행되었다, 1984년 12월 신문에서 보고 3년 만에 묘소에 참배하게 된 것이다. 여기서 택시노동운동에 헌신하겠다고 다짐하게 된다.

이영필 위원장을 지지했던 13개 성남택시노조는 1988년 2월 새로운 성남택시분실을 설립하여 분실장으로 한영운수 김 제 위원장을 선출하였다. 성남에는 2개의 택시분실이 존재하게 되었지만 새로 설립한 분실 소속의 노조는 구사금(사납금)을 인상하지 않은 노조가 대부분이었기 때문에 명분도 있었다. 2개의 분실은 통합도 했지만 쉽지 않았다.

여기에 반전이 이루어지는데, 1988년 3월 합동운수 신** 노조간부가 사납금인하를 주장하며 노조사무실에서 농성을 하다 안 되자 단식농성에 들어간다. 결국 회사가 요구를 수용하여 격일제 기준으로 사납금을 2,000원 인하하게 되고, 그 전해에 사납금을 인상한 위원장은 불신임을 받아 신**가 새로운 위원장으로 선출된다. 먼저 만들어진 분실의 분실장과 위원장이 개인택시를 받고 회사를 떠나면서 새로 만들어진 분실이 모든 조직을 흡수통합할 수 있었다. 나아가 성남, 하남, 광주, 이천을 담당하는 경기동부직할사무소로 조직이 확대된다. 통합이 이루어지자 바로 임금교섭 준비에 들어가 사업주대표와 단체교섭을 진행하였다.

　단체교섭은 요금인상 등 여건 변동이 없는 상태에서 기준 사납금을 격일제 기준으로 6만 3,000원으로 할 것인가 아니면 6만 5,000원으로 할 것인가, 임금을 몇 % 인상할 것인가가 쟁점이 되었다. 결국 파업에 돌입했고, 성남시의 중재도 무산되어, 시청 앞으로 조직 동원 등을 했으나 교섭이 타결되지 않았다. 그러다가 최종적으로 사납금 6만 4,000원에 기본급 6% 인상하는 것으로 교섭을 마무리하게 되었다. 따라서 경기동부직할사무소는 6만 3,000원의 사납금을 고수하던 조합원의 거센 항의를 받아야 하였다. 그러나 통일된 임금협정은 예전과 같이 무너지지 않고 그대로 유지되었다.

　1989년에는 약 11.1%의 요금인상이 있었다. 이를 이용하여 경기동부직할사무소는 임금협정에다 단체협약을 같이 요구하기로 하고 준비를 진행한다. 단체교섭 진행을 위한 노조간부교육을 진행하기도 하고, 택시안테나에 공동교섭 공동투쟁을 알리는 깃발을 달기도 하고, 노보도 발간하는 등 단체교섭의 준비에 전력을 다하였다. 그리고 희망대공원에서 1,000여 명이 모인 가운데 단체교섭 출정식을 진행하였다.

　각기 다른 단체협약이 존재하고 있어 단체협약을 위한 단체교섭이 쉽지 않았지만 성남사업주들은 성남시의 압력과 사납금을 올려 자기 몫을 찾기 위해 임금협정 및 단체협약 체결을 위한 단체교섭에 응하였다. 먼저 단체협약 체결을 위한 단체교섭을 진행하여 사업주의 별다른 안이 없는 상태에서 노조안을 가지고 단체교섭을 진행하였다. 결국 사고 시 구상권행사 금지, 채용과 배차 등을 노사합의로, 징계위원회 노사동수 구성, 과반수 찬성으로 징계의결 등을 합의하는 등 90여 개 조항 중 돈에 관련된 조항과 중재조항 등 11개를 남겨두고 합의하였다. 이어 임금교섭에 들어가 사납금 3,500원을 인상하고 이 중 2,000원을 임금에 반영하기로 하여 산출표를 만들었다. 그리고 미합의된 11개 조항은 각사에 맡기기로 하면서 1989년 10월 25일 집단교섭이 마무리되었다.

따라서 단위사업장 노사는 단체협약 중 미체결된 11개 조항을 안건으로 단체교섭에 들어가 대일실업을 제외하고 25개 사업장이 체결되었다. 이러한 임금협정과 단체협약은 전국 최고 수준이었기 때문에 사업주의 입장에서는 집단교섭이라면 진저리를 치면서 다시는 집단교섭에 응하지 않겠다고 결심하는 계기가 되었다. 이후 대일실업은 집단교섭 자체를 인정하지 못한다는 입장이었기 때문에 노동쟁의에 들어가 3개월 이상의 장기파업을 거쳐 단체협약을 체결한다.*

＊ 그러나 대일실업 사업주는 단체협약에 인상경영권에 대한 조항이 있다고 성남시에 단체협약 시정명령을 신청하여 성남시는 경기지방노동위원회의 의결을 거쳐 단체협약 시정명령을 하게 되고, 이에 불복하여 성남시를 상대로 행정소송을 하여 '인사경영권이라도 근로조건과 관련 있는 것이면 단체교섭의 대상이 되고, 체결된 단체협약은 준수해야 한다'는 판결을 받는다. 또한 대일실업을 상대로 사납금이 1만원 적지만 임금이 없는 스페어 기사에 대한 소송을 제기하여 최소한 기본급이라도 지급해야 한다는 판결을 얻어낸다. 택시에게는 좋은 판결을 내었지만 대일실업노조는 탄압을 견디지 못하고 1993년 해산하게 된다. 그리고 2010년 대일실업노조가 재설립되지만 이 노조도 택시최저임금 판결을 남기고 2018년 해산하게 된다. 판례만 남기고 노조는 해산 당하는 대일노조가 된 것이다. 이외에도 상하운수 운전자가 교통사고로 죽자 개인수입도 산재보상에 포함되는 임금이라는 판례를 받게 된다. 3가지 모두 성남의 한 변호사가 수행해 주었다.

나는 이러한 단체교섭이 마무리되는 1989년 11월부터 택시노련 경기동부직할사무소의 간사로 들어가게 되는데, 당시 급여는 5만 원이었다. 이후 순차적으로 10만 원, 20만 원, 40만 원으로 인상되어 가장 높은 임금인상률을 기록하게 된다. 밖에서 도와주는 입장에서 안으로 들어와 회의자료, 노보 발간, 상담 등을 하면서, 노래패(한소리)와 풍물패에도 관여하였다.

1990년은 유흥업소 시간단축으로 택시운전자의 운송 수입이 감소하였고 사납금제인 성남택시는 그 감소분의 피해를 운전자에게 그대로 전가하여 운전자는 불만이 심하였다. 이에 경기동부직할사무소는 이러한 문제를 해결하고자 성남택시사업주에게 사납금 조정을 위한 단체교섭을 요구하지만 사업주들은 이를 거부한다. 이에 대하여 총파업을 하자는 위원장과 그냥 넘어가고 임금교섭에서 이를 해결하자는 안으로 갈리지만 결국 다음을 기약하자는 안으로 정리되고 조직의 후유증은 상당하였다.

이어 개인택시발급 공고가 나면서 경기동부직할사무소의 소장으로 안**가 선출되어 제2기 집행부를 구성하였다. 새로운 집행부가 구성되었지만 집단교섭을 위한 2번의 대의원대회가 성원 미달로 무산되면서 임금교섭은 결국 개별교섭으로 전환되었다. 참 안타까운 현실이었다. 개별교섭으로 간다면 약한 부분부터 깨지고 그것이 확산되는 것을 막기 어렵다. 이렇게 진행된 임금교섭은 순탄치 않았으나 교섭결과는 몇 개 사업장에서 파업을 겪으면서 기본급 7% 내외에서 합의를 이루었다.

이 시기 경기도 이천에서 지역노조를 설립했던 이천지역노조는 사업주의 완강한 교섭 거부로 1990년 8월부터 파업에 돌입하여 장기화하자 전국택시연맹에 교섭을 위임하였다. 약 6개월 동안의 파업과 가두시위까지 거친 후 택시연맹은 강경한 입장을 취하고 있던 일부 교섭위원을 교체한 다음 일부 생활보조비를 받고 선운행 하기로 결정을 하면서 심한 후유증을 남겼다. 선운행 후 어느 정도 시간이 지나 교섭이 타결되었다. 이천지역 택시사업주들이 소위 지역유지라서 자존심을 내세우며 지역노조를 인정하지 않으려해서 지나치게 파업기간이 길어졌다.

개인택시문제로 안** 소장이 그만두고, 1992년에 조** 소장이 집단교섭을 추진하였다. 계속적인 집단교섭 요구와 성남시의 요청에도 불구하고 성남사업주는 집단교섭을 거부하였다. 따라서 성남택시협의회 회장 사업장의 노조 사무실에서 소장, 부소장, 사무국장 등이 단식농성을 하였다. 노동부 성남사무소의 중재로 집단교섭에 노력한다고 합의했으나 결국 집단교섭은 성사되지 못하고 개별교섭으로 전환되었다. 개별교섭으로 전환된 후 일부 사업장은 파업을 감행하기도 했으나, 단체협약에 일방 중재조항을 가진 노조는 파업도 제대로 수행할 수 없는 등 통일적인 임금교섭을 진행하기는 역부족이었고, 개별적으로 임금교섭은 마무리된다.

이러한 상황에서 서울지부 배규식 교선부장으로부터 서울지부에서 일할 생각이 없느냐는 제안이 들어왔다. 경기동부직할사무소의 재정도 한계에 봉착했고, 큰 곳에서 일하고 싶은데다 월급도 많은 것 같아 1993년 12월부터 서울지부로 옮기게 되었다.

서울에서의 택시노동

처음 출근해 보니 서울택시지부는 정신없었다. 1993년 임금교섭을 마무리하지 못하고 중단된 상태고, 조직분규로 재정도 최악의 상태였다. 지역노조 추진도 예상보다 저조하였다. 거기에 전국택시노련은 강승규 서울택시지부장의 인준을 취소하는 등 상황이 좋지 않았다. 우여곡절 끝에 강승규 지부장이 연맹위원장 선거에 출마했지만 이광남 위원장이 다시 당선된 후 열린 1994년 2월 중앙위원회에서 강승규 지부장에 대한 인준이 재취소되며 택시조직은 확실히 두 개로 갈라졌다.

    1994년 2월 15일 택시요금이 42% 인상되어 집단교섭을 진행하기에 좋은 여건이었지만 이를 추동할 조직은 분열되었다. 서울택시지부 자체의 집단교섭이 불가능하여 결국 1994년 임금교섭은 지역노조를 통해 추진하기로 했다. 지역노조를 통한 공동교섭은 지역노조에 가입한 10여 개의 단위사업장조차 모두 참여하지 못한 채 진행되었고 합의점을 찾지 못하였다. 서진운수 등 일부 지역노조에 속한 사업장에서도 사업장별로 임금협약을 체결하는 일이 생겼다. 파업을 압박해서 영보, 영진 등 몇 개 사업장에서 임금교섭이 마무리되었으나 나머지 몇 개 사업장은 중재를 통하여, 고려운수는 장기파업 후 중재를 통하여 임금협정이 체결되었다.

    한편 전국택시노련으로부터 인준을 받은 서울택시지부의 최영묵 쪽은 사업조합과 정액사납금제를 인정하는 임금협정을 체결한 후 잘못을 인정하고 사퇴하였다.

    1994년 8월 중순 서울택시지부 통합추진위원회가 만들어지고 9월 서울택시지부장 선거에 돌입하자 밀렸던 지부의무금이 한꺼번에 들어와 8개월 만에 월급을 받을 수 있었다. 아내도 임신하고 생활비도 필요하여 그만두려고 하였는데 절묘하게 월급이 들어와 계속 택시에 남게 되었다. 지부장 선거는 1차에서 2위를 한 금구상운 문진국 위원장이 결선에서 이태영 조합원을 이기고 당선되었는데 2, 3, 4위 후보가 뭉친 결과였다. 따라서 통합을 위한 지부장 선거였지만 지부장 선거는 다시 갈라지는 길로 나서게 된다.

    1995년 서울택시 임금교섭은 1992년부터 3년간 파행적으로 진행된 임금교섭을 집단교섭으로 정상화시키는 것이 필요하였다. 그러나 별도로 조직된 지역노조는 개별교섭을 선언하고 독자 노선을 추구해 나갔고, 서울택시지부에 교섭을 위임한 노조 숫자도 이전에 비하여 저조하였다.

서울지역의 정상적 집단교섭 성사를 목표로 했던 임금교섭은 1995년 9월 택시요금 10% 인상을 반영하여 사납금이 현행에서 4,000원 인상되는 한편 2,000원은 임금에 반영하기로 하였다. 부가세 감면분은 1인당 3만 4,000원을 기준으로 노사 50%씩 반영하는 것으로 9월말 임금교섭을 마무리하였다. 1995년 임금교섭은 9월 1일 택시요금이 인상되자 사납금액을 올리는 노조가 나타나고 있고 지역수준의 공동교섭 유지가 어렵다는 점에서 노조 입장에서는 급히 마무리해야 하는 상황이었다.

　　이전에는 요금인상 시 노조가 주도권을 가지고 교섭했지만, 노조 힘이 약해진 시점에서는 지역 공동 교섭력이 무너지는 것을 걱정해야 하는 처지가 된 것이다. 교섭 마무리 이후 통일적인 사납금액으로 합의하지 못하였다는 점에서, 그리고 부가세 감면분을 노사 50대 50 으로 배분할 때 사측의 간접비용을 포함하였다는 점에서 비판을 받았다. 공동교섭을 하면 가장 큰 문제가 일부 노조에서 사납금액은 남들보다 많이 올려놓고 집단교섭에서 그것을 만회하려고 하는 이중적인 태도를 취하는 것이었다. 더구나 이들의 목소리가 더 컸다.

어려움 속의 서울택시 단체교섭

　　1996년에 기억나는 것은 두 가지다. 하나는 택시산업안전에 대한 조사다. 조합원들이 아픔을 호소하고, 질병이 걸려도 직업병으로 인정받지 못하는 것이 안타까웠다. 당시 성수의원 양길승 원장님에게 협조를 요청하여 설문조사, 작업환경측정(서울시의 오염된 공기에 택시운전자가 얼마나 노출되었나), 건강진단 등을 하여 보고서를 작성하고 발표회를 거쳤다. 어쩌면 택시에서 처음으로 산업안전에 대한 문제를 제기한 것이다. 끝나고 나서 비용문제가 발생하였는데 아무도 책임지지 않아 결국 황**에게 도움을 요청하여 해결할 수 있었다.

다른 하나는 임금교섭이다. 1996년 임금교섭은 요금인상 등 여건 변동이 없는 해였다. 여건 변동이 없는 해는 재원이 없다는 이유로 사업조합과 교섭이 이루어져도 힘든데, 여기에 동일 사납금액과 동일 임금으로 통일시키는 것은 힘든 과정이다. 임금교섭을 위임한 노조도 142개(1995년에는 163개 노조)로 교섭력에 힘이 실리면 문제없지만 힘도 없는 서울지부의 조직역량 상 힘든 과제였다. 사업조합은 한 달 여 동안 단체교섭을 거부하다 10월초에 단체교섭에 응하였다. 11차교섭까지 아무런 진전이 없어 사업조합 점거농성에 들어가 10일간 농성한 끝에 기존의 안을 허물기로 하고 위원장 농성은 해산하고 교섭위원만 농성을 유지하기로 하고 교섭을 계속 진행하였다. 12월 16일 21차교섭을 진행하여 입금액 6만 5,000원(1,000원 인상)으로 통일, 임금 3.3% 인상에 합의하고 교섭을 마무리하였다. 힘든 과정이었고 사업조합 회의실의 추위는 지금도 잊히지 않는다.

이런 와중에도 노동대학원에 필기시험을 보고, 당시 노동법개악반대를 하면서 삭발한 상태에서 교수면접을 보고 합격한 것이 조그만 기쁨이었다. 이후 낮에는 택시업무를, 밤에는 대학원 수업을, 주말에는 밀린 과제물을 하면서 보냈고, 학기말이 지나면 항상 몸에 이상이 생길 정도로 무리한 생활이 3년간 지속되었다.

수입금전액관리와 중재투쟁

1997년 9월부터 택시운송수입금전액관리제가 실시되었다. 사실상 정액사납금제로 길들여진 조합원들에 대한 교육도 필요하였다. 따라서 시청각교육과 집회를 함께하는 것으로 결정하고 준비에 들어갔다. 시청각교육은 수입금전액관리제에 대한 교육용 비디오를 만드는 것으로 하고,

'어디로 모실까요(2)'라는 연극을 만들어 공연하기로 하였다. 섭외에 들어가 비용을 산출하니 서울시지부에서 부담할 순수한 금액이 3,000만 원이 넘었다.

서울택시지부는 월급도 주기 어려운 재정이라서 고민 끝에 '외국담배 확산으로 신탄진 담배공장이 구조조정을 한다'고 들은 기억이 났다. 외국담배추방운동을 하여 담배잎 키우는 농가도 보호하고 우리는 문화제 비용을 버는 것으로 하였다. 담배인삼공사의 섭외는 김의선 국장이 맡았는데 담배인삼공사는 대환영이었다.

임투속보 배포 시 양담배추방 전단지를 시민에게 배포하기로 하고, 사업조합에 협조를 얻어 운행하는 차량 뒷유리와 앞좌석 앞 대시보드에도 외국산담배추방 스티커를 붙였다. 지역별 집회 시에도 외국산담배추방운동 홍보영상물을 틀어주었고, 연극과 교육영상물 제작 및 공연에 들어가는 비용은 담배인삼공사가 모두 부담하기로 하였다. 조금 미안했던 것은 사업조합에게 스티커를 붙이게 하고 우리는 그 돈으로 사업주와 싸우는 자금으로 활용한 것이다. 사업조합은 지금도 그 활동자금이 어떻게 나왔는지 모를 것이다.

이때 조재형을 만나 문화제 권두시를 부탁했고 이 시는 서두에 남녀 초등학생이 함께 낭송하도록 하였다. 1부는 시낭송과 결의문 등을, 2부는 교육영상과 연극을 공연했는데, 서울시를 8개 지역으로 나누어 진행하였는데 조합원의 반응이 상당히 좋았다.

이러한 준비과정을 거쳐 수입금전액관리 교섭을 준비하고 사업조합에 단체교섭을 요청하였다. 그리고 서울시 항의방문, 노동부 방문, 건설교통부 항의방문 등을 계획대로 진행하였다. 그러다 사업조합의 교섭 촉구를 위하여 서울시청을 침묵시위로 한 바퀴 돌고 서소문 시청별관 교통국에 항의방문을 가기로 하였는데 남대문서 전경 등이 덮쳤다. 이 중 57명이 남대문서로 연행되었고, 이어 각 경찰서로 분산되어 즉결심판을 받았다. 여기서 문진국 지부장의 뛰어난 전략을 보는데 판사가 물어봐도 말을 더듬으며 핵심을 비켜나가자 판사가 답답했는지 신경질을 내면서 선고유예를 때렸다. 덕분에 뒤이어 모두 선고유예가 떨어졌다. 반면 다른 쪽은 부인과 싸우고 차에서 내린 판사를 만나서 그런지 모두 벌금 20만 원을 부과 받았다. 위원장들은 벌금을 예상해 여기저기 돈을 빌려 준비하고 있어 바로 석방될 수 있었다.

수입금전액관리가 1997년 9월부터 시행되어야 하지만 사업조합은 교섭을 계속 거부하다 11월말 겨우 단체교섭이 이루어졌다. 그러나 12월 31일 7차 교섭에서 결렬되었다. 사업주의 압력을 받아서인지 위임된 노조는 108개로 줄었고, 임금교섭도 아무런 진척사항이 없었다. 결국 조직력도 없고, 노사 간에 해결할 방법도 없고, 머리를 짜내어 일방중재를 신청하는 것으로 가닥을 잡았다. 1997년 노동법이 개정되면서 조정절차 없이 일방중재신청이 가능했고, 노동위원회는 법위반 판정은 할 수 없기 때문에 노조에 유리한 방향으로 나올 것으로 예상했기 때문이다. 이전에는 일방중재신청 조항이 단체협약에 있으면 노조가 파업권을 포기하였다고 비난했는데, 달리 방법이 없는 상태에서 일방중재조항이 많은 서울에서 채택한 전술이었다.

1998년 2월 교섭이 재개되었지만 의미가 없었고, 따라서 3월 7일 203개 업체를 택시운송수입금전액관리 미이행으로 고발하고, 3월 20일 60개 노조의 중재신청, 26개 노조가 조정신청하였으며, 이어 중재재정이 끝나는 4월 18일까지 서울노총 강당에서 중재 및 조정신청 노조가 이탈하는 것을 막기 위하여 위원장 농성을 하였다.

사업조합은 서울지노위에서 만나서 교섭을 한 적이 없다고 오리발을 내밀며 버텼고, 따라서 중재 및 조정신청 등이 무산될 위기에 처하였다. 궁지에 몰린 지부는 한겨레신문에 2번에 걸친 대형광고를 내고, 청와대의 지원사격(당시 이** 비서관)으로 노동위원회에서는 2주간 교섭기간을 주고 그것을 바탕으로 중재재정을 하였다. 중재신청을 한 노조 중 45개(75%) 노조가 중재신청을 철회하였고 조정신청을 한 노조도 대부분 조정신청을 철회하여 결국 15개 노조가 중재재정을 받았다.

중재재정은 업적급제와 시간급제가 혼합된 임금제도로 소정근로시간만 하면 고정급은 보장되는 제도였다. 그러나 이를 시행한 노조는 결국 점차 감소하여 1개로 줄어들었다. 이러한 싸움의 와중에 사업조합은 1998년 2월 환율급등 등으로 23.06% 택시요금인상이 있었지만 LPG 인상금액과 상쇄하는 임금협정으로 정리하도록 모범안을 배포하였다.

문제는 중재투쟁에 참여하지 않고 사업조합의 지시대로 지역별 또는 단위사업장 별로 임금협정을 체결한 노조의 위원장들이었다. 이들은 '우리가 따라가지 못할 임금협정을 체결하여 우리를 괴롭히냐'고 반발하면서 지부의무금을 동결시켰고, 지부는 마비상태에 빠지게 된다. 결국 전국택시노련 서울택시지부는 사업조합으로부터 복지기금으로 받은 부가세 감면분을 털어서 제주도에서 위원장 수련대회를 갖고 관계 회복을 모색해야 하였다.

1998년 임금교섭은 서울택시지부에 뼈아픈 결과를 가져왔지만 사업조합도 사업장으로부터 많은 비난을 받았다. 따라서 1998년 8월, 50대 50 월급제 후속지침이 나오자 사업조합은 평균운송수입금만 산정(1일 8만 8,500원)하고 1999년 임금교섭을 끝까지 거부하였다. 이에 교섭권을 위임받은 사업장에 임금협정 요구안을 보내면서, '이의 수락여부를 밝혀라. 이에 대한 입장표명이 없을 경우 노사주장의 불일치로 간주한다'는 문서를 내용증명으로 3번 보내고 아무런 응답이 없자, 서울노동위원회에 중재 및 조정신청을 하고 농성에 들어갔다.

그러나 사업조합도 급히 움직여 1998년 LPG 인상에 따라 인상했던 사납금 인상분만큼 임금인상을 하면서 맞불을 놓았고, 지역별 단위사업장 별로 임금협정을 체결하였다. 이러한 과정을 거치면서 4월 29일 22

개 노조에 50 대 50 월급제 중재재정이 나오게 되지만 이후의 과정은 1998년과 동일한 과정을 겪게 된다. 단위노조는 의무금 동결로 서울택시지부를 압박하고, 지부는 복지기금을 털어 화합명목으로 제주도로 수련대회를 가고.

택시를 돌아보면서

결국 2000년 집단교섭을 복원하게 되지만 의미 없고, 전망없는 복원이었고, 그리고 사업주들에게 끌려 다니는 택시노조를 보면서 '내가 먹고 살려고 여기 있는 건가'를 반복적으로 생각하며 서울시지부를 떠날 준비를 하게 된다. 지금도 남아 있는 것이 좋았을까 생각도 하지만 2000년 이후 구조조정에 돌입한 택시에서 무엇을 할 수 있었을까 하는 생각이 든다. 오히려 밖에서 택시에 관련한 연구를 수행하면서 힘은 들었지만 스트레스가 상대적으로 적었다는 점에서 더 나은 결정이었는지도 모르겠다.

어쩌면 택시와 평생 함께 한 인생이었는지 모른다. 1984년 박종만 열사의 신문기사, 1987년 성남에서의 택시노조, 1993년 말 서울시지부, 2001년 2월 택시노조를 떠났지만 노무사가 되어 택시노동 관련 연구를 참 많이 하였다. 어쩌면 학생 이후의 삶이 택시와 떨어져서 생각할 수 없고, 또한 택시로 먹고 살았다고 할 수 있다. 어쩌면 택시에 감사한다.

2000년 이후 구조조정, 운전자 이탈, 고령화, 운휴차 증가, 택시분신 그리고 코로나 팬더믹으로 이에 추가된 택시사업자 자살 등 택시의 현실은 극단적으로 악화되고 있다. 본질적인 방법이 필요하지만 택시를 둘러싼 이해집단은 아직도 자신의 이익만 챙기려고 한다. 따라서 이러한 흐름은 상당한 기간 지속될 것이다.

내 청춘의 열정을 쏟았던 택시와 노조운동

장태순*

택시에 들어오며

내 나이 70세가 다 되어 가고 노동조합활동을 했던 시기도 30대의 일이어서 새삼 30여 년 전 기억을 더듬어 글로 간추려 쓰려니 스마트폰의 자판이 느리게만 두드려진다. 그래도 옛 추억을 되짚어 사연을 조금 써보고자 한다.

내가 태어난 곳은 충남 부여군 홍산면이라고 최 영 장군이 왜군을 무찌른 곳이다. 학교를 마치고 농사일을 하다가 부여의 페인트 대리점에서 일을 하였다. 1979년 24살 때 서울에 올라와서도 페인트일을 하였다. 군복무를 마치고 1980년 10월에 결혼을 했고 1981년 첫째가 태어났다. 1983년 1월에 대우개발에 취업되어 리비아 트리폴리에 도장공으로 일하기 위해 출국하였다. 리비아에 간 지 6개월 만에 아버지가 위암으로 위독하다는 말을 듣고 급거 귀국하였다. 귀국하니 벌써 장례를 치르고 아버지를 안장한 지 뒤 9일이나 되었다. 아버지가 안 계신 세상은 뭐라고 형언할 수 없었고 마음을 잡기가 어려워 방황하였다.

---

* 서울 합덕산업노조 위원장 역임.
  (과거 이름은 장원순이었으나 개명하여 장태순이 됨)

1983년 당시 페인트는 건축 쪽 일이 주종이었기 때문에 겨울에는 페인트일이 없었다. 1984년 3월 일이 없는 동안만 일하려고 합덕산업 택시회사에 입사하였다. 그러다가 회사 동료들과 같이 일하고 어울리는 맛도 괜찮아서 회사를 그만두지 못하고 계속 근무하게 되었다.

노조활동 속 심각한 내부갈등

그 당시에 택시회사의 조건은 격일제로 도급제였고, 월급도 거의 없다시피 하였다. 1984년 10월인가에 1일 2교대제로 바뀌고 기본급이 포함된 업적급식 월급제가 도입되었다. 그러나 당시에도 격일제, 도급제로 하던 일부 기사들이 있었다. 초보자였던 나는 월급이 적고 생활이 빠듯하였다.

당시에는 노조가 있었으나 회사가 여러 가지로 택시기사들에게 배차, 세차비, 사고보험 처리 등에서 부당하거나 불리하게 처리하는 일이 많았다. 자연스럽게 택시노동자로서 잘못된 노동관행와 임금구조, 열악한 근무환경 등을 어떻게 하면 바꿀 수 있을까 생각하게 되었으나 노조규약이나 단체협약, 노동법도 제대로 본 적이 없었다.

1986년부터 노조 대의원, 교선부장, 쟁의부장 등을 하면서 노조위원장과 계속 부딪쳤다. 1986년 봄 어느 날 회사에서 택시노동자를 대하는 태도나 회사 경영과 운영상의 문제 즉 임금지급일 미준수, 복지문제, 단체협약 미준수 등 잘못된 문제를 지적해도 시정되지 않아서 회사건물 뒷벽에 '대자보' 한 장을 크게 써 붙였다.

집에 들어와 2시간도 지나지 않아서 그 대자보를 노조위원장이 찢어버렸다는 연락을 받고는 이것저것 앞뒤 생각할 것도 없이 "오늘 이놈을 죽이고 나도 죽어야겠다"는 생각밖에 떠오르지 않았다. 곧바로 페인트 가게로 가서 페인트 신나 1통을 사들고 1회용 라이터까지 챙겨가지고 곧장 노조 사무실로 들어갔다. 사무실에 들어서니 마침 노조위원장도 있고, 교대시간이라 그런지 오전반을 끝내고 노조 사무실에 들른 사람들이 4~5명이 있었다. 나는 노조 사무실에 들어서자마자 따져 물었다.

"위원장이 내가 붙여놓은 대자보를 찢었어?"

"그래 내가 찢었다."

그 말을 듣는 순간 나는 들고 있던 신나통 뚜껑을 열고 노조위원장 머리에 절반쯤 붓고, 나머지 절반은 내 머리에 붓고는 다른 한손으로 가지고 간 1회용 라이터를 켰다. 가까이서 지켜보던 조합원 중의 한 사람이 개구리 점프하듯 뛰어올라 라이터 불을 껐다. 의자도 집어던지고 소리지르고 싸우는 등 엉망진창이 되었다. 회사는 위원장에게 건물방화미수 혐의로 나를 고소하라고 종용했으나 그는 거부하였다. 이런 일이 있고 나서 위원장의 태도가 일부 바뀌기는 하였다.

단체교섭을 하면서 발생한 우여곡절

나는 '합덕산업'이라는 택시회사에 입사하여 열악한 근무환경을 개선해보고자, 자본가의 노동력착취를 막아보고자 나 자신도 모르는 사이 노동운동을 하게 되었다. 그러다 노조 대의원을 하게 됐고, 쟁의부장, 단체교섭위원 등 직책을 서너 개씩 맡아서 하기도 하였다. 그러던 1987년 여름 '단체협약 갱신기간'이 되어 단체교섭위원이었던 나는 회의장이었던 회사 건물 3층으로 갔다.

때는 한여름 '삼복더위'인데, 에어컨도 없는 사무실에서 회의를 하려니 모두가 손에 부채만 하나씩 들고 부채질을 연신 해대며 이것저것 짜증스러워하였다. 그때 회사 측 대표 중 한 사람이 "더운데서 이럴 것이 아니라 저기 청평이나 시원한 야외로 나가서 해보는 건 어떻겠냐"고 제의하였다. 노조측이나 회사측이나 모두 "그럽시다" 하면서 자리에서 일어났다. 나도 자리에서 일어나 차량 두 대에 나누어 타고 청평댐 밑 유원지의 한 음식점으로 들어섰다. 강가에 앉아 있으니 시원한 기분은 들어 좋았는데 조금 있으니 음식상이 나오고 술도 나왔다. 그리곤 너나 할 것 없이 밥을 먹고 술을 마셨다. 나도 배가 고파 밥은 먹었지만 술은 마시지 않았다. 식사를 하면서 나는 생각했다

"이거 분위기가 좋지 않게 흘러가는 거 같은데." 아니나 다를까 식사를 하면서 술 한 잔씩 마시고 분위기 좋게 가는가 싶을 때쯤 노조위원장이 "이제 밥도 먹었으니 본론으로 들어가서 단체교섭을 마무리 지읍시다" 하는 것이었다.

이제 겨우 2차 협상의 초입인데 회사 측에서는 얼씨구나 하고 맞장구치고 나왔다. 날도 더운데 시원한 장소에 나왔을 때 대충 끝내자는 식이었다. 나는 노조위원장과 회사 측의 태도에 너무 화가 치밀어 그대로 그 자리에 앉아있을 수 없었다. 버럭 화를 내며 자리를 뒤집어엎고 일어나 밖으로 나왔더니 노조 측 교섭위원이었던 친구가 뒤따라 나왔다. 밖에 나오니 컴컴한 시골길, 시간은 밤 11시. 집은 장안동, 그렇게 무작정 서울방향으로 걸어 나왔다.

하나님의 보살핌인지. 부처님이 보내주셨는지. 마침 그곳을 지나는 승합차가 있어 손을 들어 큰길까지만 태워줄 것을 간청하고 차에 탔다. 차량 기사 분한테 "어디까지 가시는 중이시냐?" 물었더니 서울 장안동까지 간다는 것이 아닌가. 이게 바로 하나님의 보살핌이 아니면 부처님이 우리를 불쌍하게 내려다보시고 보내준 게 아니면 무엇이란 말인가. 그렇게 많은 사연을 남기고 단체교섭은 노조 측 원안에서 90% 수준에서 11차까지 가는 진통 끝에 타결되었다.

노조 대표자나 노조간부들이 얼마나 조합원들을 위해 열심히 노력하고, 추진하느냐에 따라 노조활동의 결과는 크게 바뀔 수 있고 사업주들의 인식과 태도도 바꿀 수 있다는 것을 절실하게 느끼는 계기가 되었

다. 지금도 옛날의 친구들 만나면 그때 그 이야기를 하는 친구가 있다.

합덕산업을 넘어서 서울택시 전체 노조운동으로

1987년 합정동 마리스타수도원의 〈운수노보〉를 회사 동료의 소개로 알게 되었고 그곳에서 다양한 경험을 하게 되었다. 합덕산업의 동료와 함께 〈운수노보〉에 종종 가서 소식도 듣고 노조활동 관련 상담도 하였다. 1988년경에는 〈운수노보〉의 임삼진이 이끄는 가운데 동해택시의 주우길, 서진운수의 전용수와 함께 우리 집에 모여서 노동조합, 사회과학을 공부하는 모임도 6개월 이상 가졌다. 그러면서 나의 노동운동에 대한 이해는 깊어졌고 활동 폭은 넓어져만 갔다.

1989년에는 전국택시노조연맹 서울택시지부의 소식지 편집위원으로 동광운수의 김재궁씨와 함께 위촉되었다. 당시 서울택시지부 간부로 있던 강충호가 이끄는 가운데 합덕산업만이 아니라 서울택시의 여러 회사들의 소식과 사정을 더욱 관심 있게 알아보고 이를 알리는 활동을 하였다.

같은 해 전국택시노조연맹 서울택시지부가 교섭력을 키우고, 조직을 동원하는 등 투쟁력을 높이기 위해 '조직행동대'라는 것을 만들었다. 물론 이들 조직행동대는 단위노조 위원장들의 추천을 통해서 모았고 추천을 받은 노조활동가들로 구성되었다.

원래 전국택시노조연맹 서울택시지부는 단위노조 위원장들이 모인 조직으로 일반 조합원들이 참여할 수 있는 공간, 회의체, 모임 등은 없어서 단위노조 위원장들의 조직이나 다름없었다. 그런데 조직행동대가 만들어지고 나서는 서울택시지부 소식, 임금교섭, 각종 투쟁 등을 단위노조원장만이 아니라 이들 조직행동대도 함께 하게 되면서 단위노조 위원장이 임의로 정보를 가공, 왜곡하기 어려워졌다. 때로는 회사와 몰래 타협, 담합하는 단위노조 위원장들을 견제하는 역할을 하기도 하였다. 나로서는 조직행동대를 하면서 함께 공부했던 동해택시 주우길과 서진운수 전용수뿐만 아니라 다른 회사에서 열심히 활동하는 다른 간부들을 만날 수 있는 계기가 되었다.

합덕산업 노조위원장에 당선되다

합덕산업에서는 노조위원장 선거가 1990년 2월에 예정되어 있었다. 나는 사실 노조위원장에 출마하고자 하는 생각이 별로 없었다. 그런데 그런 사정을 알고 있고 평소 노조활동을 상담하며 친하게 된 〈운수노보〉의 배규식이 위원장 출마를 강력하게 권고하는 것이 아닌가? 고민 끝에 출마를 결심하게 되었다.

위원장 선거에 나서니 동료들이 자연스럽게 모이게 되었다. 평소 노조활동에 참여하는 것을 못마땅하게 생각했던 아내가 막을 수 없다고 생각했는지 위원장 선거 직전에 10만 원짜리 수표를 주면서 "노조 선거를 준비하려면 다른 사람들과 모임도 해야 하고 차도 사야 할 테니 필요한 경비를 쓰라"고 하였다. 아내의 뜻하지 않은 지원도 있고 해서 위원장 선거에 당선되기 위해 다양한 조합원들의 의견을 듣고 내가 위원장이 되면 무엇을 할 수 있고, 해야 하는지 이야기를 나누었다.

그동안 위원장을 했던 박*팔이 재선을 위해 다시 위원장 선거에 나섰고 나 말고도 두 명이 더 출마를 해서 총 네 명이 후보로 나섰다. 당시 조합원이 190명이었는데, 아침부터 차량을 모두 세워둔 상태에서 노조총회를 진행하였다. 막상 1차 투표 결과 뚜껑을 열어보니 전 위원장인 박*팔이 가장 많이 득표를 했으나 과반에는 훨씬 미달이었고 다른 세 명이 정확하게 43표씩 나왔다.

2차 투표에서는 전 위원장의 표는 그대로인 반면, 다른 두 후보의

표가 줄어들고 나에게 표가 몰리고 있었다. 3차 투표에서 나와 박*팔이 결선을 하여서 내가 당선되었다. 이때가 1990년 2월이었다. 당시에 노조 간부로서 꽤 원칙적이고 올바른 발언을 해왔던 나를 회사 측은 강경파로 보고 있었다.

노조위원장이 되고 나서… 월급을 안 줘

노조 위원장이 되고 나서는 다음 날 새벽에 회사 상무라는 사람이 우리 집으로 찾아와서 아차산을 걸으면서 이런저런 이야기를 했는데, 나를 떠보기 위해 찾아온 것이었다. 매월 체불이 상습적으로 며칠씩 지속되고 있었다. 나중에 안 사실이지만, 당시 회사 사장이 부천에 자동차 사이드미러 공장을 운영하면서 합덕산업에서 번 돈을 그쪽으로 빼돌리고 있었다.

나는 노조위원장에 당선되면서 회사 측에 누누이 강조해온 말이 있었다. "임금지급기일을 준수하라." 단 한번이라도, 단 하루라도 지켜지지 않을 시 바로 택시운행은 "올스톱 될 것이다." 한 삼 개월은 잘 나오는 듯하였다.

그날도 나는 잠실 교통회관에서 '단위노조 위원장 철야농성' 중이었는데 합덕산업 노조 간부 두 사람이 농성장에 찾아와서 월급이 나오지 않았다고 하였다. 농성장에 가기 전 노조총무한테 "월급이 단 하루라도 늦어지면 바로 연락을 하라"고 했던 것이다. 나는 그 즉시 회사로 달려가 운행 중인 차량이 들어오는 대로 차고에 차례로 주차하고 회사 정문을 닫고 곧바로 농성에 들어갔다.

노조 측에서 신속 강경하게 나가자 회사 사장이나 회장까지 다 나와서 노조원들을 설득하려 해보았다. 지금까지 월급이 늦어져도 속으로 불만은 많았지만 겉으로 표출하지 못하고 가슴앓이만 하던 사람들이 진보적인 노조위원장을 만나자 노조에 대한 믿음과 기대가 커져서 회사의 설득에도 꿈쩍하지 않았다.

"월급 줘! 월급주면 나갈게. 우리는 비가 오나 눈이 오나 365일 차량이 쉬는 날도 없이 어음도 없이, 외상도 없이 현금으로만, 못 벌어도 주머닛돈 꺼내서 채워서 입금했는데 왜 월급날만 매번 미뤄" 하는 말에 얼굴만 빨개져 들어갔다. 파업을 한 지 단 하루도 지나지 않아서 100% 월급이 지급되었다. 그 뒤로는 월급이 제대로 나왔다. 그 전의 노조위원장은 회사 측의 잦은 체불에 제대로 대응하지 못해서 회사도 며칠 체불하는 것을 예사로 알고 있었던 것이다.

내가 노조위원장을 그만둔 뒤에 합덕산업은 결국 사장이 운영하던 공장도 망하고, 시의원을 하던 중 택시회사도 부도가 났다. 내 후임 위원장은 회사가 부도가 나는 어려움 속에서 조합원들의 이익을 지키기 위해 노력했으나 회사에 돈이 없으니 노조활동도 어려웠다. 회사가 공중분해되었고 지입차로 팔리기도 하였다. 회사가 택시로 돈을 벌었으나 다른 사업을 벌이다가 망해서 원래 황금알 낳는 거위였던 택시회사마저 부도를 내고 나중에는 퇴직자들의 퇴직금도 제대로 주지 못하고 말았다.

1992년 개인택시면허를 받으면서 택시를 그만두다

그리고 1992년 어느 날, 7년 무사고 장기 근속자에게 주어지는 개인택시신청자격이 생기자 아내가 그것을 귀신같이 알아차리고 나를 밤낮으로 설득하였다. 나의 마음도 버드나무처럼 휘어지고, 갈대처럼 흔들려 깊은 고민에 빠지자 피우지 않던 담배도 피우게 되었다.

'내가 이렇게 동지, 동료들을 배신하고 회사를 떠나야 하나? 노동운동을 접어야 하나?' 생각에 잠겨 입맛도 없고 잠도 오지 않고 심각한 마음의 갈등을 겪었다. 잠에 들려고 자리에 누우면 동지들 얼굴이 빙빙 돌아 미칠 것만 같았다. 그렇게 회사를 퇴직하고 개인택시면허를 받아서 개인택시운행을 했지만 마음은 영 아니었다.

동료들과 어울리며 희로애락을 함께 하고 때로는 긴장감이 있는 노조활동, 단체교섭, 파업, 서울택시 임투 등을 한 것에 비해서 개인택시는 너무나 홀로 떨어져 있는 느낌이 들었고 사회적 교감이 적었다. 개인택시에 매력이 없어서 6년을 한 뒤 1999년에 매각하였다. 개인택시를 팔기 전인 1998년부터 개인택시를 자주 세워놓고 원래 하던 페인트 일을 하고는 하였다. 개인택시 매각을 한 뒤에는 페인트 일을 계속하고 있다.

동지의 노래, 내 영혼의 노래

조재형*

나는 어릴 때부터 노래를 좋아하였다. 국민학교 때는 군부대 위문 공연에서 노래도 불렀다. 새마을과 4-H클럽 활동을 하면서 레크리에이션과 포크송을 자주 접하였다. 군사정부는 모든 노래를 줄 세워 통제하였다. 이후 택시노동자가 되어 작사할 기회를 많이 갖게 되었다. 그 힘은 내 삶의 길을 바꿔 놓았다. 을지운수를 네 번 입사하고 네 번 퇴사한 진기록의 노동자지만, 사실 나는 노동자들로부터 내 삶의 가치를 수혜 받았다.

소년공과 손 무덤, 그리고 아니요 할 줄 아는 용기

잘린 손가락 묻고 오는 밤
설운 눈물 흘리는 밤
피 묻은 작업복에 지나간 내 청춘
이리도 서럽구나

---

* 서울 을지운수 노조 간부 역임.

박노해의 '잘린 손가락.' 이 노래를 듣고 있으면 소년공 시절이 실감난다.

16살 되던 해 시골에서 상경한 나는 마포 나루터에 있는 목형공장에 취직하였다. '쐐액!' 약 3m 정도 되는 목재를 오려내는 띠톱이 1분에 1,000회 정도 회전하면서 내는 소리가 위협적이기도 했지만, 톱이 끊어질 때 얼굴을 다칠까 봐 무서웠다.

같이 일하던 동료가 나무에 구멍을 뚫는 드릴링머신 작업을 하다가 손가락이 날아갔다. 병원에 간 사이 톱밥 사이에서 손가락을 찾아내 보관하고 있다가 돌려줬는데, 그 동료는 그냥 재래식 화장실에 버렸다. 나도 내 몸무게의 4배 되는 나무를 트럭에서 내리다 발가락 두 개를 크게 다쳤다. 당연히 병원 치료는 없었다. 사표를 내고 구로공단에서 가까운 신대림동 피아노 부속품 공장으로 옮겼다.

개똥 천지인 바닥에 앉아 길게 늘어서서 점심을 먹는데, 똥개나 기름 강아지인 우리나 같은 처지였다. 처음엔 나사 깎는 수동 '노꾸로'와 프레스기계의 작업 보조로 일하였다. 프레스는 생산량을 높이기 위해 페달을 밟은 채 반자동으로 일하는데, 14시간이 넘는 장시간 작업 중에 단 한 번만 실수해도 손가락이나 팔목이 가차 없이 달아나는 위험한 환경이었다. 하루는 동료 형이 으슥한 공장 뒤편에 있는 작은 흙무덤을 보여줬다. 손가락 무덤이었다. 프레스로 손가락과 손목이 많이 잘리고, 노꾸로에 장갑이 말려 손이 부서진다면서 두 기계만큼은 절대 하지 말라고 충고하였다. 어느 날 그라인더에 바이트를 갈다가 청바지와 함께 4cm 정도 살점이 파여 뼈가 보이는 무릎 부상을 입었다. 팝콘처럼 일어난 상처를 마취 없이 오려내고 꿰매서 며칠 후 살이 다 미어졌다. 참 위험한 직업이구나 생각해서 사표를 냈다.

세월이 흘러 1980년, 서울역으로 행진하는 대학생들을 보았고 몇 달 후 M16 소총을 든 공수부대원들이 사람들을 삼청교육대로 잡아가는 것을 목격하였다. 뭐가 옳고 그른지 참 혼란스러운 때였다. 그 후 면허증을 따서 여러 운전직을 전전하다 현대자동차 영업소의 위탁 탁송(자동차를 공장에서 영업소까지 운반하는 일) 일을 하게 되었다.

그때부터 작심하고 검정고시 새벽반에 등록해 공부를 시작하였다. 정치경제 과목을 서울대 경제학과 출신인 최승호 선생님이 열강해 주셨는데, 신문 사회면 읽기를 권해서 매일 읽다 보니 토론할 정도의 수준이 되었다. 마지막 수업 때 칠판에 "보다 깊고, 의연하라! 그리고 아니요 할 줄 아는 용기를 가져라!"라고 쓰셨다. 검정고시 합격 후 동아일보 서울출판지사에 입사하였다. 시사월간지인 〈신동아〉를 판매하기 위해 작은 공장들을 다니면서 영업을 했는데, 가는 곳마다 열띤 논쟁이 벌어지곤 해서 〈신동아〉를 몇 번씩 정독하면서 사회구조에 대해 눈뜨기 시작하였다.

택시노동자의 첫발과 백지사표

택시운전사는 매일 다양한 사람을 만난다. 국민들의 열망을 가장 많이 소통하는 거리의 해설사다. 집안 형님들이 택시운전을 하기도 했지만, 부족한 요금에도 통금 시간에 맞춰 집까지 태워다 준 따뜻한 운전사에 대한 기억이 남아 있어서 택시운전사의 길을 택하였다.

교통연수원에서 교육을 받고 을지운수에서 안전과장과 동네 한 바퀴 시운전을 하고 바로 출근하였다. 올림픽 준비기간이라 깨끗한 택시를 외국손님들에게 보여주기 위해 택시제복과 세차원이 지원되었다. 차량 한 대에 동기와 내가 2인 1조로 배치되어 12시간씩 맞교대하였다. 신입은 폐차 직전의 낡은 포니1을 받았기 때문에 에어컨이 없어 소낙비가 내리면 창문을 닫아서 완전 찜통이었고, 습기 때문에 앞을 보기 힘들었다.

정해진 사납금을 입금하면 기본급을 받았고, 추가 수입금에 대해서는 일정 비율로 나누는 임금 형태였는데 오전반의 경우 기본 사납금 채우기가 쉽지 않아서 압박감이 심하였다.

입사한 지 얼마 안 되어 "어이, 신삥! 퇴근할 때 소주 한잔 어때?" 하던 선배가 광명 쪽 순환도로에서 음주운전자와 충돌하여 사망하였다. 반토막 난 차를 다른 폐차 직전 차와 붙여서 조립해 내가 타게 되었다. 그로부터 3개월 후, 입사 때 무심코 찍었던 첫 번째 백지사표가 처리되었다. 잘못한 것도 없는데 상여금 나올 때가 되니 퇴사 처리되고 바로 날짜를 이어 재입사 처리된 것이다. 노조마저 아무런 문제의식이 없는 일상이었다. 노조에 가입한 후 위원장에게 입사 서류 양식을 요청해서 자세히 보니 해고 조항이 자그마치 57개나 되었다. 이게 다 뭐람? 해고 조항에 걸리면 미리 받아놨던 백지사표에 날짜를 쓰고, 재입사 처리해 상여금 등을 갈취하는, 사실상 치졸하게 이윤을 취하는 것이었다.

그때 입사 동기 하나가 교통사고가 났는데, 사고 비용을 본인이 처리할 능력이 안 되어서 해고되었다. "힘이 없어서 어쩔 수 없지! 또 하나 배웠네"라고 중얼거리며 회사를 못 떠나던 그 동료 형의 표정을 잊을 수 없다. 같이 못 가도 어쩔 수 없지. 우리는 침묵의 죄를 지었다.

한 회사에 7년 근속과 3년 무사고가 개인택시 자격 조건이어서 작은 접촉 사고가 나도, 진상고객을 만나도, 합승하다 걸려도, 그 무엇이든 우리는 해고 대상이었다. '사회적 물의'라는 조항에 명확한 내용이 없어 담배꽁초만 버려도 해고의 칼이 휘둘러질 수 있었다.

노조는 너무 착한 어용 노조였고 회사의 수족 역할을 하는 1층의 정화위원회(전두환 정권 때 각 공공기관이나 민간기업에 어용조직으로 정화위원회를 두었음) 크기에 비해 2층의 노조 사무실은 1인용 책상 하나와 2인용 낡은 소파 하나가 덩그러니 있어서 보잘 것 없었다. 노조에서 교육선전 일을 맡겠다고 했더니 바로 직책을 주면서 반겨주었다. 노조를 강화해서 해고 조항을 없애겠다는 생각이 아주 강렬하게 들었다. 그러기 위해서는 노동자 권리에 대해 공부하고 노조를 쓸모 있게 개혁해서 조직화하고 싶었다. 수군대는 조합원들에게서 개혁을 바라는 잠재적 폭발력을 느꼈다.

이때의 느낌을 옮겨 후에 택시동지들과 함께 공동 작업한 '완전월급쟁취 투쟁가'에 담았다. "동지여, 뼈를 깎는 고통의 투쟁을 기억하는가 / 더 이상 설움의 거리를 질주할 순 없었다 / 온몸으로 외치는 열사의 함성을 기억하는가 / 택시 형제 족쇄를 끊고 완전월급쟁취 투쟁 / 그 얼마나 기나긴 세월의 침묵을 살아왔던가 / 물러서면 우린 죽는다, 완전월급쟁취 투쟁!!"

무력한 근로자에서 전사로 충전

소통공간으로서의 노조 사무실 확장을 다각도로 주장하였다. 역시나 회사는 공간이 없다며 단칼에 거절하였다. 이걸 못 풀면 위원장과 부위원장이 어용이 되는 거라고 지속적으로 설명했고, 빅 스피커 역할을 하는 동료들을 자극하였다. 결국 벽을 부숴 옆방을 합쳐 노조 사무실을 확장하였다. 해머의 손맛은 참으로 통쾌하였다. 이후부터 노조 사무실에서 믹스커피를 제공했고, 조합원들로 활기가 넘쳤다.

동지들을 조직하고 개혁하려면 대응할 지혜가 필요하였다. 동대문시장 부근 청계천의 중고서점에서 근로기준법과 노동조합법을 구해서 읽었다. 더 체계적으로 공부해 보려고 방송대 법학과에 입학하였다. 헌법 교재 첫 장에 "하늘이 무너져도 정의는 세워라"라고 쓰여 있었다. 너무 엄중한 시대적 사명과도 같은 글이었다. 곧바로 모의국회를 하는 변론연구회에 가입하고 노동문제연구회와 역사, 사회과학 동아리들과 함께 해방터라는 컨테이너에서, 읽지 말라는 금서들을 학교 교재보다 더 많이 읽고 매주 토론을 벌였다.

학교생활을 하면서 네 쪽 내지 여덟쪽짜리 노보도 만들었다. 표지와 시사만평에 만화를 그려 넣었고, 노동법에서 중요한 내용을 추려 넣고 다른 단체들의 활동 소식도 썼다. 후에는 고려운수 강승규, 용진흥업 인현선 위원장의 인터뷰를 따기도 하였다.

방송대는 1년에 두 번 서울대 법대에 가서 수업을 듣고 시험을 봐야 했는데, 마침 박종만 열사로부터 삶의 영향을 받았다는 박종철 열사 추모기간이어서 아크로폴리스 방향으로 떼 지어 올라가는 학생들의 뒷모습과 구호를 외치는 팔에서 엄청난 에너지를 느꼈다. 그 후 홍제동 서민련 민족학교와 청년단체 등을 찾아다니며 수업과 LT와 MT를 통해 많은 역량을 쌓았다.

모든 시작과 끝은 항상 민중가요였다. 그것은 두려움을 극복하는 방패였고 무기였다. 그 짧은 가사에 왜 싸우는지, 패배를 어떻게 극복하고 다시 일어서는지 담겨 있었다. 노래에 따라 군중은 명확하게 연대하고, 타오르고, 물처럼 흘렀다. 특히, 사북사태를 경험한 탄광 노동자가 불러 준 '의연한 산하'는 힘든 고비 때마다 나의 애창곡이 되었다. 그 민중가요들을 많이 복사해 조합원들에게 계속 가르치며 노조의 기초 체력을 다졌다. 출근할 때마다 노래 테이프를 10여 개씩 복사해 다른 산업 노조 활동에 필요하다는 손님들에게 나눠주기도 하였다.

한 번은 반포에서 취객을 태웠는데 공안검사인지도 모른 채 양해를 구하고 민중가요를 틀었다. '반전 반핵가'를 부르는 부분에서 벌떡 일어나더니 "이거 뭐야, 빨갱이 새끼네?" 하면서 구두를 내 머리 위에 올렸다. 천호동 자택에 도착할 때까지 서로 으르렁대다가 결국 자기 집으로 나를 데려가 택시요금을 세 배로 주며 1시간 동안 시대에 대한 푸념을 하였다.

1989~1992년 당시 전국택시노련 서울택시지부는 헌신적인 활동가들로 구성되어 고도의 투쟁들을 이끌어냈다. 1989년 4월 17일, 서울

완전월급제쟁취중앙결의대회(보라매공원)에 조합원들과 함께 참여하였다. 모이기 어려운 택시 구조에서 조합원 1만여 명과 차량 2,500대가 참가해 장관을 이뤘다. 인파에 밀려 흩어지면 빨리 찾을 수 있게 깃발은 눈에 잘 띄도록 직접 그림을 그렸다. 준비한 북과 꽹과리를 두드리는 조합원들도 늘 눌려만 살아와서 그런지 표정이 결의에 차 있었다. 보라매공원과 회사를 오고 가는 길에 창가로 내민 깃발들이 후드득 떨었다. 깃대를 잡은 손으로 느껴지는 그 생명감이 조합원들에게는 크게 각인되었다.

소낙비에 묻힌 패전의 눈물

조합 총무부장으로 직책을 옮겼지만 재정을 다룬다는 것 외에는 하는 일은 같았다. 이때 가장 많이 가르친 건 역시 파업가였다.

흩어지면 죽는다 / 흔들려도 우린 죽는다 / 하나 되어 우리 나선다 / 승리의 그날까지 / 지키련다 동지의 약속 / 해골 두 쪽 나도 지킨다 / 노조 깃발 아래 뭉친 우리 / 구사대 폭력 물리친 우리 / 파업투쟁으로 뭉친 우리 / 해방 깃발 아래 나선다

전국택시노련 서울택시지부에서 진행하는 중앙 임금협상이 잘못되면 파업을 할 수도 있겠구나 싶어 1989년 4월 30일에 서둘러 결혼식을 올렸다. 회사에 돌발 상황이 생길까 봐 제주도로 갈 신혼여행비를 한겨레신문에 기부하고 춘천을 여행하고 있었다. 휴가 중인 버스 운전기사로부터 택시 총파업 소식을 듣고 긴급하게 복귀하였다.

당시 노조 상황은 아직 파업을 주도할 상황은 못 되었지만, 중앙 단위의 노사교섭 결과로 파업하게 되면 누구도 거역할 수 없는 분위기였다. 위원장은 개인적인 의리는 있었지만 단순하고 전략이 없었다. 총파

업 중에 돌아다니는 다른 회사 운행 차를 보고 흥분해 운행하는 운전자를 구타하는 바람에 위원장은 구속되어 버렸다.

위원장의 자리가 공석이 되자 부위원장은 모든 걸 내게 맡기고 회사와의 중간 역할을 잘 해주었다. 1순위 연대파업, 그리고 위원장 구출! 신속하게 방향을 정하고 조직 상황실을 구성하고 사수대와 규찰대 인원을 배치하였다. 출입구 다섯 군데에 차를 세우고 차량바퀴의 바람을 모두 뺐다. 차를 견인할 수도 있어서 사수대가 교대로 차 안에서 잠을 자도록 하고 바리케이드를 쳤다. 셔터의 자물통을 자르고, 회사의 수족인 정화위원회 위원 등이 가족을 몰살하겠다고 협박해서 가족을 친정으로 보냈다. 습격에 대비해 뒤 트렁크에서 잠자는 나이 든 조합원의 흰 머리카락이 이슬에 젖어 뭉클하였다.

서울택시 임금협정에 관한 서울지방노동위원회의 직권 중재로 총파업이 풀렸으나, 단위 사업장별로 매듭을 지어야 해서 우리는 조합원 총회를 열어 위원장 석방을 조건으로 파업을 이어가기로 결정하였다.

3층 교양실에서 회사 임원들과 협의하고 있는 사이 소낙비와 함께 고함소리가 들리고, 정화위원들과 회사 편 기사들이 일사불란하게 택시 시동을 걸었다. 내가 뛰어 내려오는 사이 철문이 열리고, 전세값 대출 때 회사의 도움을 받은 친구에게 회사가 출차를 명령하였다. 복종의 엔진 소리와 핏기 없는 얼굴, 촉촉한 굴욕의 눈물을 보았다. "말 안 듣는 놈은 김 형사한테 넘겨줘!" 사업주의 고함소리에 또 한 대가 빠져나갔다. 택시는 계속 밖으로 빠져나갔고 대오는 허물어졌다. 참 허탈하였다. 회사는 직권 중재 내용을 수용하였다.

한동안 승무 정지가 떨어졌다. 조합원들과 함께 모금과 진정서 서명 등 위원장 석방 운동을 시작하였다. 위원장은 석방되어 복귀했지만 내 차는 다시 고물로 바뀌었고 내 주변 인물들이 줄줄이 폐차 직전 차를 배차 받았다. 동지들이 하나둘 사표를 냈고, 회사 친목조직으로 흡수된 사람들은 파워 핸들이 달린 새차를 지급받았다. 나는 해고 조항 57개를 없애기로 다짐하였다.

57개 해고 조항과의 교섭 싸움

"기다리면 좋은 세상 온다기에 1차선에 목숨 걸고 살아온 세월, 너희에게 다 빼앗겨 빈손이지만 투쟁 깃발 움켜쥐고 전진하리라! 택시노동자 어깨 걸고 총진군!"

나중에 '택시노동자 진군가' 가사를 동지들과 함께 정리할 때 이때의 경험이 큰 도움이 되었다. 단체교섭 준비 과정에서 위원장을 배제하고 교섭위원들을 무장시키기로 하였다. 전권을 맡아 7일간 교섭 훈련을 위해 LT와 MT 장소인 원당의 공동묘지 옆 '해 뜨는 집'에 숙소를 정하였다. 새벽부터 밤늦게까지 자기 고백과 단체협상 이론교육과 담력훈련, 노동가요 부르기, 동지에 대한 맹세, 그리고 스피치 훈련을 집중적으로 강화하였다. 위로 방문한 위원장은 "북한 빨갱이 소굴 같다"며 화내면서 팝송을 크게 틀어놓고 산만하게 하였다. 해고 조항 57개 삭제, 퇴직금 누진제 신설, 특별휴가 일수 조정, 학자금 신설, 근로조건 개선, 노후 차량 교체 등을 목표로 잡고 모의 단체교섭 후에 안을 확정하고 훈련을 마쳤다.

긴장 속에 1차 교섭이 시작되었다. 가장 연약해 보였던 선배가 해고 조항에 대해 포문을 열었다. 회사 전무의 이마에 힘줄이 툭툭 섰다. 해고 존속론과 허구성 반박이 충돌하였다. 어차피 교섭은 계속 결렬되었고, 9차를 넘어가자 회사가 회사 쪽 조직을 가동하였다. 개별적인 협박과 욕설 전화와 "사시미칼로 네놈 처자식 창자를 가르겠다. 너만 조용히 나가라"는 협박이 계속되었다. 회사 쪽 사람들이 한꺼번에 몰려와 소리를 지르니, "살인 날 것 같다"며 선배들은 걱정하였다.

10차에 들어서면서 사업주가 옥상의 특실로 위원장과 나를 불렀다.

한동안 말이 없는 긴장상태에서 실오라기 하나가 새털처럼 낙하하는데 사르륵 소리가 날 것 같은 분위기였다. 사장은 양주를 마신 후 1억 원이 든 현금 통장을 보여주었다. 개인택시와 아파트 이야기도 꺼냈다. 그가 회유를 모색하고 있다고 판단하였다.

　긍정적인 신호가 없자 사장은 "파업을 할 테면 해보라"고 협박하였다. 위원장은 펄쩍 뛰며 파업은 없다고 했고, 나는 "1억이면 한 달은 버티겠다. 5개월 치를 더 준비하시라"고 하였다. 2층에서 옥상으로 붙어 있는 국기봉을 흔들어 봤다. 내가 분신하면 이 해고 조항 57개가 사라질까? 분위기를 감지한 회사는 3,000만 원어치 타이어로 계단과 옥상을 모두 막아버렸다. 정비과에는 휘발성 물질을 전부 치우라고 지시하였다. 나는 진짜 파업을 결심하였다.

　장기 파업에 조합원의 생계에 대비할 조합원 모두의 주특기를 파악하였다. 여러 차례 회유가 있었으나 교섭위원들은 흔들리지 않았다. 폐업 협박과 함께 전무이사가 유리컵을 머리에 깨뜨리면서 피가 흐르고, 양념통이 튀고 난리가 났다. 심야에 우이동 도선사 등을 옮겨 다니며 교섭준비와 파업 준비를 했는데, 20차 교섭이 장기화되자 회사 측이 초조해하며 해고 조항 7개를 삭제하는 절충안을 제시하였다. 거절하자 또 폐업하겠다고 으름장을 놓았다.

　24차에 이르러서 해고 조항 54개를 삭제하고, 퇴직금 누진제 신설과 특별휴가 가산, 자녀 학자금 지급, 사고 위험이 있는 낡은 차를 신차로 교체 등 원안을 통과했으나 회사는 내게 여러 압력을 가하였다. 대의원에 출마했지만 정화위원회 위원장이 선관위원장이 되어 내 후보 자격을 박탈하였다. 위원장 불신임 서명 운동을 시작했는데 선관위원장이 잠적해서 허무하게 끝나버렸다.

　몸살감기가 겹치고 통증이 있던 사랑니 발치를 하고 독한 약을 먹었더니 휘청거려서 서 있을 수도 없었다. 결근 신청을 무단결근이라고 해고 조항을 들이댔다. 위원장은 상무와 함께 사이좋게 당구를 치면서 회사 입장을 편들었다. 어쩔 수 없이 그 상태로 일을 나갔다가 어지러워서 중앙선을 여러 차례 넘어가 죽을 뻔하였다. 노조는 나를 지켜줄 수 없었고, 조합과 회사는 둘 다 내가 부담스러워서 고삐를 쥐고 싶어 하였다. 결국 백지사표를 제출하고 다시 조합의 감사직을 맡았다. 물 밑으로 나머지 해고 조항 3개를 해치우기 위한 단체교섭을 준비하게 되었다.

사표를 전제로 위원장 출마

위원장 선거가 예고되어 있어서 출마를 준비하였다. 1991년 서울 임투 승리를 위한 차량 시위 때 롯데호텔 사거리 맨 앞줄에 있다가 경찰 진압조에게 무처럼 뽑히듯 체포되어 서초경찰서로 연행되었다가 다음 날 풀려났다. 서울지부 임원 중 정상기, 강충호, 김의선, 배규식, 이태영 등 5명이 구속되어 성동구치소에 수감되었다.

문제는 방송대 활동 때문에 안기부와 장안분실 등 기관원들의 주목을 받았다. 방송대 동아리 연합회장 때였는데 각 단체에서 파견 나온 집행부 임원들이 사노맹과 전대협, 빈민 지원 활동 등을 하고 있었다. 집이 비어 있을 때는 가끔 수배자들을 재우거나 자동차로 검문소를 빠져나가기도 했는데, 기관원들이 집을 포위하고 들이닥쳐 몇 번씩 집을 뒤지기도 했고 늘 그림자가 따라다녔다. 나중에 임원 여러 명이 구속되고 수배되었다.

선거를 앞두고 회사와 위원장이 내게 백지사표를 줄기차게 요구하였다. 황당했으나, 친사 노조원인 정화위원이 선관위원장을 맡아 밑도 끝도 없이 "조재형 자격 없음" 판정을 내리면 끝나는 것을 이미 겪었다. 후보로 등록하는 것조차 어려웠다. 결국 두 번째 백지사표를 제출하였다. 나는 동지들을 믿기로 하였다. 해고 조항을 54개나 없앴는데, 그저 '사회적 물의'에 해당하면 교묘하게 백지사표를 이용해 해고를 집행할 수 있었다. 누가 봐도 위원장 선거는 내가 승리할 거라고 예견하였다.

회사는 모든 수단을 총동원하였다. 내 편인 조합원 90명에게는 회사 출입을 막고, 40대 이상을 일도 시키지 않고 사납금을 입금한 것으로 처리하였다. 친회사 쪽은 총동원해 현 위원장을 밀어줬다. 그런데 황당한 건 투표장에 회사 임원들이 들어와 할당표를 점검했고, 기관원들이 현장에 들어와 큰소리로 외쳤다. "조재형은 김일성을 찬양하는 좌경입니다." 내가 "여기가 어디라고 들어와?" 소리쳤더니, "대한민국 공무원이 못 가는 곳이 북한밖에 없는데 여기가 북한입니까?" 하고 받아쳤다. 투표는 치열하게 2차까지 이어졌고, 12표 차이로 패배하였다. 세월이 지나서 일부 표가 조작되어 선거 결과가 바뀌었다는 이야기를 들었다. 선거 기간 동안 뜸했던 탄압이 다시 시작되었다. 브레이크가 고장 나거나 바퀴가 빠져 반대편 도로로 굴러가기도 하였다. 내 차를 협박용으로 정문에 거꾸로 매달아 놓아 운행을 할 수 없었다. 결국 이미 제출했던 백지사표에 날짜를 써넣어 소리 없이 해고되었다.

복직 투쟁을 하는 동안 조합원들이 모금 운동을 했으나, 회사에서 한 명씩 전화로 협박해 중단되었다. 창동전화국 공사에 잡부로 나가 일을 했는데 한여름 더위에 몇 트럭의 시멘트를 올리고 내리다 보면 분진과 땀이 엉켜 머리카락이 철사가 되어 거울을 보면서 가위로 잘랐다. 밤에는 끙끙 소리를 냈다. 몇 개월이 흐른 후 부당노동행위로 법적 대응을 예고하였다.

억압을 넘어선 해방의 노래

위원장이 권하고 임원들이 중재하고 회사와 절충한 끝에, 1991년 10월 세 번째 재입사를 하였다. 역시 백지사표를 썼다. 태어나기도 전에 이미 날짜 없는 사망신고서를 쓰는 격이었지만, 지켜줄 노조가 어용일 땐 방법이 없었다.

그 시기에 노동자 노래단 가사 공모에 응했는데 구로공단 인근 사무실 문틈에 여러 곡의 글을 끼워 넣었다. '서울에서 평양까지', '사랑하기엔 너무 먼 당신' 등 가사가 채택되어 여러 동지들이 함께 수정하여 노래로 만들어졌다. 2만여 명이 모인 연세대 노천극장에서 발표했는데, 무대 배경은 태백산맥과 장산곶매 대형 걸개그림을 썼다.

공안기관은 이른바 중부지역당 설계 그림에 따라 나를 추적했고, 박노해 구속 이후 사노맹 수배자들도 깊게 추적하고 있었다. 움직이는 곳마다 그림자가 따라다녀 밤에는 골목길을 조심해야 하였다. 장안동 대공분실에서 나온 청색 봉고차와 요원들이 들이닥쳐 수색을 당하고 연행되기도 하였다. 그런 가운데 꽃다지 노래 '통일 아리랑' 가사를 썼다.

"오천 년 이어온 우리 민족 숨결인데 / 주한미군도 핵무기도 필요 없다 가거라… 국가보안법 어기며 가세 통일 아리랑"

전북 고창 부엌에서 쓰러진 어머니의 소식을 기관원들이 알려준 것과 현대 본사 뒤 설렁탕 집에서 밥을 먹는데 업소 전화기로 전화를 걸어 큰딸 생일이라며 일찍 들어가라고 기관원이 알려줬을 때는 앞뒤도 안 맞았고 어디까지 추적하는지 왜 그러는지 정말 소름이 돋았다.

회사는 외부 활동과는 상관없이 승무정지 통보를 내렸다. 말이 승무정지지 또 행정적으로 백지사표를 활용한 것이다. 다음 생에는 백지사표가 아닌 백지수표를 더 풍부하게 쓰고 싶다. 1992년 3월인가에 강승규 위원장이 서울택시 지부장으로 선출되었다. 그리고 1992년 7월 12일 한양대 노천극장에서 개최한 택시 제도 개선 서울택시노동자문화대동제에는 2만여 명의 택시 가족이 모여 성황을 이뤘으며, 문화가 어떻게 무기가 되는지 총체적으로 보여주는 자리였다. 최고조의 투쟁력을 충전한 참가자들은 임투승리와 완전월급제 쟁취 구호를 외치며 거리로 쏟아져 나왔다.

　복직을 기다리며 아르바이트를 하다가 9월 1일 네 번째 입사를 하고 한 달 만인 9월 30일에 배차 과장으로부터 정식 해고 통지를 받았다. 최근에 회사에 확인해보니 1987년부터 1991년 9월까지 나의 근무 기록이 없었다. 북파공작원도 아닌데 파묘를 당한 셈이다.

　아내는 안주도 밥상도 없이 방 한가운데에 소주 한 병을 가져왔다. "조 서방, 그 좁은 데서 얼마나 고생이 많았어? 이제 좀 넓은 세상에서 삽시다." 참 달콤하고 평온한 해방이었다. 분유와 가스가 떨어져 가족들이 냉방에 이불을 깔아 놓고 부둥켜안고 있었던 복직투쟁 과정이 있었다. 비 오는 날 밤, 수배되어 쫓기던 이동섭 형에게 아무것도 해줄 수 없었던 사정도 두고두고 가슴에 남는 빚이지만, 어쨌든 나는 다른 세상으로 나왔다.

다른 세상에서도 빛난 택시노동자 정신

　처음엔 몇 군데 손쉬운 일자리를 찾았는데 이상하게 하루만 지나면 사장들이 손사래를 쳤다. 사장의 눈빛에 두려움이 비쳤다. 우유 대리점에서 일하기로 했지만 역시 하루만 지나면 똑같았다. 그러다가 문득 블랙리스트가 떠올랐다. 그래서 방해를 피해 무작정 영상 기획사를 차렸다.

　동물이나 사람이 반복적인 통제 불가능한 상황에 처하게 되면 결국 무력감을 학습하고, 회피가 가능해졌을 때도 무기력하게 남아 있는 〈학습된 무기력〉에 빠져 노동 현장을 뱅뱅 돌았다.

　집회 현장에 가면 내가 쓴 노래들을 들을 수 있었고 힘이 되었다. 간호사 노동자들과 해고 노동자들이 찾아오면 지도를 해주기도 하고, 택시노련과 국민은행 노조, 외환은행 노조, 민주노총과 한국노총의 연합

집회, 탄광의 진폐 다큐멘터리까지 발전하며 그것을 뛰어넘어 방송 프로그램 제작자가 되었다. 20개 국 길거리 공연을 MBC 심야스페셜 특집으로 제작해 대한민국 영상대상 감독상을 받았고, MBC 60부작 드라마 OST를 제작했으며, KBS의 도전 지구탐험대, 이것이 인생이다, 병원 24시 등도 제작하였다. 상상도 할 수 없는 난관이 많았지만, 그 모든 것을 이겨내는 데는 택시노동자로서의 정신적 선행학습과 뜨거운 가슴이 있었다. 이후 경희대와 건국대 대학원에서 방송을 가르치는 교수가 되었다.

세월이 흘러, 민주택시연맹 구수영 위원장의 초대로 이천 민주화운동 공원묘지 박종만 열사 추모제에 참석하였다. 민주화를 위해 산화한 수많은 열사들과, 30대 초반에 남편을 잃고 30년 넘도록 한결같은 길을 지켜온 또 하나의 민주투사 조인식을 보았다. 살아 있다는 것이 참 부끄러웠다. 나는 그 작은 투쟁에도 삶이 너무 힘들었는데... 택시를 떠나면서 가져온 열사들의 불꽃같은 정신을 나머지 나의 삶을 개척하는 무기로 삼았다. 땀구멍도 없을 것처럼 완벽했던 강승규 동지, 오로지 택시에 헌신한 구수영 동지, 탁월한 전략가였던 강충호, 배규식, 이동섭 등 동지들, 초심이 변치 않는 오영진 등 동생 동지들, MBC 일요음악회에 같이 출연했던 택시노래패 동지들, 어쩌다 나를 알아보고 요금을 안 받으려고 하는 선·후배 동지들. 그분들이 있는 한 나는 아직도 행복한 택시노동자며 그래서 '택시노동자 진군가'는 나의 노래이며 삶의 가치다.

경주지역 택시노동운동 활동가의 삶

정준호*

경주지역 택시투쟁의 시작인 문화택시투쟁

내가 직접 경험하지는 못했지만, 군부독재시기인 1983년 경주지역에는 문화택시가 노동조합을 결성하고 활동한바 있다. 문화택시노조는 경주지역 여러 사업장에서 금속노조 지회가 만들어질 때 도움을 주기도 하였다. 1989년 문화택시 투쟁은 택시노동자의 어려운 현실을 사회에 고발하고 지역연대투쟁을 본격화하는 계기가 되었다. 이로 인해 구속된 택시노동자들이 생기고 이후 사측의 회유와 핍박으로 인해 노조 활동이 위축되기도 하였다. 그렇지만 엄혹한 시기에 총파업을 선도하고 경주성당에 농성장을 마련하며, 처절하게 투쟁함으로써 택시뿐만 아니라 지역의 노조운동에 상당한 영향을 끼쳤다는 평가를 받고 있다.

택시노동자로서의 삶을 시작하다

내가 택시를 시작한 계기는 특별한 것이 없다. 특별한 기술이나 특기가 없던 나에게는 그저 밥벌이를 할 수단이 필요했을 뿐이다. 이 사회의

---

* 경주시 협성택시노조, 경주지역 택시노조위원장 역임.

주류가 되지 못한 젊은 청춘이 마땅히 할 것이 없었고 1992년경 택시를 하던 친구의 권유로 택시회사에 입사하여 하루하루 살았을 뿐이다.

당시의 택시는 도급제 형태였으나 그래도 타 직업보다 수입이 괜찮은 직업이었다. 새벽 2시에 배차를 받기 위해 회사로 출근해야 하였다. 그 당시에는 입사를 해도 바로 배차 받는 것이 아니라 새벽에 회사에 출근해서 배차를 확인하고 없으면 집으로 돌아와야 했다. 이른바 스페어 기사였다. 택시를 하고자 하는 사람들이 꽤나 많던 시기로 그나마 벌이가 좋은 야간배차는 꿈도 못 꾸던 시기였다.

그렇게 몇 개월이 지나고 지정 차량을 받아 주야 교대근무를 하였다. 택시를 시작할 때는 운동이나 투쟁은 생각해 보지도 않았다. 주류사회에 들지 못한 젊은이가 할 수 있는 가장 쉬운 직업 중에 하나였고 임시로 해보려는 정도였다.

택시노조에 발을 담그다

경주 협성택시에 입사한지 6개월 정도 되었을 때 노조에 가입서를 제출하자 사측에서 면담요청이 왔다. 노조를 탈퇴하고 상조회에 가입하라고 요구하였다. 회사에 나를 소개한 사람이 상조회 회장인데 노조에 가입하면 소개한 사람의 입장이 곤란해진다며, 노조에 가입을 해봐야 신차 배차는 없고, 노후차량만 배차를 받아 손해가 더 많다는 이야기로 회유하였다.

당시 노조원은 7명이었으나 상조회원은 무려 40명 정도가 되었으며, 회사 내 분위기는 상조회와 회사가 상호 협력하는 사이였으며, 회사에서 일어나는 사소한 문제부터 배차까지 상조회원들이 우대받던 그런 시기였다.

하지만 나는 탈퇴하지 않았으며, 사내 축구부를 결성해 동료들과 유대를 강화하고 축구부 회원들을 중심으로 노조에 가입하기 시작하였다. 노조원의 수가 늘어나면서 회사의 부당한 횡포에 대응해 나갔고, 나 또한 노동조합의 중요성을 인식하기 시작하여 본격적인 활동을 시작하였다.

내가 가장 먼저 한 것이 비번 날 회사에 나가 차량 정비를 하는데도 기사가 정비사에게 3,000원씩 정비비를 주는 잘못된 관행을 막은 것이다. 차량에 이상이 있으면 차에 메모를 적어두고 비번 날은 일체 회사에 나오지 못하게 하였다. 그러자 정비사들이 벌이가 되지 않는다는 이유로 사직을 하자 회사가 정비사 월급을 올려주는 일이 벌어졌다.

또 세차는 충전소에서 하거나, 회사에서 수도꼭지 하나와 물통 하나밖에 없는 곳에서 해야 하였다. 그래서 며칠 간 세차를 하지 않은 다음 경주시청에 차량을 몰고 가 회사에서 세차를 해주지 않아 차량이 불결하니 행정처분을 하라고 민원을 제기하였다. 회사는 세차시설을 새로 설치해야 하였다. 이렇게 하나씩 회사의 부당한 횡포에 동료들과 함께 항의하고 시정해나가며, 작은 투쟁을 통해 동지들을 규합해 나갔다.

이러한 활동이 조합원들로부터 인정받아 1994년 5개 분회가 가입되어 있던 경주지역택시노동조합의 대의원에 당선되었으며, 1995년에는 경주지역택시노동조합 협성택시분회장으로 당선되어 더욱 활발하게 노동조합활동을 전개하며 노동조합활동가로서 본격적인 삶을 시작하였다.

하지만 당시에는 상급단체가 한국노총에 소속되어 주로 노사화합이라는 명분 아래 특별한 활동 없이 조합원 애로사항의 해결사로 활동을 하였던 것이 사실이다. 조합원들은 더 나은 노동조건을 원하고 있었으나 상급단체의 활동이 미진하여 실질적인 투쟁은 제대로 하지 못하고 교섭에 의존하였다. 임금교섭은 사실상 사납금 교섭이 되었으며, 매년 2,000원 또는 3,000원씩 사납금이 인상되며 조합원들에게 큰 짐이 되었다. 조합에서 사납금 인상을 해주지 않으면 사측은 차종 변경을 이유로 상조회원에게 신차를 배차한 다음 우회적으로 사납금을 올렸다. 이러한 모순을 바꾸고자 노력하였지만 상조회원은 신차를, 조합원들은 노후차량을 배차 받는 일이 빈번해서 조합원들의 불만이 높아졌다.

이에 상급단체인 경주지역노조에 대응책 마련을 요구하였으나 특별한 대안을 찾지 못하고 그저 시간만 흘러갈 뿐이었다. 이러한 노동조합 활동의 한계를 극복하고자 현장에서 일상 활동 강화와 회사의 부당횡포에 반대하는 작은 투쟁을 전개하기도 하였으나 역량부족으로 제대로 된 투쟁을 진행하지는 못한 시기였다.

지역노조위원장 당선과 완전월급제를 위한 세 차례 총파업

1997년 5월 민주노총 소속의 전국민주택시노동조합연맹이 창립되며 '완전월급제 쟁취'를 중심으로 본격적인 전국투쟁이 시작되었다. 법으로 제정된 택시운송수입금 전액관리제 시행을 요구하며 9월 서울상경투쟁 등 대대적인 집회와 대국회 투쟁, 명동성당 농성 등이 벌어지며 전국적으로 택시민주화 운동에 대한 기대감이 커졌다.

경주지역에서도 언론과 소식지 등을 통해 이런 투쟁소식을 접하면서 새로운 투쟁목표와 방식에 관심이 높아져 가고 있었다. 1997년 하반기 진일택시노조에 이어 신라택시노조가 먼저 민주택시노련에 가입했으며, 경주지역택시노조도 분회장(경주택시분회, 대아택시분회, 현대택시분회, 협성택시분회, 협진운수분회)들의 적극적인 요구에 따라 가입을 하였다. 민주택시노련에 가입하지 않으면 지역노조에서 탈퇴하겠다는 5개 분회 분회장들의 요구에 어쩔 수 없는 선택을 하게 된 지역노조 위원장은 사람은 좋지만 투사는 아니었다.

경주지역 전체가 민주택시노련에 가입하고 나서 투쟁을 원하는 위원장들과 조합원의 기대심리가 높아지면서 젊은 사람이 지역노조 위원장이 되어야 한다는 요구에 힘입어 나는 1997년 12월에 지역노조 위원장에 당선되었다. 이후 1998년 완전월급제 투쟁에 선봉이 서서 수많은 투쟁을 진행하였다.

사장들과 교섭을 진행하면서 조합원들의 투쟁요구를 올리기 위하여 민주택시의 방침을 성실히 이행하였고 지역적으로 다양한 일상투쟁을 전개하면서 조합원들의 의식과 투쟁의지를 고취시켜 나갔다. 예를 들면 ① 동전으로 사납금 입금하기 ② 차량에 검은색 리본달기 ③ 차량경적 시위 ④ 사납금 교섭 해태하기 등으로 사측 압박 투쟁과 그동안 폐해였던 세차비 거부 투쟁과 비번일 정비비 명목으로 정비사에게 주던 3,000원 거부 투쟁을 벌였다. 경주택시분회(위원장 서정태)는 사측에서 세차원을 고용하는 성과를 이루었다. 다른 분회에서도 정비비를 주지 않자 회사가 정비사들의 임금을 올려주는 성과를 올렸다.

1997년 명동성당 농성투쟁에 이어 1998년 월급제 쟁취 투쟁이 더욱 가열차게 전개되어 전국적인 투쟁이 본격화되었다. 민주택시노련은 1997년 대선후보들로부터 월급제 공약을 확보한 후, 김대중 대통령이 당선되자 '완전월급제 및 면허개방' 등 공약사항 이행을 촉구하는 투쟁에 돌입하였다.

당시 여당이었던 새정치국민회의 중앙당과 전국 14개 시도 지부 점거농성 및 집회 투쟁을 시작, 4월 23일 택시노동운동 역사상 최초의 전국 총파업 감행, 4월 29일 김종필 국무총리집 앞 집회, 4월 30일 차량시위 등의 전술을 펼쳤다. 급기야 4월 30일에 건설교통부와 노동부로부터 '6월 30일까지 월급제 표준모델과 면허개방을 포함한 택시제도개선 방안을 만든다'는 발표를 확보하였다. 새정치국민회의 정책위원회 주도로 교통공학자, 노동부, 건교부, 언론인 등이 참여한 '택시제도개선기획단'이 6월 30일까지 발표하겠다던 택시제도개선방안이 지연되자 7월

27~31일 여의도 국민회의 중앙당사 앞에서 전국 대표자 300여 명이 노숙투쟁을 전개하여 결국 1998년 8월 5일 월급제 지침이 발표되고 8월 7일 건교부 지침이 시달되었다.

이후 사업주의 월급제 시행을 요구하며 2차 총파업을 11월 11일부터 1주일간 지속하였고 전국적으로 2만여 명이 총파업투쟁에 참석함으로써 사업주과 중앙노사협의의 구성 및 월급제 시행을 약속받고 중앙교섭을 진행하였다.

우리 경주지역에서도 상급단체의 방침에 따라 4월 23일 1차 총파업에 돌입하였고 타 지역이 파업을 철회한 후에도 경주지역은 파업을 진행하였다. 11월 총파업에서도 경주지역은 강고한 투쟁을 진행하였다. 1차 총파업을 진행하면서 경주지역노조에 소속된 회사 입구에 덤프트럭으로 흙더미를 쏟아 부어 차량 출입을 통제하고 총파업을 진행하였다. 월급제 시행과 경주지역 현안문제를 묶어 전개한 투쟁은 각 단위사업장의 부당한 횡포가 자행되면서 사측의 부당행위근절을 위한 투쟁으로 진행되어 43일간 이어진 긴 파업을 전개하였다.

조합원들의 투쟁에 대응하기 위하여, 사측의 일방적인 사납금 3,000원 인하조치 및 조합원에 대한 회유와 협박들이 난무하였고, 개인택시 대상자들은 제발 파업을 멈춰달라고 아우성이었다. 몇몇 조합원은 보험을 해약하거나 적금을 해약했다는 이야기와 함께 지도부를 흔들기 위한 온갖 술수가 동원되었다. 결국 우리가 요구한 투쟁목표를 제대로 성취하는 성과를 내지 못하였지만 조합원들이 자신감을 얻는 소득이 있었다. 하지만 투쟁이 길어지면서 투쟁마무리 전술의 부재로 이후 파업은 점점 동력을 잃어갔다.

이 시기에 대아택시 농성장에 연대하러 갔던 협성택시분회 소속인 김광택 동지가 사측과 벌어진 실랑이로 구속되어 40여 일간 옥고를 치르기도 하였다. 삼진택시 노동조합위원장은 단위사업장의 문제로 지역총파업을 넘어 57일간 파업을 지속하면서 문제를 해결하는 성과를 내기도 하였다.

초기 투쟁 의지에 비해서 월급제 쟁취라는 높은 요구는 당시 상황에서 사장들이 수용하기 힘든 조건이어서 투쟁의 성과는 한계가 분명해 보였다. 그러나 이 투쟁을 통하여 조합원들의 의식 향상과 투쟁에 대한 자신감과 열의를 확인할 수 있었고, 단위사업장의 문제를 해결할 수 있는 능력은 배양되었다.

11월 2차 총파업은 버스 5대를 동원하여 총파업출정식에 참석하면서 투쟁의지를 고취시켜 나갔다. 11월 11일부터 7일간 진행하면서 운송수입금전액관리제에 의한 월급제 중재안에 대해 상급단체와 대책을 수립하면서 투쟁을 전개하였으나 2차 총파업도 큰 성과를 이루지 못한 것이 사실이다.

3차 총파업은 10일간 지속하였으며, 이 또한 사납금의 틀을 깨지 못하고 파업을 마무리하였다. 이후 경북지방노동위원회의 중재재정으로 월급제가 되어 세상 모두를 얻었다고 생각하였으나 이는 착각이었다. 사장들의 교묘한 탄압이 계속 진행되었고 월급제에 대한 일부 조합원들의 오해와 조직 내부의 문제로 인하여 중재 결정이 된 바로 그날 신라와 제일택시노조는 경주지부 탈퇴를 선언하였다.

세 번의 총파업투쟁을 전개하면서 430명이었던 조합원 수가 얼마 지나지 않아 절반으로 축소되는 아픔도 겪었다. 월급제에 대한 기대와 희망으로 투쟁을 전개하였는데 중재재정을 받은 월급제는 조합원들의 요구에 미치지 못하였고 운행시간 통제, 차량교대 단속 등 세부적이지 못한 중재재정의 내용은 사사건건 노사 간의 대립을 불러일으키는 요인이 되었다. 내용상의 월급제이긴 하나 처음 시행하는 내용이라서 노사 간의 해석이 달랐고 정부와 지자체에서도 이에 대한 세부규정이 부족하여 조합원들의 피로감은 높아만 갔다.

결국 단위사업장의 대표자들이 하나둘 사납금으로 회귀하면서 월급제를 시행하는 사업장은 진일택시노조만이 유일하였으나 이마저도 1년이 지나면서 더 이상 시행되지 못하는 안타까운 상황이 발생하였다. 세 번의 지역 총파업을 거치며 조합원들의 투쟁의지와 월급제 시행이라는 성과를 남겼지만 월급제가 유지되지 못하고 사납금제로 회귀하면서 조합원들과 집행부가 지쳐가고 이후 투쟁 동력은 점차 떨어졌다. 운송수입금전액관리제에 의한 월급제를 완성하기 위해 지역에서 여러 투쟁을 진행하여 투쟁의 흔적은 남았으나 제대로 된 성과는 이루지 못한 아픔을 겪은 시기였다.

택시활동가로서 진로 고민

경주지역 택시총파업을 세 차례 진행하였으나 월급제는 안정화되지 못하였으며, 이후 월급제를 고수해야 한다는 나와 그만두어야 한다는 단위사업장 대표들과 지속적인 마찰로 인해 결국 경주지부장 선거에서 낙선하게 된다. 일부 단위노조 대표자들은 나에게 월급제를 포기하면 지부장으로 계속 지지한다는 회유가 심하였지만 나는 월급제를 완전히 포기할 수 없다며 버티었다.

민주노총 경주지부 세광공업 투쟁에 연대투쟁을 나갔다가 체포되어 125일간 옥살이를 하고 나와 조직을 다시 추슬러 보려고 하였다. 그러나 이미 나에게는 파업하는 사람, 월급제를 하려는 사람이라는 주홍글씨가 새겨져 경주지역 택시업계에서는 요주의 인물로 왕따를 당한 것이 사실이다. 나와 함께 커피라도 한 잔 마시면 그것이 사측으로 흘러들어 함께 커피 마신 동료가 사측으로부터 압박을 받기가 일쑤였다. 내가 회사에 출근해서 배차 받아 회사를 나올 때까지 일거수일투족을 상세히 보고하라고 동료들에게 지시하는 회사도 있었다.

이러한 부분은 나의 활동에 많은 제약을 주었다. 이후 최저임금 소송으로 1심에서 승소하였지만 2심에서 패소하였다. 나는 경주와 서울로 오가면서 대법원 앞에서 8개월간 1인 시위를 진행하였으며, 결국 대법원에서 승소하였다. 하지만 조직과 운동에는 관심이 없이 오로지 돈을 받을 수 있다는 동기를 가지고 따라온 사람들은 돈을 받고 난 이후에는 흩어졌다.
　　노동조합에서 나의 입지는 더 좁아졌고 활동에 제약이 따를 수밖에 없었다. 이후 2017년 협동조합을 설립하기로 결정하고 몇몇의 동지들을 조직하였으며, 어쩔 수 없이 대리인을 내세워 월성택시를 인수한 후 희망택시협동조합으로 전환하였다.
　　그 과정에서도 높은 건물 옥상에서 뛰어내릴 생각을 수없이 하였다. 호응하던 사람들이 막상 계약서를 작성하고 출자금을 마련하기로 하였지만 18억이라는 큰돈을 만드는 것이 쉽지만은 않았다. 앞에서는 입안의 혀처럼 굴다가 막상 하자고 하면 한 발 뒤로 빼기가 부지기수였다. 또한 대리인으로 나섰던 사람이 갑자기 못하겠다고 하는 바람에 혼란이 생겼으며, 결국 사채를 빌려 회사를 인수하고 추후 출자자를 모집하여 마무리할 수 있었다.
　　또한 협동조합을 설립할 당시에도 낭설이 난무하였다. 법인택시에 있는 노동자들은 또 정준호가 사고를 친다거나, 개인택시를 하는 사람들은 개인택시 프리미엄이 떨어진다는 이유로 마타도어를 일삼아 개인택시지부에서 언성을 높이고 실랑이를 하였다. 하지만 모두가 우려하는 속에서 결국 희망택시협동조합을 설립하였으며, 6년이 지난 오늘까지 큰 문제없이 조합원들의 만족도는 높은 것으로 나타나고 있다.

마무리

　노동조합이든 협동조합이든 현재 택시노동자들이 원하는 것이 무엇일까? 나는 단호히 말할 수 있다. 그것은 얽매이지 않고 일정 수입이 보장되는 것이다. 월급제가 되면 좋겠지만 현실은 요원하다. 그래서 택시노동자들이 개인택시면허를 가장 원하고 있는 것이다. 어느 누가 외치는 투쟁을 위한 투쟁이 아니라 천민적 자본주의 아래에서 살아가고 있는 작금의 현실에서는 많은 노동자들도 자본의 논리에 흔들리고 휩쓸려가고 있는 것이 현실이다. 소수의 노조 집행부가 아무리 외쳐도 변하지 않는 현실에 일정 타협할 수밖에 없고, 안타깝지만 그 또한 현실로 받아들여야 할 것이다.
　결국 운동이건 무엇이건 사람이 하는 것인데 제대로 된 사람이 나오지 않으면 우리는 이 천박한 자본주의 속세에 살아갈 수밖에 없을 것이다. 그래서 끊임없이 투쟁은 지속되어야 하지만 녹록하지 않은 현실이 안타까울 따름이다.

대구지역 택시노동운동 활동가의 삶

최태일*

1984년 5.25투쟁의 의미**

대구 택시노동자들의 1984년 5.25투쟁은 당시 지입차주들이 운영하던 회사택시들의 하절기 사납금 인하 지연으로 발단된 투쟁이었다. 당시 요구사항은 '사납금 인하' '노조설립 및 활동자유 보장' 'LPG충전소 이용 자유화' '악질업주 처벌' 등이었다. 1984년 5월 25일 오전 1시 동대구역에서 5명이 시작한 투쟁은 순식간에 불어나 오전 9시경 대

✽ 대구시 아세아택시노조 위원장, 대구택시노조협의회 의장 역임.
✽✽ 이러한 시위로 대구에서는 이송재 등 9명이 구속되었고, 부산에서는 2명 구속, 8명이 불구속 입건되었다. 학생시위 외에는 시위가 없던 전두환정권 시기에 그것도 자연발생적인 택시시위가 전국적으로 퍼져나갔던 이유는 이러하다. 택시회사가 직영화되면서 회사의 통제가 강화되었고, 아시안게임과 올림픽 개최를 앞두고 택시를 급속히 증차하면서 운전자의 수입이 적어졌다. 그러나 회사는 이윤을 높이기 위하여 사납금을 인상했기 때문에 운전자의 불만이 폭발할 수밖에 없었던 것이다. 이러한 투쟁의 결과 노조설립이 어려웠던 전두환폭압시기에도 택시노조 설립이 유일하게 급증하였고, 또한 1984년 12월 월급제 시행을 발표하고 시행하게 되었다.

구시청과 중앙주유소 앞에 2,000여 명의 택시노동자가 결집하였다. 대구시내 교통을 완전 마비시킬 정도의 폭발적 투쟁으로 발전하여 시민단체까지 가세한 가운데 결국 대구시장의 약속으로 '사납금 인하, 노조설립 자유보장' 등을 관철함으로써 승리하였다.

전두환 군사독정권 하에서 분연히 일어난 대구택시의 투쟁은 이후 경산, 구미, 포항, 대전, 강릉, 부산, 서울, 광주 등 전국적으로 확산되어 전국적 택시노동자 투쟁으로 확대되는 계기가 되었다. 서울에서는 11월 30일 박종만 동지가 분신하여 택시문제가 사회적 관심사로 촉발되는 등 택시노동운동이 본격화하는 계기를 이루었다. 군사정권은 다른 분야 노동자들의 투쟁으로 확산되는 것을 막기 위하여 당시로는 획기적인 '택시월급제 지침'을 발표하면서 사태를 무마하려 하였다. 그러나 이러한 투쟁의 영향으로 택시현장에서 노조 결성이 활발하게 진행되었고 택시노동운동도 기존의 소규모, 개인활동에서 좀 더 조직화되고 체계화되었다.

1984년 교통부 월급제 실시를 위한 지침

- '택시운전기사 월급제 실시를 위한 지침'(도교1514-11461, 84.12.1) 발표
- 단계적 완전월급제 실시를 위한 업적금제로 전환(수범업체선정 기준 삼음)
- 지입·도급제에서 업적급제로 전환
- 지입차주는 한시택시로 편입

1984년 5.25대구택시노동자들의 집단적 투쟁은 군사정권에 항거한 소규모 투쟁을 연대 및 전국적 투쟁으로 변모시키는 계기가 됨으로써 택시노동운동사에 중요한 획을 긋는 투쟁이었다. 전국적으로도 의미 있는

투쟁이었지만 대구지역에서는 특히 택시노동조합의 설립이 대폭 증가하였고 택시노동조합운동에 대해 새롭게 각성하는 계기가 되는 투쟁이었고 이후 택시활동가의 양성과 지역 내 택시투쟁의 원동력이 되는 투쟁이었다.

택시활동가로서의 삶의 시작

내가 택시를 하게 된 경위는 남들과 다를 바가 별로 없다. 학교 졸업 후 생업을 위하여 화물기사 조수와 화물기사를 하다가 1984년경 화물보다 택시가 벌이가 낫다는 친구의 이야기를 듣고 택시를 시작하게 되었다. 택시를 시작하고 보니 당시는 택시가 화물기사보다 수입이 훨씬 좋았다. 그래서 택시에 대한 매력을 느끼고 택시를 하던 중 노동조합의 존재를 알게 되었고 회사의 부당한 횡포에 대응하면서 점차 택시활동가로서의 삶을 시작하게 되었다.

택시를 처음 시작한 곳은 대구 월배에 있는 아세아택시였다. 당시는 업적금제였으나 도급제형태로 운영하는 곳이 많았는데 노사 간에 특별한 교섭을 진행하지 않았다. 여름에는 손님이 없는 시기이므로 봄에 사납금을 2,000원 인하하고, 가을에 다시 2,000원 인상하는 형태로 사장들이 일방적으로 사납금을 조정하는 시기였다. 이 사납금 조정시기가 늦어지면 차가 자동적으로 운행을 하지 않는 등 해마다 한두 번 시끄러운 상황을 겪고 있었다.

1987년에는 6·10민주화투쟁이 전개되는 와중에도 사업주들이 사납금을 인하하지 않아 현장에서 불만이 많이 누적되어 있었다. 1987년 당시 임금교섭을 하면서 사납금을 낮추지 않아 택시노동자들이 당시 사업조합이 있던 범어네거리에서 항의를 시작하여 대구시청까지 행진을 하는 등 투쟁을 통하여 사납금을 인하하는 성과를 이루었다. 집회과정에서 젊은 사람이 쟁의를 맡아야 한다는 요구에 쟁의부장을 맡아 집회를 주도하게 되면서 본격적으로 노동조합 활동가로서 삶을 시작하였다.

개별 활동에서 조직적 활동으로의 전환

노동조합 쟁의부장으로 활동하면서 많은 한계를 느끼던 중 당시 수성구지역의 젊은 세력을 중심으로 공동으로 학습하는 모임이 자연스럽게 형성되었다. 지역에서도 '일꾼의 집' 등 지역노동지원단체에서 노동자를 대상으로 하는 교육 등이 진행되어 찾아다니면서 교육을 받았다. 교육을 받고 경험을 쌓으면서 차츰 부조리한 사회현실에 대해 더 많이 이해하게 되었고 노동조합활동의 중요성을 더욱 각인하게 되었다.

1988년 4월 택시노동조합은 어용인 자동차노련에서 분리하여 전국택시노동조합연맹을 창립하였다. 새로운 구심체를 마련하였으나 이마저도 집행부가 어용화되면서 택시노련 내부에는 민주파와 어용 간의 투쟁이 본격화하기 시작하였다. 대구에서도 노동조합활동과 지역교육에 참석하면서 택시민주노조운동을 갈망하는 동지들이 많이 있음을 알았다. 당시 수성구를 중심으로 활동하는 민주노조지향세력(현대택시, 대한상운, 유창상운, 진양택시) 중 일부는 서울과 인천의 〈운수노보〉 등과 교류를 하며 전국적으로 민주지향세력의 연대를 모색해나갔다. 지역에서도 수성구를 넘어 달서구, 동구 등 민주노조지향 위원장들의 교류가 모색되고 있었다.

이러한 활동 중에 일부 위원장과 활동가들은 개별적 활동에 한계를 느꼈다. 택시민주노동운동 강화와 체계화, 대구지역 연대강화, 전국 활동 강화를 위한 대구지역 택시노동운동의 중심축을 만들고자 당시 택시운동에 헌신하던 허용철 동지를 중심으로 10여 명의 단위사업장 활동가들과 일부 위원장이 참가하는 '대구택시기사협의회'(대기협이라고 한다)

를 만들었다. 택시노동자에 대한 교육, 선전 작업, 노조민주화 활동 등을 본격적으로 전개하게 된 것이다.

대구지역에서도 택시민주화 운동이 조금씩 싹트면서 1989년 들어 지역의 현대택시가 단위사업장의 현안문제와 택시노동자의 숙원인 '완전월급제 쟁취'를 걸고 파업에 돌입하여 45일간 투쟁을 전개하였다. 이에 지역노동자, 학생, 여타 단체의 지원 연대와 지역택시노동자들과 민주지향 택시노조의 연대가 이루어지면서, 택시민주노조운동이 대구지역에서 새로운 이정표를 세우기 시작하였다. 아세아택시노조를 비롯하여 민주노조의 지원은 있었으나 이 투쟁은 당시 택시노조의 전투적 연대투쟁으로는 발전하지 못하였다. 그러나 지역택시노동자들의 의식 향상과 투쟁의 중요성, 그리고 연대의 중요성과 민주노조활동의 중요성을 부각시키는 투쟁이 되었고, 현대택시는 대구지역 택시민주노조운동의 선봉으로 자리 잡게 되었다. 나로서는 투쟁에 대한 자신감과 연대투쟁의 중요성을 더욱 각인하는 계기가 되었고 민주노조운동을 더욱 열심히 해야겠다는 각오를 다짐한 투쟁이었다.

아세아택시에서도 위원장 선거에 출마하여 위원장에 당선되었다. 당시 위원장 선거는 돈 선거였으나 나는 어깨띠, 유인물 비용으로 10만원이 안되게 쓰고 발로 뛰는 선거를 통해 조합원들로부터 지지를 받았다. '대기협'의 활동과 현대택시 투쟁 등으로 자극을 받아 민주노조세력의 활동을 강화하면서 1990년 들어 단위사업장 위원장 선거에서 민주지향세력이 대거 위원장으로 당선되어 대구지역 택시노동운동은 새로운 전기를 맞이하게 되었다. 젊은 택시활동가들이 수성구를 중심으로 모임을 형성하고 위원장 선거에서 한 명씩 당선되기 시작하였고 민주지향세력의 폭도 넓어져 갔다.

택시민주화와 1991년 임투승리 총파업 투쟁

1990년 단위노조에서 대거 당선된 민주지향세력을 중심으로 활동을 전개하면서, 1991년 들어 택시노동자의 정체성을 위해 기존 활동이 뜸했던 대구기사협의회를 청산하였다. 4월에 '대구택시노동자협의회'를 창립하고 열정적인 간부 및 조합원 회원과 지부투쟁을 위해 위원장들로 구성된 특위를 운영하였다. 지역에서 15개 민주지향노조가 결합하여 본격적인 택시민주노조운동이 전개되었다.

지부 대의원 직선제투쟁을 전개하여 위원장 중심의 지부에 민주지향 간부들이 대거 대의원으로 당선되면서 사업조합에 휘둘려 온 전국택시노련 대구택시지부의 활동도 조금씩 바꾸어 나갔다. 대구택시지부장선거에 후보를 출마시켜 조합원의 의식 향상과 민주노조운동의 필요성, 민주노조운동의 구심점인 '택노협'의 활동을 전 조합원에게 알렸다. 이를 통해 민주지향세력을 한 곳으로 집결시키면서 대구지역 택시민주노조운동을 활발히 전개할 수 있는 계기를 마련하였다.

또한 전국 상황을 제대로 알기 위하여 서울, 인천, 광주, 부산 등 투쟁현장을 방문하여 지지 연대투쟁을 전개하면서 '전국택시 민주노조 연대조직' 건설을 위한 활동도 본격화하였다 1991년 인천, 대전, 광주 등에서 민주파 위원장들이 당선되면서 공동투쟁을 모색하게 되었고 임금인상 요구를 중심으로 광주, 인천, 서울, 대구, 대전, 부산 등 6대 도시가 파업투쟁을 전개하여 전국적 투쟁을 하였다. 택시의 민주노조세력은 전국적 네트워크를 구성하여 공동투쟁을 모색하면서 민주노조세력의 공동행동이 이루어졌다. 6대도시 총파업을 감행함으로써 택시문제의 해결을 위한 투쟁을 본격화하는 시기였다.

이러한 상황에서 서울, 인천 등지에서 이미 택시노조 임투가 불붙고 있었고 대구지역에서도 지부장 선거가 끝난 6월부터 임금교섭이 지지부진한 가운데 투쟁의 요구가 계속되었다. 7월 19일 대구지역에서는 최초로 '임투전진대회'를 개최하려 하였으나 대구택시지부 지도부의 반대로 무산될 위기에 처하였다. 민주노조세력이 다시 추동하여 두류공원에서 조합원 2,000여 명이 참석하고 차량행진을 하는 등의 방법으로 조합원의 투쟁의지를 고취시켰다. 나는 사회를 보면서 대구택시지부의 어용적 행태를 폭로하고 투쟁을 회피하려는 의도를 무력화하면서 전체 조합원들에게 민주노조의 상을 분명히 각인시키고 임투승리의 투쟁의지를 더욱 고취시키는 계기를 마련하였다.

임투전진대회 이후 대구택시지부 지도부의 투쟁회피 행각은 더욱 노골화되었다. 사업조합농성 투쟁 등을 제기하였으나 이를 거부하고 쟁의발생신고로 대신하자고 하였다. 당시 지부에 교섭권을 위임하지 않았던 민주노조세력 20여 곳이 지부와 별도로 개별적으로 쟁의발생신고를 하고 연대투쟁을 결의하며 지부를 압박해 나갔다. 8월말까지 교섭에도 불구하고 교섭은 제자리였고 위원장들을 추동하여 사업조합농성에 돌입하였으나 아무런 성과 없이 해산되었다. 이에 민주노조세력이 위원장총회에서 지부장의 결단을 촉구하였다. 이에 총회결의로 쟁의조정기간이 만료되는 9월 4일까지 당시 요구조건인 '사납금 동결, 기본급 15% 인상안'이 관철되지 않으면 9월 5일 파업에 돌입하겠다는 결의를 강제하였다.

파업을 하지 않으려는 대구택시지부 지도부가 요구안에 훨씬 미치지 못한 잠정합의안을 가져왔지만 지부총회에서 거부되었고, 9월 4일 분노한 조합원들이 지부에 모여 총회를 지켜보면서 파업이 최종 가결되어 파업에 돌입하게 되었다. 지부장은 총회를 개최하여 조합원과 위원장들을 분리시켜 파업에 돌입하지 못하게 하였으나 9월 5일 10시경에는 노조가 있는 98개 사업장은 물론 노조 없는 4개 사업장까지 파업에 돌입하여 대구시내에는 택시차량이 한 대도 없는 상황이 되었다.

지부장은 파업을 반대하였으나 9월 6일부터 조합원들은 시청 앞 집회를 시작으로 본격적인 가두투쟁에 돌입하여 투쟁이 전개되었고 이에 놀란 대구택시지부 집행부는 파업철회를 요구하게 되었다. 이에 민주노조진영은 9월 7일 15개 사업장 위원장들이 모여 '91임투승리를 위한 대구택시 비상대책위원회'를 구성하였다. 김태식 현대택시 위원장, 최태일 아세아택시 위원장, 김병현 전 현대택시 위원장을 공동대표로 하여 지부 집행부를 배제하고 본격적인 투쟁에 돌입하였다.

비대위 구성 이후 본격적인 가두투쟁이 전개되면서 나를 포함한 비대위 지도부는 계명대학교를 근거지로 하여 낮에는 시내가두투쟁, 밤에는 계명대에서 경찰의 추적을 피하며 투쟁을 전개하였고 계속된 가두시위에 당시 대구노련, 국민연합, 대노협, 노교협 등 대구지역 노동계와 제 단체들이 택시파업대책위를 구성하여 연대투쟁을 전개하였다.

교섭권을 가지지 못한 비대위는 투쟁에 한계가 있었고 결국 9월 8일 전국택시노련 대구택시지부 집행부는 사업조합과 이면합의를 진행하여 교섭타결을 하였다. 9월 9일 오전, 투쟁으로 경찰의 수배를 받던 민주노조세력이 대거 불참한 가운데 위원장 60여 명이 참석한 지부총회를 개최하여 잠정합의안을 가결하는 만행을 저질렀다.

기만적 지부합의안에 대해서 사납금 인상을 끝까지 반대하며 투쟁하기로 하고 "앞으로 파업에 동참치 않고 정상 운행하는 법인택시를 발견하면 차를 세운 뒤 엔진에 설탕 한 봉지씩을 넣어 운행을 하지 못하도록 하자"는 등 가투행동지침까지 결의하였다. 계명대에서 결의대회를 마친 이날 오후 8시 가두로 진출하여 "생존권을 보장하라" "협상안 수용을 거부한다" "어용노조 물러가라" 등의 구호를 외치며 시위를 벌였다. 가두에 진출한 노조원들은 출동경찰이 최루탄을 쏘며 강제해산에 나서자 미리 준비한 화염병 100여 개와 돌을 던지며 맞섰다. 오후 8시 45분께 계명대 앞으로 장소를 옮긴 조합원들은 도로를 점거, 시위를 계속하다

경찰이 최루탄을 쏘자 흩어졌다, 계명대캠퍼스 노천강당으로 다시 들어가 재집결, 밤 10시께 마무리 집회를 갖고 10일 오후 2시 2차집회를 갖기로 결의한 뒤 해산하였다.

그러나 투쟁은 끝나지 않았고 마무리 집회를 가진 뒤 10시 30분께 계명대를 나온 조합원 가운데 일부가 운행 중인 차량을 세우고 명덕로타리, 반월당 네거리 등으로 진출, 도심지 곳곳에서 운행 중인 택시에 돌을 던져 유리창 등을 박살내는 등 산발적인 시위를 계속하였다. 도심지 교통을 완전 마비시키고 귀갓길의 시민들을 불안에 떨게 하던 시위대는 출동한 경찰에 돌을 던지는 등 일진일퇴의 공방전을 1시간 30분가량 계속하다가 자정께 자진해산하는 등 조합원의 분노는 끝이 없었다. 이 투쟁의 과정에서 당일에만 50여 명이 연행되는 등 많은 피해가 있었다.

이러한 투쟁에 대해 비대위는 속보 등을 통해 91임금교섭이 무효임을 선언하고 더욱 가열찬 투쟁을 전개하여 많은 사업장에서 잠정합의안을 거부하였다. 대구택시지부 집행부의 잠정합의안에 찬성한 위원장을 불신임하며 투쟁에 동참하여 민주노조가 확산되는 분위기를 만들었다. 이후로도 거의 매일 비대위는 대대적인 집회와 차량투쟁을 전개하였고, 대구노련, 학생 등 지역연대투쟁으로 가두투쟁 시 차량시위와 화염병까지 동원한 치열한 투쟁을 한 달여 동안 진행하였다. 이 투쟁은 대구뿐만 아니라 부산, 구미, 안동, 영천, 경주 등 대구주변지역 택시노동자들이 지지, 연대하여 대구경북지역 택시민주화운동에 많은 영향을 끼친 투쟁이 되었다.

그러나 지도부에 대한 수배, 연행, 구속노동자의 대거 발생, 단위사업장에서 사업주들의 해고, 징계 등이 자행되고 추석이 맞물리면서 투쟁의 동력은 점차 줄어들고 있었다. 이에 비대위는 민주세력의 확산과 지부 민주화, 구속동지 석방, 임투승리 등 전술적 변화를 도모하였다. 추석 후 투쟁과 10월 들어 투쟁마무리전술로 10월 12일 시내전역에서 가두투쟁을 전개하고 지도부가 민주 당사를 점거농성하며 투쟁을 지속하고자 하였다. 그러나 구속노동자 조기석방 등이 시급하다고 보고 10월 23일 나와 김태식 현대택시 위원장 등 비대위 위원장 2명이 기자회견을 하고 경찰에 출두함으로써 두 달 여에 걸친 대구택시 총파업투쟁은 1차 마무리되었다.

비록 가시적인 성과는 미미하였지만 투쟁을 통하여 많은 조합원들이 민주노조로 집결하게 되었고 대구 주변지역 택시민주노조운동을 추동하였다. 대구지역 타산업노동자와 학생, 제 단체까지 결합하여 투쟁하면서 1991년 하반기 대구지역 투쟁전선을 책임진 투쟁으로, 택시의 울타리를 넘어 계급적 연대투쟁을 전개함으로써 택시노동운동의 위상을 높인 성과를 남겼다. 기만적 임금협상 분쇄 등은 이루지 못하여 많은 아쉬움이 남는 투쟁이었지만 성과를 바탕으로 더욱 큰 투쟁을 전개할 수 있다는 자신감을 얻어 그나마 위로로 삼은 투쟁이었다.

해고와 새로운 투쟁의 시작

1991년 투쟁으로 회사에서 해고되었다. 대구택시노동자협의회 활동을 지속하며 해고투쟁을 전개하여 1심에서는 승소하였으나 항소심과 상고심에서 패배하여 결국 해고노동자가 되었다. 해고된 상황에서도 택시민주노조운동을 계속 진행하며 지역의 복직투쟁도 같이 전개하는 과정에서 서울에서 또 한 번 연행되는 고초를 겪었다.

민주노조세력을 다시 규합하여 1992년 6대도시 공동투쟁을 추동하였고, 1993년 대구택시 지부장선거에서 택시노동자협의회 특위소속이 당선되었다. 1994년 임금협정에서 다시 한 번 파업을 결의하고 투쟁을 전개하려 하였지만 파업 당일 지부장이 직권조인을 함으로써 또 다시 비대위를 구성하고 투쟁을 전개하였으나 이 투쟁은 오래가지 못하고 마무리되었다. 1994년 총파업이 무산된 후 택시에 재취업하기 위하여 여러 사업장을 전전하였지만 받아주는 사업장이 없었다. 일을 하지 못하여 생활고와 심신이 많이 지친 상태에서 조직의 결정에 따라 우선 생계해결을 위한 휴식을 취하게 되었다

시장에서 장사를 하며 생계를 해결하는 생활을 1년여 정도 하다가 버스로 취직하여 1년여를 조용히 생활하며 회사의 감시를 피하는 생활을 지속하였다. 이후 대구지역에 '버스노동자협의회'가 만들어지면서 본격적인 민주버스노조운동을 시작하였고 이후 민주노총 민주버스가 만들어지면서 이에 결합하여 활동을 전개하였다. 버스노동자로서 새로 출발하여 버스민주노조운동을 10여 년 지속하였다. 그러던 중 회사에서 유독 내 차량에만 감시카메라를 부착하여 감시하고, 조직화를 막으려고 주변사람들에 대한 징계 등을 자행하는 한편 나에 대한 해고 작업을 진행하였다. 결국 계속된 스트레스로 건강이 악화되어 뇌경색 진단을 받아 버스도 떠나게 되었고 건강회복을 위하여 시골로 내려갔다.

시골생활을 하면서 건강이 좀 회복되어 지역의 농민회 활동 등을 같이 하면서 투쟁현장에 다시 복귀하여 활동하였으나 건강이 악화되어 더 이상 투쟁을 지속하지 못하고 대구로 다시 와서 건강 회복을 위한 요양을 하고 있는 상황이다

마무리

되돌아보면 생계를 위하여 시작한 택시에서 사회의 부조리를 알게 되어 노동운동에 뛰어들게 되었고 우리가 염원하는 노동해방세상을 위하여 끊임없이 투쟁한 시간이었다. 젊은 혈기로 투쟁하고 조직하고 동지들과 함께하는 시간이 그 어떤 시간보다도 소중한 시간이었고 중요하였다. 그러나 건강상의 이유로 제대로 마무리하지 못한 아쉬움이 크다. 처

음 노동운동을 시작한 택시의 경우 아직도 많은 어려움에 처해 있고, 예전보다 더 퇴보한 택시산업 현실에 가슴이 아프다.

　택시노동자로서, 버스노동자로서 치열하게 투쟁해 왔던 시간에 대해 좀 더 잘 할 수 있지 않았나 하는 아쉬움도 있고, 건강을 잘 챙겼으면 지금도 여전히 활동할 수 있을 텐데 하는 미련이 많이 남는다. 건강과 여건이 허락하는 한 조금이라도 보탬이 되는 활동을 하겠지만 우리가 원하는 세상은 언제쯤이나 올 수 있을지 가늠할 수 없는 현실이 안타까울 따름이다.

그 시절이 내 삶에서 가장 행복했습니다.

황진우*

80·90년대 택시노동운동의 특징

1980년대와 1990년대를 거치는 택시노동운동은 크게 택시노조 내부의 민주화를 이루기 위한 내부투쟁(민주노조 건설)과 완전월급제 쟁취를 위한 투쟁(근로조건 개선) 두 가지로 나누어 볼 수 있다. 부연하면 1984년 박종만 열사의 분신 이후부터 택시노동운동은 민주적 조직체의 건설을 목표로 준비하며 투쟁하는 가운데 시작된 근로조건의 개선 투쟁이라 할 것이다.

이에 따라 택시노동운동의 중심을 이뤄왔던 곳은 박종만 열사의 뜻을 계승 발전시키던 〈운수노보〉였다. 현장 조직은 고려운수의 위원장이던 강승규 위원장 등이 민주노조의 축을 이루고 각 지역 활동 조직들의 결합이 그 힘의 토대로 자리매김해 왔다고 할 수 있다.

택시 입사 그리고 노조활동으로의 전환

나는 1986년 10월에 친구의 권유(친구는 그 회사 설립 시부터 운전

---

* 서울 오진교통노조, 홍성운수노조 위원장 역임.

했던 최고참이었음)로 당시 서울 쌍문동에 소재하던 회사(오진교통)에서 택시운전을 시작했다. (당시는 택시기사로 취업을 하려면 운전시험을 봐야 했고 인맥이 없으면 취업이 힘들던 시기였다.) 당시 오진교통은 노조가 없던 회사였다.

    1987년 2월쯤에 몇몇 분들이 내게 전체 근로자들을 위한 일이라며 노조설립을 위한 발기인에 서명하고 함께 해줄 것을 요청하였다. (당시는 노조설립에 발기인 30명 이상이 있어야 노조설립이 가능하였다) 나는 좋은 뜻이기에 바로 서명하였다. 이후 며칠이 지나 회사에서 나를 입사시켜 주었던 친구와 함께 사무실로 불렀고, 노조설립 발기인으로 서명한 사람들은 전원 퇴사시킨다면서 나에게도 퇴사를 권고하였다. 그러나 회사에 입사시켜주었던 친구가 아무것도 모르고 서명하라니까 그냥 해준 것뿐이라고 변호하여 계속 근무를 하게 되었지만 그 일로 노조설립에 서명했던 상당한 인원이 회사를 그만 둘 수밖에 없었다.

    그렇게 다시 시작된 야간 근무 중 대기하던 곳에서 뒤에 순서로 대기하던 택시가 미끄러지며 내 차 뒷부분을 들이받았다. 당시 내 차량이 포니1으로 대루등이 경미하게 파손된 상태였고 뒤 차량 기사는 3,000원이면 대루등을 갈 수 있다며 3,000원을 내게 주었다. 당시는 영업 시작 전과 마친 후에 운송일보를 작성하여 회사에 제출하도록 되어 있어 운송일보 비고란에 파손사실과 변상금액을 기재하고 사납금을 입금하며 받은 돈을 함께 입금하였다.

    화장실에 다녀와서 배차실 문을 열고 들어가는데 배차부장이 "저 새끼가 돈을 받아 처먹고 요것만 입금시킨다"며 다른 기사들에게 욕설을 하고 있는 것을 듣게 되었다. 화가 치밀어 배차실 문을 차고 들어가 "이 개자식이 사람을 양아치 취급한다"며 두들겨 팬 후 기사들 앞에서 사과를 받았다. 이후 이 사건은 노조설립을 추진하는 결정적인 이유가 되었고 이 폭행 건은 1988년 해고사유 중의 하나가 되었다.

오진교통에 근무하던 당시 회사에는 상조회가 있었지만 회사 모르게 나는 친구 6명과 형 6명, 12명이 함께 아름회라는 친목회를 만들었다. 이후 고참 중 핵심들을 고문으로 구성하고 그 주변 분들까지 합류시켜 아름회 인원을 35명으로 구성하여 친목을 도모하였다.

오진교통은 노조가 없었으나 1987년 4월 8일 아름회 정예 멤버들인 친구들과 함께 역삼동에서의 택시 차량시위에 참여하였다. 이때 시위에 참여한 것이 계기가 되어 오진교통도 노조가 있어야 한다는 쪽으로 의견이 모아졌다. (당시 오진교통에는 노조가 없었기 때문에 누군가로부터 역삼동 시위 소식을 듣고 참여하게 되었던 것 같다)

차량시위 참여 후 구체적으로 노조설립의 필요성을 결의하고 새벽 교대시간에 회사에서 조금 떨어진 다방에 35명이 모여 비밀리에 노조설립을 준비하였다. 그 과정에서 박종만 열사(박종만 열사 정신은 내게 많은 것을 느끼고 깨닫게 했고 택시노동운동에 헌신하게 되는 계기가 되었다)와 〈운수노보〉를 알게 되고 북부지역에 있던 노동자 무료법률상담소를 통해 구체적 설립방법과 단체협약, 임금협정, 징계위 규정이 어떤 것이고 어떤 내용이 필요한지를 배웠다. 그러던 중 1987년 7월 노동자 대투쟁을 기점으로 본격적으로 노조설립을 위한 활동에 들어갔다.

당시 노조설립 준비위원장을 맡은 나는 한 팀은 서울택시지부에 노조설립 인준증 발행을 요구하고 다른 한 팀은 도봉구청 정문을 막고 농성을 벌였다. 노조설립을 막으려는 회사측 관리자들과 대치하다 도봉구청의 중재와 운전자 과반 찬성하면 노조설립을 인정하겠다는 회사 측의 약속을 받고 도봉구청에서 철수하여 회사에 들어갔다. 그러나 회사측은 전체 기사들이 모인 자리에서 약속을 어기고 상조회 중심의 많은 지원을 하겠다며 기사들을 회유하였다. 나는 회사 측의 이러한 회유는 노조설립을 막으려는 회사의 술수라며 마이크를 잡고 그동안 우리는 노조설립을 위해 무엇을 했고 왜 노조가 필요한지 말하였다. 그러자 전체가 호응하며 100% 노조가입으로, 사전에 준비한 가입원서에 서명을 받아 노조설립을 하였다.

이후 진행된 초대 위원장 선거에서 고참으로 나를 믿어주며 노조설립에서 중요한 역할을 했던 분이 자신의 친구가 위원장이 안 되면 회사에서 잘릴 것 같다며 도와달라고 부탁하였다. 그래서 위원장 자리가 중요한 것이 아니었던 나는 초대 위원장을 박ㅇㅇ으로 단일화하여 선출하기로 하였다. 다만 단체협약 체결은 그동안 내가 노동상담소와 〈운수노보〉, 다른 노조(택시노조와 일반 생산직 노조) 등을 다니며 준비해 두었던 안으로, 내가 중심이 되어 진행하기로 결정하였다. 이후 위원장을 선출하고 노조간부 구성을 마친 후 회사 측과 단체협약과 임금협정 체결을 위한 교섭을 진행하였다.

그러나 노조 단체협약안이 회사 측의 완강한 반대에 부딪치자 곧바로 조합원 총회를 통해 차를 세우고 파업농성에 돌입하였다. 파업은 노조간부 및 아름회 회원들을 중심으로 부인들을 동원하여 농성장 식사 등을 돕도록 하며 농성을 진행하였다. 파업농성 중 당시 내가 활동하던 북부지역 문화활동조직인 '우리들의 마당'의 지원을 받으며 노래를 배우며 전체 노조원과 가족들이 노래를 부르고 춤을 추며 즐기는 파업을 진행하였다.

또한 북부노동상담소를 통해 노동법을 중심으로 조합원과 노동자의 권리, 단체협약의 주요 부분에 대한 해석과 이해를 돕는 교육을 하였다. 상당히 유익한 시간이었고 그로 인해 나는 회사에 입사한 지 일 년도 안 되었지만 조합원들의 신뢰를 굳게 얻게 되는 계기가 되었다.

이렇게 단합된 노동조합의 힘을 통해 당시 택시노조에서는 어렵다는 전 차량 휴무 후 일 년에 전후반기 가족동반 야유회를 시행한다는 내용과 모든 노조활동 근로시간 인정, 위원장 전임 외 상근자 2명 인정, 징계위 노사 동수 구성과 과반 찬성이 없을 시 해고할 수 없는 규정 등을 얻어내었다. 당시 다른 택시회사에서는 볼 수 없었던 내용으로 구성된 단체협약을 체결한 후 파업농성을 풀면서 노조설립과 단체협약 체결을 마무리하였다. (오진교통의 단체협약과 징계규정은 이후 내가 노조 위원장이 되었던 다른 회사에서도 비슷한 내용으로 단체협약과 징계규정을 체결하게 된다.)

그러나 단체협약 체결 이후부터 노조활동과 북부지역 단체 활동을 활발하게 하던 1988년 6월 경찰에서 몇 번 회사를 다녀간 후, 회사는 나를 불러 노조활동만 하고, 지역 내 단체활동은 하지 말라고 하였다. 이후 7월에 나를 불성실근로, 배차과장 폭행 등의 사유를 들어 징계위원회에 회부하였다. 징계위원회(노3, 사3)에서 노조위원장이 징계찬성표를 던져서(노사 동수일 경우 해고할 수 없다는 단체협약 및 징계규정이 있음) 해고당했고, 이때부터 나는 해고싸움과 택시노조운동을 본격적으로 시작하게 되었다.

나는 택시노동운동에서 무엇이 중요하다 생각했는가

나는 택시노동운동은 상층사업(위원장 중심사업)과 간부 강화사업(활동가 조직 포함)이 각각의 역할을 통해 조합원 대중에 대한 교육사업이 병행될 때 발전이 있을 것으로 생각했다. (상층사업은 당시 고려운수 위원장이던 강승규 위원장 등 노조 위원장들을 중심으로 생각했고 활동가조직을 구성할 필요성을 느꼈다.) 1988년 7월 해고 이후 택시노동운동에서 필요한 활동조직을 구성하기 위하여 운수노동자 해고자 복직투쟁위원회를 결성하였다. (공동의장 버스 정병두, 택시 황진우) 해고자들에 대한 지원 사업과 투쟁 사업장에 대한 지원 사업을 시작하며 본격적으로 활동조직과의 연대를 통한 택시노동운동을 시작하였다.

이후 서울 북부지역 맹호운수의 파업 지원 활동 중 위원장(강윤석)과

부위원장(황윤하)이 구속되었다. 그러나 간부들을 중심으로 부인들을 조직하였고 부인 조직을 통한 모금활동으로 파업에 필요한 비용을 충원하는 가운데 지속적으로 파업을 진행하여 위원장과 부위원장이 석방되었고, 맹호운수의 파업은 승리를 거두었다. 맹호운수의 파업지원 활동 경험은 이후 여러 투쟁 사업장의 지원활동과 백천실업(합동물산)의 싸움에서 간부들을 강화하고 투쟁력을 유지시켜 가는 데 많은 도움이 되었다.

북부지역 택시노동자협의회 활동

그러던 중 북부지역에서 몇몇 활동조직과 함께 북부지역 택시노동자협의회(이하 '북택'이라 한다)를 구성하였다. 북택의 활동을 통해 나 또한 활동방향과 범위를 명확히 정하게 되었고, 투쟁사업장의 지원과 기관지 발행을 통한 조합원 교육과 조직화 사업을 본격적으로 시작하는 계기가 되었다. (이때부터 활동조직에서 내가 가장 경계했던 것이 노선논쟁이었고 이러한 조짐이 보일 때마다 강하게 막아왔던 것 같다)

서울택시지부 선봉대 활동과 북택 활동을 하며 당시 지입제 싸움으로 파업 중이던 합동물산을 지원하며 당시 김처칠 위원장을 통해 지입제와 서울택시 브로커에 대하여 구체적으로 알게 되었다. 당시 합동물산(서울 서대문구 소재)은 당시 파업 중에 사업자(대표 이치규)가 회사를 이전하였다. 노조(위원장 김처칠)는 양화대교 밑으로 차량을 이끌고 가서 파업을 진행하였다. 그 과정에서 1991년 8월 22일 김처칠 위원장이 한강에 빠져 익사하는 사고가 발생한다.

나는 합동물산 조합원들과 함께 시신을 찾고자 밤낮으로 한강 지역을 순찰하며 한강에서 인명 구조하는 업체와 함께 시신을 찾기 위해 노력하였다. 방화대교 밑 배수펌프장 쪽에서 시신이 발견됐다는 소식을 접하고 당시 활동가로 활동하던 조재형과 함께 그곳으로 향하였다. 현장에 가장 먼저 도착한 후 조재형은 외부에 사실을 알리고 조직을 동원하도록 하였다.

시신을 지키는 과정에서 경찰이 도착하여 시신을 먼저 탈취하려고 하였으나 나는 함께 죽겠다며 격렬히 저항하였다. 그러는 중에 합동물산 간부들과 김처칠 위원장 어머니께서 도착하여 경찰에 격렬히 저항하며 시신을 지킬 수 있었다. 이후 연세대 총학생회의 도움을 받아 연세대병원 영안실로 시신을 안치한 후 서울택시노동자장으로 장례를 치르고 마석모란민주묘역에 안치하였다. (나는 김처칠 위원장과 형 동생 하던 사이였고 처칠형의 죽음으로 인하여 이후부터 활동가로서의 삶을 산다. 지입제 철폐와 지입제 브로커 척결 싸움을 시작하며 서울시에도 끊임없이 지입제 조사 척결을 요구하는 싸움을 시작한 것이다)

서울택시 지부의 변화와 택시조직 싸움의 시작

1992년 3월 전국택시노련 서울택시 지부장 선거에서 강승규 위원장이 당선된 후 서울택시 민주노조의 움직임이 조직화되기 시작했고, 활동 조직들 역시 서울택시지부를 축으로 활동을 시작한다. 이러한 과정에서 서울택시지부는 임금협정을 위한 투쟁을 준비하는 과정에서 조직부 산하에 임투선봉대를 구성하게 되었고, 선봉대 대장을 중심으로 12개 지역의 지대장과 그 산하에 각 사업장 간부들로 구성된 선봉대를 구성하였다. 나는 선봉대장을 맡고 각 지역별로 지대장을 구성한 후 지부 조직부 산하의 투쟁조직으로 활동을 시작하였다.

그러한 가운데 사업조합과 1992년 임금협정 교섭이 진행되고 지부는 한양대에서 조합원과 함께 하는 '서울택시 대동문화제'를 개최하며 투쟁력을 강화하였다. 선봉대를 중심으로 활동가 조직들 또한 하나의 투쟁력으로 움직이는 시기로 발전하게 된다. 이러한 과정에서 1992년 8월 29일 사업조합에서 강승규 지부장을 배제하고 노조 쪽 교섭위원들을 1인당 3,000만 원씩에 매수하는 사건이 일어난다. 교섭위원들이 1992년 임금협정서에 당시 업적급식 월급제보다 후퇴한 정액사납금제에 도장을 찍고 양수리로 도망가는 상황이 발생한 것이다.

이후 지부에서 도주한 교섭위원들의 소재를 파악한 후 내게 연락이 왔고 나는 선봉대 각 지대장들과 선봉대원들을 긴급 소집하여 일부 위원장들과 약 200명 정도의 인원들과 함께 도망가서 숨어 있던 양수리 모텔로 갔다. 모텔에 숨어 있던 교섭위원들은 바리케이드를 치고 경찰에 신변보호를 요청하여 우리는 출동한 경찰들과 대치 하였으나 이후 경찰들과 교섭위원들을 경찰차에 태워 서울 사업조합으로 가기로 합의하고 출발하였다. 이때 나는 교섭위원들이 다른 짓을 못하도록 그들과 함께 경찰차를 타고 가며 선봉대 지대장들에게 서울로 가는 길목에서 도로를 막고 경찰차를 세웠다. 길목에서 기다리고 있던 선봉대원들은 동원한 차로 경찰차를 에워싸고 격렬히 항의하며 경찰차를 묶어두었다. 그 사이 지대장 중 한 명이 차량 밑으로 들어가 라디에이터 호스를 절단하였고, 다시 경찰차를 에워싸고 잠실 사업조합으로 향하던 중 경찰차는 과열로 멈춰 섰다. 그 틈에 선봉대원들이 동원한 차량으로 교섭위원들을 분산해서 태운 후 사업조합으로 향하였다.

그러나 사업조합에 경찰이 진을 치고 있음을 알고 여의도 한국노총으로 방향을 바꾸었고 붙잡아 온 교섭위원들을 한국노총 8층에서 농성 중이던 지부 집행부에 넘겼다. 1992년 8월말 이후 한국노총 8층 강당에서 강승규 지부장을 중심으로 사업조합에 매수된 교섭위원들이 체결한 임금협정 무효를 위한 농성에 들어갔다. 이때 한국노총에서 농성 중이던 강승규 지부장과 지부 직원들은 움직일 수 없는 상황이었으므로 외부에서 농성을 뒷받침할 힘이 필요했고 그 역할을 일부 지부 직원과 선봉대가 맡아 수행하였다.

9월 21일에는 매수된 1992년 임금협정 무효와 매수주범의 구속처벌을 요구하면서 서울택시지부 1차 차량시위를 하기로 하였다. 외부에서 투쟁을 진행하던 지부 직원들과 함께 서울 택시를 5개 지역으로 조직을 편성하여 광화문까지 선봉대를 축으로 서울택시의 차량시위를 하였다. 나는 북부지역 선봉대 지대장 및 선봉대원들과 함께 차량 시위를 맡았다. 북부지역 차량시위는 내가 근무하고 있던 도일교통(이흥규 위원장이 입사시켜주어 일반 조합원으로 근무하고 있었다)을 선두로 미아사거리를 거쳐 종암동에 이르렀을 때 경찰병력이 차량시위를 막아섰다.

차량시위가 막히자 나는 택시 위에 올라가 트렁크를 전부 열도록 하고 경찰에게 가스통을 폭파시키겠다며 위협했다. (택시 가스통은 그렇게 폭발되는 게 아니다) 이후 경찰병력이 길을 터주어 경동시장과 신설동을 거쳐 동대문 부근까지 차량시위를 이어갔고, 이로 인해 서울의 교통상황은 밤늦게까지 완전 마비상태에 이르렀다. 경찰병력이 집중 배치된 늦은 밤 시간까지 오랜 시간 차량시위로 지쳐있던 조합원들에게 신설동 지나 동대문 못 미친 지역에서 차량을 도로에 그대로 세워두고 해산하도록 하였다. 나는 몇몇 지대장들과 현장을 지켜보았고 밤 11시 5분에 마지막 차량이 견인차에 실려 가면서 차량시위가 끝났다. (몇몇 차량은 삼일고가까지 진출한 후 해산하였다.)

그날의 차량시위로 인해 서울택시의 임금협정 매수사건이 언론에 대대적으로 알려지면서 사회의 큰 이슈로 부각 시키는 성과를 이루었고 이 시위로 나는 수배자 신세가 되었다. 차량시위 관련하여 당시 노동단체였던 한노련(위원장 김문수)이 기관지를 통해 서울택시의 차량시위는 사회기간망을 폐쇄시키려는 폭력적이며 반사회적 행위라는 내용의 장문의 글을 실었다.

나는 북부지역택시노동자협의회 활동가들과 이에 대한 대응책을 논의하고자 고려대 앞에 있는 경양식집에서 회의를 가졌다. 북택의 간사를 맡고 있던 신호성이 내 발을 툭툭 차며 사복경찰이 온 것 같으니 앞을 보지 말고 조용히 나가라는 신호를 보냈다. 슬그머니 자리에서 일어나 모른 척 문 쪽으로 나가려 할 때 신호성이 큰소리를 내며 주위를 돌렸다. 그러자 사복경찰들이 신호성과 회원들이 있는 테이블 쪽으로 향했고 나는 그 틈에 건물을 빠져나와 골목길을 통해 고려대로 들어가서 체포를 면하였다. 이후 사복경찰들이 신분증을 일일이 조사하며 나를 찾았다는 말을 들었다. 아직도 그날 우리가 그곳에서 회의한다는 것을 어떻게 경찰이 알게 됐는지 의문이다.

체포를 피한 나는 북택 회원과 선봉대원 몇 명이 함께 영등포 한노련 사무실에 쳐들어가 '김문수 나오라'며 사무실을 때려 부쉈던 일도 있었다. (나는 이때부터 김문수를 극히 혐오하며 불신하고 있다)

10월 중순경 외부 투쟁을 진행하던 지부(강승규 지부장을 중심으로 핵심 조직은 한국노총에서 계속 농성 중이었다)에서 한 번 더 한양대에서 임금협정 무효를 위한 투쟁식을 진행하였다. 나는 수배 상태에서 지대장들과 함께 약 3,000명의 조합원이 모인 집회를 진행하며 거리 행진을 시작했는데, 왕십리쯤에서 경찰병력에 막혀 거리행진을 멈추고 해산하였다. 그날 한양대에서 열린 임금협정 무효를 위한 투쟁은 한국노총에서 농성투쟁을 진행하고 있던 지도부를 중심으로 노동조합의 조직력을 결속하며, 매수된 교섭위원들과 사업조합의 부도덕성을 대외에 알리는 성과를 가져왔다고 생각한다.

1992년 임금협정 매수사건은 10월 20일경 국회에서 홍사덕 의원이 사건의 전말과 매수된 통장번호를 공개하며 수사당국을 압박하였다. 결국 10월 23일 사업조합 이광열 이사장, 매수를 중개한 문병원과 매수된 교섭위원 조환현이 구속되었다. 이어 강승규 지부장과 이동섭, 김인철 지부 간부들이 구속되고, 나는 잡혀가서 조사받고 이틀 만에 석방되었다. 매수사건은 이후 서울지부의 조직내분이 심화되고, 정액사납금제가 확대되는 빌미가 되었다.

백천실업 지입제 싸움을 시작으로 본격적으로 지입제 싸움

나는 1993년부터 서울택시지부의 선봉대 활동과 북부지역 택시노동자 협의회 활동을 하였다. 합동물산은 브로커 이○규가 회사를 유○승에게 넘기며 상호를 백천실업으로 바꾸고 바지사장으로 박○욱을 앉혔다. 상무로는 깡패 이○성을 앉혀 회사 노조를 압박하며 무력화하려 하고 있었다. 이러한 상황에서 백천실업 노조는 서울택시 지부의 지원을 받을 형편이 안 되자 나에게 지원을 요청하였다. 나는 백천실업 노조의 싸움을 지원하기 위하여 활동조직가 2명과 함께 백천실업에 입사하여 조합원 자격으로 활동을 시작하게 되었다. 그러나 함께 입사하였던 활동조직가 2명이 개인의 사정으로 이틀 만에 퇴사하였다. 나까지 물러나면 회사 노조 자체가 무너지고 지입제 반대 투쟁을 하다 돌아가신 김처칠 형의 뜻 또한 무너질 지경이었다. 끝까지 지원하기로 결심하고 위원장(홍승진)과 간부들을 재조직하여 본격적인 싸움을 시작하게 되었다.

당시 해결사이던 박○욱 사장이 음주운전을 상습적으로 하는 것을 알고 간부들과 함께 차량을 추적하여 박○욱의 운전면허가 취소되게 하였다. 이후 일을 마치고 회사에 들어오자 배차를 맡고 있던 깡패출신으로 120kg의 거구인 이○성이 자기와 일대일로 붙어 지는 쪽이 회사에서 나가자는 말을 조합원들 앞에서 공개적으로 하며 노골적으로 시비를 하였다. (이때 조합원들은 내게 거는 기대가 상당히 컸었다)

조합원들의 문제가 걸려있는 상태에서 더 이상 물러설 수 없어 내가 지면 모든 게 무너질 수 있다는 생각으로 주차장에서 일대일 싸움을 벌였다. 싸움 도중 누군가 경찰에 신고하여 이○성과 같이 경찰서로 연행되었다. 옆에 앉아 조사를 받는 이○성의 옆구리를 팔꿈치로 가격하며 끝까지 싸웠다. 경찰은 나만 유치장에 가두고 이○성은 풀어주었다. 경찰서 밖에서 대기하고 있던 간부들이 격렬하게 항의하며 나를 잡아둔 이유를 물었다. 1992년 매수사건으로 조사받고 수배도 풀리고 다 끝난 줄 알았던 사건이 수배 해제가 되지 않아 유치장에 가둔 것이라 하였다. 다음 날 본청에서 확인을 해주어 풀려날 수 있었다.

경찰서에서 나와 회사에 가보니 사장이던 박○욱과 상무 이○성이 회사를 그만두고 나가고 원래 사장인 유○승이 대표이사로 들어왔다고 하였다. 그러나 대표이사는 회사에 출근하지 않았다. 이후부터 회사를 노조에서 관리하며 서울시청과 검찰을 지속적으로 항의 방문하며 회사 면허취소와 운수사업법을 위반한 대표이사 구속을 요구하였다.

지속적인 항의 끝에 결국 백천실업은 1993년 9월 운수사업법 위반으로 사업면허가 취소되고 대표이사 유○승은 구속되었다. (백천실업의 전신인 합동물산 브로커 이*규는 구속되지 않음) 노조에서는 서울시와 합의를 통해 조합원들은 노조에서 확인해준 근속년수를 인정받고 타회사 이직 시에도 동일한 근속년수를 인정받아 개인택시를 받는데 불이익이 없도록 하였다. 그동안 내가 추진하고 있던 김처칠 추모제를 노조 차원에서 추진하기로 하여 추모사업 관련 기록을 넘겨주고 백천실업 싸움을 정리하였다.

서울택시 1993년 하반기부터 조직싸움으로 멍들다

1993년 서울택시지부의 임금교섭이 사업조합의 교섭 거부로 물거품이 되면서 서울택시 민주노조측과 기존의 전국택시노련 사이에 골 깊은 싸움이 시작되었다. 조직 내 싸움은 서울과 부산에서 계속되었고 1993년 11월 전국택시노동조합연맹(위원장 이광남)은 서울택시지부장 강승규의 인준을 취소하였다가 12월 다시 회복 시켰다. 하지만 1994년 1월 전국택시노련 위원장선거에서 이광남 후보가 강승규 후보를 이기자 이광남 위원장은 1994년 2월 말 창녕 부곡하와이에서 강승규 지부장의 인준을 취소하기 위한 연맹 중앙위원회를 소집하였다.

창녕 부곡에는 강승규 지부장 지지자와 이광남 위원장 지지자가 총동원되었다. 전국택시노련은 버스 5대와 봉고차량으로 조직을 동원하고 창녕경찰서의 협조까지 받아가며 강승규 지부장과 지지 조합원들이 회의장인 부곡하와이호텔에 들어오지 못하도록 정문을 막았다. 나는 선봉대원들과 함께 정면 돌파를 시작하였고 수적으로 부족했음에도 순식간에 정문 방어를 뚫고 회의장으로 들어갔다. 회의장 입구를 경찰들이 막아서고 있어 이를 다시 뚫고 들어갔지만 이미 회의는 끝나고 참석자들은 모두 달아난 상태였다. 우리는 창녕경찰서가 개입하여 잘못된 회의를 막지 못한데 책임을 묻겠다면서 경찰서까지 행진한 후 경찰서 앞 도로를 점거농성하면서 결국 경찰서장의 사과를 받아내었다.

전국택시노련은 1994년 3월 최○묵을 직무대행으로 임명하였다. 최○묵은 같은 달 일부 전국택시노련 직원과 서울 택시노조 위원장 등을 동원하여 서울택시지부 사무실을 점령하고 강승규 지부장을 감금하는 짓을 저질렀다. 이러한 상황에서 나는 비상연락망을 통해 선봉대 각 지대장들과 활동조직들이 긴급히 서울택시지부 사무실로 집결하도록 하였다. 지부사무실 입구에는 전국택시노련 직원들과 최○묵이 동원한 조직들이 출입을 통제하였다. 내가 워낙 강하게 밀어붙이고 혼자이니 택시노련 오영세 국장이 사무실로 올라가도록 길을 터주었다. 사무실에는 그들이 동원한 노조 간부 20여 명이 있었고 지부장실에는 최○묵 이하 위원장 몇몇이 강승규 지부장을 앉혀두고 사퇴 압박을 하다 나를 보더니 다들 놀라는 눈치였다.

나는 탕비실로 가서 석유통을 들고 나와 책상 위에 올라선 후 안 나가면 불을 질러서 전부 죽여 버리겠다며 소리를 질렀다. 사무실 안에 있던 사람들과 계단을 지키던 사람들이 일부 빠져나간 후 밖에 도착한 위원장들과 선봉대원들이 사무실로 들어왔다. 강승규 지부장에게 사퇴를 압박하던 최○묵 이하 위원장들 몇 명은 선봉대원들에게 두들겨 맞으며 전국택시노련 이광남 위원장이 지시하여 발생한 일이라고 자백하였다. 우리는 지부에 집결했던 위원장, 선봉대, 고려운수 노조간부들과 함께 전국택시노련 사무실을 급습하였다, 그러나 이광남 위원장은 사무실에 없었다. 우리는 사무실의 기물을 부수고 직원들에게 엄중히 경고하고 철수하였다. 이전부터 나는 이광남 위원장과 수차례 싸우며 상처도 입혔는데 그와 오영세 국장은 전국택시노련에 들어와서 일하라는 제안도 하였다. 나는 그러한 말에 눈 한 번 깜박하지 않았다.

김처칠 위원장의 못다한 일의 마무리

서울택시의 또 하나의 문제점은 1990년대 초부터 지입제가 만연하며 조합원들의 근로조건이 약화되고 회사의 부실화가 급격히 진행되고 있다는 것이다. 택시회사의 부실화에 맞서 격렬하게 싸웠던 대표적 회사가 합동물산이었고 그 회사를 부실화시켰던 원인제공자가 택시브로커로 유명한 이*규와 강*권이었다. 그에 맞서 끝까지 저항하고 싸웠던 사람이 합동물산 노조 위원장이었던 김처칠이었다. 특히 이*규는 김처칠 위원장이 죽음을 맞는 근본 원인을 제공한 사람이었다. 1993년에 백천실업 노조를 지원하여 사장이 구속되게 하고 회사 사업면허가 취소되는 싸움을 끝냈으나 끝내 풀지 못했던 문제가 김처칠 형과 이*규에 대한 문제였다.

그에 따라 나는 1994년 초반부터 택시업계의 브로커 이*규와 강*권 사장의 불법적인 행태를 파헤치기 위하여 그들이 관계하던 지입차 관계인들을 만나며 자료를 모으기 시작하였다. 특히 김처칠 형 죽음의 근본 원인 제공자였던 이*규의 불법행위를 찾기 위해 나는 거의 매일 이*규가 운영하던 회사에서 업무가 끝난 후 사무실에서 버리는 쓰레기를 들고 와서 하나하나 뒤지는 작업을 3개월 정도 하여 결국 불법행위의 근거를 찾아내었다. 1994년 당시 사업면허가 취소된 택시에 번호판을 위조하여 달고 다니며 부녀자들을 납치하여 성폭행한 사건이 사회적으로 큰 이슈가 되었고 이로 인하여 택시운전자들에 대한 사회적 이미지 또한 좋지 않은 상황이었다.

서울시와 검찰에서 지입제와 불법택시에 대한 수사와 조사를 하기로 한 후 당시 사직동팀(청와대 하명을 수사하는 조직) 관계자가 연락을 해서 지입차와 불법택시의 범죄를 막을 수 있도록 도와달라고 하였다. 나는 이*규의 불법행위를 처벌해 줄 것을 요구하며 그동안 모아놓은 자료를 건네주었다. 이후 이*규에 대한 수사는 검찰청 북부지청 특수부에 배정되어 이*규를 구속하고 서울시는 이*규가 운영하던 회사의 사업면허를 취소하였다. (이때 이*규는 내게 3,000만 원을 줄 테니 사건을 취하해 달라고 하였다. 나는 당신이 살아있는 한 끝까지 할 것이라 말하고 북부지청을 나왔다. 이후 재판 과정에서 수차례 재판부에 탄원서를 제출하여 2년의 실형을 받게 하였다)

활동방식의 전환

이*규가 구속되고 난 후 1994년 6월부터 나는 활동방식에 대해 고민하게 된다.(이 기간 동안 나는 아무것도 하지 않고 앞으로 해나가야 할 활동 방식에 대한 고민을 하였다. 결국 선봉대 활동과 활동가로서의 활동을 지입제 싸움과 조직을 만드는 쪽으로 방향을 잡고 다시 시작한다) 나는 1994년 9월부터 지입제가 만연한 회사를 사업면허 취소가 아닌 건전한 회사로 살려내고 노조의 기능을 정상적으로 살려서(지입제로 회사가 정상운영되지 못한 곳은 노조의 기능 또한 상실한 곳이 대부분이었고 그 중심에는 노조 위원장이 있었다) 회사와 노조가 공존하는 방향으로 만들어 가는 쪽으로 활동 방향을 정하게 된다.

이후 부실회사여도 새로운 대표자가 회사를 인수하고 재투자를 통해 지입차를 완전 회수하고, 사장이 노조를 인정하고 노사가 공존하는 회사로 운영하겠다면 각서를 받았다. 그 후 그 회사 관련 지입차를 회수하는 데 지원을 하여 회사와 노조가 정상화되는 활동을 해오며 서울지역의 지입차 현황과 지입차주들의 명단을 확보해 나갔다. 그러다 마포구의 홍성운수를 인수한 대표이사가 회사 정상화를 위한 노력을 하고 있음에도 어려움을 겪고 있다는 말과 도움을 요청하여 회사를 방문하여 상황을 살펴보았다.

가서 보니 노조 사무실은 몇 안 되는 노조원들과 지입차 기사들이 모여 노름하는 하우스 판으로 변해 있었다. 서울 모 지역의 깡패들이 노조 사무실을 차지하고 노름판 꽁지 돈을 대며 노조와 회사를 흔들고 있지만 노조 위원장은 그들의 하수인 노릇이나 하고 있었다. 1994년 9월 나는 회사 사장에게 노조를 인정하고 재투자를 통해 회사를 정상화하겠다는 것과 지역에서 어려운 곳에 이익금의 일부를 후원하겠다는 약속을 받았다. 이후 회사에 입사하여 운전하며 지입차를 회수하기 시작하였다. (이때 나는 지입차주들에게 꽤 독종으로 이름이 알려진 상태였다)

회수된 지입차는 회사에서 정상적으로 운행하며, 채용한 운전자에 대하여 나는 조합원으로서의 의무와 역할에 대한 교육을 하며 조직을 확대해 나갔다. 회사에 상주하던 일부 지입 차주를 포함한 조직폭력배들과 기존 노조와 조직싸움을 하는 가운데 나는 1994년 12월 노동조합 위원장 선거를 통해 압도적 표차로 위원장에 당선되었다.

그러나 그들은 순순히 물러나지 않았다. 이후 구성된 노동조합의 간부들과 12월 송년회를 치르는 장소에 나타난 깡패들(이전 노조 사무실에 상주하며 노름판 꽁지 돈을 대고 하우스를 운영하던 서울 모 지역 깡패들이었음)과 큰 싸움을 치른 후 노조 간부들 3명이 찔리고 다쳐 병원에 입원하였고 깡패들 역시 2명이 다쳐 병원에 입원하였다.

다음 날 출근길에 회사 앞에서 기다리던 깡패들이 내 배에 칼을 대고 따라올 것을 요구하였다. "내가 따라가면 지는 것인데 그냥 여기서 찌르라" 하고 "못 찌를 것 같으면 당신들 형을 오라고 해라" 하여 일단 위기를 넘겼다. 다음 날 만난 깡패 우두머리와 합의를 통해 각자 부상당한 사람들에 대해 알아서 조치하되 깡패들은 회사와 노조에서 일체 손을 떼고 나가기로 하였다. 또 회수하지 못한 지입차들은 깡패들이 알아서 회수해 오기로 하며 노조에서는 일체의 사건을 경찰에 고발하지 않기로 합의하였다.

이렇게 회사 정상화 싸움을 일단락 짓고 회사와 노조의 정상화를 위한 단체협약과 임금협정, 징계규정 등을 합의체결하였다. 이때 체결한 홍성운수의 단체협약 중 상당 부분이 내가 처음 택시에서 노조를 설립하며 체결하였던 오진교통의 단체협약 내용을 적용한 것이었다. 홍성운수 노조 사건이 서부지역에 널리 알려지면서 1996년부터 서부지역 회장직을 맡았다. 노사 공동발전을 위한 노사 정례모임을 진행하고 민주노조의 토대를 만드는 일로 활동 폭을 넓혀나갔다.

택시노동운동을 통해 이루고자 했던 협동조합의 실험

나는 두 차례 협동조합을 만들려고 하였으나 성공하지 못하였다. 첫 번째가 1994년 맹호운수 회사 주식을 대표자에게 전부 넘겨받아 노조(위원장 김○배)가 앞장서서 전체 조합원이 주주가 되는 협동조합을 만들도록 하였다. 회사대표 김○현은 서울시에서 근무하다 퇴직 후 회사를 인수하였으나 내 뜻을 받아들여서 주식대금을 이후에 받기로 하고 회사의 주식과 경영권을 노조에 조건부로 넘겨주기로 하였다.

당시 소액주주는 지입차로 간주되어 사업면허 취소 대상이었다. 그러므로 전체 근로자가 공동으로 주식을 소유하되 부득이 노조에서 그 운영권을 행사하도록 할 수밖에 없는 구조였다. 따라서 노조 위원장의 역할과 사무장의 역할이 매우 중요한 상황이었다. 그러나 당시 위원장과 사무장이 서로 경영권을 차지하기 위하여 조직싸움을 하였고 일부 차량이 천호동으로 팔려나가는 상황이 발생하였다. 부득이 조건부 계약을 파기하고 회사의 주식과 경영권을 김○현 사장에게 돌려줄 수밖에 없었다. 김○현 사장은 회사를 3자에게 팔아버려 협동조합을 만들고자 했던 내 뜻은 실패하고 말았다.

두 번째로 1998년에 부도가 난 강동지역 서진운수 노조의 요청으로 (당시 서진운수는 여러모로 지원을 해왔던 곳으로 노조 간부들과 노조원들이 나를 잘 알고 있었다) 당시 회사 권리자였던 문○석 사장에게 조건부로 회사를 인수하였다. 내가 직접 회사 대표이사로 등재하는 조건으로 주식을 나 30, 김○철 25, 안○섭 전무 25, 위원장 20으로 배분한 상태였다.

그로 인해 나는 직접 대표이사로 취임을 한 후(홍성운수 노조위원장 직은 그대로 유지하고 있던 상태였다) 당시 서진운수 노조원 전체 회의에서 회사의 부채문제를 마무리한 후 회사 부채를 최소화하여 노조원 전원이 각자 주식을 소유하는 협동택시 회사를 만들겠다고 선언 하였다. (노조원 주식대금을 만드는 방식은 당시 근로자 은행인 평화은행이 설립된 상태였는데 이광남 위원장이 은행 관계자를 소개해주어 상담결과 근로자 1인당 주식매입대금 대출이 가능하다는 답을 들었다)

그러나 노조위원장이 자신의 소유주식이 적다며 사채업자와 손을 잡고 검찰에 회사 권리자였던 문○석 관련 자료 및 회사운영 과정에서 발생한 자료를 넘겨주었다. 나와 문○석 사장을 구속시키고 자신이 회사를 차지하기 위한 작업을(그와 사채업자가 이후 회사를 운영함) 하는 바람에 두 번째 협동택시회사 설립도 실패하였다. 협동택시를 만들고 싶은 의지는 있었으나 그에 따른 법률적 지식이나 운영에 관련한 지식이 없던 상황이었으므로 생각해 보면 참으로 무리한 계획이 아니었나 싶다.

택시노동운동에서의 삶

1987년 오진교통에서 노동조합을 설립하는 과정과 위원장을 양보한 후 단체협약과 징계규정 등을 실질적으로 주도하여 체결하였다. 그 과정에서 〈운수노보〉를 만나고 박종만 열사의 뜻을 알게 되었고 북부노동상담소와 시민 사회단체를 통해 여러 가지 지원을 받으며 공부하며 배웠다. 이러한 과정에서 택시회사에서 첫 번째로 해고되어 싸움을 시작했지만 그 결과를 누구에게도 한 번도 말한 적이 없었다. 이 자리를 빌려 결과를 밝히고자 한다.

나는 택시운전을 하기 전에는 그냥 싸움깨나 하는 깡패에 지나지 않았다. 그런 내가 맘 잡고 살겠다 하여 택시운전을 시작하였다. 그러나 택시회사들의 횡포에 열 받아서 시작한 택시노조 활동과 해고 싸움을 하면서 몇 곳에서 교육을 받았다. 그때 비로소 내 삶의 올바른 가치관을 지니게 되었다. 당시 안기부와 경찰서에서 내가 취업한 회사에 상당히 압력을 주었던 사실도, 취업 자체가 되지 않았던 사실도 이후에야 알게 되었다. 그렇지만 당시에 내가 벌인 해고싸움은 나 하나의 문제가 아니라 여러 해고자들에 대한 문제이기도 하여 나한테는 상당히 중요한 싸움이었다.

그러던 어느 날 믿었던 친구가 만나자 하여 다방으로 갔더니 회사 전무와 함께 나와서 "진우도 살아야 하니 진우에게 개인택시 한 대는 사 주고 정리를 해 달라"는 말과 "회사에서 그렇게 하기로 했으니 마무리해 달라"는 전무의 말을 들었다. 그 자리에서 테이블에 있던 재떨이를 들어 친구 머리를 후려쳐버리고 머리가 깨져 피 흘리는 친구를 데리고 병원으로 가서 꿰매주었다. 그리고는 사표 쓰고 정당하게 받을 퇴직금만 받고 해고싸움을 정리하였다. 이후 오진교통의 아름회 회원들은 후원회원으로 내게 많은 도움을 주었다.

내가 지입차 문제로 관련 회사와 서울시와 격렬할 정도로 싸울 때도 당시 서울시 택시계장이 "서울시에서 황진우씨 공로를 인정해서 개인택시를 발급해주기로 했으니 개인택시를 받으라"고 하였다. "기준 미달자에게 개인택시를 발급하겠다는 것은 노동운동을 방해하겠다는 것이므로 검찰에 고발할 테니 맘대로 해보라"니 없던 일로 하겠다고 하였다. 그 대신 지입차 단속에 서울시가 적극 나서주기로 약속받고 나온 적도 있었는데 지금 생각해도 그 놈의 개인택시가 뭔지 하는 생각이 든다.

하나 더 말씀 드리고자 하는 것은 활동하는 많은 사람들이 그랬겠지만 나도 아내의 지원을 받지 못했다면 제대로 활동하지 못했을 것이란 생각이 든다. 당시 아내는 은행원이었고 노조의 무슨 직을 지녔던 것으로 기억하는데 내가 택시노동운동에 내 삶을 걸겠다는 뜻을 전하였다. 그랬더니 생업은 자신이 책임질 테니 마음 놓고 활동하라 하여 나는 생업에 대한 걱정이나 돈에 대한 걱정 없이 활동을 하였다. 아내 덕분에 돈에 대한 유혹이나 개인택시에 대한 유혹에도 흔들림이 없었다. 지금도 아내에게 늘 고맙고 감사하게 생각한다.

이곳에 전부 나열하지 못한 수많은 활동들을 통해 열정적으로 택시노동운동을 하던 때가 아쉬움도 많이 남지만 거칠고 투박했던 그 시절이 내 삶에서 가장 행복을 느끼던 때였다. 역시 사람은 서 있어야 할 자리에 서 있을 때가 가장 행복하고 아름답다는 것을 이 글을 쓰며 다시금 느낀다.

택시노련 속보 : 전택노련 서울파업관련 성명서 발표. 1989.5.4.

완전월급제 쟁취하여 인간답게 살아보자 : 1990년 서울택시임투전진대회. 1990.4.6.

1991년 임금인상투쟁전진대회를 개최하고 있는 택시노조원들. 1991.6.15.

1991.6.24. 분신 사망한 인천 석광수 열사 장례식장 모습. 1991.7.

1992년 서울택시지부 교섭위원 매수사건이 터지자 무효를 주장하며 올림픽 공원 앞에서 차량시위중인 노조원들. 1992.9.23.

노조 교섭위원 매수사건의 주범 구속 촉구문을 뒷유리창에 붙이고 차량시위를 하고 있다. 1992.9.23.

임금협정 무효화를 위한 차량시위 봉쇄를 위해 동원된 견인차와 경찰들. 1992.9.30.

강승규 서울택시 지부장이 경찰 출두에 앞서 노총회관 8층에서 발언하고 있다.
1992.10.24.

서울택시지부가 경희대노천극장에서 임투승리를 위한 대동문화제를 갖고 있다. 1993.5.9.

택시노동자 문화대동제에 참석한 택시노조원이 차량을 주차하고 노천극장으로 가고 있다. 1993.5.9.

서울택시 불법경영 불법임금제도 척결을 촉구하는 집회를 갖고 있다. 1993.7.15.

택시제도 개선을 위한 전국택시노동자대회가 여의도에서 열리고 있다. 1993.7.30.

완전월급제를 요구하며 자살한 서울상호운수 김성윤 열사의 장례식에 추모하는 택시노동자들.
1994.1.28.

노총 근로자의날 행사에서 택시부가세 감면을 요구하고 있다. 1995.3.10.

택시제도개선을 요구하며 국회앞에서 시위하고 있는 택시노조원. 1995.6.

노동법 개악에 항의 파업하는 택시차량. 1997.1.14.

노동법 개악에 항의 파업하는 홍성운수 택시차량과 조합원들. 1997.1.14.

월급제 요구하며 분신한 방영환 열사의 뜻에 따라 택시월급제시행을 촉구하며 시위하고 있다. 2024.1.

3

택시노동운동 정리

1. 택시노동운동 연표 (1980~1997)

	권위주의 아래에서 택시노동운동
	1980년
4.21.	전국자동차노동조합, 택시요금의 도시별 차등제와 대도시에서의 거리·시간 병산제 및 운전사들의 고정월급제 실시를 당국에 요청. 광주에서 택시기사들이 공수부대의 학살 만행에 격분, 200여 대의 차량시위 감행으로 시위 군중의 전의 되살림.
5.20.	항쟁 3일째인 20일 오후가 되면서 시장의 상인들까지 철시하고 시위에 나서기 시작하여 그 인파는 10만여 명이 넘었음. 윤상원 등 사회운동 진영에서 계엄당국의 거짓된 선무방송에 맞서기 위해 만든 〈투사회보〉가 시내 도처에 수천 매씩 뿌려지면서 항쟁의 열기가 고조됨. 공수부대의 만행에 격분한 택시 기사들이 200여 대의 차량 시위를 감행함으로써 소강상태에 빠져있던 시위 군중들의 전의에 불을 질렀음. 시내 곳곳에서는 자발적인 시위대가 형성됨. 밤 11시경 광주역을 지키고 있던 공수부대와 시위대의 공방전이 격렬해졌다. 시위대가 차량을 앞세워 군의 저지선을 돌파하려 하자 일제히 발포를 하였음. 이것이 시민을 향한 공수부대의 최초 발포였다. 비슷한 시각에 세무서 앞과 조선대 부근에서도 발포가 있었음.
	1981년
7.28.	1981년도 단체협약 갱신체결(자동차노련과 서울택시운송사업조합). 1981년 택시노조 조직화 활발 * 80년말 조직현황 – 40개 노동조합, 조합원수 2,842명. * 81년말 택시현황 – 216개 회사택시 1만708대(한시택시 6,215대 개인택시 1만1,846대).

	1982년
4월	교통부, 택시월급제 실시 등 '택시교통 종합개선방안' 발표.
6.30.	전국자동차노련 서울시택시노조협의회, 택시운전사의 고정월급제를 요구하며 서울시 택시협의회 사무실에서 농성.
9.18.	전국자동차노련 서울시택시노조협의회 조합원 100여 명, 사납금 월급제는 종전의 도급제와 같다며 월 임금을 택시노사 합의 28만 원보다 32만 원으로 인상 요구하며 협의회 사무실에서 농성[21일 해산].
9.27.	1982년도 임금협정 서울택시노사합의 체결(격일제 14일 만근, 기본급 7만1,456원 포함 통상임금 18만7,600원).
	1983년
6.13.	서울시 택시사업조합과 서울시택시노조협의회, 1983년도 임금협정 갱신. 사납금을 4% 인상, 월급 4% 인상 합의(기본급 7만4,340원 통상임금 22만1,710원).

권위주의를 뚫고 나온 택시노동운동

	1984년
1월~2월초	서울 철강택시노동조합, 영동운수노조, 동아운수노조, 삼익택시노조, 상신운수노조 결성.
4월~8월	서울문화교통노조, 동해택시노조, 상진택시노조, 뉴코리아노조, 영미교통노조, 하진기공노조, 협진상운노조, 광일실업노조, 영원운수노조, 영부운수노조, 세창운수노조, 성남 성아운수노조, 성신운수노조, 대중산업노조 등 결성.
5.25.	대구시내 택시 기사 2,000여 명, 사납금 인하와 부제 완화 등을 요구하며 시위 농성. 13시간 동안 대구시내 교통 마비.
5.26.	경북 경산구내 택시 경산역 앞에서 20여 대의 택시가 사납금 인하 등 3개 요구조건 내걸며 시위.
5.29.	경북 구미시에서도 사납금 인하, LPG충전 자율화, 부제 완화 등 요구하며 사업주와 협의.
5.30.	대전 충남도청 앞에서 40여 명 사납금 인하 요구하며 시위.

6.2.	강릉택시, 시청 앞에 90여 대의 택시를 세워놓고 사납금 인하, 임금인상, 차량수리비 회사부담 등을 요구하며 농성.
6..4.	부산시내 택시 기사 1,500여 명, 부산시 서면로터리 일대에서 시위. 서울 택시회사 대표와 서울택시노조협의회, 하루 사납금을 2,500원 인하합의.
11.6.	택시월급제도개선을 위한 노사정 대책회의에서 '택시운전기사 월급제 실시를 위한 지침' 최종 심의 확정, 교통부 발표(12.1.).
11.30.	민경교통 노동자 박종만, 동료 노조간부 해고에 항의하고 노조활동 보장 등을 요구하며 분신.
12.1.	박종만 숨을 거둠. 민청련 회원과 노동자 200여 명이 박종만 분신에 항의 세브란스병원에서 농성. 경찰에 의해 60여 명이 강제 연행.
	교통부의 월급제지침(교통부도교 1514-11461, 84.12.1): 수입금 전액수납 및 수납금액에 상응한 완전월급제 실시, 사업자준수사항 – 수입금 전액 납부관리 철저 및 음성적 사납금제 운영 불가(서울은 1985년부터 6:4 업적급제, 5대 도시는 1986년부터 적용).

1985년

5.23.	서울 업적금식 월급제 임금협정 체결 (1일 2교대, 월 26~28일 만근, 기본급 18만 9,600원, 통상임금 26만7,300원, 1일 운송수입금 기준액 3만4,000원).
12.1.	박종만열사 1주기 추도식(박종만 추모집 발간) 일산 공원묘지.

1986년

1.21.	박종만추모사업회 발족(대표: 김승훈 신부, 고문: 문익환, 계훈제, 박형규, 김병걸, 성래운, 조춘구, 운영위원: 김태흥 외 18명)이 홍제동 성당에서 발족식을 갖고, 종로구 당주동 167-1 수진빌딩 305호 서울민통련 사무실을 임시로 임대. 박종만추모사업회의 이름으로 〈운수노동신문〉 창간호 발간 – 마침내 운수노동의 횃불, 드높게 치솟다! 주장: 원한 맺힌 자율버스 철폐! 안내양은 쫓겨나고 기사는 골병들고 시민은 불편하다.
2.5.	〈운수노동신문〉 2호 발간.
4.30.	삼환택시(방화동 소재) 해고 노동자 변영진, 분신 사망(5월 1일 운명).
5.2.	〈운수노동신문〉 6호 발간 이후 더 이상 발간되지 못함.
7.3~8.	범양교통 노동자 40여 명과 가족 70여 명, 어용노조 퇴진 요구 단식농성.

8.28.	제일택시(구조 소재) 노동자 120여 명, 해고자복직과 단체협약 이행, 체불임금 지급 등을 요구하면서 파업.
9.27.	회사 측 합의사항 번복에 항의[18일간의 농성 전개].

1987년

3.14.	〈운수노보〉 창간호 발간.
4월	〈운수노보〉(박종만추모사업회) 속보 발간 – 임금인상요구하며 가두총파업!!, 서울택시 임금협정, 한 달 동안 제자리걸음 등에 관한 내용.
4.6.	전국자동차노조연맹 서울택시지부 위원장 200여 명, 노조연맹회관 강당에서 업적급제 폐지와 완전 월급제 실시 등을 요구하며 농성 시작.
4.8.	서울택시기사 1,000여 명, 테헤란로에서 가두시위.
4.9.	〈운수노보〉 속보. 완전월급제 쟁취투쟁, 들불처럼 타오르다 등. 서울 택시기사 2,000여 명, 서울시내 곳곳에서 가두시위.
4.9.	서울 택시 기사 연대파업(1987. 4. 6 ~ 1987. 4. 9) 전국자동차노조연맹 서울택시지부 위원장 200여 명은 1987년 4월 6일 노조연맹회관 강당에서 농성을 시작하였다. 이들은 업적급제 폐지와 완전월급제 실시 등을 요구하면서 4월 8일 오후 4시까지를 통보 시한으로 잡았다. 8일 택시 기사 1,000여 명이 농성 중인 각 택시회사 위원장들을 지지하러 갔다가 업주로부터 아무런 응답이 없음을 알고 시위에 들어갔다. 이들은 오후 5시 30분부터 1시간 반 동안 노조연맹회관 앞 테헤란로에서 시위를 벌였다. 이들 중 500여 명은 자신들이 몰고 온 택시를 인근 주택가 골목에 세워놓고 시위를 벌였으며, 최루탄을 쏘며 저지하는 경찰에 투석으로 맞서는 등 시위가 격렬해져 일대의 교통이 막히기도 하였다. 4월 9일에는 전국자동차노조 서울택시지부 조합원인 운전사 2,000여 명이 4시간 반 동안 서울시내 곳곳에서 경적과 함께 '펑' 하는 압축기화 연료의 폭발음을 내며 차량시위를 벌였다. 경찰은 이날 시위 현장에서 운전자 520여 명을 연행하여 각 경찰서에 분산 수용하고, 시위 가담경위를 조사하였다. 10일 중으로 주동자에 대해 '집회 및 시위에 관한 법률' 위반 혐의로 구속영장을 신청하였다
4.13.	박종만추모사업회 운수노동상담소 개소식(합정동 마리스타 수도원). 본격적인 운수노동지원(주로 법인택시 중심) 활동 전개. - 대표: 김승훈 신부, 상담: 조인식, 상근자 5명(임*진, 윤*영, 배*식, 김*희, 김*동).

4.13.	〈운수노보〉 속보. '금년에는 기필코 완전월급제를.'
4.20.	〈운수노보〉 2호 택시완전월급제 쟁취를 위한 투쟁 관련기사.
5.11.	감금과 기만으로 날치기 당한 택시임금협정 등, 택시 완전월급제 쟁취와 취업카드제 폐지투쟁 관련기사.
6.18.	부산 택시 기사 100여 명, 10만여 명의 시위대 선두에서 경적 시위.

민주화과정에서 더욱 활성화된 택시노동운동

6월 말~ 8월말	성남 26개 택시회사 기사 200여 명 월급제 요구 가두시위. 광주 66개 택시회사 기사 200여 명 부당임금협정철회 요구하며 도청 앞에서 가두시위, 전주 27개 택시회사 기사 운행거부 가두시위, 군산·춘천 27개 택시회사 기사 파업농성, 부산 택시기사 500여 명 협상재개 요구하며 차량시위, 청주시내 영진·중원·신흥택시 등 20개 택시 644대의 운전사 1,250명 전면파업. 제주택시 기사 파업, 대구 택시 기사 4,000여 명 연행자 석방을 요구하며 가두시위.
8.31.~ 9.6.	1987년 서울 제3차 위원장 임시총회. 7박 8일 농성, 자동차노련 회의실, 위원장 203명 참석. 1987년 들어 3차에 걸친 유류값 인하에 따른 완전월급제 요구.
9.1.-3.	서울택시 기사 고정월급제 실시 등을 요구하며 총파업. 20여 명 연행.
9.2.	조흥택시노조 위원장 이석구 "노조탄압 중지"를 외치며 분신 [9월 19일 사망].
9.3.	서울 임금협정 수정 합의각서 체결 (상여금 연 300%, 기본급 20만4,000원).
9.4.	서울 택시 기사 4,000여 명 교통회관 앞에서 가두시위.
10.2.	인천〈운수노보〉 특별 발간. 우롱당하고 있는 1987인천시내버스 임금협정.
11.11.	인천 〈운수노보〉 속보 발간.
11.18.	인천부천 〈운수노보〉 창간호 발간. 인천에서도 박종렬 목사를 대표로 하여 송영길이 중심이 되어 서울의 〈운수노보〉 운영과 연계하여 인천기독교민중교육연구소 운수노동상담실을 차리고, 인천부천 〈운수노보〉를 발간하기 시작함.
12.4.	전국택시노동조합연맹, 창립대회 개최. 전국자동차노조연맹에서 분리.
12.28.	〈운수노보〉 제10호 발간. 개악되는 서울택시 단체협약, 사업조합의 일방거부에 속수무책, 인천택시 근로조건 오히려 저하, 전국택시노동조합연맹 창립.

	○ 87운수노동운동 10대 뉴스 - 총파업의 물결 전국을 뒤덮어, "우리의 소원은 완전월급제", 서울버스기사들 연대파업, 기사들 민주화투쟁에 적극적으로 참여, 취업카드, 부광실업 위원장 채남선씨의 순직과 56일간의 투쟁 끝에 얻은 감격의 승리, 인천 성진기업 노동조합의 굳센 투쟁, "노조탄압 중지하라"고 외치며 분신하던 이석구씨, 노동법개정과 전국택시연맹의 창립, 비인간적 대우에 분신으로 항거한 함봉섭씨.
12.30.	인천부천〈운수노보〉 2호 발간

1988년

1.6.	마산 우성택시 기사 이대건 파업농성 19일째에 협상이 결렬되자 단체협상 위반에 항의하며 회사 앞에서 분신[8일 사망].
2.1.	인천부천〈운수노보〉 제3호 발간.
3.1.	인천 경기교통노조 위원장 김장수 부당해고 항의. 오후 4시 회사에서 단식농성 중 오후 8시 50분경 분신[3월 9일 사망].
3.4.	경찰 300여 명, 인천 택시 기사들의 농성장에 난입하여 무차별 폭행.
3.15.	인천 24개 택시노조 위원장, 김장수 보상문제와 관련, 시한부 파업을 결의.
4.29.	교섭위원들이 일방적으로 수락한 서울지노위의 88임금협정조정서(기본급 4%인상) 무효 요구, 조합원들 영등포 일대서 대규모 차량시위 전개.
4.30~ 5.7.	7박 8일간 126명 위원장 서울지노위 점거농성.
5.6~7.	서울 총파업 (190개 노조 차량 1만3,300대 참가), 합의각서 체결(올림픽수당 7만원 지급)
5.24.	순천현대교통노조 장용훈, 회사 측 집단폭행, 부당해고에 항의분신. 5월 30일 사망.
6.9.	서울광무택시 문용섭, 구사대 신세일 폭행으로 동부제일병원에 입원 중 사망
7.13.	강릉지역 13개사 580여 명, 사납금 동결 임금인상 요구 이틀째 파업.
7.28.	전국택시노조연맹 서울시지부 개편대회(지부장:윤기섭(일창운수), 교섭위원 선출: 이홍규, 오일환, 인현선, 김휘수, 정병중, 정은성, 강승규, 최임금).
9.11.	서울 중형택시임금 노사합의 (사납금 기준액 1일 3만7,500원 업적급식 월급제).

11.8.	〈운수노보〉 운수노동상담소 사무실을 동대문구 삼선동 3가 5-1, 돈암동 교회 110호로 이전.
11.30.	서울 부당노동행위 규탄대회(월계고수부지, 조합간부 1,500여 명, 대흥운수→종암동까지 가두행진.

* 88년말 조직현황 – 서울 263개 단위노동조합, 조합원수 4만1,850명

> *1988.1.1. – 1989.3.말 : 전산업 파업 1,873건 택시 670건(35.8%)
> 분규유형: 임금인상 455(67.9%), 근로조건개선 144(31.5%, 해고 22(3.3%), 부당노동행위 24(3.6%), 단체협약불이행 16(2.4%) 등

보다 조직화된 택시노동운동

1989년

1.20.	서울 1989년도 위원장 정기총회 (완전월급제 쟁취 결의, 교섭위원: 선우식, 윤문용, 한규남, 인현선, 강승규, 이일열, 정재민).
2.27.	〈운수노보〉 제24호 발간.
3.8.	택시노련 완전월급제 쟁취 중앙결의대회(노총 강당, 6대 도시 1,700여 명 참석) → 노태우 대통령 공약사항 완전월급제 시행 촉구.
4.17.	서울 완전월급제 쟁취 중앙결의대회(보라매공원, 조합원 1만여 명, 차량 2,500대).
5.2.~6.	총파업(227개 노조, 차량 1만8,000 대 참가) 전국택시노련 서울지부 소속 1만9,796명(80%), 완전월급제 등을 요구하며 파업.
5.6.	서울지노위 89임금협정 중재재정(기본급 20.4% 인상, 소형택시 사납금기준액 3만3,150원에서 3만7,500원으로 상향).
7.11.	서울 1989년도 제6차 위원장 임시총회(임원보궐선거. 지부장: 극동운수 정상기, 부지부장: 김병갑, 김정웅, 김홍수, 윤태만, 진금석, 황석환, 홍종욱).
8.29.	〈운수노보〉 제30호 발행. * 1989.4.1. – 1990.3.31. – 전산업 1260건 중 택시 391건(31.0%) – 임금인상 279건(71.3%), 사납금 42건(10.7%), 해고,징계 9건(2.3%) 등

1990년

2.6.	서울 1989년도 위원장 정기총회(부지부장: 김병갑, 황석환, 김정웅, 김석우 등 교섭위원: 박의웅, 김성준, 봉현종, 오충교, 안상섭), 임투목표 '단계적 완전월급제 쟁취' 결의.
3.23.	서울 임투승리를 위한 등반대회(관악산. 60개 노조, 400명 참가).
4.6.	택시연맹 택시차량연장저지 및 90임투 승리 결의대회(여의도광장, 1만여 명).
4.27.	서울 교통·주택문제 해결과 서울택시노동자 임투승리대회(보라매공원. 2만여 명).
5.10.	택시 6대도시대표자 대책회의 : 6대 도시 공투 천명.
5.10.	서울 임금교섭 타결 촉구대회(교통회관 앞 차량시위, 조합원 1만2,000여 명, 차량 7,000 대 참가, 경찰의 원천봉쇄를 차량과 투석전으로 뚫고 대회 강행).
5.19.	광주 1990년 임투승리 결의대회.
5.21.	서울 1990년 임금협정 노사합의 체결 (기본급 7% 인상, 상여금 지급조건 개정).

1991년

1.25.	수원 택시노련, 협상 결렬로 26개 택시회사 기사들이 전면 파업 돌입.
3.6.	택시노련 6대 도시 교섭위원세미나.
3.10.	택시노련 6대 도시 91공동임투본부 구성.
5.7.	서울 91임투승리 전진대회(장충단공원. 조합원 5,000여 명 참가).
5.10.	목포 공동교섭 거부로 차량시위, 위원장 단식농성돌입, 이후 5.14. 사업주 휴업신고로 노총 8층강당에서 농성→업무방해, 집시법으로 6명 구속
6.7.	서울 91임투승리를 위한 차량시위(교통회관. 차량 3,000여 대 조합원 5,000여 명).
6.3.-9.9.	대전 임금협정무효화를 위한 비대위구성하고 운행거부, 5차례 차량시위 등 단사별로 진행→비대위 7명 등 9명 구속.
6.8.	여수 남진교통 강대식 동지 분신, 사업주 합의각서 불이행으로 6.17. 파업돌입.
6.10.	서울 총파업돌입에 대한 조합원 찬반투표 단위노조별 실시 (238개 단위노조 투표결과 총투표자의 90.5% 찬성으로 총파업결의).

6.10~22.	서울 위원장 농성(12박 13일) *장소: 사업조합 사무실, *참석 : 위원장 171명. * 배경 : 임금교섭타결 촉구 및 총파업투쟁 승리 다짐
6.12~22.	서울 총파업(215개 노조 참가 80.8%)→불법파업, 시위 등으로 48명 구속 등.
6.13.	전국택시노련 서울시지부노조원 1,000여 명, 파업 중 '1991년 임투보고대회' 개최.
6.14.	인천택시지부 소속 노조원 800명, 임금 협상 결렬에 항의하며 파업을 결의한 후 차량시위. 연행자 중 12명 구속 또는 불구속.
6.15.	인천택시 연행동지 석방을 위한 총파업돌입(90.7%), 광성교통 석광수동지 연행된 지도부 석방을 요구하며 분신(6월 24일 운명).
6.20.	6.17. 연행자 석방함에 따라 파업 중단했으나 교섭결렬로 파업찬반 92% 찬성.
6.18.-7.1.	광주택시 파업. 집시법위반으로 강성렬 지부장 등 15명 구속 또는 불구속.
7.10.	서울 지부집행부 집시법위반으로 5명 구속(정상기, 김의선, 이태영, 강충호, 배규식) 수감(성동구치소).
9.8.	대구택시 임투결의대회 후 가두시위로 67명 연행(3명 구속, 10명 불구속).
9.9.	대구택시결의대회 후 가두시위 중 46명 연행(3명 구속, 17명 즉심, 26명 훈방).
10.11.	기업택시적정관리법제정 및 택시제도개선을 위한 전국 1,400 택시노조 대표자 비상대회(노총회관→국회의사당 행진: 대통령공약사항 완전월급제실시, 지도급제 철폐, 노동법 개정 등).
1992년	
2.19.	전국시도자대표회의 : 92년 투쟁의 방향을 선제도개선, 후 임금교섭.
3.27.	서울택시지부 임시대의원대회 - 지부장 강승규(고려운수) 선출.
4.3.	서울 제3차 위원장회의 *교섭위원: 조환현, 김효기, 김낙중, 윤영배, 유덕상, 임춘택, 김국현.
4.8.	전국시도대표자회의 개최. 요구안통일, 시기통일, 실천의 통일.
4.8.-10.	6대도시 교섭위원 합동교육 실시.

5.14.	교통부장관 면담(위원장 및 6대 도시 지부장)→회사택시 제도개선 촉구.
5.22.	서울택시제도 개선을 위한 전국택시노조대표자 결의대회. * 장소 : 노총회관→교통부 앞 행진. * 노련 산하 전국대표자 2,000여 명.
6.10.	전국 시도대표자회의: 요금인상에 따른 시도대표자 대책회의→사납금동결, 제도개선 없는 요금인상 반대. 사업주의 중재전술 거부 등 결의.
7.12.	택시제도개선 서울택시노동자문화대동제. 한양대 노천극장, 조합원/가족 2만 명.
8.29	서울택시 교섭위원 매수 및 임금협정 날조사건 발생.
8.30.	남양주에서 매수된 교섭위원들을 여의도 노총 농성장으로 데려옴
8.29.~10.24.	서울택시임금 매수주범 구속촉구 및 날조된 임금협정 무효화위원장 농성(57일간, 여의도 한국노총 8층 강당).
9.21.	민주당 서울택시진상조사단 구성. 국회의원 5명으로 구성(김말룡 의원 단장).
9.22.	서울 이광열, 김명수 구속촉구 및 임금협정 무효화를 위한 제1차 차량시위. *장소 : 서울시내 전역 *참가인원: 차량 5,000여 대, 조합원 1만5,000여 명.
9.30.	서울 이광열, 김명수 구속촉구 및 임금협정 무효화를 위한 제2차 차량시위. * 서울시 사업휴지명령(126개사) 경찰 원천봉쇄.
10.3.	6대 도시 공대위: 택시제도개선 이행, 모범택시완전월급제, 6대도시 공동교섭 단일임금협정안 마련, 안되면 10.15.자로 총파업투쟁.
10.13	6대 도시 총파업 철회.
10.20	민주당 홍사덕 의원, 서울택시 교섭위원 매수 통장번호 공개
10.22.	서울 총파업(100여 개 노조 참가).
10.23.	서울 매수주범 이광열 사업조합이사장, 부지부장 문병원, 교섭위원 조환현 구속.
10.24.	서울택시 매수주범 구속보고대회후 노총농성 해산, 강승규 지부장, 이동섭, 김인철 구속.
11.4.	서울 92임금협정 합의각서 체결(매수 날조된 임금협정 무효화). 개별노사 정액사납금제 합의 확대 속 택시노동운동의 내리막길

1993년

3.24.	서울 택시문제해결을 위한 노.사 공동위원회 발족.
4.12.	서울택시 노사합동 자율서비스개선대회. *장소: 교통회관 *참석인원: 조합원 800여 명.
5.9.	제2회 서울택시노동자 문화대동제. *장소: 경희대학교 노천극장 *참석인원: 조합원/가족 1만5,000여 명.
6.21.	서울택시노조간부결의대회 *장소: 한국노총 8층강당 *참가인원: 조합원 1,000여 명.
7.6.	당.정회의 통해 택시제도개혁 방안 확정 발표. 운송수입금 전액관리 법제화.
7.30.	택시문제해결을 위한 전국택시노동자대회. 여의도광장까지 시위. *장소: 여의도 *참가인원: 조합원 1만5,000여 명. - 부가세 감면, 요금인상, 사업조합 성실교섭 촉구, 택시운송수입금 전액관리법제화
8.12.	서울 쟁의행위 찬반투표 실시(투표노조 108개, 조합원수 1만5,587명 중 투표인원 1만950명, 찬성 8,745명 반대 2,112명, 무효 90명).
8.14.	교통부, 자동차운수사업법 개정안 입법예고(택시운송수입금전액관리 입법화).
8.16.	서울 위원장 농성돌입(한국노총 8층 강당. 참가인원 : 위원장 135명).
10.26.	택시운송수입금 전액관리법제화 촉구대회(1400단위노조 간부).
11.24.	서울 10개 노동조합 지역노조 설립을 위해 해산결의.
11.28.	서울지역택시노동조합 설립대회(임원선출 : 위원장 강승규). 24개 단위노조 참여, 이후 인천지역노조 32개 단위노조 참여, 광주, 성남, 경남에서도 지역택시노조 건설
12.2.	서울시, 서울지역택시노동조합 설립신고증 교부. 수정된 운수사업법 개정(안)을 정부안으로 확정. 1994년 임시국회에서 심의 예정.

1994년

2.28.	택시노련 제8차중앙위원회, 서울지부임원개선명령 의결, 수습대책위원회 구성.
7.2.	서울 서울지부 임금협정 체결 (102개 위임).
7.14.	수입금전액관리 시행시기를 3년~5년 이후로 하여 국회본회의 통과.

7.22	서울 업적급제 5만6,000원, 정액사납금제 6만원 임금 63만원.
9.14.	서울 위원장총회. 제3기 지부 임원 선출, 지부장 : 문진국 당선.
10.31.	운수사업법 시행령개정 입법예고. 전액관리 1997.9.1.을 시행시기로.
11.16.-17.	서울조합(분회)장 교육(장소: 수안보 상록호텔, 참석인원: 123명).

1995년

3.24.	서울 공동교섭쟁취를 위한 노조간부 등반대회 *장소: 도봉산 *참석인원: 200여 명
5월	서울 서비스개선 및 공동교섭쟁취를 위한 결의대회(지역별).
6.14.	부가세 감면 발표. 부가세의 50% 감면.
6.23.	서울 공동교섭촉구 및 전용차선 택시통행허용을 위한 노조간부결의대회 *장소 : 교통회관 *참석인원 : 200여 명
7.15.	176차 국회 본회의, 택시부가세 1997년말까지 부가세납부액 50% 경감
9.22.	서울 1995년도 임금협정 체결.
12.16.	부가세관련 중앙노사협의 합의(경감액 50% 노련으로 어음지급, 노련회관건립 10억 원 지급(1995.8.3.- 12.16. 제6차회의).

1996년

3.21.	서울 국민회의 김대중총재와 간담회.
3.25.	신한국당 김윤환 대표위원과 간담회.
4.12.-13.	서울시지부 간부수련대회(숭실대 사회봉사관).
5.22.	민주파 지역택시노조 대표자들이 광주항쟁 전야제 참여, 민주택시 조직 건설방안 논의
6.5.	서울 버스전용차선 택시통행허용을 위한 결의대회 개최. *장소 : 여의도 *참석인원 : 1만5,000 명, 차량 1,500 대 *주최 : 개인택시와 공동주최
6.19.	택시제도개선 시민공청회 발표자(택시문제 현상과 원인 - 황상규 박사, 택시사업 면허의 문제점과 개선방향 - 임삼진).

9.2.	서울시택시종합개선대책방안. 건전업체 육성, 수범업체 부활 등
11.26.-12.	서울 공동교섭체결촉구 위원장 철야농성 *장소: 사업조합. *참석인원: 124명
12.5.-16.	서울 의장단 교섭위원 철야농성.
12.16.	서울 임금협정 체결.
12.29.	노동법 날치기통과 항의표시로 빨간띠 달기운동.

1997년

1.14 -15.	노동악법 재개정을 위한 총파업 참여(택시4만대 참여) 인천, 대구, 광주, 부산 등 거의 모든 택시 참여, 서울 25% 참여
2.18.	서울시지부 위원장 정기총회 * 운송수입금전액관리 법제화 및 모범택시 시행을 위한 투쟁위원회 구성 결의.
3.21-22.	서울 신임위원장 교육.
3월	민주택시추진위원회 구성(대표자회의+실무자회의로 이원적 구성과 운영)-선언, 강령, 규약 마련, 조직화 사무실, 재정문제 등 논의
4.16.-17.	서울위원장 교육. 운송수입금전액관리 필요성.
5.19.	서울 지부장 선거. 문진국 지부장 당선(4기).
5.20.	전국민주택시노련 창립 서울 32개노조, 인천 53개노조, 광주 70개노조, 경남 40개노조 등 총 1만7,500명 조합원으로 출범
7.8.~21.	서울 각 지역별 문화제 개최. 8개 지역 구분 개최.
8.27.	서울 건교부, 사업조합 항의방문 - 운송수입금전액관리 강력시행 촉구.
9.5.	서울시 앞에서 침묵시위. 위원장 및 조합원 57명 강제연행.
9.10.	서울 운송수입금전액관리 완전실시를 위한 결의대회
11월	전국민주택시노련과 새정치국민회의 간 정책협약(운송수입금전액관리와 월급제 등 택시제도개선)

2. 택시정책, 택시업종의 변화와 택시의 단체교섭 변화

가. 택시정책과 택시업종의 변화

1) 택시 환경

택시환경은 승객증가와 요금인상, 택시공급의 증감(정확히는 택시와 운전자의 증감)에 의해 좌우된다. 따라서 승객이 증감에 따라 운송수입의 증감이 이루어지며, 요금인상은 운송수입의 증가를 가져오지만, 반대로 요금인상분이 승객감소분보다 적을 경우 오히려 운송수입이 감소하는 경우도 발생한다. 택시공급의 증감은 1인당 운송수입에 직접적인 여향을 미치는데, 승객이 증가하고, 요금이 증가한다고 하더라도 택시공급이 증가하여 1인당 운송수입의 증가효과를 상쇄시키는 경우도 발생한다. 반대로 택시승객 등으로 운송수입이 감소한다고 하더라도 택시공급이 많이 감소하면 총운송수입은 감소하나 운전자 1인당 운송수입은 증가하기도 한다. 따라서 1980년부터 승객증감현황과 요금인상, 그리고 택시공급대수의 증감을 알아보고, 이어 택시 총운송수입의 변화과정을 살펴보기로 하겠다.

(1) 택시수송인원의 추이

택시의 수송인원은 1980년 19.1억 명에서 경제성장에 따라 1980년 30.2억 명, 1990년 45.0억 명으로 급속히 증가하였고, 마이카시대가 도래하면서 그 증가폭이 둔화되어 1995년에는 49.2억 명이 되었다. 이후 증가세는 확연히 둔화되어 2000년 50.4억 명을 수송하였다. 이후 택시 승객은 자가용 등 개인교통수단의 증가, 대중교통수단의 발전과 대리운전, 렌터카, 콜밴 등 유사택시가 택시승객을 감소시켜 2005년에는 38.2억 명으로 감소하였고, 이후 점차 감소하여 2019년에는 34.0억 명을 수송하였다. 그리고 2020년 팬더믹은 2021년 25.2억 명을 수송하여 2000년의 절반을 수송하는 데 그친다.

〈표 1〉 택시수송인원 추이

구분	1980	1985	1990	1995	2000	2005	2010	2015	2019	2021
수송인원 (억명)	19.1	30.2	45.0	49.2	50.4	38.2	37.8	37.2	34.0	25.2

자료 : 한국교통연구원 국가교통DB에서 인용.

이와 같이 2000년부터는 택시 승객의 감소로 요금인상의 효과가 거의 상쇄되어 요금인상의 효과가 적었으나 사납금제의 특성상 요금인상분 만큼 사납금을 인상하다보니 운전자의 고정급은 인상되지만 개인수입이 감소하여 운전자의 총수입의 증가는 적게 되어 근로조건은 악화되는 양상을 보였다. 따라서 운전자의 이직자가 많아지고 이로 인해 택시의 휴업차량은 많아지고, 회사는 가동율을 높이기 위하여 1차제로 전환하고, 1차제는 운행시간을 증가하여 운전자의 피로도를 가중시키기 때문에 이직율을 더욱 심화시키는 악순환이 반복되고 있다고 하겠다.

(2) 택시요금인상 추이

1980년 이후 1987년까지 요금인상이 억제되어 시간거리상호병산제만 시행되었고, 1988년부터 중형택시도입, 시간거리동시병산제 등으로 요금인상이 본격적으로 이루어진다. 따라서 서울의 경우 1980년 영업거리 1km당 운송수입이 167원(6km 기준)이었지만 1988년 영업거리 1km당 195원, 1995년 541원[1], 1999년 712원, 2003년 892원, 2007년 1,039원으로 인상되었고, 2022년에는 1,319원으로 인상되어 택시 승객의 입장에서는 1980년부터 2022년까지 689.8% 인상되는 효과를 가져왔다. 이러한 요금인상은 노동자의 임금인상율보다는 낮지만 소비자물가보다는 많이 인상된 것으로 택시를 대체할 교통수단이 발전하면서 택시 승객을 감소시키는 요인으로 작용한다.

(3) 택시차량의 증가와 매출액 증가

1980년 이후 택시대수는 경제성장, 아시안게임, 올림픽 등으로 2000년까지 급속히 증가한다. 1980년 62,687대에서 2000년대에는 229,518대로 266%로 증가하였고, 따라서 택시종사자도 199% (택시증차 상당수가 개인택시였기 때문에 종사자 증가는 상대적으로 적었다) 증가하였고, 택시의 매출액도 751% 증가하였다. 그러나 면허대수의 증가와 이에 따른 종사자의 증가로 1인당 매출액은 1980년 765만 원에서 2,172만

---

[1] 택시요금 등의 조정 권한은 1995년부터 교통부에서 시도지자체로 이관되었다. 따라서 일률적이던 택시요금은 시도별로 약간의 차이를 보이게 되었다.

원으로 184.1% 증가하는 데 그쳐, 택시발전시기인 2000년까지도 운전자의 근로조건 개선은 한계에 있다고 하겠다.

〈표 2〉 택시의 면허대수, 종사자, 매출액 등

구분	면허대수	종사자수 (명)	매출액 (백만원)
1980	62,687	107,565	822,353
2000	229,518	322,319	7,001,117
2019	256,075	280,454	8,707,607
2022	238,003	238,638	8,542,781

자료 : 통계청 운수업통계조사보고서 각년도.

2000년 이후 무분별한 택시증차가 문제가 되면서, 2005년 택시총량제가 실시되어 택시증차는 일부 지역을 제외하고 중단되어 택시면허는 2000년부터 2019년까지 11.6% 증가하는 데 그치고, 근로조건 악화로 회사택시의 운전자가 감소하여 종사자도 13.0%로 감소하게 된다. 따라서 이 기간 동안 요금인상의 누적효과는 118.1%[2]이지만 매출액증가는 24.4%에 그치게 되었고, 이러한 운송수입증가가 적은 것은 승객감소가 요금인상효과를 상당 부분 상쇄하였기 때문이다.

택시는 2020년부터 새로운 전환기를 맞게 되는데 2020년에는 팬더믹으로 7조 8,855억 원으로 매출액이 9.4% 감소하였으며, 2022년에는

---

2) 2000년 이후 요금인상을 보면 2001년 9월 25.28%, 2005년 6월 17.52%, 2009년 6월 12.64%, 2013년 11월 10.9%, 2019년 2월 18.6% 인상되어 2001년 9월 이전보다 2019년 이전까지는 누적적으로 83.9%, 2019년 2월부터는 누적적으로 118.1%인상효과가 있는 것으로 나타남.

8조 5,427억 원으로 팬더믹 이전의 2019년 수준으로 거의 회복된 것으로 나타났다. 그러나 이러한 회복은 개인택시의 매출액 회복에 따른 것으로 법인택시는 아래와 같이 운전자 감소에 따른 운휴차의 증가로 택시의 경영난은 급속히 악화되는 시기가 되었다.

(4) 법인택시의 일반현황 추이

택시증차정책이 개인택시 70%로 정해지면서 상대적으로 법인택시의 증차는 적었지만 그래도 1980년 이후 택시직영화와 우수기업에 대한 증차로 2000년까지 급속히 성장한다. 따라서 이 기간에 법인택시 대수는 200.3% 증가하고, 이에 따라 운수종사자(정비, 사무직 포함)도 216.6% 증가하였으며, 급여도 1,193.5% 증가(이는 도급제에서 월급제로 전환한 이유도 있음)하였으며 운송수입도 요금인상과 승객증가로 651.5% 증가하였고, 영업이익도 꾸준히 발생하였다.

그러나 택시의 대체교통수단이 발전하면서 2000년부터 2019년까지 차량은 0.4% 감소하였고, 운수종사자는 37.4% 감소하였으며, 2000년부터 2019년까지 약 118.1%의 요금인상효과에도 운전자의 감소로 매출액은 24.3% 증가하는 데 그치고, 영업이익은 영업 손실로 전환된다.

법인택시는 2020년 팬더믹으로 직격탄을 맞게 되는데 식당 등의 유흥업소 영업시간 단축과 이동인구 감소로 승객이 감소하여 2019년에 비하여 2022년(2020년에 비하여 회복된 상태이지만)의 운송수입이 25.9% 감소하였고, 이로 인해 택시 등록대수는 19.5%, 운수종사자는 36.0%, 급여는 25.0% 감소하는 등 택시회사나 운전자 모두 역대 최악의 상황에 직면하게 되었다.

〈표 3〉 법인택시의 일반현황

구분	기업체수 (개소)	종사자수 (명)	급여액 (백만원)	장비대수 및 창고수(수)	매출액 (백만원)	영업비용 (백만원)
1980	1,203	58,137	109,418	30,386	387,233	360,181
1990	1,834	165,033	793,045	74,180	1,488,585	1,426,017
2000	1,764	184,047	1,415,366	91,246	2,910,027	2,859,684
2011	1,725	135,894	1,519,912	91,720	3,345,645	3,713,786
2019	1,566	115,268	1,743,476	90,891	3,617,970	3,934,804
2022	1,359	73,743	1,307,431	73,143	2,682,264	3,118,068
2000/ 1980	46.6%	216.6%	1,193.5%	200.3%	651.5%	694.0%
2019/ 2000	-11.2%	-37.4%	23.2%	-0.4%	24.3%	37.6%
2022/ 2019	-13.2%	-36.0%	-25.0%	-19.5%	-25.9%	-20.8%

자료: 통계청 운수업조사보고서 각년도 참조

    법인택시의 임금과 매출액을 구체적으로 살펴보기 위하여 1인당 매출액과 급여 추세를 살펴보면 1980년부터 2000년까지 매출액은 137.4% 증가하였지만, 임금은 308.6% 인상되어 매출액증가부분의 2/3 정도가 급여로 반영되었음을 알 수 있다. 그러나 2000년부터 2022년까지는 매출액이 130% 증가되었으나 급여도 130.5% 증가하는 데 그쳐 2000년 이후에는 매출액증가분의 50% 정도가 급여에 반영된 것으로 나타나 2000년 이후 노사역량의 불균형이 심화되었음을 보여주고 있다고 하겠다. 이러한 노사역량의 불균형은 회사의 경영악화를 어느 정도 완화시켰으나 이로 인해 운전자가 이직하여 택시경영난의 본질적인 해결책이 되지는 못하였다.

〈표 4〉 택시종사자 1인당 급여액과 매출액 추이

구분	1980	1990	2000	2011	2019	2022	2000/1980	2022/2000
임금	188.2	480.5	769.0	1,118.5	1,512.5	1,773.0	308.6%	130.5%
매출액	666.1	902.0	1,581.1	2,462.0	3,138.7	3,637.3	137.4%	130.0%

자료 : 운수업조사보고서 자료로 산출

나. 택시의 면허제도와 임금제도 변천과정

택시운수업도 원칙적으로는 면허와 요금 등에 대하여 규제하고 있으며, 근로조건은 노동법에 의하여 조율되어야 한다. 그러나 면허와 요금 등에 관한 권한을 가진 교통부와 지자체가 임금제도 등에 대하여 적극적인 개입을 하였고, 노동부는 노동법 준수 등에 대하여 사실상 방관하고 있다. 앞에서 요금인상에 대하여 살펴보았으므로 이하에서는 택시의 면허정책인 기업화정책과 면허조절방안에 대하여, 그리고 택시노사에 직접 영향을 미치는 임금제도에 대하여 살펴보기로 하겠다.

1) 택시의 기업화정책

(1) 택시직영화조치(1980년까지)

1970년대 초까지 일반택시는 형식적으로 기업의 형태였지만 지입제 택시가 존재하였고, 도급제가 대다수였다. 따라서 정부는 기업화 정책을 실시하는데 1976.3.3. 운수사업경영계 개선대책을 발표하는데, ① 인사, 회계, 차량, 이익배분 등 일체의 관리를 직영형태로 경영, ② 증차 등 일체의 이익처분은 직영업체에 우선, ③ 노후차 대차를 한 차는 직영으로 한다, ④ 지입계약시 시도지사 인가를 받아야 한다는 등 직영화 조치는 택시의 직영화는 속도를 내기 시작한다.

직영화와 월급제를 촉진하기 위하여 교통부는 '1977년 사업용 자동차 공급기준'을 발표하면서 택시업종에 대하여 '운수종사자 월급제를 실시하는 직영업체와 개인택시요건을 갖춘 자에게 이익처분이 가도록 하는 공급기준원칙'을 세우고 시행에 들어간다. 그러나 이러한 직영화 조치가 성과를 거두지 못하자 1979.4.12. '택시직영화 특별보완조치방안' 즉 한시택시제도 도입계획을 발표하는데 그 내용은 '지입차주가 보유하고 있는 잔존차량과 노후차 대체 1회까지의 차령을 합친 기간 동안만 면허를 인정하는 한시면허만 인정하고 그 기간이 끝나면 완전직영화한다'는 것이었고, 이러한 한시택시는 1980.4.부터 운행에 들어간다.

(2) 우수·수범업체 제도 : 증차를 앞세운 택시 기업화 정책 (1988년까지)

이러한 시기에 86아시안게임, 88올림픽 개최가 확정되면서 현재의 택시로는 양 대회를 치르기 힘들다는 판단을 하면서 택시기업화, 택시 증차와 운전기사 처우개선을 위한 정책을 실시한다. 1982년 4월 27일 '택시교통 종합개선방안 및 우수업체지정 육성방안'을 발표하는데 이 방안의 골자는 '업체규모의 적정화 유도와 택시기준확립'이었다. 적정화는 바로 기업화를 의미하는 것으로 지입제업체의 직영화 이행의 정도에 따라 불이익과 지원을 한다는 것이고, 증차는 개인택시 70%, 법인택시 30%를 기준으로 하되 법인택시의 증차는 우수업체에 한하며, 우수업체는 완전직영과 월급제이행이며, 사고다발업체는 우수업체에서 제외한다는 방침이었다. 이러한 정책은 기업화와 업체 간의 경쟁을 유도하는 정책이 되었으며, 우수업체의 지정이 확대되어 대부분의 택시업체가 우수업체가 되자 새로운 제도가 필요하였고, 그것이 수범업체이다.

택시회사의 대형화를 유도하기 위한 정책이 '택시수범업체제' 제도로 기존 우수업체의 5% 내에서 수범업체를 지정하여 보유대수의 100%를 증차하는 등의 제도를 시행하였다. 국토부는 시도에서 추천받은 전국 60개 사를 심사하여 1986년 3월 11일 29개 사가 선정되었는데, 서울은 8개 사가 선정되었다.

이어 교통부는 수범업체기준을 변경하는데, 1986년 5월 14일 '수범택시회사 선정을 위한 심사 평정기준'을 발표하고 시행하는데, "우수업체제도와 통폐합, 수범업체 확대, 점수대별로 차등증차"가 중요 내용이다. 새로 확정된 평점은 1,000점으로, 900점 이상은 1급, 850점 이상은 2급, 800점 이상은 3급으로 정하고 1급은 2급의 2배 증차, 2급은 3급의 2배 증차를 하도록 하였다. 따라서 서울의 경우 1급 31개 사, 2급 15개 시, 3급 88개사 등 134개 사가 선정되어 서울택시업체의 절반이 선정되었다.

이러한 우수·수범업체제도는 택시의 직영화, 경쟁화를 통하여 근대적인 의미의 택시회사를 유도하였고, 특히 최종 수범업체평가기준의 평점에는 월급제실시, 교통안전과 노무관리 이행항목, 임금체불과 부당노동행위로 처벌받을시 수범업체 제외, 1일2교대, 장학금 지급, 운전복 지급, 세차원 고용 등을 지속적으로 실시해야 했고, 불이행시 1차 사업개선명령, 2차 사업면허 30일간 정지, 3차 사업면허 취소였고, 시도가 분기별로 점검하도록 하였다. 따라서 이러한 제도는 택시회사의 직영화와 업체 간의 경쟁을 가져왔고, 택시노사관계의 근대화와 운전자의 근로조건 개선을 가져오는 효과가 있었다.

그러나 이러한 제도는 평점기준이 높다는 점과 월급제(업적급제 실시를 전제)로 하고 있다는 점과 택시증차에 대한 특혜시비와 이에 따른 택시업체간의 위화감 조성이 문제되면서 1988년 12월 26일 교통부는 '지금까지 우수·수범업체 제도로 택시선진화가 이루어졌으며, 향후 지자체 실시에 대비하여 시도 자율성 제고가 필요하다' 는 이유로 폐지되었다. 이후 이러한 정책은 다시 추진되지 않았으며, 따라서 택시업체도 이후 정부의 택시정책을 따르지 않는 중요 요인으로 작용하였다.

(3) 택시증차규제와 택시 감차정책(2005년 이후)

① 택시총량제

2000년 이후 개인교통과 대중교통의 발달 그리고 대리운전 등 유사택시의 발전으로 택시의 승객이 감소하고 이에 따른 운전자의 감소로 택시회사의 운휴차량이 증가하였다. 그러나 지자체는 교통정책이 아니라 택시운전자의 민원을 해결한다는 차원에서 개인택시의 증차를 계속하고 있었다. 이에 국토교통부는 무분별한 택시증차를 막기 위하여 2005년부터 택시총량제를 실시하여 무분별한 택시증차에 규제를 가한다. 따라서 이후 화성, 세종 등 특별한 지역을 제외하고는 사실상 택시증차는 중단하게 된다.

② 택시감차

택시 승객의 감소로 운휴차량이 증가하고, 영업률 감소로 택시운전자의 운송수입이 감소하자 지역별로 감차위원회를 설치하고 감차보상금 산정 등을 심의하여 감차하고 이에 대하여 정부가 일부를 감차보상비를 지원하는 제도를 2015년부터 시행하였다. 이러한 제도는 개인택시는 반대하여 시행하지 못하지만 운휴차가 많은 법인택시는 일부 감차하고 있으며, 따라서 감차차량은 법인택시 휴업차량의 일부차량에 그쳐

감차효과가 사실상 없으며, 문제는 택시감차 금액이 택시시장가(택시프리미엄)를 높이는 작용을 하고 있어 이에 대한 문제가 지적되고 있다.

2) 임금제도에 대한 개입

택시는 1970년대까지 지입제와 도급제로 운영되어 정부는 택시회사에 직영화와 이에 따른 월급제 시행을 압박하지만 효과가 적었다. 그러다 88올림픽 등을 앞두고 1982년 사납금제, 1985년부터 서울 등 6대 도시에 순차적으로 업적급제를 실시하였다. 그리고 월급제에 대한 노사간의 갈등이 심화되자 1997년 수입금전액관리제와 이에따른 후속지침(일명 50:50월급제)을 시행하도록 하였으나 규제개혁위원회의 지적으로 폐지된다.

이어 최저임금제도의 정상적인 운영을 위해 매달 지급되는 소정근로에 따른 임금만으로 최저임금을 산정하는 택시최저임금제를 2009년부터 순차적으로 시행하도록 입법화되었으며, 주40시간임금을 최저임금 이상으로 보장하는 일명 '40시간 월급제' 가 서울이 2021년부터 시행하고, 서울외의 광역시와 시는 추후 시행하도록 하고 있다.

(1) 1980년까지의 임금제도에 대한 정부 개입

지입제로는 택시문제를 해결할 수 없다는 판단에 직영화를 모색하던 정부는 1970년 초 11개 신규택시회사 면허를 발급하면서 택시의 직영화와 고정월급제를 조건으로 하였다. 11개 직영회사는 15일격일제 근무, 사납금 1일 1만50원, 가스 50리터를 조건으로 일당 1,800원 × 15일 + 무사고수당 3,000원, 만근수당 3,000원 = 3만3,000원의 월급여를 지급하였다. 택시회사에 처음으로 임금제도가 실시되자 도급제 또는 지입제를 실시하고 있는 다른 택시노조도 정부에 직영화와 월급제를 지속적으로 요구하기 시작하였으나 시행되기는 어려웠다. 그러나 직영화가 되면 필연적으로 급여문제가 발생할 수밖에 없었고, 따라서 급여문제는 직영화의 핵심사항으로 택시노조에서 끊임없이 제기하는 문제로 되었다.

교통부는 1976년 6월 10일 택시종사자의 급여제도를 일당 도급에서 고정급여(월급)제 또는 일부 고정급여(성과급제)제로 바꾸어 시행하도록 하였다. 이러한 지침에 따라 서울은 노조가 일당 6,580원, 사업조합은 3,000원을 주장하다 서울시의 중재로 일단 4,000원으로 합의를 보았고 따라서 15일 근무시 6만 원, 20일근무시 8만 원의 임금협정을 체결하였다. 격일제 15일, 복격일제 20일을 염두에 둔 것이다. 그러나 이러한 월급제는 도급제시행도 많았고, 월급제도 기준액과 고정급을 낮추는 편법이 시행되어 정착에 실패하였다.

(2) 우수·수범업체제도에 의한 월급제 정착

월급제시행 정착이 계속적으로 실패하자 교통부는 증차라는 당근을 제시한다. 1982년 4월 우수업체제도를 발표한 후 교통부는 1982년 6월 10일 월급제를 강력히 추진하면서, 월급제를 실시하는 업체에 한하여 우수업체 심사를 하여 증차를 하겠다고 발표하였다.

이를 반영하여 1982년 9월 27일 서울택시 노사는 월급제 적용을 놓고 단체교섭을 진행하여 1일 사납금 6만7,500원, 14일만근시 월 28만1,340원(기본급 7만1,456원, 연장과 야간근로수당 11만6,144원, 주휴+월차 2만5,520원, 성과급 4만2,700원, 상여금 2만5,520원)의 임금협정을 체결하였다. 이러한 임금제도는 도급제에서 진일보한 면이 있지만 입금액 미달시 임금에서 공제하고, 사고보상비를 운전자에게 전가하는 등 이전의 도급제를 벗어나지 못한 제도였다. 그러나 서울의 협정서는 다른 시도로 펴져나가면서, 부족하지만 택시에게도 급여제도가 정착되는 계기가 되었다.

급격한 택시 증차와 택시 근무제도 개편에 따른 운전자의 급속한 증가는 운전자의 1인당 운송수입이 감소하게 되면서 1984년 3월 21일 서울택시기사가 사납금인하를 주장하며 승차를 거부하였고, 5월 25일 대구택시기사 2,000여 명이 사납금인하를 요구하며 가두시위농성을 진행하였다. 이어 강릉, 부산, 마산 등에서도 항의시위가 연이어 발생하였다.

이에 정부는 1984년 6월 28일 교통부, 경제기획원, 노동부, 서울시, 자동차연맹, 택시연합회가 참석하는 택시월급제 개선대책회의를 개최하고, 이후 실태조사와 회의 등을 거쳐 1984년 11월에 월급제내용을 확정하고, 12월 1일 '택시 운전기사 월급제 실시를 위한 지침'을 발표하였다. 발표내용은 서울은 1985년 2월부터 나머지 5대도시는 1986년부터 시행하기로 하였다. 지침의 내용은 일반지침, 세부지침, 사업자준수사항, 노사합의에 의하여 결정할 사항으로 나누어져 있으며 일반지침의 내용은 아래와 같다.

일반지침
- 수입금 전액 수납 및 수납액에 상응한 완전월급제 실시
- 월급수준은 노사합의로 결정
- 성실근무시 지급되는 기본급 및 제수당은 유사업종의 지급수준 등을 감안한 수준
– 종전의 포괄역산제지양, 근로기준법 준수
- 월급체계
– 정기급여(월급) : 기본급 + 제수당(승무, 근속, 업적, 기타) + 초과근로수당(시간외근로, 야간, 휴일근무)

- 특별급여 : 상여금
- 부가급부 : 퇴직금, 현물급여, 기타 복리후생 급여
- 근무형태 : 1일 2교대제를 원칙으로 하되, 노사협의로 결정

이러한 지침에 따라 서울이 1985년 5월 23일 임금협정을 체결하고, 6월 1일부터 시행에 들어가는데, 서울택시 업적금식 월급제 임금협정의 내용은 1일2교대, 1일 운송수입금 기준액 3만4,000원, 월 26~28일 만근, 기본급 18만9,600원, 통상임금 26만7,300원, 기준액이상 6:4 업적급 지급이다. 이러한 업적급제는 회사의 입장에서는 운송수입을 관리해야 하기 때문에 운전자관리가 필요하여 새로운 관리 인력이 필요했으며, 운송수입전액관리에 따른 비용도 많이 증가했기 때문에 사납금제로 회귀하려고 하였고, 노조는 업적급제도도 운전자의 안정적인 생계에 불완전한 제도였기 때문에 이를 극복할 완전월급제를 요구하여 이에 대한 노사갈등이 심화되었다.

(3) 택시운송수입금전액관리 입법화

1992년 노조의 6대도시 공투는 선제도개선투쟁, 후임금교섭이라는 목표를 두고 진행했으나 서울의 교섭위원 매수사건으로 공투는 실패하였고, 1993년 제도개선의 일환으로 운송수입금전액관리 입법화를 추진하게 된다. 교통부는 노조의 요구를 수용하여 택시운송사업자의 준수사항으로 '운송사업자는 운수종사자가 이용자로부터 수령한 운임 또는 요금(이하 "運送收入金"이라 한다)의 전액을 당해 운수종사자로부터 납부 받아야 한다'와 택시운수종사자는 '운송사업자의 운수종사자는 운송수입금의 전액을 운송사업자에게 납부하여야 한다'로 입법화되어 1997년 9월부터 시행하도록 하였다.

* 기본원칙 : 운전자에 대한 급여는 월급제로 하고 매월 정해진 날짜에 지급한다
* 세부사항
- 운송수입 확인은 미터기의 운행기록장치로 한다
- 급여체계는 기본급, 승무수당, 근속수당, 성과수당, 특별급여로 한다.
 1일2교대를 원칙으로 하고, 통상임금의 비중이 점차 상향되도록 한다.

　이러한 운송수입금전액관리에 대한 임금제도에 대하여 건설교통부는 택시제도개선추진위원회를 확대 개편하여 회의를 진행하여 11월29일 '택시운송수입금전액관리제' 시행방안을 시달하게 되며 중요 내용은 위와 같다.
　이러한 내용은 월급제의 형식은 갖추고 있으나 대부분의 내용은 합의를 이루어야 했으며, 이러한 임금제도에 대하여 택시연맹은 노사 6:4로 배분하는 기존의 업적급제를 제시하였으나, 민주택시연맹은 완전월급제를 주장하면서 새로운 임금제도를 주장하였다. 이러한 주장을 받아들여 여당인 새정치국민회의는 1998.4. 택시제도개선기획단을 구성하여 당사자의 의견을 수렴하여 정리하였고, 이를 건설교통부는 1998.8.5. 일명 50:50월급제인 '전액관리제 시행방안 후속지침'을 발표하는데 월평균운송수입금의 50%를 월급여로 하고, 월급여의 80%를 정액급여(기본급, 승무수당, 근속수당, 야간근로수당, 상여금 포함)로 하며, 20%는 성과수당으로 한다는 내용이다. 이러한 지침에 따라 택시노사는 임금교섭을 하지만 이러한 내용은 택시사업주의 입장에서는 기존의 경영여건을 악화시키는 것으로 보통 노동위원회의 중재재정을 통하여 부분적으로 시행되었다. 그러나 이러한 제도는 규제개혁위원회에 제동이 걸려 2000년 9월 폐지되었다.

(4) 고정급으로 산출하는 택시최저임금제

택시의 운송수입이 감소하고 이에 따라 사납금제의 특성상 운전자의 수입이 감소하면서 최저임금에 대한 관심이 고조되었고, 따라서 최저임금위반으로 노동부에 진정 등을 하였으나 노동부는 생산고에 따른 임금을 산정할 수 없기 때문에 최저임금 위반 여부를 판단할 수 없다고 진정 등을 기각하였다. 이에 노조는 최저임금 계산을 간편하게 하기 위하여 고정급으로 최저임금을 산정하자는 것으로 이럴 경우 고정급은 많아지고 개인수입 등 성과급은 적어지면서 자동적으로 월급제가 될 가능성이 높다는 점도 작용하였다.

이러한 택시최저임금제는 2007년 국회를 통과하여 6대도시는 2009년, 도지역의 시는 2011년, 군 지역은 2012년부터 시행하도록 하였다. 그러나 노동부는 택시최저임금 적용시 소정근로시간을 줄여 최저임금을 줄이는 것이 가능하다고 지침을 내려 새롭게 적용되는 택시최저임금제를 무력화시키는 방안을 제시하였다. 따라서 서울을 제외한 지역은 소정근로시간을 줄여 최저임금을 맞추는 즉, 고정급은 그대로이고 최저임금 인상에 따라 소정근로시간을 줄이는 방식으로 진행되어 소정근로시간이 2시간 이하로 줄어드는 경우도 발생하여, 택시최저임금제는 사실상 완전 무력화되었다.

이러한 택시최저임금제는 2019년 4월 18일 대법원전원합의체에서 '근무형태나 운행시간의 변동 없이 소정근로시간을 단축시킨 것은 무효'라는 판결이 나면서 소정근로시간을 임의적으로 단축시킨 사업장의 집단소송이 전국적으로 벌어지게 되었다.

(5) 주40시간제 월급제

택시최저임금제가 사실상 무력화되면서 노조는 최저임금에 따른 임금을 보장받기 위하여, 국토교통부는 플랫폼택시 입법화가 필요했기 때문에 2019년 3월 '사회적합의'가 이루어지는데, 노조의 요구를 수용하여 택시발전법에 '소위 주40시간월급제인 일반택시운송사업 택시운수종사자의 근로시간을 근로기준법 제58조 제1항 및 제2항에 따라 정할 경우 1주간 40시간 이상이 되도록 정하여야 한다'고 입법화가 이루어지며, 서울시는 2021년부터, 다른 지역은 2024년 8월부터 시행하도록 한다.

그러나 2021년부터 시행된 서울도 시행비율이 높지 않으며, 서울을 제외한 지역도 시행될 가능성은 사실상 불가능하다. 그 이유는 택시의 운송수입이 최저임금을 지급할 수준이 되지 못하며, 따라서 1일 6시간 40분의 최저임금을 지급받기 위하여 서울은 8시간을, 대구는 10시간 이상을 운행해야 한다. 그러나 고령화되고 있는 택시운전자가 이러한 장시간 근로를 감당하기 어려우므로 저사납금 저임금을 선호하기 때문이다.

다. 택시노사관계의 특성

1) 노사의 특성

(1) 택시사업주의 특성

택시업체의 고용인원은 적지 않지만 매출액은 적고, 매출액 중 급여

의 비율이 대단히 높은 노동집약적인 운수업종이다. 택시사업주의 특성을 살펴보면 다음과 같다.[3]

첫째, 업체의 매출액 규모가 적다. 1980년 기업당 평균 3억 2,190만 원이었고, 점차 차량도 많아지고, 월급제 등을 하면서 1990년에는 8억 1,170만 원, 2000년에는 16억 4,970만 원으로 증가하였다. 그러나 2000년 이후 매출액 증가속도는 둔화되어 2019년 업체당 23억 1,030만 원이었으나, 팬더믹으로 2022년에는 19억 7,370만 원으로 감소하였다. 2022년 50억 원 이상이 81개, 100억원 이상이 3개 이상으로 나타나 매출액 규모에서도 대부분 중소기업인 것으로 나타났다. 특히 고용인원 1인당 매출액을 보면 2022년 3,637만 원에 불과할 정도로 적다.

둘째, 급여비율이 매우 높은 노동집약적 산업이다. 1980년에는 매출액대비 급여비율이 28.3%였으나, 이 비중은 점차 높아져 1995년에는 50.4%로 증가하였다. 2000년 이후 급여비율이 낮아져 2011년 45.4%까지 떨어졌으나, 대법원의 최저임금 판결 등의 영향으로 2019년에는 48.2%, 2022년 48.7%로 높아졌다. 이러한 급여비율은 운전자의 개인 수입은 포함되지 않은 것으로서, 이를 반영하고 후생복지비 등을 반영한다면 인건비 비율이 60% 이상이 될 정도로 인건비의 비율이 대단히 높은 산업이라고 할 수 있다.

셋째, 고용규모를 보면 2000년까지 증가하고, 이후로는 감소추세를 보이고 있다. 1980년에는 5만8,137명을 고용하였고, 업체당 평균고용인원이 48.3명이었으나 점차 증가하여 2000년에는 18만4,047명을 고용하였고, 업체당 104.3명으로 택시는 많은 인원을 고용하고 업체당

---

[3] 이하의 내용은 통계청의 운수업조사보고서의 자료를 기초로 산정하여 서술하였으며, 이외에 전국택시우송사업조합연합회의 자료를 기초로 작성하였다.

규모도 큰 편이었다. 그러나 2000년 이후 점차 감소하여 2019년에는 11만5,268명으로 감소하였고, 팬더믹으로 더욱 감소하여 2022년에는 7만3,743명으로 감소하였고, 업체당 평균인원도 54.3명으로 감소하였다. 2023년 전국택시운송사업조합연합회 자료에 따르면 업체 수는 1,645개로 이중 10명 이하가 16.9%, 11명 이상 30명 이하가 22.7%, 31명 이상 50명 이하가 25.5%, 51명 이상 100명 이하가 27.1%, 101명 이상 200명 이하가 7.5%, 201명 이상이 0.4%로 나타나, 100명 이상의 업체가 7.9%로 92.1%가 고용인원이 중소규모인 것으로 조사되었다.

넷째, 차량규모이다. 1980년 업체당 평균대수는 25.3대였으나 정부의 직영화, 기업화정책으로 증가하여 2000년에는 업체당 50.4대까지 증가한다. 그러나 2000년 이후 이러한 추세는 둔화되어 2011년에는 53.2대, 2019년에는 58.0대로 증가하였으나 2022년에는 53.8대로 감소하게 된다. 2023년 전국택시운송사업조합연합회 자료에 따르면 업체 수는 1,645개로 10대 이하가 13.6%, 11~30대가 16.8%, 31~50대가 26.5%, 51~100대가 35.6%, 101~200대가 6.9%이고, 201대 이상이 0.6%로 나타났다.

다섯째, 시설투자의 비용이 적다보니 자본금규모가 적다. 1980년 1,198업체 중 1억 원 이상이 44개 업체에 불과할 정도로 기업화의 정도가 적었으며, 우수, 수범업체제도에 따라 1990년에는 1억 원 이상의 자본금규모업체가 689개로 증가했고, 2000년에는 1,006개, 2011년에는 1,034개로 증가하였으나 2022년도에는 892개로 감소하였다. 2022년 통계청 자료에 따르면 자본금규모 1억 원 이하가 36.0%, 1억 원 이상 5억 원 이하가 60.0%, 5억 원 이상 10억 원 이하가 3.9%, 10억 원 초과가 0.1%로 이직도 자본금규모가 적은 것으로 나타났다.

(2) 운수종사자의 특성

운수종사자의 특성은 다음과 같은 변화를 보이고 있다.[4]

첫째, 운전자의 이탈이다. 1980년대는 개인택시의 희망도 있기 때문에 택시증차에 따라 많은 인력이 몰렸고, 어려운 환경에도 불구하고 참고 운행하였다. 그러나 개인택시 발급이 2000년 초 사실상 중단되고, 택시구조조정으로 운전자의 수입이 감소하면서 운전자도 감소하기 시작하였다. 따라서 겨울에는 운전자가 증가하다가 봄에는 감소하는 계절적 경향도 2010년이 넘어서면서 사라지고 계속 감소하는 추세를 보이고 있으며, 이는 신규 진입자가 감소하기 때문이다. 따라서 2000년 18만 명까지 증가하였던 운전자는 2019년 약 10만 명으로 감소하였으며, 특히 팬더믹으로 인하여 급속히 감소하게 되어 면허대수보다 운전자수가 더 적은 것으로 유지되고 있다.

둘째, 택시운전자의 고령화다. 서울을 살펴보면 1980년대에는 2,30대가 80%를 넘었지만, 1990년대에는 20·30대가 약 50%로 감소하였고, 2000년대에는 2,30대가 10%였으며, 2010년대에는 2% 이하를 유지하고 있다. 반면 60대는 1980년대에 없었고, 1990년대에 약 1% 정도였으며, 2000년대에는 10% 이하였으며, 2010년대에는 40%로 증가하였고, 2020년대에는 66%로 증가하여 고령화추세가 확연하다. 따라서 체력적 한계로 운행시간이 줄어들고, 고령자의 교통사고가 증가하고 있다.

셋째, 택시운전자의 이직률은 상당히 높다. 서울의 경우 1983년 이직률이 42.0%였으며, 1993년에는 77.1%로 증가하였고, 2003년에는 64.2%로 감소하였고, 2013년에는 61.2%로 약간 감소하였지만 팬더믹

---

4) 이하의 자료는 전국택시운송사업조합연합회, 서울택시운송사업조합엽합회 자료를 근거로 작성하였다.

시기에는 79.8%로 증가하였다. 이와 같이 이직률이 높은 것은 장시간 근로와 저임금에 기인된 것이고, 또한 고령화에 따른 것으로 직장이라는 개념보다는 잠깐 있다 그만두는 곳으로 인식되고 있다.

넷째, 새로운 택시진입자가 감소하여 택시노동시장의 폐쇄성이 강화되고 있다. 택시는 원래부터 재입사자가 많고 신규입사자는 적은 편이다. 따라서 1983년에 입사자중 신규입사자는 43.4%였으며, 1993년에는 45.5%, 2003년에는 43.8%였다, 그러나 택시가 급속히 악화되면서 2011년 31.0%, 2018년 9.8%로 감소하였으며. 2020년에는 17.8%로 좀 회복되었다고 하더라도 주로 60세 이상의 고령층이라는 점에서 택시노동시장의 고령화와 폐쇄성은 더욱 심화되고 있다고 하겠다.

2) 노사관계의 특성

택시노사관계의 특성은 다음과 같다.

첫째, 택시노사는 정부의 규제를 받고 있다. 택시면허를 발급받아야 택시사업을 할 수 있는데 이는 지자체의 권한이고, 택시 운송수입 증가의 중요한 요인인 택시요금인상도 지자체의 권한으로 되어 있고 영업구역도 지자체 구역과 대체로 동일하다. 이러한 규제로 택시진입이 어렵기 때문에 업체 간 경쟁이 거의 없고, 노사분규시 노동부가 개입하기도 하지만 택시산업을 직접규제하는 국토부와 지자체가 노사를 조정하고 근로조건 개선 등을 논의하고 임금교섭에 직접 개입하고 있고 노사도 국토부와 지자체에 의존하고 있다.

둘째, 택시는 대단히 노동집약적인 산업이다. 총운송수입 중 50% 이상이 운전자 인건비이며 정비직과 사무직, 세차 등 기타직을 합하면 60% 정도가 될 것으로 보인다. 인건비와 연료비를 빼면 실제 남는 금액은 20% 이하이다. 따라서 노사는 이익배분에 대한 갈등이 심각하게 표출될 수 없는 구조이다.

셋째, 노동과정이 독립적이고 회사 밖에서 이루어진다. 사업구역 내의 도로가 사업장이기 때문에 차고지를 나가면 스스로 영업하고 수금하고, 자율적으로 휴식을 취하기도 하는 등 독자적으로 노동을 수행한다. 따라서 이러한 노동과정이 습관화되어 통제받기 싫어하고 이기주의가 심화된다. 따라서 사업주는 이러한 노동과정을 통제할 수 있는 수단으로 사납금제를 선호한다. 카카오가맹택시의 경우 콜영업으로 전환하여 노동과정이 콜센터에 의하여 관리되고 있으나 비중이 높은 중계사업의 경우는 이의 비중은 크지 않다.

넷째, 사업주는 비정상적인 방법으로 이윤을 획득한다. 경영전략의 개선과 생산성 향상 등의 합리적인 수단보다는 사납금 인상 등 비경영적인 요소를 통하여 그리고 탈법적인 행위를 통하여 이윤을 확대시키려는 경향이 있다.

다섯째, 노사가 단기이익에 집착하는 경향이 있다. 운전자는 직장의식이 없고, 사업주도 운전자의 이직이 심하고, 운휴차량 증가로 경영에 어려움을 겪게 되면서 근로자에게 신경 쓰지 않고 단기이익에 몰두하는 경향이 있다.

여섯째, 사업주 우위의 노사관계이다. 이전부터 택시노사관계는 사업주가 우위에 있었지만 60세 이상의 촉탁직(1년 계약직)이 증가하면서 더욱 사업주의 우위가 확고해졌다. 회사에 불만 있는 촉탁직의 경우 재계약을 거부하다보니 촉탁직은 회사에 순응할 수밖에 없다. 그러나 이러한 경향은 운전자가 부족해지면서 반전되기 시작하였고, 팬더믹 이후에는 운전자와 회사의 관계에서는 운전자의 입장이 훨씬 강화되는 쪽으로 변화하였다. 그러나 노조와의 관계에서는 여전히 사업주 우위의 노사관계가 유지되고 있다.

일곱째, 노사 모두 법을 준수하지 않는다. 수입금전액관리, 최저임금제, 근로시간 규제 등에 대하여 노사는 모두 준수하지 않고 있다. 사업주는 이러한 법을 준수하면 회사경영이 불가능하다고 하고, 노조 대표자도 회사가 어렵기 때문에 법 준수가 어렵다고 하는 것이 택시노사의 현실이다.

여덟째, 노사 담합의 문제이다. 회사는 노조 대표자 선거개입을 통하여 회사의 입장을 대변하고 통제할 수 있는 근로자가 선출되기를 원하고 촉탁직 등 약점 많은 근로자를 이용하고 있다. 민주적이고 자주적인 노조를 찾아보기 힘들며, 따라서 지역별 단결력은 이전보다 현저히 저하되고 있다.

아홉째, 부산이 주도하는 노사관계이다. 부산이 합의한 1989년 사납금제, 1995년 1차제, 2000년 50:50 월급제 무산 및 사납금제 회귀, 2015년 주 40시간제 시행시 1일 소정근로시간 단축, 2009년 새로운 최저임금제 실시 때 최저임금지급시간 단축, 이후 요금인상 등 사업주에게 유리한 정책이 부산 노사가 먼저 합의하였고 이러한 합의가 전국으로 확산되는 양상을 보여 왔다.

라. 택시 단체교섭

택시단체교섭은 크게 택시성장기의 단체교섭과 택시구조조정시기의 단체교섭으로 나눌 수 있으며 택시성장기의 단체교섭은 4단계로 나누어 볼 수 있다. 따라서 택시의 단체교섭을 5단계로 나누어 살펴보기로 하겠다.

1) 정부주도의 단체교섭과 비합법적인 투쟁(1987년까지)

택시노조 초기의 단체교섭은 택시직영화와 기업화 정책과 깊은 관련이 있으며, 이러한 정책에 따라 단체교섭에 깊숙이 관여한다. 따라서 노조는 정부에 의존하면서 조합원의 구체적인 요구사항을 수용하지 못하였으며, 노조에 의한 계획적인 행동보다는 조합원의 차량시위 등 우발적인 투쟁이나 분신 등 극한적인 투쟁이 이어졌다. 이 시기의 특징을 살펴보면 다음과 같다.

첫째, 택시직영화는 단체교섭을 가져왔다. 지입제 및 도급제로 운영되던 택시에 대하여 정부는 이를 묵인하는 방안도 검토했으나, 이러한 형태가 유지된다면 택시문제를 개선할 수 없다는 전문가들의 의견에 따라 1970년대 후반부터 직영화조치를 취하고 실행한다. 문제는 직영화에 따라 택시회사는 운전자를 관리하고, 운행시키고 이에 상응한 임금을 지급해야 한다. 따라서 임금은 노사가 결정해야 하고 이에 따라 택시회사는 유명무실했던 노조와 단체교섭을 하게 하였다.

둘째, 단체교섭에 따른 임금협정의 도입도 정부의 적극적인 개입의 결과였다. 1970년대도 직영화 조건으로 11개 사가 택시신규면허를 발급하였고 따라서 1970년 초 서울시의 개입으로 최초의 임금제도가 만들어졌으며, 1976년에도 서울택시노사가 서울시의 중재로 임금협정을 체결하였다. 그러나 이러한 임금협정은 무시되어 도급제로 시행하거나, 입금액과 임금을 내리는 등 파행적으로 시행되었다.

이에 1982년 우수업체 심사기준에 월급제 실시가 들어가게 되는데, 이로 인해 1982년 9월 체결된 서울택시 노사간의 임금협정이 노조가 있는 업체에 대부분 실시되었으며, 1983년 LPG 가격인하에 따른 노사분쟁시에도 서울시의 중재안인 1일 사납금 6,000원 인하로 결정되어 시행되었다. 그리고 1984년 12월의 정부의 월급제지침도 1985년 6월 서울, 나머지 5대도시는 1986년부터 시행되는 등 택시의 임금교섭은 정부의 지도에 따라 임금제도가 정해지고, 임금수준이 결정되는 등 정부의 개입이 깊게 이루어진 시기이다. 물론 이러한 정부의 개입이 시행된 것은 증차라는 당근이 작용한 결과였다. 이후 이러한 당근정책이 없는 상태에서 정부의 택시정책은 파행적으로 시행되는 결과로 나타난다.

셋째, 노조설립이 증가하였다. 정부의 개입으로 부족하지만 사납금제가 실시되고, 공제조합도 가입하는 등 비노조보다는 노조가 생긴 사업장에서 상대적으로 더 좋은 근로조건이 유지된다는 인식이 확산되게 된다. 그리고 개인택시 발급이 대폭 늘어나면서 7년 이상 근무해야겠다는 직장소속의식이 생기면서 노조의 설립과 관심이 확산되었다. 특히 1980년 초 택시의 급속한 증차로 운송수입이 감소하자 1984년 사납금 인하 등을 목적으로 노조 설립이 급증하는 양상을 보였다.

넷째, 노조가 조합원의 근로조건 등을 대변하지 못하자 조합원의 불만은 차량시위 등으로 폭발적인 양상을 보였다. 일부 사업장에 노조가 설립되었고, 이들 노조도 전두환 군사정권시절에 정상적인 노조활동을 할 수도 없었기 때문에 운전자의 불만은 내재화되었다가 폭발적인 양태로 나타나게 되었다. 특히 1980년 이후 택시직영화와 택시증차로 인한 불만이 1984년 3월 서울의 승차거부, 5월 대구, 부산, 마산, 강릉 등의 차량시위 등으로 나타났고, 1987년 4월 서울의 역삼동 전국자동차노동조합연맹 농성장을 둘러싼 차량시위 등 폭발적인 양상을 보였다. 전두환 군사정권시절 노조 설립도 어렵고, 노조활동이 어려웠던 시기에 합법적인 단체행동보다는 차량시위, 승무거부 등으로 이를 표출했던 것이다.

다섯째, 분신 등 극단적인 항의방법이 나타났다. 조합원을 대변하는 노조운영이 어려웠던 시기에 회사의 노조탄압과 불이익에 대처할 수 있는 방법은 제한적일 수밖에 없었고, 그것은 회사를 그만두거나 극단적인 방법을 선택하는 것이다. 따라서 이 시기 다른 노동부문에서는 보기 드문 분신이 일어나게 되는데 1984년 11월 30일 노조탄압에 분신한 민경교통 박종만 노조간부, 1986년 5월 30일 부당해고에 맞서 분신한 삼환택시 변형진, 1987년 9월 노조탄압에 분신한 이석구 위원장 등이 있었다.

2) 완전월급제 쟁취투쟁과 단체교섭의 집중화(1988-1992)[5]

전국자동차노동조합연맹으로부터 택시연맹이 분리되면서, 택시도 독자적인 노조활동을 하게 되었다. 이 시기는 완전월급제를 두고 택시의 노사관계가 격렬히 대립하는 시기로 6대도시를 중심으로 살펴본 이 시기의 특징은 다음과 같다.

첫째, 극심한 노사갈등이다. 택시노련에서 파악한 택시의 노사분규는 1987년 1,132건, 1988년 724건, 1989년 413건, 1990년 108건, 1991년 357건이며 1992년도에는 부산과 인천이 노동쟁의로 중재재정되는 등 다른 산업에 비하여 월등히 많은 노사분규가 발생하였다. 이러한 분규건수는 합법적인 쟁의도 있었지만 1991년 서울, 인천, 광주 등은 직권중재를 피하고자 노동쟁의발생신고를 하지 않고 파업에 돌입하거나 차량시위, 집회 등에서 108명의 구속자(불구속자 포함)가 발생하

---

5) 이하는 2008년 노동연구원의 '2008년도 노사관계 실태분석 및 평가: 택시부문'과 2019년 '2019년 택시노사관계평가'를 수정 정리한 것이며, 주로 전국택시노동조합연맹의 자료에 근거하였다.

는 등 격렬한 투쟁을 전개하였다.

둘째, 이 시기는 택시가 지역적으로 교섭이 집중되고 1991년, 1992년 6대도시 공동투쟁 등으로 전국적으로 교섭이 집중되는 시기였다. 그러나 1991년 6대도시 공투는 교섭안 준비, 교섭위원 공동교육 등 준비단계까지는 공동으로 진행되었으나 교섭에 들어가서는 서울, 인천, 광주만이 투쟁시기를 일치시켜 공동투쟁의 성격이 약화되었고 성과도 차이를 보이고 있다. 그리고 1992년 공동교섭은 선 제도개선, 후 임금교섭 원칙을 세우고 교섭위원 공동교육, 완전월급제 공동요구 등의 준비와 공동투쟁을 전개하였다. 그러나 택시제도개선 내용도 나열식으로 이루어져 여론화되지 못했고, 1992년 9월 서울택시의 교섭위원매수사건 등으로 투쟁대열은 급속히 무너지고 결국 지역별 교섭으로 전환되는 결과를 초래하였다.

셋째, 1987년부터 완전월급제를 내걸고 투쟁했던 서울의 임금교섭이 기준모델이 되었고 다른 지역은 이를 따라가는 양상이었다. 서울이 비교적 운송수입금 기준액이 낮고, 반대로 임금은 상대적으로 높아 서울을 따라가는 양상이었다. 서울이 패턴교섭, 선두투쟁의 양상을 보여주고 있었다.

넷째, 요금인상이 단체교섭의 패턴에 결정적인 영향력을 미치는 시기이다.[6] 택시요금 인상도 교통부가 결정하고 있어, 택시요금 인상이 전국 동시에 이루어졌다. 따라서 시내버스가 요금인상에 따라 6대도시 집중교섭, 공동투쟁으로 교섭의 시작과 마무리를 함께하지만 택시는 이러한 패턴과는 달리 공동투쟁을 보여주지 못하였다. 그래도 통상적으로

---

6) 1988.4.15. 중형택시가 도입되어 소형택시보다 약 33%의 요금인상효과가 있었으며, 1989.7.1.에는 11.1%, 1991.2.20.에는 7.1%, 1992.6.14.에는 11.96%의 요금인상이 있었다.

교섭이 6월 안으로 마무리 되었다는 측면에서 1992년을 제외하고는 다른 시기에 비하여 6대도시는 교섭의 집중화가 나타났던 시기이다.

다섯째, 투쟁이 활성화되면서 비교적 요금인상이 많이 되었다. 1988년 중형택시가 도입되어 소형택시보다 약 33%의 요금인상 효과가 있었으며, 아래의 표와 같이 1989년, 1991년, 1992년 세 번의 요금인상이 이루어졌다.

여섯째, 입금액인상률보다 임금인상률이 높았던 시기이다. 요금인상에 비하여 입금액인상률이 적었으며 입금액인상률도 인천·대전이 약 47.1%인데 비하여 광주 26.8%, 서울·대구 33%로 지역 간 편차를 보이고 있다. 임금인상도 지역간 편차를 보이고 있으며 인천·광주의 경우 1991년에 임금을 서울수준으로 인상하여 업적급제의 경우 거의 서울수준에 이르렀다.

〈표 5〉 6대도시 입금액과 임금인상

구분		서울	부산	대구	인천	광주	대전
*1988	입금액	33,150	36,000	33,400	33,653	34,000	34,000
	임금	348,704	389,464	336,596	333,527	336,596	335,000
1992	입금액	44,400	48,500	44,500	50,000	43,100	50,000
	임금	503,953	523,878	483,439	552,460	509,503	495,500
입금액 인상률		33.9%	34.7%	33.2%	48.6%	26.8%	47.1%
임금 인상률		44.5%	34.5%	43.6%	65.6%	51.4%	47.9%

주: 업적급제- 서울, 대구, 인천, 광주: 정액사납금제 - 부산, 대전: * 소형기준, 1992년은 중형기준
자료 : 전국택시노동조합연맹 사업보고서 각년도

일곱째, 이전시기와 마찬가지로 택시회사의 탄압에 맞서 분신 등 극한적인 투쟁이 이루어졌다. 1988년 마산 우성택시의 이대건, 인천 경기교통의 김장수, 순천 현대교통 장용훈이 노조탄압에 항의하여 분신을 하였으며, 서울의 광무택시 문용섭은 회사의 비리 등에 항의하다 구사대에 타살되었다. 1991년 6월에는 인천 공성교통의 석광수가 경찰 등의 폭력진압에 항거하여 분신하였으며, 8월에는 합동물산의 김처칠 위원장이 지입제 철폐투쟁에 앞서다 과로 등으로 순직하였다. 이와 같이 이 시기 택시는 노조를 인정하지 않는 택시사업주와의 투쟁에 온몸으로 항거하여야 했던 시기이다.

3) 단체교섭의 지역적 파편화(1993-1996)

1992년 6대도시 공동투쟁이 성공하지 못하면서 지역을 넘는 공동투쟁은 다시 시도되지 못하였고, 요금인상 또한 1995년 지자체로 이관됨에 따라 교섭의 지역적 분권화가 강화된 시기로 단체교섭의 분권화가 이루어진 시기로 특징은 다음과 같다.

첫째, 파업 등 노사쟁의의 감소이다. 1993년 114건이 발생하였으나 1994년에는 14건으로 감소하였고, 1995년에는 31건 등 이전 시기에 비하여 노사분규가 급속히 감소하는 추세를 보이고 있다.

〈표6〉에서 보듯이 1993년 광주와 대전의 중재회부, 1995년 대전이 조정에서 합의된 것을 제외하면 6대도시에서 임금으로 노동쟁의가 발생되지 않고 노사합의로 임금교섭을 마무리하였다.

둘째, 임금교섭이 요금인상과 관련성이 높아지는 시기이다. 요금인상이 없던 1993년도에는 서울 등 4개 도시에서 합의를 이루지 못하였고 반대로 1994년 대폭적인 요금인상(시간거리동시병산제를 감안하면

42.1%)이 있던 시기에는 교섭이 집중적으로 이루어져 7월까지 교섭이 마무리되었다.

〈표 6〉 임금교섭 체결일과 합의방식(1993-1996)

구분		서울	부산	대구	인천	광주	대전
1993	체결일	교섭거부				8.11.	7.14.
	합의방식	합의없음	합의없음	합의없음	합의없음	중재회부, 노사합의	직권중재
1994	체결일	7.22.	7.28.	6.16.	7.3.	5.17.	6.30.
	합의방식	노사합의	노사합의	직권중재	노사합의	노사합의	노사합의
1995	체결일	9.22.	8.7.		9.19.	9.5.	11.26.
	합의방식	노사합의	노사합의	합의없음	노사합의	노사합의	조정안수락
1996	체결일	12.16.	8.3.	12.3.	2.28.	6.14.	
	합의방식	노사합의	노사합의	노사합의	노사합의	노사합의	개별교섭

자료 : 전국택시노동조합연맹 사업보고서 각년도

또한 1995년 요금인상이 지역별(서울 1995년 9월부터 10.0% 인상 등)로 이루어져 요금인상이 늦어진 대구가 노사합의를 이루지 못하였고, 1996년 요금인상이 없던 지역은 교섭이 난항을 겪게 되었다. 이와 같이 요금인상과 임금교섭 간 깊은 관련을 갖게 되는 것은 운전자 부족으로 차량운휴가 발생하는 등 사업주의 경영여건이 이전보다 악화되는 경향이 있었고, 다른 한편에는 이전시기에 비하여 노조의 조직력이 약화되었기 때문이다.

셋째, 교섭의 집중성이 떨어져 1995년부터 노사합의 시기의 집중성이 적어지고, 1996년부터는 교섭이 확연히 분산되어 인천은 2월에 서울은 12월에 교섭이 체결되는 등 교섭시기 및 합의시기가 분산되었다. 이러한 지역적 분산성은 1995년부터 택시요금이 건설교통부에서 지자체로 이관되어 지역별로 요금이 시기를 달리하여 인상되는 것도 중요한 원인이 되었다.[7] 특히 6대도시의 교섭 집중성도 떨어지지만 도지역의 시는 사업주가 공동교섭으로 손해를 많이 보았다는 인식 때문에 끝까지 반대하여 개별교섭으로 전환되었다. 이러한 도지역의 공동교섭은 이후 끝내 복원되지 못하였다.

〈표 7〉 6대도시 입금액인상 비교

구분		서울	부산	대구	인천	광주	대전
1993	입금액	44,400	48,500	44,500	50,000	52,500	50,000
	임금	503,953	523,878	483,439	552,460	509,503	495,500
1996	임금액	63,000	79,200	60,000	61,700	66,500	62,000
	임금	703,855	771,314	708,916	698,630	706,198	572,000
입금액 인상률		41.9%	63.3%	34.8%	23.4%	26.7%	24.0%
임금 인상률		41.9%	63.3%	34.8%	23.4%	26.7%	24.0%

기준 자료 : 업적급제 – 서울, 대구, 인천, 광주/ 정액사납금제 – 부산(1인1차제), 대전

---

7) 요금인상권한이 지자체로 이관되었지만 자동차연맹의 6대도시 시내버스공투는 2000년 초까지 계속 이어졌다는 점에서 택시의 경우 1992년 6대도시 공투가 실패하면서, 그리고 공투가 성공한 적이 없다는 점에서, 그리고 택시연맹이나 6대도시 모두 공투의 필요성을 절감하지 못하였다는 점에서 교섭의 분권화는 어쩌면 당연한 결과일 수도 있다.

이러한 지역적 편차는 지역별로 택시의 공급과잉과 택시 승객의 감소가 편차가 있기 때문이며, 이에 따른 운전기사 부족률도 지역적 차이를 보이고 있기 때문이다.

다섯째, 지역적 임금협정의 준수율이 낮아지고 있다는 점이다. 서울의 경우 지역별 입금액과 임금인상을 기준선으로 하여 단위 사업장별로 이를 변형하여 새로이 임금협정을 체결하는 경우가 많으며, 또한 차종에 따라 입금액을 인상하기도 하는 등 지역별 노사합의 내용은 기준선 역할을 하고 있다. 마찬가지로 지역적 단위로 업적급제로 노사합의 하였다고 하더라도 단위 사업장에서는 주로 정액사납금제를 실시하는 등 지역적 노사합의의 준수율은 점점 낮아지는 추세를 보이고 있다.

4) 운송수입금전액관리와 단체교섭의 개별기업화(1997-2002)

1993년 월급제에 대한 법적보장을 위한 제도개선 투쟁과 1994년 1월 월급제를 요구한 상호운수 김성윤 열사의 유서인 "김영삼 대통령께 드리는 탄원서"에 힘입어 1994년 7월 통과된 운송수입금전액관리는 1997년 9월 1일부터 시행되어야 했고, 따라서 임금교섭의 초점은 이 제도에 맞추어졌다. 그러나 이 시기는 민주택시노동조합연맹이 1997년 5월 설립되면서 양대 연맹 간의 경쟁이 치열했던 시기로 택시노동이 단결된 힘을 내기는 힘든 시기였다.

따라서 초기 50:50월급제가 일부 시행되었지만 사업주의 거부로 제도는 시행되지 못하고 2001년 서울택시 임금협정과 2002년 인천택시의 월드컵기간 총파업을 끝으로 운송수입금전액관리제는 사실상 교섭의 중요 쟁점이 되지 못하였다. 이 시기의 단체교섭의 특징은 다음과 같다.

첫째, 전액관리제 시행으로 노사 간에 대립을 하였다. 1997년 11월에 발표한 택시운송수입금전액관리제 시행방안과 1998년 8월 발표된 운송수입금전액관리방안 후속지침, 그리고 후속지침 폐지를 전제로 2000년 9월 발표된 택시운송수입금전액관리제 시행요령에 따라 이를 임금협정에 반영하려는 노조 측과 이를 수용하지 않고 정액사납금제를 고수하려는 사용자측의 대립이 지속되었던 시기이다. 따라서 교섭이 지연되기도 하면서 노사 간의 갈등이 존재하지만 노동쟁의로 이어지는 경우는 서울이 중재신청을 전제로 한 1998년, 1999년이며, 부산의 2000년 노사합의중재신청뿐이다.

둘째, 수입금전액관리에 따른 임금협정이 체결되지 못하였다. 서울이 1998년, 1999년 중재로 운송수입금전액관리에 따른 중재재정을 받았지만 실제 시행은 한군데에 그쳤고, 다른 지역은 이에 대한 임금협정을 체결하지 못하였다. 특히 2020년 9월 규제개혁위원회에서 50:50 월급제 폐지결정으로 이러한 지침이 폐지되면서 동력을 잃었고, 택시사업주의 극렬한 반대로 실제적인 시행 자체는 불가능하였다.

셋째, 교섭은 있어도 합의가 없는 단체교섭이 이전에 비하여 많이 증가하였다. 1997년에는 부산을 제외하고 노사합의가 이루어지지 않았으며, 1998년 부산, 1999년에는 부산과 대전이, 2000년에는 대구와 대전이, 2001년에는 대구가 노사합의가 이루어지지 않는 연도이다.

이와 같이 노사합의가 없는 해가 이전시기에 비하여 많이 증가한 것은 전액관리제 시행을 둘러싸고 노사 간의 대립이 컸으며, 아울러 1998년 외환위기에 따른 유류비 급등으로 인한 요금인상이 23.06%(서울 기준) 있었고, 2001년 9월에는 25.28% 인상(서울기준, 다른 지역은 2002년 인상)되는 등 이 기간 내에 요금인상이 적었던 것도 중요한 요인으로 작용하였다. 따라서 요금인상이 없는 년도에는 교섭이 없다는 관행이 이 시기에 만들어졌다.

〈표 8〉 임금교섭 체결일과 합의방식(1997-2001)

구분		서울	부산	대구	대전
1997	체결일	12.31	12.2		
	합의방식	합의없음	노사합의	합의없음	합의없음
1998	체결일	4.18		4.19	6.24
	합의방식	중재재정	합의없음	합의없음	노사합의
1999	체결일	4.29		6.3	
	합의방식	중재재정	합의없음	노사합의	합의없음
2000	체결일	7.11	4.19		
	합의방식	노사합의	합의중재	합의없음	합의없음
2001	체결일	11.2	9.25		9.18
	합의방식	노사합의	노사합의	합의없음	노사합의

자료 : 전국택시노동조합연맹 사업보고서 각년도

    넷째, 지역별 교섭의 적용률이 이전시기에 비하여 더욱 낮아졌다. 서울의 1998년, 1999년 임금교섭은 중재재정으로 결정되었고, 1998년 15개 업체, 1999년 21개 업체가 운송수입금전액관리제 시행방안과 후속지침에 의한 임금협정을 적용받았다. 그러나 이러한 협정은 서울 전역으로 확대되지 못하였고 또한 중재재정을 받은 업체 대부분도 중재재정을 준수하지 않거나 사업주의 압력으로 중도 포기하였다. 그리고 다른 도시에서도 지역적 합의사항은 기준선으로 작용하였고 단위사업장 노사 간에 이를 변형하여 시행하는 것이 일반적이었다.
    다섯째, 이 시기는 입금액 인상률보다 임금인상률이 낮았다. 아래의 표와 같이 비교기간에 서울은 입금액이 39.7% 인상되었고, 임금은

28.7% 인상되어 임금인상률보다 입금액 인상률이 높았고, 부산과 대구도 마찬가지다. 대전만이 임금인상률이 입금액 인상률보다 조금 높았을 뿐이다. 이와 같이 입금액 인상률이 임금인상률보다 높은 것은 노조의 교섭력 약화도 있지만, 환율인하에 따른 유류값이 이전시기보다 많이 인상되었고, 2001년 7월부터 유류특소세가 부과되면서 이에 대한 노사 모두 부담이 적지 않았던 요인도 작용한 것으로 보인다.

〈표 9〉 입금액과 임금인상 (단위 : 원)

구분		서울	*부산	대구	대전
1997	입금액	63,000	79,200	60,000	**62,000
	임금	703,855	771,314	708,916	572,000
2001	입금액	88,000	94,700	71,000	70,000
	임금	905,551	847,238	*786,500	665,000
입금액 인상률		39.7%	19.6%	18.3%	12.9%
임금 인상률		28.7%	9.8%	10.9%	16.3%

주: *부산 1인1차제, ** 단위사업장의 입금액임
자료: 전국택시노동조합연맹 사업보고서 각 년도

5) 택시의 구조조정시기와 단체교섭의 단절화(2003년부터)

(1) 구조조정시기의 택시의 악순환 구조

이 시기는 한편으로는 택시 수요 감소에 의한 운송수입 감소로, 다른 한편으로는 연료비 상승으로 노사 모두 심각하게 어려움을 겪는 가운데 택시 임금교섭이 단절화되는 시기이다.

첫째, 대도시에서는 도시철도 확장 및 버스준공영제 등으로 대중교통이 특히 활성화되었고, 자가용 등 개인교통 수단이 발달하면서 택시수요가 크게 감소하고 대리운전, 콜밴, 렌터카 등 유사택시의 발달 등으로 택시수요가 대체되면서 택시가 하루에 벌어들이는 운송수입금과 택시기사들의 수입이 감소하는 시기이다. 따라서 이 시기에 요금인상이 이루어지지만 택시수요 감소로 인하여 택시운송 수입금 증가로 연결되지 않아 택시 노사에게 어려움을 가중시키고 있다. 이보다 앞선 시기에는 일정 기간 동안 요금인상이 없으면 택시 승객이 증가하여 운송수입이 증가하는 경향이 있었다. 그러나 2000년 이후에는 요금인상이 없어도 승객의 절대적인 감소로 운송수입이 감소하는 경우가 발생하였다.

둘째, 유류특별소비세 인상과 원유값 급등으로 택시 운송수입금은 정체 혹은 감소하는 가운데 택시비용 증가로 노사 모두 어려움을 겪은 시기이다. 2001년부터 부과되기 시작한 유류특소세는 2003년 7월 이후 인상분부터 전액 유류보조금으로 지급되었지만, 2001년 7월부터 2003년 6월까지 인상분의 50%만 지급되면서 노사 양측에 부담을 주었다.

〈표 10〉 택시의 악순환 구조

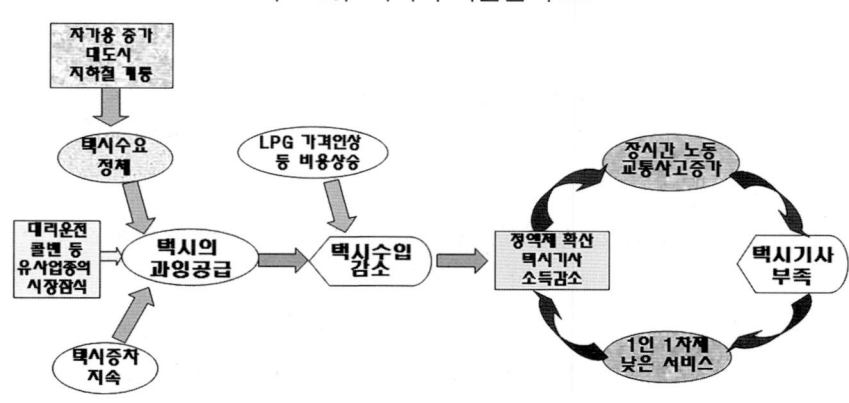

택시 대체교통수단의 발전에 따른 택시운송 수입금 정체 혹은 감소는 정액사납금제 임금체계가 지배적인 환경 아래에서 택시기사들의 수입 감소를 가져와 택시기사들의 이직률 증가, 직업 택시기사군의 고갈, 택시기사의 부족 등을 가져왔다. 이에 따라 각 택시회사 별로 면허차량들을 차고지에 세워두는 운휴택시가 증가하고, 면허받은 차량대수 가운데 등록하지 않은 미등록대수가 증가하였다. 택시사용자들은 택시기사들의 공급이 크게 부족하자, 1인1차제를 확산시켜서 일시적으로 모면하고자 하면서 택시기사들의 장시간 노동을 더욱 연장하는 방식을 통해 그 부담을 회사 택시기사들이 지도록 하고 있다.

이러한 악순환 구조는 과잉증차에 따른 것으로 택시감차라는 구조조정을 통하여 해결하여야 한다. 그러나 택시노사는 택시를 감축하지 않고, 1차제로 가동률을 높이거나 도급제 등 불법경영으로 해결하려고 하였고, 따라서 택시문제는 점점 더 해결이 어려운 상황으로 빠져들고 있다.

(2) 구조조정시기의 단체교섭

이러한 악순환이 계속되는 시기의 단체교섭 특징을 보면 다음과 같다.

첫째, 단체교섭의 단절화, 무력화다. 임금교섭은 있어도 임금협정이 체결되지 못하거나 매년 이루어져야 할 임금교섭이 없는 해가 많아졌다. 요금인상 등 여건변동이나 근로시간단축(주40시간제), 새로운 택시최저임금제 실시 등이 없을 경우에는 단체교섭이 없는 등 단체교섭의 단절화 또는 무력화시기라고 할 수 있다.

둘째, 제도적인 부분이 단체교섭의 이슈로 등장하면서 지역 및 사업장 단위의 단체교섭 이슈가 감소하였다. 지역교섭이나 사업장 모두 근로조건 악화로 여러 가지 이슈들이 발생하지만 이러한 이슈들은 사장되어 지역 혹은 사업장단위의 문제들을 단체교섭에서 해결하지 못하는 양상을 보이고 있다.

셋째, 택시종사자 근로조건의 악화를 막기 위한 제도개선이 단체교섭에서 파행적으로 반영되어 근로조건 개선으로 나아가지 못하고 있다. 이러한 내용을 구체적으로 살펴보면,

① 근로기준법 개정으로 2005년부터 시행된 주40시간제는 근무일수 단축이 아니라 1일 소정근로시간을 7시간 20분에서 6시간40분으로 단축하는 데 그쳤고, 단축된 시간만큼 임금액 감축도 이루어지지 않아 운전자의 근로조건은 전혀 개선되지 않았다.

② 택시의 최저임금제 적용을 위하여 2009년 7월 7대도시부터 시행된 택시최저임금제도는 최저임금 산정을 위한 임금을 인상하기보다는 1일 소정근로시간을 단축하게 되면서 무력화되었고,[8] 따라서 이전과 마찬가지로 최저임금이 적용되지 못하는 택시가 되었다.

③ 2018년 9월부터 근로기준법 개정으로 시행된 연장근로시간 제한 제도는 택시의 경우 근로시간 특례에 해당되어 1일 최소 11시간 휴식시간을 보장하도록 하고 있어, 1차제를 규제할 수 있다. 그러나 노동부는 이에 대한 실행방안 등의 지침을 내놓지도 않고, 단속도 하지 않고, 노조 또한 이를 방관하고 있어 사실상 사문화된 규정으로 전락하였다.

④ 2020년부터 새롭게 시행되는 운송수입금전액관리제도 단체교섭에 반영되지 못하고 있다. 2007년 대법원이 운송수입금전액관리는 운송수입금 수납과 납부의무만 있다고 판결하여, 운송수입금전액관리와

---

[8] 이러한 파행적 시행은 노동부의 지침에 따른 것으로 노동부의 책임이 크다고 하겠다.

임금제도와는 관련이 없다고 판결하였다. 따라서 2020년부터 시행되는 운송수입금전액관리는 '운송수입금 기준액을 정할 수 없고, 차량운행에 필요한 제반경비를 운수종사자에게 부담시킬 수 없도록 하는 등' 월급제를 근간으로 하고 있었다. 그러나 이러한 제도도 입금액 인상과 직결되었고 장시간운행을 강제한다는 이유로 노사 모두에게 환영 받지 못하는 제도가 되었다.

⑤ 택시발전법에 최소 40시간의 최저임금을 고정급으로 보장한다는 일명 '주40시간제 월급제가' 반영되었다, 그러나 이러한 제도는 사업주의 입장에서는 경영여건상 도저히 받아들일 수 없으며, 운전자의 입장에서도 장시간운행을 강제한다는 점에서 이에 대한 반발이 심하였다. 결국 서울의 경우 파행적으로 시행되었고, 법개정으로 시행이 무산된다. 이와 같이 택시는 제도개선이 이루어져도 시행되지 못하거나 파행적인 운행으로 근로조건 개선이 이루어지지 못하는 현실이 되었다.

넷째, 지자체의 단체교섭 개입이 강화되고 있으나 효과가 없다. 서울, 경기 요금인상시 일정 기간 동안(3개월, 6개월, 1년) 입금액을 인상하지 못하게 하였으며, 서울시의 경우는 요금인상 효과를 산정하고 노사 배분까지 정하는 등 직접적인 개입과 운송원가를 산정하여 입금액을 낮추도록 요구하는 등 적극적인 개입을 하였다.

이러한 지자체의 개입은 요금인상이 되어도 택시노사가 적정한 배분을 못하여 근로자의 근로조건이 개선되지 못하고 있다는 판단에 따른 것이다. 그러나 이러한 조치도 단위 사업장에서 변경되어 실효적인 정책이 되지 못하였다. 당근이 없는 상태에서 지자체의 개입은 효과가 사실상 없다고 하겠다.

다섯째, 단체교섭에 대한 근로자의 관심이 감소하였다. 단체교섭은 결국 사납금 인상으로 이루어져 단체교섭이 근로조건개선보다는 악화를 가져오고 있다고 판단하고 있다. 실제 2000년 이후 택시요금인상으로 수입금증가효과가 없음에도 사납금은 계속 인상되어 운전자의 수입이 감소되었고, 이러한 수입 감소는 운전자의 이직으로 나타나고 있기 때문이다. 따라서 운전자 감소에 의하여 운전자 수입이 보존되고 있는 것이지 단체교섭에 의하여 운전자의 수입이 유지되는 것이 아니다. 또한 제도개선도 시행히 안 되거나 시행이 되어도 입금액 인상으로 이어지기 때문에 힘들면 떠난다는 생각을 갖게 되니, 단체교섭에 대한 관심은 사실상 거의 없다고 하겠다.

여섯째, 노사분규가 사실상 없어졌다. 전국적으로 10개 이하의 노사분규가 발생하였고, 이러한 노사분규도 파업으로 가는 경우는 드물었다. 직장의식의 상실로 불만 있으면 다른 사업장으로 이전하고, 이러한 이동도 운전자 부족으로 자유롭기 때문에 조합원의 힘이 뭉쳐지지 않기 때문이다. 따라서 노사분규 감소는 택시 노사관계에 갈등이 없거나 문제가 없어서가 아니라 택시업종 자체가 공급과잉, 각종 비용 상승, 택시 수요감소로 어려워진데다 노사 간의 역학관계에서 사용자가 훨씬 우위에 있기 때문에 나타난 것으로 보아야 한다.

마. 결 론

모든 것이 성장이 있으면 쇠퇴가 있기 마련이다. 1980년 초부터 직영화로 시작하여 기업으로 발전하였던 택시는 외환위기시 많은 실업자를 흡수하여 최고의 호황기를 구가하였지만, 2000년 이후 대체교통수단의 발전으로 택시는 구조조정을 겪으며, 계속적으로 쇠퇴하고 있다. 구조조정은 구조조정을 해야만 문제가 해결되는데, 구조조정은 안하고 경영의 어려움을 운전자에게 전가하는데 본질적인 문제가 있고, 결국 운전자 이탈로 택시의 악순환이 반복되는 과정이다. 택시라는 교통수단은 없어질 수 없는 것이지만 문제는 이 문제를 누가, 어떻게 해결할 것인가이다. 택시생존을 위하여 함께 지혜를 모아야 할 때이다.

참고문헌

서울특별시택시운송사업조합, 2016, 서울택시운송사업조합50년사
전국자동차노동조합연맹, 2003, 자동차노련 50년사
전국택시노동조합연맹, 각년도, 사업보고서
전국택시운송사업조합연합회, 각년도, 통계자료
통계청. 각년도 운수업조사보고서
한국노동연구원, 2001, 택시업종의 바람직한 임금제도 연구
                2009, 2009년 택시노사관계
                2019, 2019년 노사관계평가
한국교통연구원 국가교통DB

3. 택시노동운동 자료

1984년 5월 25일 대구택시 시위 구속자 석방과 생존권 및 노동권을 요구하는 성명서 중 요구사항. 1984.6.16.

박종만 열사에 대한 1984년 신문기사모음. 1984.12.

박종만 열사 추모식 시민단체 성명서 표지. 1984.12.4.

'하나의 불씨가 되어' 남편 박종만씨를 생각하며 조인식여사가 쓴 시. 1985

민통련이 발간한 〈서울택시〉 자료집 표지. 1985.7.21.

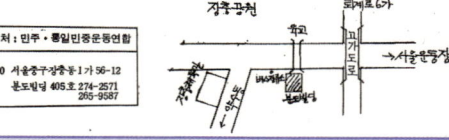

택시상담소 홍보지 〈언제든지 찾아오세요〉 민통련 홍보지. 1985.

1985년 6월부터 실시된 서울택시월급제 관련 기사. 1985.7.

부산택시기사에게 배포한 박종만추모사업회 홍보지. 1986.

운수노동자들이여! 뭉치자! 싸우자!

《요구조건》
1. 노조파괴중지하라
2. 사납금 철폐하고 완전월급제 실시하라
3. 노문서 취업마드 폐지하라
4. 식대지급하라
5. 임금인상 중지하고 임의계산하라
6. 월차휴가 보장하라
7. 합승 사고정계, 상여금 몰수폐지하라
8. 임금협정, 단체협약 무효화하라
9. 노조반납 모티베 박은부 물러가라
10. 어용노조 조합장 물러가라

전체사업주들 그리고 동광사장들 들어라!
사업주의 비열하기 짝이 없는 노조파괴모의 앞에 같은 운수노동자의 지지를 현저하게 잃어버린 조합장의 변신에도 저희 굴복 길 없이 분연히 일어섯다. 사납금과 취업마드 라는 족쇄를 차고 밥도 굶 어가며 일해 준 댓가가 과연 무엇인가? 장시간 근로와 적업병, 그리고 해고와 사고의 불안감 속에서 대한 민국의 택시기사는 야금야금 생명이 단축되고 있는 참기어려운 상황이 계속 되고 있다. 월급제의 미명하에 실제 없는 중이들과 어용노조 간부들과 결탁 은 갖 악조건을 강요하고 있다. 택시전화의 가장 안전 요소는 흡여과 사 업주들과 어용노조 간부들이며, 이들의 배후에 있는 정부 당국자들이다.
사납금이 철폐되지않고 해고와 사고의 불안이 계속되는 한 우리기사의 표정 은 밝아질 수 없다. 이제 선택은 한가지 밖에 없다. 부끄러움 굴고 살느니 서 서 죽는 방법이다. 우리는 위의 요구조건이 ○○○ 관철될 때까지 끝까지 싸울 것이다.

1986. 8. 28
(서울특별시) 동광운수 근로자

서울 동광운수 조합원들이 월급제실시, 어용노조퇴진을 요구하는 홍보물. 1986.

박종만추모사업회《운수노동신문》창간호. 1986.1.21.

안녕하세요?
저는 지난 84년 11월 30일 분신한 택시기사 박종만의 처 조인식입니다. 지난 1월 21일 많은 운전기사들과 민주인사들의 도움으로 박종만 추모사업회를 만들어 안내장에 나와 있는 것과 같은 활동을 하고 있습니다. 이제 막 시작하여 주로 서울 부근에서만 활동을 하고 있으나 앞으로 전국의 운수노동자들의 이익을 대변하고 전체 노동자들의 인간다운 삶을 실현하기 위해 열심히 노력하고자 합니다.
저희 추모사업회에서 정기적으로 발행하는 운수노동신문을 앞으로 매번 보내드리겠으니 부산시내 택시기사와 버스기사들에게 나누어 주시면 고맙겠습니다.
필요하시면 안내장에 부산의 연락처를 스탬프로 찍어 두면 받아본 운전기사들에게 연락이 올 것입니다. 그리고 저희 추모사업회에 알아보시고 싶으신 내용이 있거나 부탁하시고 싶으신 것, 그리고 알려 주시고 싶은 내용이 있으면, 전화나 편지 또는 직접 찾아 주시면 감사하겠습니다.

1986. 3. 5.   조 인 식 올림

부산택시기사에게 보내는 박종만추모사업회 홍보지. 1986.3.5.

故 노동열사 김장수 조합장 영결식
- 전국자동차노련 인천택시분실장 -

일시 : 1988년 3월 23일 (수)
발인제 : 오전 10시 길병원
노 제 : 12시 30분 경기교통 (주안역뒤 용화사 앞)
하관식 : 4시   김포 고려공원 묘지

주최 : 인천택시분실 장례위원회
후원 : 인천·부천 운수노보
       민주쟁취 국민운동 인천본부
       인천지역 해고노동자협의회
       인천지역 민주노조건설 공동실천위원회
       인천지역 사회운동연합
       한광대, 일손나눔
       민중의 당 인천시당

인천택시 김장수 열사 영결식 안내지. 1988.3.23.

순천현대교통노조 장용훈열사에 대한 전남지역 시민단체의 홍보지. 1988.5.30.

택시파업 '조기타결'을 위한 광주노동자 시민 촉구대회 순서지 표지. 1988.7.15.

파업에 돌입한 경주문화택시의 홍보지 〈경주택시기사들의입장〉. 1987.7.20.

인천택시 임금교섭을 보도한 인천부천운수노보. 1987.12.30.

부산택시기사연합회의 〈기사회보〉, 1988.4.15.

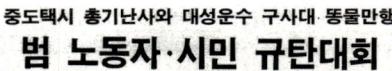
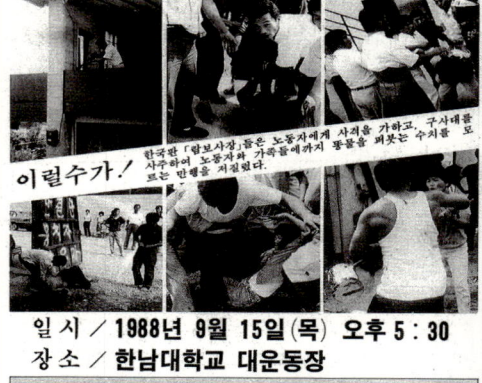

대전 중도택시의 총기난사와 대성운수 구사대 똥물 만행 범노동자 시민 규탄대회 홍보지, 1988.9.15.

청주택시파업 172일째 투쟁에 대한 입장 및 요구사항 홍보지, 1988.11.19.

서울택시총파업결의투쟁속보12호, 1989.5.2.

서울택시 '임투승리를 위한 중앙결의대회' 순서지 표지. 1990.4.27.

서울91임투승리를 위한 택시노동자전진대회 순서지 표지. 1991.5.7.

서울 북부지역 택시노동자협의회 준비위원회 소식지 창간호 표지. 1991.5.18.

1992년 서울택시 노조교섭위원 매수사건에 대한 전국택시노동조합연맹 규탄 성명서. 1992.9.15.

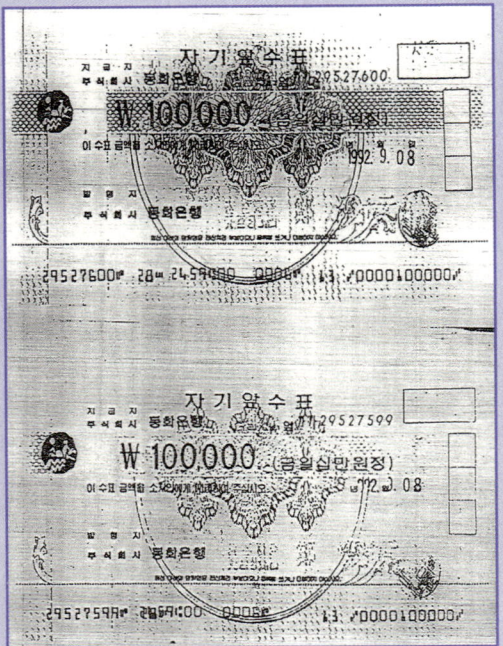

92년 서울택시 매수된 노조교섭위원에게 이광열 이사장이 제공한 도피자금 중 일부, 1992.9.

매수 임금협정 무효화를 위한 서울택시 파업 신문기사, 1992.10.22.

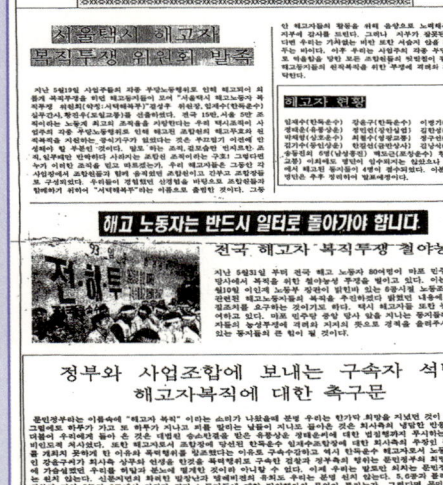
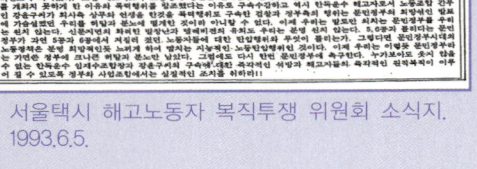

서울택시 해고노동자 복직투쟁 위원회 소식지, 1993.6.5.

임금인하를 위한 전주지역 택시 노동자 결의대회 표지, 1994.4.29.

제 46 호

민주화운동관련자증서

故 박 종 만
1948. 2. 25. 생

위 사람은 대한민국의 민주헌정질서 확립에 기여하고 국민의 자유와 권리를 회복·신장시켰으므로 「민주화운동관련자 명예회복 및 보상 등에 관한 법률」의 규정에 의하여 이 증서를 드립니다.

2005년 9월 30일

민주화운동관련자명예회복및보상심의위원회

박종만추모사업회

서울특별시 성동구 마장로 305 동광빌딩 2층
TEL:(02)2299-3200, 2292-5830

글과 후원으로 책발간에 도움을 주신 분들의 명단
(가나다순, 단체명 뒤로)

강충호, 구수영, 김응관, 박강완, 박채영, 류상수, 배규식, 문진국,
신광운, 신명식, 오영진, 이동섭, 이문범, 이재천, 이형각, 장태순,
조인식, 조재형, 정준호, 최태일, 황진우
전국택시노동조합연맹, 전국민주택시노동조합연맹